天津市文史研究馆馆员著述系列

砚边点滴
——蔡鸿茹文集

蔡鸿茹 著

天津古籍出版社
天津出版传媒集团

图书在版编目（CIP）数据

砚边点滴：蔡鸿茹文集 / 蔡鸿茹著. — 天津：天津古籍出版社，2014.11
（天津市文史研究馆馆员著述系列）
ISBN 978-7-5528-0271-9

Ⅰ.①砚… Ⅱ.①蔡… Ⅲ.①砚－中国－文集 Ⅳ.①K875.44-53

中国版本图书馆CIP数据核字(2014)第229466号

砚边点滴：蔡鸿茹文集

蔡鸿茹/著

出版人/张玮

天津古籍出版社出版

（天津市西康路35号　邮编300051）

http://www.tjabc.net

三河市中晟雅豪印务有限公司印刷

全国新华书店发行

开本　880×1230 毫米　1/32　印张 14.5　字数 350 千字
2015 年 1 月第 1 版　2015 年 1 月第 1 次印刷

ISBN 978-7-5528-0271-9

定价：36.00元

《天津市文史研究馆馆员著述系列丛书》
编委会人员名单

主　编：刘志永
副主编：陈　雍（常务）　马　竞　南炳文　王宝贵
编　委：（以姓氏笔画为序）
　　　　马　竞　王宝贵　王振德　刘志永
　　　　阮克敏　张春生　张铁良　陈　雍
　　　　罗澍伟　南炳文　钱　钢　崔　锦
　　　　韩嘉祥　甄光俊

目录

序 001

书 论

由《冯宿碑》看柳公权书法 003
关于宋拓本《西楼苏帖》...... 007
墨皇本《圣教序》...... 021
再谈墨皇本《圣教序》...... 024
明拓北魏《中岳嵩高灵庙碑》...... 026
明拓《唐干禄字书卷》...... 030
清代天津名书家张霔 033
安岐与"安刻书谱"...... 036
谈《苏米斋兰亭考》一书的原稿 040
黄易《得碑十二图》...... 044
黄易初拓《汉武梁祠画像题字》册 054
从砚铭看清代书法 059
碑拓漫谈 064
不可忽视的书法佳作 080
天津市艺术博物馆举办"中国历代妇女书画展"...... 084
"中国明清书画精品展"轰动香江 091
津沽书法三百年 095
马子云手拓汉《鲜于璜碑》...... 098

我学拓砚……101

砚　话

考古资料在鉴砚中的运用……107
文献资料在鉴砚中的运用……111
鉴砚絮语……117
古砚收藏简谈……122
砚田絮语……124
书林挚友　国之瑰宝……139
人间绝美汉名砚——汉砚的形式与发展……149
唐代佳砚放异彩——唐砚试析……155
藏砚品砚谈宋砚……161
《石见藏宋砚》序……167
谢枋得与桥亭卜卦砚……170
辽金元砚有芳华——辽金元砚的风格与实例鉴赏……172
绚丽多彩明清砚——《双清藏砚》序……177
顾从义摹刻石鼓文砚……182
虚虚实实顾二娘……187
读《西清砚谱》……190
王敏之《纪晓岚遗物丛考》序……193
《郑长恺摹纪昀砚作集》序……196
砚铭概说……199
漫话清代刻砚艺术——兼谈几件山水砚……204
王子若《百汉碑砚拓》……208
井田砚纹饰小议……213
黄任铭墨雨砚……215

阮福铭井田砚 218
竹砚与蕉叶砚 220
古砖瓦砚 223
罕见的宋墓蒴抄手砚 227
清黄易摹武梁祠画像砚 230
端砚的收藏 231
清云月端砚 234
清丽隽永 图文相映——清赤壁小端砚赏析 237
翁方纲缩摹《瘗鹤铭》砚 239
清程鸣款扁豆形端砚 243
两件计氏家藏端砚 245
清韵雪斋云腴端砚 247
澄泥砚 249
蟾蜍澄泥砚 253
澄泥古砚新风采——再造古澄泥砚辉煌的蔺氏父子 255
澄泥砚发展的新阶段——《徐氏澄泥砚》序 259
砚海拾珠——浅谈山东几种传统古砚 263
《刘克唐砚谱》序 268
喜迎东瀛砚作人津门 270
《中日交流砚作集》序 272
《古名砚》序 274
寻砚记 275
砚田质润 刀笔生春——《姜书璞治砚艺术》序 283
《张得一刻砚铭集》序 284
《龙尾砚》序 286
砚缘无尽话绿洮——《张忠宪藏洮河砚集》序 288
《砚海精波》序 290

《家宪藏砚》序 292

《砚林集胜》序 294

《砚道》序 296

砚缘无尽情愈痴——《寿石斋藏砚集》序 298

铁笔生花　文心辨砚——《赝砚考》《名砚辨》序 301

《井田余香——中国古代砚台鉴赏》序 303

记中国嘉德 2008 春季拍卖会上的古砚 306

藏　鉴

收藏与缘分 311

收藏之几"力" 314

"大课堂" 317

"讲故事" 319

慎言真伪 321

平常心 323

说"附件" 326

殷墟文字研究专家王襄 329

徐世章藏玉藏砚甲天下 355

忆陈邦怀先生 375

碑帖鉴定专家朱鼎荣 379

张老槐嗜帖趣闻 382

忆秦公 384

《文物藏品定级标准图例·文房用具卷》序 387

杂　说

释"文房"…… 395
挥毫染翰话管城…… 400
存世万代赖乌金…… 408
明代制墨名家程君房及其《墨苑》…… 416
纸寿千年举世珍…… 421
文物杂识…… 427
忆旧——我的业余爱好…… 429
叫好不起哄…… 432
博物馆图书资料的使用与管理…… 434

附录：著作编年…… 440
后　记…… 448

序

　　我从 1958 年参加工作，至 1998 年退休，40 年间一直供职于原天津市艺术博物馆（该馆后与天津市历史博物馆合并，成为如今的天津博物馆），从事文物工作。该馆是一座收藏丰富、珍品荟萃的艺术殿堂。作为一名文物工作者，需要耐得住寂寞，耐得住清贫。我大部分时间是做文物保管员，在文物库房一扎就是若干年，可以说我与我这一辈的其他同事们是在文物库房中长大的。现在想起来真不能轻视文物保管员这个工作岗位，保管员看什么文物、研究什么问题，均有一定的便利条件。这种稳定的工作对业务人员的成长大有裨益，故而文物库是出成果、出人才的地方。

　　作为保管员，和文物朝夕相处、耳鬓厮磨，不仅会产生感情，传承文化的责任感和使命感更会油然而生。例如对所管理的文物最起码的要求是不能损坏。几千年、几百年的文化遗产经过多少代人的保护而流传至今，到你手里损坏了或丢失了，就无法向先辈、后世交待。再者，翻阅记载可知，有的文物历朝历代都有所研究，到了你这一辈，你有没有继续研究？有无新的进展？发现了什么新问题？印证或修正了哪些问题？这些均是应该思考的问题，对文博事业的传承意义重大，因而我非常珍惜做保管员这段经历。

　　作为一名文物保管员是幸福的，也是幸运的。艺术博物馆安排我管理笔墨纸砚、碑帖拓本、砖瓦石刻。这几类文物也接近我的兴趣爱好，做自己喜欢的事应该说是幸福的。我在管理这几类文物的过程中，除了做好日常养护工作外，还要认识它们，读懂它们，为馆内陈列展览提供资料，不能单纯的"看摊"。为此，我除了自学外，还向一些老师请教，并幸运地得到了多位名师的传授。如本馆副馆长古文物鉴定专家张老槐，老先生能书能画，通晓各类文物鉴定，是位多才多艺的专家，他也是我在博物馆的启蒙老师。另有南开大学古拓本鉴定专家朱鼎荣，北京文物公司古拓本鉴定专家、国家文物鉴定委员会委员秦公，故宫博物院古拓本鉴定专家、国家文物鉴定委员会委员马子云，北京市文物局古器物鉴定专家、国家文物鉴定委员会委员傅大卣，等等。当时没有电脑网络，信息传播有碍，这些老师对我无微不至地关切与教诲，答疑解难不保守、不保留，使我获得诸多知识。有的老师甚至在病榻上为我讲业务，那情那景，如今仍历历在目，催人泪下。我取得的点滴进步都凝聚着老师们的心血，现在老师们均已作古，但我要告慰老师们：虽然我的成绩微薄，但我努力了，没辜负你们的苦心。这本小书就算是我对老师们的回报吧！

　　关于本书内容，有必要说明的是大多成文在任职期间，是当时的观点看法。当今是信息化时代，资讯快捷，各种新资料、新观点、新成果不断涌现，尤其是考古新发现会修正、补充、印证一些疑难问题，故而文章内容出现纰漏、谬误、局限在所难免，还请读者指正。

　　时代在发展前进，人才代代更新，我也会像我的老师那样把所学所知传授给新人们，相信他们会在这日新月异的时代做得比我更好，取得更大的成就，把文博事业传承下去。

书论

由《冯宿碑》看柳公权书法

提起柳公权的书法碑帖，人们常常要提到《神策军碑》、《玄秘塔碑》，尤其是《玄秘塔碑》千百年来世人临习，几成家喻户晓，而《冯宿碑》却鲜见论述。其主要原因是该碑损坏较甚，故而拓本较少，早拓本更为寥寥。此碑宋代未见著录。清初孙退谷《庚子销夏记》①引当时人王宏度语云："碑已剥尽，不可复拓。"说明碑在明代即已残泐。尤其是后半部，因剥泐过甚，许多拓本为省纸而失拓，至清嘉庆时前半部亦损坏，所见早拓本多为明拓本。此碑虽残泐，后半部字迹不清，所幸未经挖凿，故而基本保留了柳氏字形原貌。

《冯宿碑》无立碑年月，按柳公权书碑时官翰林学士守谏议大夫知制诰以及碑文内容，则碑为唐开成二年（837）立，王起撰文，柳公权书并篆额，碑石现存西安碑林，全碑41行，行83字，正书。

冯宿，新、旧《唐书》均有传，碑文与史传多有不合之处，《金石萃编》考之，本文从略。

天津市艺术博物馆藏《冯宿碑》剪裱本，计27开半，每开8行，行8字，清代锦面装裱，前半部字迹清晰，墨色浓郁，后半部虽磨灭，但可认，由首"大唐故银青光禄大夫"起，顺文可至

---

① ［清］孙承泽：《庚子销夏记》，卢辅圣《中国书画全书》第7册，上海书画出版社，1994年。

"名犯先公讳"，较文物出版社编《柳公权》第一册所载故宫藏本多百余字，下尚有一开，字虽可认，但文与《金石萃编》相校，不能串联，全拓计1500余字，与《金石萃编》相校，可补其阙近50余字，正误6字，故宫藏本介绍中所提及未损之字，此册均完好无损，故此册当为存字较多的明拓本之一，该册后有段注水等人跋记，另有"新安项源段注水"、"朱之赤"、"江于九"、"韩慎先"等收藏印记。

《金石萃编》所录此碑文，较上述明拓本尚多三百余字。从校对过程中，可以发现有些字如开头"知节度事管内观察"之"管"字，"时与计偕"之"时与"两字，"奇伟倜傥"之"傥"字，"仆射恶其显异"之"显"字等，明拓本均可认而不清，但《萃编》皆有录文；而"昭成皇帝"之"成"字，"隰州司户"之"隰"字，"巡官"之"巡"字等，这些字损泐程度与上述"时与"、"傥"、"显"等字一样，《萃编》中却作空阙，这种情况的出现值得研究。很可能《萃编》的录文是作者经考据及上下文的揣度而录，对于无十分把握的字则予空阙。因此，将碑文与录文相互对照，补阙，对于修正、补充历史记载极为重要，这也是碑刻研究的重要内容之一。

柳公权，字诚悬，京兆华原（今陕西耀县）人，生于唐大历十三年（778），卒于咸通六年（865）。柳公权生活的时代正是书法艺术繁荣发展的唐代，帝王喜爱书法，政府机关设书学机构，国家以书为教，以书取士，书法精妙成为入仕之径。这种形势，曾造就了一大批书法家，柳公权就是其中的一个。柳公权的楷书，具有高度造诣，《书林藻鉴》① 引宋濂云："正书之擅名者，自魏钟繇而至于宋，仅得四十四人，而唐柳诚悬实铮铮乎其间，

---

① 马宗霍：《书林藻鉴》，文物出版社，1984年。

则夫墨妙笔精，有不待赞矣。"柳书称誉中外，当时人以取得他的书法为荣。"公乡大臣家碑板，不得公权手笔，人以为不孝，外夷入贡，皆别署货贝，曰此购柳书"（《旧唐书·列传》①）。

  柳公权不仅仅是书法名家，更重要的是他是继颜真卿之后又一书法革新者。他综合了二王劲媚的风格以及初唐书法成就，尤其是吸取了颜真卿书法的壮美，创造出自己的书法艺术风格，使颜真卿开拓的书法艺术革新，又向前推进了一步，历来有"颜筋柳骨"之称。姜夔《续书谱》②云："颜柳结体，既异古人，用笔复溺一遍，予评二家为书法之一变。"

  柳公权遗留下来的行、草、楷书作品有20余件，我们可以从中领略他的书法面貌，将这些作品大致排列，又可观察其发展变化。早期作品《金刚经》为长庆四年（824）所书，时年47岁，书法结构严谨，字形劲秀，可以看出柳书是在吸收六朝以来楷书成就的基础上发展而来的。但仔细观察，每个字的结体、用笔上，已开始酝酿"柳骨"之格，字的撇、捺锋利有力。西安最近发现的《大唐回元观钟楼铭》碑，为开成元年（736）立，柳公权时年59岁，中楷，这通碑与《冯宿碑》只差一年，更可看出"柳骨"的踪迹，有的字（如"是"字）有六朝写经的笔意，有的字（如"设"、"大"等字）已形成他自己的书法风格。《冯宿碑》为开成二年所书，柳时年60岁，是柳书发展中值得注意的一件作品。其字的结构、用笔，处于"柳骨"由形成到成熟的过渡阶段。其后61岁书《符璘碑》、64岁书《玄秘塔碑》、66岁书《神策军碑》，柳楷已经形成自己的风格。如果说《冯宿碑》已见"柳骨"之端倪，而《神策军碑》则为"柳骨"成熟之

---

① ［后晋］刘昫：《旧唐书》，中华书局，1975年。
② ［南宋］姜夔：《续书谱》，上海博古斋影印本，1921年。

高峰。

《冯宿碑》字体略小，与柳公权写的《金刚经》、《刘沔碑》、《符璘碑》字体略同，评者常把这些字体小者归为具有晋唐姿媚之风的一类。但纵观柳氏所书其他碑板，《冯宿碑》于中仍不失其劲健。诚然，大字与小字在运笔上有所不同。大字偏于运腕，显得劲健，小字偏于运指，显得绮丽，因而写出的字有所不同。从直观上看，大楷《玄秘塔碑》气势开阔，结构疏朗，字体略小的《冯宿碑》则略逊一筹了。《冯宿碑》为柳公权晚年所书，是柳楷发展中比较成熟的作品，是研究柳楷风格发展和形成的一件重要资料。

原载《书法丛刊》总第17期，1989年

关于宋拓本《西楼苏帖》

《西楼苏帖》（《东坡苏公帖》）是宋刻苏轼书法的集帖，全帙难见，传世原刻仅见六册宋拓本，即天津市艺术博物馆所藏五册，北京市文物公司所藏一册。虽非全帙，但亦为我们了解苏轼的书法面貌及生平事迹提供了珍贵的资料，现仅就拓本的内容及有关问题作简略介绍如下。

关于《西楼苏帖》的拓本

天津市艺术博物馆收藏的苏轼法帖五册，均为横石本。其中四册装潢相同，帖心纵29.5厘米，横21.4厘米，纸圈档，共计59开，锦面清装裱，蓝布套上有清番禺潘正炜题签"宋拓苏文忠帖第×册"，内首有小荷女史画苏轼小像，收藏章有"潘氏听帆楼藏"、"季彤心赏"、"殸斋祕笈"、"吴荷屋平生真赏"等，并有张维屏、何绍基、陈其锟的题跋，从题跋中得知此四册为清代吴荣光收藏，道光二十四年（1844）前后归潘正炜。四册除一册为信函外，其余三册内容均为诗、文。另一册与以上四册尺寸不同，纵30.6厘米，横23.5厘米，共25开半，绫圈档，锦面清装裱，有明朱橚"晋府书画之印"，以及"瑛兰坡家珍藏"、"江邨祕藏"、"殸斋祕笈"等，并有高士奇、成亲王永瑆、瑛兰坡等人收藏印，此册全为苏轼与亲友的信件，最后为原刻者宋汪应辰题记："右东坡苏公帖三卷，每搜访所得即以入石，不复铨次也，

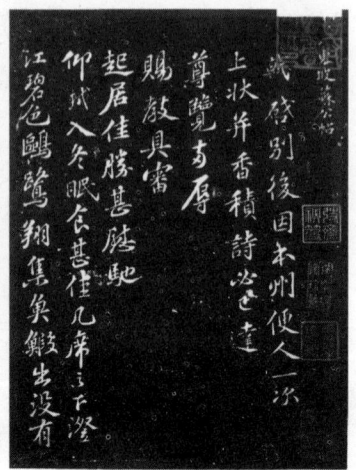

西楼苏帖

乾道四年三月一日汪应辰书。"此册每八开首有原刻"东坡苏公帖"小标题，共有三条，第一条小标题下，隐约可见有被旧墨涂去的字迹，细审，可见者有两处，一是"卷第二十九"一是"卷第三十"，字体与标题一致，小字正书，每篇书信首尾全，墨色稍逊另四册，但四册中每篇头尾不全，有剪裱痕迹，拓纸被剪裁宽窄不一。显然，四册与单册在流传中并不在一起，据单册后端方的题记，得知他于清宣统元年（1909）将五册搜集在一起，1916年后为天津徐世昌、徐世章收藏，1920年文明书局影印。1954年徐世章的后人把它捐献给国家，现藏天津市艺术博物馆。

北京市文物公司收藏一册，纵29.8厘米，横23厘米，万字锦面，绫圈档，38开，收藏章有"晋府书画之印"、"敬德堂图书印"、"玄赏斋"（董其昌）、"陈继儒"等印章。此册均为信函，全部为行楷书体。包括文与可五函、天觉二函、元素二函、醇夫一函、退翁一函，其中退翁一函、天觉三月十四日一函与天津市艺术博物馆藏本重复，文与可的五函与天津市艺术博物馆藏本的

《与可画竹赞》、《文与可画墨竹枯木记》、《文与可字说》三篇不仅内容相同,书法也极相近。帖首亦署刻"东坡苏公帖"小标题,与天津市艺术博物馆单册相同。

从上述情况看,这三种拓本尺寸不一,墨色、裱工也有差异,可能不是同一拓本,或流传时不在一起。帖后诸跋均称之为《西楼苏帖》,主要是根据陆游《渭南文集》[①]中有关《西楼苏帖》的三段跋语及有的册中原刻汪应辰的后记。

西楼是成都古迹之一,有关西楼的地名在四川或成都地志书籍上记载很多,如张仪楼称之为"西楼",望妃楼亦称为"西楼",有的已毁,有的不能随意游览,又由于年代久远,而苏轼的墨迹石刻又几经损毁,因而刻有苏帖的西楼有待进一步研究。明末曹学佺是把张仪楼视为刻有苏帖的西楼的。明代陈继儒在刻《晚香堂帖》[②]跋记中曾感叹地说:"成都汪刻,自务观去此四百余年不可得见,尝访之宦游其地者,多不能悉其有无存亡。"因而汪刻苏帖原石的亡佚,最晚也是明中叶的事了。

明清以来研究《西楼苏帖》者多以陆游《渭南文集》中提到的有关《西楼苏帖》的三处跋语为依据。但由于陆游并非专门介绍《西楼苏帖》,只是旁及,意思表达得不全面,故研究征引者理解不一,造成意见分歧,谬误百出。现根据这三段跋语及有关著录,以天津市艺术博物馆藏五本为例,略作探讨。

为了研究方便,现将陆游《渭南文集》中涉及《西楼苏帖》的三处跋语按顺序抄录如下:

---

① [南宋] 陆游:《渭南文集》卷二九,台湾商务印书馆据文渊阁四库全书本影印本,1986年。
② [明] 陈继儒:《晚香堂苏帖》,中国书店,1990年。

《跋东坡帖》：

此碑盖所谓横石小字者耶？顷又尝见竖石本，字亦不绝大，数简行笔，尤奇妙可贵，与成都西楼十卷中所书郭熙山水诗，颇相甲乙也。绍熙甲寅十月二十二日务观题。

《跋东坡帖》：

成都西楼下有汪圣锡所刻东坡帖三十卷，其间与吕给事陶一帖，大略与此帖同，是时时事已可知矣。公不以一身祸福易其忧国之心，千载之下，生气凛然，忠臣烈士所当取法也。予谓武子当求善工坚石刻之，与西楼之帖并传天下，不当独私囊褚，使见者有恨也。

《跋东坡书髓》：

成都西楼下石刻法帖十卷，择其尤奇逸者为一编，号《东坡书髓》，三十年间未尝释手。去岁在都下，脱败甚，乃再装辑之。嘉泰三年，岁在癸亥，九月三日务观老学庵北窗手记。

这三段跋语说明，成都西楼苏东坡的法帖刻石，陆游见到两种，一是十卷本，一是汪圣锡（应辰）所刻三十卷本。十卷本中有郭熙山水诗，三十卷本中有与吕给事陶帖。陆游并从十卷本中择其尤奇逸者，编辑了《东坡书髓》。

以上三段跋语与天津市艺术博物馆藏本相对照，哪册属于哪一种卷本，尚难定论，因为所藏是残帙，但也有一些相吻合的地方，可以探讨。单册中原刻汪应辰（圣锡）题记"右东坡苏公帖三十卷，每搜访所得即以入石，不复铨次也"同陆游第二段跋中的"成都西楼下有汪圣锡所刻东坡帖三十卷"之语相一致，由此可知单册可能为成都西楼下汪刻苏帖三十卷中之物，且单册有"东坡苏公帖"小标题三处，每小标题后均为8开，这8开中包括书信八九篇不等。宋时帖大多以"卷"为单位，后世多以"册"为单位，小标题当是一卷的标志，汪应辰的题记在此三卷之后，此三卷当为三十卷本之最后三卷，小标题被涂抹的"卷第二十九"、"卷第三十"等字样也证实了这点，推知三十卷如果装裱成册，大约分为十册。

四册本并无汪应辰题记，但从其内容来看，有苏轼《梅花二绝》之一，并有杜甫诗两首（《暮春诗》、《奉观严郑公厅事岷山沲江画图诗》），可能也为汪刻苏帖，此问题可在一些记载中看到蛛丝马迹。在《周益国文忠公集·平原续稿》①中《跋汪逵所藏东坡字》曾有："右文忠公手写诗词一卷，梅花二绝，元丰三年正月贬黄州道中所作……李杜佳句，公常爱而录之，……嘉泰壬戌三月甲寅东里周某书而归汪氏。"汪逵为汪应辰之子，汪应辰，字圣锡，信州玉山人，生于政和七年（1117），卒于淳熙三年（1176），《宋史》有传。他曾于乾道初年为四川制置使知成都府，搜集和收藏苏轼墨迹多种。《平原续稿》这段跋记中还有其他墨迹，有的已经刻石，因此考虑到三十卷后跋语"每搜访所得，即以入石"的做法，故四册可能亦是汪刻苏帖。四册本中还有"郭熙秋山平远诗"一首，与陆游第一段跋记中所提及的"成都西楼十卷中所书郭熙山水诗"相吻合，这就进一步说明四册本有可能也是汪刻苏帖，而且可能是成都西楼苏帖十卷本中之物。

---

① ［南宋］周必大：《周益国文忠公集》，台湾商务印书馆据文渊阁四库全书影印本，1986年。

关于十卷本的刻石年代问题，根据陆游嘉泰三年（1203）跋《东坡书髓》时提到"三十年间未尝释手"之语，由嘉泰三年上溯三十年，应为乾道九年（1173），刻帖年代应在此之前，即与三十卷的刻帖时间乾道四年相去不远。

从上述情况看，苏轼书法集帖有两种不同的刻石，即存在其他刻本或续刻本。成都一地是苏轼活动过的地方，因而旧僚收藏他的墨迹很多，有的也摹刻成帖，如《渭南文集》中《跋中和院东坡帖》内称："此一卷，皆苏仲虎尚书所藏，鉴定精审，无一帖可疑者，刻石在成都大圣慈寺中和胜相院。淳熙六年六月十七日。"说明西楼以外亦有苏帖。那么西楼一地是否还有汪氏父子以外的苏帖摹刻者呢？限于资料，很难具体说明。在前面抄录的陆游跋东坡帖第二段中提到与吕给事陶一帖时曾有"予谓武子当求善工坚石刻之，与西楼之帖并传天下，不当独私囊褚，使见者有恨也"等语。其中的"武子"即施宿，施元之子。施氏父子对苏书、苏诗均有研究，施宿在其他地方刻过许多苏书，故而陆游有"予谓武子当求善工坚石刻之"之语。另外，陆游在《渭南文集》中《施司谏注东坡诗序》一文中提到：

吴兴施宿武子出其先人司谏所注十大编，属某作序。司谏公以绝识博学名天下，且用工深，历岁久，又助之以君景蕃之该洽，则于东坡之意，盖几可以无憾矣。某虽不能如至能所托，而得序斯文，岂非幸哉！嘉泰二年正月五日，山阴老民陆某序。

施元之与顾禧（字景蕃）合注苏轼诗，施宿是发行人，现从康熙年间邵长蘅订补的《施注苏诗》四十二卷续补遗二卷中，可以看出《西楼苏帖》在校刊苏诗中起了很重要的作用，也说明了

《西楼苏帖》在历史上的重要价值。《施注苏诗》中有四处提到"墨迹刻石成都府治",其中卷二十五中的"送杨孟容"一首并注有"墨迹刻石成都府治",题云《送杨体先知广安军》。此诗在四册拓本中题为《送杨体先知广安军》,如果四册拓本为汪刻《西楼苏帖》,那么施注的"成都府治刻石"也应是《西楼苏帖》。施氏父子与陆游交往甚密,他们一定见到过《西楼苏帖》,并见过陆游珍藏的《东坡书髓》,其他三首诗标有"成都府治刻石"而不见于帖中,说明这套苏帖拓本并非《西楼苏帖》全帙。但在二十二卷中《泗州除夜雪中黄师是送酥酒二首》,下注"刻石成都府治续帖中",此"续帖"是谁刻的呢?不得而知,可能是汪刻,亦可能是其他人,但施宿是见过此"续帖"的。

将《西楼苏帖》的刻本年代与卷数弄清后,有必要澄清一下帖后诸跋及历代有关此帖著录上值得商榷的地方。在单册后有清高士奇康熙三十八年(1699)跋云:"成都西楼法帖十卷择其尤奇逸者为一编,号《东坡书髓》,此册当以此四字名之。"高士奇这种观点对后世影响极大。如清嘉庆元年(1796)梁同书在单册跋中云:"所谓十卷者即三十卷中之十也。"他并提出:"安知非即放翁所藏书髓中物?"另外,咸丰年间程文荣编撰的《南邨帖考》,在"东坡先生帖"一节中云:"汪圣锡应辰刻东坡先生帖三十卷,《读书惇志》著录,《渭南文集》跋东坡书及自题《东坡书髓》三及是帖,其二乃云十卷,然并称成都西楼下石刻,即三十卷也。"这些结论都值得研究,是他们仅见一种拓本,不知十卷本同三十卷本有差异,又误解了陆游三段跋语的结果。

在单册本中还有端方收集五册时的跋记:"此西楼帖三本……光绪辛丑余复从粤中收来,宣统元年王子展兄复以收藏七卷归我,共成十卷,是汪圣锡刻坡书三十卷,又于其间择十卷名东坡书髓,即此十卷也。"以这段跋记来看,端方既没弄清三十卷同十卷的区别，也不知十卷本同书髓的关系，而是把书髓视为三十卷中之十卷，把四册视为七卷加上单册本三卷凑合成十卷，把两种不同的拓本统称为《东坡书髓》。

《西楼苏帖》见于著录的还有民国年间欧阳辅的《集古求真》①，内中云："……近端方所藏，上海已石印，名为十卷，实多残缺。"他把五册看成十卷本。其后，《四库总录艺术编》载："东坡先生帖三十卷，宋绍兴间汪应辰刻本"；另有"西楼帖十卷，宋乾道三年汪应辰刻本"。这两项，是作者根据《汇帖举要》编辑的。查阅《汇帖举要》，其中有"东坡先生帖三十卷，绍兴汪应辰刻"、"西楼帖十卷，苏轼书，汪应辰刻"，《四库总录艺术编》与此记载又有差异。由此看来，随着新资料的不断出现，勘误工作是有必要的。

《西楼苏帖》的书法艺术特色

两宋的书法是在晋唐书法的基础上发展而来的。唐代尚法，书法肃括，规矩严整，讲究字的结构。北宋淳化年间，《淳化阁帖》的摹刻，开辟了帖学，其后《绛帖》、《潭帖》等相续衍出，使书迹广泛流传，对书法的发展起了推动作用。宋初的书法大多淳厚朴实，如李建中等人。至熙宁、元丰年间，苏轼、黄庭坚、米芾的出现，开创了宋代书法的新面貌，苏、黄、米、蔡即人所共知的宋四大书家，他们的书法各具特色，苏的醇厚、黄的挺劲、米的潇洒、蔡的瑰丽，绚丽多姿，所书多是行草，率意多变，意趣横生，形成了丰富多彩的书风书貌。北宋晚期，赵佶创

---

① 欧阳辅：《集古求真》，《石刻史料新编》第一辑第11册，台湾新文丰出版公司，1982年。

造了瘦金体，书势逐渐趋于飘逸姿媚，但四大家的书法对后世影响是深远的。

苏轼不仅是著名的书法家，而且是著名的文学家、画家。其生于北宋景祐四年（1037），卒于建中靖国元年（1101），字子瞻，号东坡居士，四川眉山人。他从21岁起进入仕途后，一生坎坷，沉浮不定。在几次大的政治变动中，他的墨迹、诗文被毁了不少，今天我们观摩他的书法，只能借助拓本及少数墨迹。以天津市艺术博物馆收藏的五册拓本为例，在60余件作品中除草书两件、楷书四件外，其余大多是行楷。为了便于研究，根据各方面资料，把五册的诗、文、信函按年代顺序大致排列了一下，有治平元年、熙宁二年至十年、元丰元年至八年、元祐元年至八年以及绍圣二年、建中靖国元年。由此看来，此帖包括了苏轼早、中、晚年的作品，从这三个时期的作品，大致可以看出苏轼一生书法的概貌。因此，可以说《西楼苏帖》是集苏书之大成。

帖中有一篇题为《轼谨赋挽辞二章寄献故提刑郎中伯伯灵筵侄殿中丞轼顿首再拜》（《东坡先生外传》题为《亡伯提刑郎中挽诗二首》）落款为"甲辰十二月八日凤翔官舍书"。按，苏轼于嘉祐六年（1061）"除大理评事，签书凤翔府判官"（《续资治通鉴》），至熙宁二年（1069）还朝，"甲辰"为治平元年（1064），苏轼时年28岁。其父苏洵治平三年卒，《宋史·苏轼传》："洵将终，以其兄太白早亡，子孙未立，……属轼。"苏洵兄涣，曾都郎中利州路提举刑狱，苏轼的这篇挽辞是给伯父太白所写。在拓本中此篇是苏轼最早的作品。楷书，字体工整、秀丽。另有熙宁二年及四年给族兄苏子明书信五篇，熙宁三年《净因院文与可画竹枯木记》，苏轼当时在京都，年33岁至38岁之间，这些亦可作为苏轼早年作品进行研究。这些行楷字迹大体与《亡伯提刑郎中挽诗二首》相近，从字体看，是用隶笔书写，大多捺笔重，颇有草隶之意,很有三国魏钟繇《宣示表》、陆机《平复帖》笔意,这是苏轼早年临摹晋代书法的结果。从这些早期书法可以看出他的功力及渊源,也说明苏轼有扎实稳健的书法基础。

由熙宁末年即苏轼40岁以后至晚年,他的书法已形成了自己的风格,基本上没什么大的变化。拓本中这个时期的作品有熙宁八年《文与可字说》,熙宁十年《奉和师中丈汉公兄见寄诗一首》、《读孟郊诗二首》、《章质夫寄崔徽真一首》,元丰元年《次韵答刘泾一首》、《续丽人行一首》、《逮游庵一首》,元丰二年《祭文与可二首之一》,元丰三年以后的《正月二十日往岐亭郡人潘古郭三人送余于女王城东禅庄院》、《和王明喜雪一首》、《雨中一首》、《大寒步至东坡赠巢三》等,均为行楷。从字迹看,虽然字体不大,但可以看出笔法逐渐圆熟,较早期作品豪爽,是苏轼书法逐渐成熟的阶段,并形成笔力雄健、肉丰骨劲的艺术风格。尤其是传世墨迹《黄州寒食诗》,书于元丰五年,苏轼时年46岁,用笔娴熟自如,为苏书中之甲冠。黄庭坚《黄山谷论书》说"坡书中年圆劲而有韵",有人认为是用鸡毛笔的缘故,因为鸡毛笔性软,故而字体略肥,亦有说是写字时多用偃笔。从传世的作品可以看得更清楚些,如元丰四年的《前赤壁赋》、《表忠观碑》,墨气凝重。董其昌跋认为,苏轼书写《赤壁赋》全用正锋,所谓"欲透纸背",誉之为"东坡之《兰亭》","每波画尽处隐隐有聚墨痕,如黍米珠,世人且不知有笔法,况墨法乎"?① 墨重不等于"墨猪",而是刚柔兼备,是临习颜真卿笔意的结果,是苏体的风格。

元祐元年至元祐二年的《次韵完夫舍人见戏一首》、《与可画竹赞》、《次韵子由送家退翁知怀安军》、《郭熙秋山平远二首》、

---

① [明]董其昌:《画禅室随笔》,文渊阁四库全书本。

《送贾纳倅眉》、《次韵三舍人省上》、《送杨孟容》,传世墨迹有《黄几道文卷》,元祐五年的《太息送秦少章》、《熙宁中轼通守此郡除夜直都所……》,元祐六年的《予去杭十六年……》、《次韵苏伯固游蜀冈送李孝博奉使岭表一首》,元祐八年以后的《子由生日以檀香观音像及新合印香银篆盘为寿一首》,传世墨迹有《李白仙诗卷》、《洞庭春色赋》。另有元祐八年赴定州,后谪惠州时给孙子发及程正辅的信件,至于《张竞辰永康所居万卷堂》则是建中靖国元年苏轼去世不久前所书。这些都是他中、晚年的作品。苏轼由元祐四年至八年先后出知杭州、颍州、定州,绍圣初年知黄州,贬惠州、琼州,至建中靖国元年北归,官阶的擢降,阅历的广泛,生活的奔波,表现在书法上是更加成熟。像传世墨迹《答谢民师论文帖》,拓本中的《送贾纳倅眉二首下一首》、《故赠太师追封温国公马光安葬祭文》及在惠州给程正辅的信件,小字行楷,属于结构严谨一类。拓本中其他几件晚年作品则属于笔力雄健、苍劲豪放一类。元郭畀《苏轼书离骚九辨卷跋》评论苏轼晚年之作"笔老墨秀,挟海上风涛之气"。这几件作品,较显著地体现了这个特点,与早年作品相较,结体更加开阔,气势亦更加豪放。

值得提出的是拓本中的两篇草书:一是《临右军讲堂帖》,一是《梅花二首之一》。《讲堂帖》是王羲之《十七帖》之一,苏轼未注何时所临,字形略大原帖,笔画亦略肥,形貌虽有差异,但神韵相似。帖后苏轼自跋:"点画未必皆似,然颇有逸少风气。"他早年多临二王书,对二王笔法深有造诣,于所临讲堂帖中可见端倪。另一件草书是《梅花二首之一》,七言绝句,共六行,为元丰三年正月贬黄州过麻城春风岭时所作,诗中描写春寒料峭,谷涧春水潺潺,傲霜欺雪的梅花,在凛冽的寒风中飞渡关山。这是一首富于诗情画意的诗篇,作者在诗中抒发了他对大自然景物的情怀，也借景物表达他被贬后不畏"风寒"的心情。起头"春来空（《东坡七集》作'幽'）谷水潺潺"，接着"的眯梅花草棘间，昨夜东风吹石裂"，字迹逐渐加大，至最后一句"伴随飞雪渡关山"之"关"字，竟有三寸余，想见其书写时笔势随诗情而发展之情状，挥洒淋漓，沉着酣畅，一气呵成，气势磅礴。苏轼草书传世较少，这两件作品为我们研究他的草书提供了资料。苏轼才气超逸，能诗词，善绘画，艺术形式虽不同，但能自然和谐统一，将书法与诗、画的感情，相连相通，往往他的一篇书法，又是一篇很好的诗词，给人以丰富的艺术享受。正如黄庭坚《跋东坡书〈远景楼赋〉后》所云："学问文章之气，郁郁芊芊，发于笔墨之间，此所以他人终莫能及耳。"苏轼在长期的艺术实践中，体会到"作字之法，识浅、见狭、学不足，三者终不能尽妙，我则心、目、手俱得之矣"。[①]他总结的这三点经验即：认真掌握书法知识；广泛阅读各种优秀的书法范本；反复练习书写，才能得心应手。这三点也是今天学习书法者应当借鉴的。

《西楼苏帖》的史料性

刻帖之风，流衍于晋唐，盛行于两宋，及至明清，其风更甚。丛帖首创于北宋，但丛帖均为集诸家而成，而《西楼苏帖》是苏轼一人之书，其内容之丰富不减诸刻，在宋刻丛帖中绝无仅有。至明清，摹刻苏字的集帖尚有明代陈继儒的《晚香堂帖》，卢氏摹刻的《雪浪斋苏帖》（多摹自旧刻），无款、无年代的《赏雪堂真迹》等，均不如《西楼苏帖》精湛。如《晚香堂帖》杂有伪迹，刻亦有草率之处，不能尽善，及至清乾隆、嘉庆年间姚东

---

① 马宗霍：《书林藻鉴》，文物出版社，1984年。

樵再次翻刻，面貌已失真。前述六册《西楼苏帖》拓本，墨色浓郁，字口清晰，为宋拓无疑，帖之书写、摹刻、传拓均在北宋与南宋之间，应与原迹相差无几，堪称仅下真迹一等。帖之内容亦有较大的真实可靠性，对于了解苏轼生平事迹及对其诗、文和书法艺术的研究，均有很高的参考价值。

由于苏轼一生在宦海中沉浮，故《西楼苏帖》在宋时即有毁损，明清时拓本鲜见。该帖的翻刻本主要有清道光年间廖甡的《观海堂苏帖》、瑛桂的《东坡苏公帖》，光绪年间杨寿昌的《景苏园帖》，民国年间穆潘正翻刻的《观海堂苏帖》等，其中以廖刻为佳。

拓本内有吴荣光眉批，这是他以拓本与刊刻本校对之后所出，计有90多处，照这些眉批及拓本与端方刊刻的《东坡七集》逐篇核对，眉批都是正确的。如《太息一首送秦少章秀才》一文，《东坡七集》中"雄"字下衍一"者"字；"或能讥"，《东坡七集》中"或"字下无"能"字，等等。这些对我们研究、校注苏轼诗、文是有参考价值的。

拓本中有一部分是苏轼与亲友的来往信件，其中与苏子明（族兄）等人的部分信件，亦为《东坡七集》所未载，这些信件又大多是在王安石变法期间所写，反映了他的真实思想，故对我们了解苏轼的思想状况是有一定参考价值的，对证史、补史起到了一定作用。由于苏轼所处的历史环境、社会地位及阶级局限，变法开始时，他对变法内容均加否定，并夸大变法的缺点错误，如一篇四月七日的信中云："……近日不行青苗者，虽旧相不免，弟若出外，必不能降意委曲随世，其为齑粉必矣，以此且未能求出，聊此优游卒岁耳……"又，"近日事体颇新，兄弟蠢拙，颇为当柄所忿，孤远恐不自全……"这些信都反映了苏轼对实施新法的抵触，出京做官一定不能"委曲随世"而实行新法，一定要粉身碎骨，不出京又"一肚皮不合时宜"，"为当柄所忿"，这种实行与不实行新法的矛盾，使他进出不得。《续资治通鉴》载熙宁四年："权开封府推官苏轼出通判杭州。初，轼直史馆，王安石赞帝以独断专任，轼因试进士，发策以'晋武平吴，独断而克，符坚伐晋，独断而亡，齐桓专任管仲而霸，燕哙专任子之而败；事同功异'为问。安石见之大怒，使侍御史谢景温论奏其过，穷治无所得，轼遂外请。"这段记载所述情况见十月二十八日给苏子明信："……轼自到阙二年，以论事方拙，大忤权贵，近令南床捃摭弹劾，寻下诸路体量皆虚，必且已矣，然孤危可知，春间必须求乡里一差遣，若得，即拜见不远矣。忠义古今难得，虚名而受实祸，然人生得丧皆前定，断置已久矣，终不以此屈……"与记载悉合。在另一封信中，苏轼提到这段经历时说："……上批出与知州差遣，中出不可，初除颍倅，拟入，上又批出，故而倅杭，杭倅亦知州资历，但不欲令弟作郡，恐不奉行新法尔。此来若非圣主保全，则齑粉必矣，知幸之余，杭州物之美冠天下，但倅劳见耳。"正因为他对新法不理解，故遭"乌台诗案"之罪，元祐年间司马光为相，他又重新被起用，新派再起时，苏轼又一次被贬，名列"党人碑"之亚。几经上下，其书法遗迹的遭遇便可想而知了。

有些信函也谈到了一些亲情生活的内容，如苏轼为侄女亲事介绍司马康其人时说："司马康，君实（司马光）亲兄子，君实未有子，养为嗣也。"还有熙宁四年在京时一封信函中云"五月生婴儿名权寄"，熙宁年间外补时的一封信提到"轼房下四月四日添一男，颇易养，名似叔"。按，史载苏轼共有三子迈、迨、过，妾朝云生子遁早亡，上述情况均未见记载。

原载启功、王靖宪主编《中国法帖全集》第6册，
湖北美术出版社2002年3月第1版

墨皇本《圣教序》

《唐怀仁集王羲之书圣教序》是一部工程巨大的集字碑，它在我国书法史上占有重要地位。关于此碑的艺术价值、内容及怀仁为此碑所付出的巨大劳动，前人、今人都有许多评价，这里不再赘述，只谈谈它流传下来的拓本之一墨皇本《圣教序》。

墨皇本《圣教序》近年屡见文章提及。张彦生同志在《文物》1963年第3期《怀仁集王书圣教序拓本概述》一文中列举了许多拓本，墨皇本亦在其内，并称："崇恩旧藏，称墨皇本，白麻纸，拓工精，用墨重，字肥润，可惜经过重装，字口破伤，多出现纸毛。"又，章归在《文物》1979年第1期《集王羲之书圣教序宋拓整幅的发现兼谈此碑的一些问题》一文中，称"现在流传的最早的宋拓本，要推清代崇恩旧藏的'墨皇'本。……其中'显扬'二字未损，……其他任何宋拓本，'显'字都有残缺"。这些评价大体上介绍了这个拓本的情况，但亦稍有出入。这里，即把此帖的实际情况，以及此帖的收藏者崇恩的长跋内容，作一简要介绍。

墨皇本《圣教序》帖心纵25.5厘米、横12厘米，50页，每页4行，每行约10字，白麻纸，纸圈档。后有崇恩跋28页。据方若《校碑随笔》、欧阳辅《集古求真》所载及其他拓本来看，北宋拓本"纷"、"乱"、"何"、"以"、"出"五字已损，"圣慈"的"慈"字不损，"久植胜缘"的"缘"字左下不与石花泐连。从损泐的石花大小还可分出北宋与南宋拓本之区别。对照墨皇本

墨皇本《圣教序》

《圣教序》,除五字已损外,"圣慈"之"慈"字完好,但右上微见细丝痕,"圣缘"之"缘"字不与石花泐连,但石花上已泐成尖状,"诚重劳"之"重"字,左中损,故此本应是北宋晚期拓本。字迹肥润,锋铓犀利,行笔转折和牵丝清晰可见,犹如手写。正如崇恩在跋记中所说,"此本妙处全在腴润,越精彩中越古厚,越生动中越浑沦",是比较好的拓本之一。该帖曾在民国初年影印过。从影印本看,墨地确实出现白纸毛,犹如揭裱不善,但帖之本身实际却不是这样,而是乌黑浓郁,这也许是影印技术所致,也或许是该帖收藏者后来于损伤处又涂了墨。另外,关于"显扬"二字问题,此碑"显"字共有七个,其中"显扬"二字连接的有两处,这些"显"字都是一个字样,而第二个"显扬"在"久植胜缘"下的石花下面。北宋拓本此"显"字已损上角,比较早一点的拓本也已损了"日"字左边一竖,墨皇本的"显"字也已有损坏,"日"字左半、"丝"左半的"幺"均不存在,而是后人用墨涂抹的,不仅墨色有差异,字形亦与其他"显"字不同,但从影印本上看就不易发现了。尽管如此,瑕不掩瑜，墨皇本仍不失为好的宋拓本。

崇恩在此帖后有长达 28 页的长跋，故此本亦通称"崇恩长跋本"。除跋外，前边各页还有他的批语若干条。这些跋记、批语中有收藏经过、学习心得等。崇恩，字仰之，号语铃，又号香南居士，清道光、咸丰年间觉罗正蓝旗人，曾官山东巡抚，能诗，善书。墨皇本是他于道光二十六年（1846）以重金购自孙文靖家的，他认为这是自己所收藏的拓本中最佳之品，故册首自书"墨皇"二隶字，以示尊崇。由于他善书，并特别欣赏《圣教序》帖，因而对《圣教序》的书法及拓本鉴定均有一定研究。他说："凡学行书当以《兰亭》、《圣教》为宗，真书当以《庙堂》、《醴泉》为宗。《兰亭》、《庙堂》真本久失，则《圣教》、《醴泉》尚矣。《圣教》须看其用笔之方，《醴泉》须看其用笔之圆，所谓方与圆者以神不以迹，在气不在力。"对于如何临摹前人法帖，崇恩亦有经验之谈："先看其大略，以领会全神；次看其结体，以求其用意、运笔妙处；旋即逐字看，逐笔看，无一点一画轻易放过。情思微倦，即闭目危坐，以养灵光，少息再看，则必又有一番境界，引人入胜，层出不穷。久而久之，右军当于纸上相告，盖不啻耳提而面命之矣。"这些对我们临习古帖也是有教益的。

此帖除了崇恩长跋外，尚有何绍基题诗，以及项子京、怡王冰玉道人等人的鉴藏印记，并从帖后孙钟祥等人的题跋中得知，此本由崇恩传至其子邵民（廷雍），联军兵变（实为义和团起义，即光绪二十六年）邵民遇难，帖遂流落人手。光绪二十七年（1901）孙氏之从曾孙孙钟祥无意中发现了从曾祖的遗物，于是以重金购自保阳古董商。此帖孙氏由道光二十六年转至崇恩，逾五十五年后又物归原主，现为天津市艺术博物馆珍藏。

原载《文物》1981 年第 12 期

再谈墨皇本《圣教序》

《唐怀仁集王羲之书圣教序》是著名的唐碑。东晋王羲之字体的碑何以称为唐碑？因为此碑是唐朝西安弘福寺和尚怀仁集王羲之的字而组合刻成，故而列入唐代。唐贞观十九年（645）玄奘奉唐太宗之命翻译经文，太宗亲自作序，太子李治（高宗）作记，碑文就包括上述序、记，还有太宗答敕、太子笺答、玄奘所译心经共五文同刻于石。太宗嗜好王羲之书法，但由王书此碑绝不可能，所以由弘福寺和尚从传世的王羲之书法中选择集字，于咸亨三年（672）刻成。有人根据玄奘于贞观十九年奉敕译经的记载至咸亨三年刻石立碑，认为怀仁刻此碑约用了二十余年的时间，耗时可观。通篇行距字距、字形大小，宛如王羲之亲自手写，一气呵成，天衣无缝，碑石现藏西安碑林博物馆。如此宏观巨帙，在书法史上占有重要地位，对后世影响极大，故而历代传拓无虚日，传世拓本多见，最早为宋拓本。海外及国内各大博物馆均藏有较好宋拓本。天津博物馆所藏北宋晚期"墨皇本"亦是较好拓本之一。

碑帖拓本年代的鉴定，除了辅助依据外，要看拓本的墨色、字迹损坏状况，即通常所说的"墨气"、"字考"。1979年第1期《文物》刊登署名章归的文章《集王羲之书圣教序宋拓整幅的发现兼谈此碑的一些问题》，文中提到天津艺术博物馆收藏的墨皇本《圣教序》中"显扬"二字未损，优于其他任何宋拓本。此文一出，立即引起学术界注意，中国历史博物馆等一些藏有《圣教序》拓本的机构或研究者纷纷撰文阐述不同观点，有许多出版社在未深入研究的基础上纷纷以墨皇本为最佳拓本予以出版，据不完全统计先后有四家出版社全帙影印出版。当时笔者供职博物馆任碑帖保管员，立即翻阅此拓，并请故宫博物院金石传拓家、碑帖鉴定家来馆鉴定此拓本，逐发现墨皇本中有7个"显扬"的"显"字都是一样的，说明是集的同一个"显"字，其中第二个"显"字，即章归文中所说未损坏的，从拓本看"显"字中"曰"字左半，"丝"左半"幺"均不存在，而是后人用墨涂抹的，不仅墨色有差异，字形亦与其他"显"字不同，如果只看影印本就不易发现了。我曾把此看法写成《墨皇本〈圣教序〉》一文发表在1981年第12期《文物》杂志上。故宫博物院的专家马子云及施安昌合著《碑帖鉴定》① 一书中也著录："昔日崇恩所藏之宋拓墨皇本，余已校之，'显'字左未损，为后人涂描作伪以欺人，此实为宋晚期拓本。"其后得知章归乃著名书法家、文物鉴定家启功老，我与启老以前有过接触，先生为人谦和，讲话幽默，但反驳大师观点，心中仍是忐忑。当启老来津在博物馆鉴定文物时我向启老谈起墨皇本《圣教序》拓本事，启老甚是虚心，后来在他出版的文集中，将原来的观点删除，大师的谦慎态度和严谨的治学精神令人敬佩。

不论观点如何，这些学术文章均是活跃碑帖学术研究的体现，说明研究者对碑帖的关注，对墨皇本《圣教序》的极大兴趣。同时也提醒大家看碑帖最好看原拓本，影印本只能作参考。

原载《天津文史》2011年第2期

---

① 马子云、施安昌：《碑帖鉴定》，广西师范大学出版社，1993年。

明拓北魏《中岳嵩高灵庙碑》

北魏拓跋氏由公元 386 年登国元年至公元 534 年永熙三年，立国百余年，流传下来的墓志较多，而碑刻较少。北魏太武帝时的《华岳庙碑》、《中岳嵩高灵庙碑》、《太武帝东巡之碑》为不可多得的三通北魏碑刻，三碑字体相近，其中《华岳庙碑》与《中岳嵩高灵庙碑》文辞相近，但《华岳庙碑》久佚，亦未有拓本流传，故《嵩高灵庙碑》就成了北魏碑刻的主要遗作之一。

《中岳嵩高灵庙碑》，碑阳 23 行，行 50 字，碑阴 7 列，字数不等，阳文篆书额，太安二年（456）立（一考为太延二年即 436 年立），在河南登封嵩山。碑字残泐较甚，流传佳拓较少，多考以首行开头"太极剖判"不损者为最古。目前已知北京故宫博物院所藏原陈叔通藏明初拓本为最佳拓本，天津市艺术博物馆所藏之本与故宫所藏之本相对照，缺少数字，但墨色浓郁，首行"太极剖判"完好无损，八行"声故禋祀"之"故"字左口及"禋祀"二字完好，应是晚于故宫藏本之比较好的明拓本。全册 15 开半，每开 8 行，行 7 字，册页纵 36.8 厘米、横 20.6 厘米，帖心纵 29.3 厘米、横 16.7 厘米。扉页题签为："后魏中岳庙碑较端忠敏公所藏多数十字李铁桥藏。"另外，后有半开跋尾，落款"乾隆辛丑小春望后四日购得"、"此君轩"。收藏印有"九钟精舍"、"李铁桥"、"吴士鉴考藏金石之印"等。吴士鉴是光绪年间人（？—1933），字絅斋，浙江杭州人，清代榜眼，从政之余，购求古物，著有《九钟精舍金石跋尾》等。李铁桥为清乾隆时期

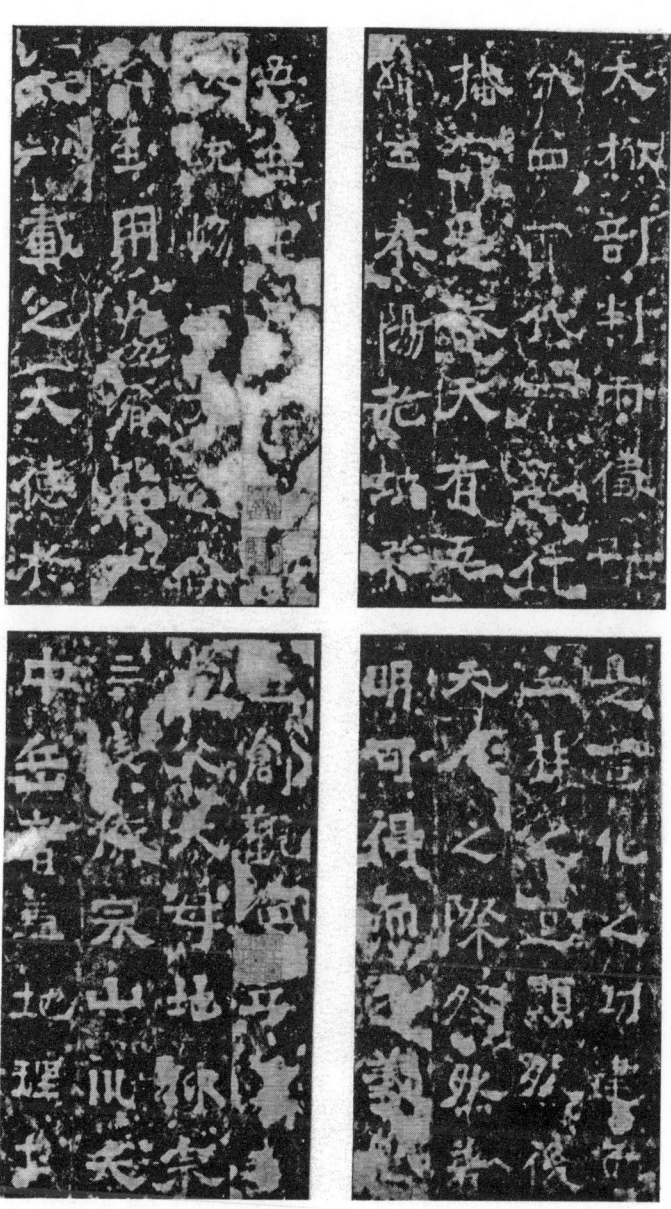

明拓北魏《中岳嵩高灵庙碑》

人，名李东琪，字铁桥，原籍山东济宁，后居江苏吴县，是著名的金石鉴赏家。常与黄易（1744—1801）搜寻古碑刻，不遗余力。此本由以上两位古碑帖收藏家递藏，可知是有很高收藏价值的佳拓。

此碑因碑文中有"天师寇君名谦之"等字句，因而历来被认为是北魏道士寇谦之所书，但古碑刻很少有书者、刻者名款，而且文中亦不自称为君，故该碑应为当时人为寇谦之修中岳庙，并宣扬道教而立。寇谦之，字辅之，北魏时期道士，他曾革新天师道，得到北魏太武帝的提倡，《魏书·释老志》有关于寇谦之的记载。北魏时期佛、道二教此起彼伏，几位皇帝虽信奉不同，但均以之作为维护统治的一种手段。

《中岳嵩高灵庙碑》字体古拙浑穆，用笔大起大落，毫无拘束，奇肆粗犷。包世臣在《艺舟双楫》中云："北魏字有定法，而出之自在，故多变态；唐人书无定势，而出之矜持，故形板刻。"北魏的定法同格律森严的唐楷相比，确是出之自在，多变而自然。

另一方面，《嵩高灵庙碑》是一种隶楷之间的过渡体。早在汉代，即已出现接近真书的新隶体（如永寿二年瓦罐的小字），从一些魏墓志中可以看出，这个时期隶至真书作为字体的过渡已完成，而《嵩高灵庙碑》仍沿用了过渡体，此碑中隶中有楷，隶中变楷，捺笔多隶意，如"天"、"太"、"之"、"通"等字。有的字还残留蚕头燕尾，如"圣"字中的横画。但亦有楷书的笔意，横平竖直，如"有"、"古"等字。隶楷并用，成为"隶真的化合体"。这种书体的出现，除了自在的变态因素之外，同时亦是一种庄严凝重的需要。我们所见的北魏碑刻与墓志字体相比，墓志楷书成分大于碑刻，从当时来讲，即墓志的新体字多于碑刻中的新体字。寇谦之为太武帝政务上重要的方外谋士，声名显赫，为其书碑者，必为高手，所书必须庄重，要用古法，而作为上一代的篆、隶书体，自然应用其中，正如启功先生在《古代字体论稿》①中云："自真书通行以后，篆、隶都已成为古体，在尊崇古体的思想支配下，在一些郑重用途上，出现了几种变态的字体。"为声名显赫的寇谦之树碑立传，当时可谓是郑重之举了。

近年来，随着社会的进步，变革波及书法界，人们要打破原有法则格律，挣脱束缚，以求发展变化，这就必然要在古代传统中寻求途径。因而对于目前出现众多类似《嵩高灵庙碑》书体的书法作品就不足为奇了。一方面这种书体适应了现实求新奇的心理，一方面人们从这种书体中领悟到它内在的美。但应注意的是，北魏这种书体是那个时代的产物，现在要学这种书体，就要有一定功底，在学中求变出新；没有一定功底，只学皮毛，只会弄巧成拙，那就真成为一种童体了。

原载《书法丛刊》1997年第3期

---

① 启功：《古体字体论稿》，文物出版社，1964年。

明拓《唐干禄字书卷》

中国历史悠久，民族众多，朝代更替，字体繁杂，难以统一，直至东汉才出现第一部字典《说文解字》。此后，在中国文字发展过程中，曾有过不少对文字进行统一、规范等的正字活动。如见于石刻中的有东汉隶书《熹平石经》，是将正字过的经本文字，刻石立于洛阳太学，使国人有所本；魏晋时期有古文、篆、隶三种书体的《正始三体石经》；唐代有楷书《开成石经》，所刻内容均为古代经籍，不仅正字，还有刊定经文之义。而唐大历九年（774）的《干禄字书》则完全是一部文字学著作。

唐代文化发达，官府对书写极为重视，不仅要求字写得好，而且要求写正字。干禄，意即追求职位俸禄。《干禄字书》，即为入仕求官之人所用，虽然有一定时代局限性，但对当时的正字活动是有一定作用的。

《干禄字书》的作者是初唐时期名声显赫的颜氏家族中的颜元孙。元孙字聿修，万年（今陕西西安市）人，历任太子舍人、刺史等职，作此"书"时任滁、沂、濠诸州刺史，博雅好文，精鉴书法，且家学渊源。从《干禄字书》的序言可知，他的祖辈即对六书声韵之学颇有建树，他的伯祖父颜师古即有刊正当代楷书字的《颜氏字样》，杜延业根据这个"字样"编辑了《群书新定字样》。《干禄字书》则是在此基础上"参校是非，较量同异"而编辑的。其体例排列按"平上去入四声为次"，"每字包括俗通正三体"或两体，全书共举 1599 字。

必须着重说明的是这部字书是由作者颜元孙第十三侄、著名唐代书法家颜真卿（709—785）所写，通篇楷书。颜真卿字清臣，他不仅是位护国平乱的军事家，而且是位著名的书法家，所谓"忠义光日月，书法冠前贤"。他幼承家学，后从张旭（约675—759）学书，逐渐形成自己风格，即所谓"颜体"。大历九年，颜真卿任湖州刺史，时年66岁，此书与他当时前后所书《宋璟碑》、《颜勤礼碑》、《颜家庙碑》等，均为他步入晚年之作，书法严谨浑厚，笔势遒劲。字体较其他诸碑略小，因为是作为字体规范，故而字字规整，一丝不苟，因此，有人把它作为临池指南。尤其是《干禄字书》中的注释小字，是众多颜书中所少有的，可窥见颜真卿书法功力之深厚。

正因为《干禄字书》具有重要的文字价值及较高的书法艺术价值，故而一经刊刻立石，立即引起世人瞩目，以至传拓无虚日。从大历至开成仅逾甲子，字迹即已残泐不全，故开成年间杨汉公依拓本加以重刻，又至南宋绍兴十二年（1142）由湖州刺史宇文公主持再次翻刻，以上二本均称"湖州本"。南宋绍兴十三年（1143），四川潼州府尹宇文公又一次重刻，梓学教授勾咏为之作后记，世称"蜀本"。至于最初之原刻石及原拓，欧阳修《集古录》中已云很难见到了，说明早在北宋期间原刻及原拓即罕见甚至亡佚了。《干禄字书》两经翻刻，却依然保持了"颜体"的风格神韵，实在难得，同时也使这部著作得以流传。

《金石萃编》[①]载碑为两面，一面高7尺8寸5分，一面高6尺9寸7分，宽4尺7寸5分，书分5层，每层33行，行9字，原有篆书额"颜氏干禄字书"六字，但大多拓本失拓，原石立于湖州（今浙江省境内）的刺史院东厅，最后翻刻在四川潼川。传

---

① 王昶：《金石萃编》，中国书店，1985年。

世最早拓本大多为勾咏题跋的宋拓本或明拓本。因是字书，有很大实用价值，故而最后一次翻刻后即有雕版印刷本行世。

所见此拓本的裱本式样大多不是寻常所见碑刻的剪裱本（或蓑衣裱），而是为帖本样的整裱本。

明拓《唐干禄字书卷》，全卷内容包括：颜元孙序言，说明撰写此书的起因及其体例；中为字书内容，按平、上、去、入四声为次，每字包括俗、通、正三体或两体，共收1599字，后为翻刻者勾咏后记。通长1258厘米，纵32厘米，连同前序、后记共384行，行字不等，惜无篆额，字迹基本未损，墨色乌黑，现藏天津市艺术博物馆。

明拓《唐干禄字书卷》

原载《天津日报》1988年11月1日，
原标题《一千二百年前一部字书》

清代天津名书家张霔

明代,天津这座沿海城市已经初具规模,渤海湾天然富饶的盐产,促进了城市的经济发展,也造就了一批商富大贾。到了清代有些商人附庸风雅,追求文化上的享受,遂介入文化领域,他们构筑园林,搜集古物,招揽名士,这种特殊的文化摇篮,也确实孕育了一些颇有成就的文学艺术家。张霔就是其中的一位。

张霔,字帆史,号念艺,别号笨山(一作笨仙),另号秋水道人,生于清顺治十六年(1659),卒于康熙四十三年(1704),是当时著名盐商张霖的堂弟,祖籍抚宁,移居津门。他在官场上不得志,由岁贡生授中书舍人,后累试不第,遂绝仕途。当时张氏门业经商鼎盛,霔独萧然,沉湎于翰墨,于诗、书、画中寻求天地,结交四方名士,投诗唱和,一派超脱清高之气。其堂兄张霖字汝作,号鲁庵,是介入政、商、文的名士,他在政界被劾落职后,以万贯家资,在津筑逐闲堂,延纳南来北往名俊。一些北游之士如姜宸英、赵执信、吴雯、石涛、朱彝尊等人无不在此驻足,咸集雅会,鉴赏古物,琴棋诗画,切磋技艺。张霔就是在这里结识了众多名流,其中尤与石涛为知己。他在这南北文化交往的环境之中扩大了艺术视野,提高了艺术修养和创作水平。

张霔在津三岔河口亦建造园林,作为栖身、专事文艺之地,取名"帆斋"。据《天津新县志》载,他认为"泛舟澉泺,纵目流连,神游物表,盖去繁华之地愈远则赏心之事愈多",故以"帆"字命名。这一方面说明他孤傲不羁、放迹天涯的性格,另一方面也说明他体会到投向大自然的无比乐趣，大自然是他艺术创作的广阔天地。

张霔给清初天津文坛带来了深刻影响。他十五六岁便工诗，豪迈奔放，不拘泥格律，犹如天马行空，不可羁络。与同辈龙震、李友太结为诗友，交往甚密。他的诗作有万余首，著有《绿艳亭稿》、《帆斋遗稿》等。

张霔遗留的绘画已不多见。其书法可从流传的几件作品中看出其风格面貌。他行、楷、草、隶无所不工，诗友龙震曾说他十二岁时即善临钟繇、王羲之的字体，从而打下坚实的书法功底，他的行书遒劲峭拔，苍秀古逸。天津市艺术博物馆收藏有他的小字行书《挽黄子祭文卷》，是为诗友黄鹿碛而作。书于清康熙三十一年（1692），文辞清丽，书法清秀刚健，笔法多由钟、王脱出，又具有自己的风格。他的楷书工整严密，尤精小楷。天津市历史博物馆收藏有他的诗作卷。天津市文物公司收藏有他的一件杂字册，以行草居多，大多为临习之作，信手而书，因而毫无拘谨之态，疏朗宽博，绰约多姿。他的草书淋漓酣畅，挥洒自如。

石涛北游滞留津门期间，与张霔一见如故，情意笃深，对张霔的才艺给予了高度评价，赠诗云："眼中才子谁为是，燕山北道张天津。此时破雪拥万卷，手中笑谢酒半巡。一觞一韵字字真，的真草稿惠何人？羡君颠死张颠手，羡君摧折李白神。赠我双箧称二妙，秋毫小楷堪绝伦。至今停笔不敢和，至今缩手时为亲……"①，石涛把张霔的诗比作李白，字拟张旭，把诗书称为二妙，说明张霔在石涛心目中的地位。张霔还能作擘窠大字，《津门诗钞》记载："先生书法古逸苍劲，人以为宝。城内'无量

---

① ［清］梅成栋：《津门诗钞》，来新夏主编"天津风土"丛书本，天津古籍出版社，1993年。

庵'三字额，系公手书，过者无不仰慕，后为僧换去。"弟子梁洪的诗中亦记载："松下石床长丈余，瓦盆研墨双童苦。清荫满地筤尘虚，十分神气始展舒。卷袖力抄散卓笔，拂素大书擘窠书。方圆流峙形万变，牛鬼蛇神始露面……"① 生动描绘了他卷袖捉笔、尽情挥洒的动人情景。

原载香港《大公报》1990年5月25日

---

① ［清］华鼎元：《津门征献诗》，光绪十三年刻本。

安岐与"安刻书谱"

我们鉴赏古代书画时,常会见到安岐的收藏印记:"安氏仪周书画之章"、"仪周鉴赏"、"安仪周家珍藏"等。对于鉴定书画作品的真伪优劣,这些图章是重要的辅助依据。

安岐,字仪周,号麓村,别号松泉老人。生于清康熙二十二年(1683),卒年不详,但乾隆九年(1744)尚在。祖籍朝鲜,其父安图,事纳兰得势,后寓津经营盐业,遂居津门。家富万贯,在津城曾捐资修城,获得乐善好施的声誉。安岐赋性仁厚,博雅好古,尤喜收藏古物,以其富有的家财,广收历朝名人书画。自信"自髫年以来,凡人生所爱好者,如声色之玩,琴弈之技,皆无所取,惟嗜古今书画名迹以自娱,每至把玩,如逢至契,终日不倦,几忘餐饮"①,道出了他高雅的志趣和爱好。所居津东南"沽水草堂",乃藏弄金石书画之所,名之曰"古香书屋","时人拟之清秘阁,差不愧云"(翁嵩年《沽水草堂》),将其比之于元倪瓒之藏书室,实非过誉。安氏尝于此处雅会同好,鉴古物,赋诗唱和。安岐作为鉴赏家、收藏家中的佼佼者,可与明代项圣谟、清代高士奇相比,凡经他收藏的古书画,大多为稀世之宝。

乾隆初年,安岐将收藏及寓目书画择优编次,分为书法、绘画两部分,汇成《墨缘汇观》一书,著录了上自魏晋、下至元明

---

① [清]安岐:《墨缘汇观》,岭南美术出版社,1994年。

诸多名人书画，为后世古书画的研究、鉴别提供了丰富的资料及可靠依据，至今仍被奉为经典，书中有乾隆七年安岐自序。此书后经端方刊印，广为流传，端方在序中云："安氏素负精鉴，又力能致之，一时所藏遂为海内之冠，间有求其平别者，亦皆罕觏之本，安氏择其精美汇为此录。"书中所记如《魏钟繇荐季直表》、《西晋陆机平复帖》、《顾恺之女史箴图》、《隋展子虔游春卷》等均为罕见之珍品。

在《墨缘汇观》"法书续录"中记有"孙过庭草书书谱序稿"一项，这是安岐于康熙四十五年（1706）由梁清标手中所得又一件著名罕见书法墨迹。

唐孙过庭《书谱序》是唐代著名的书学论著，对中国的书法艺术论述精辟，文辞妙尽，且书写流畅，俊拔刚健，堪称书论、书法双绝，为传世一大佳作。原墨迹由宋至清流传历久，至清代辗转归安岐。在其流传过程中，几经摹刻，最早于宋大观年间，刻于太清楼，此刻拓本至今仅存14页，称为太清楼本，有"宋元祐二年河东薛氏模刻"款者，通称薛刻本，此刻虽不能定其为是否宋刻，但因摹刻较精，字数亦多，故为世重。明代有嘉靖二十二年（1543）曹骖刻本、三十七年（1558）文徵明《停云馆帖》本、万历四十年（1612）陈元瑞《玉烟堂帖》本，清代有乾隆十二年（1747）《三希堂帖》本等。安岐于康熙五十五年（1716）将所得书谱墨迹摹刻上石，早于《三希堂帖》本，即所谓"安刻书谱"。

安岐得书谱墨迹后，如获至宝，在其序言中说"朝夕披对，想见前贤苦心著述垂数千古，其精神贯注，原欲经世行，远使后之学者得所依归"，遂摹刻上石，"虽不敢谓有功后世，庶几不负古人，虔礼有知亦当许我"。

安刻书谱拓本一般分为两册，一册书谱原文，一册陈奕禧释

安刻书谱

文。书谱行款照原真迹,摹刻精致,字迹清晰,为世所重。在摄影、印刷不发达的时代,刻帖传拓,实际也带有出版性质的,故此帖在墨迹影印未流行之时,流传很广,达到了安岐在跋中所讲的刻帖之目的。

陈奕禧的行书释文亦是安刻书谱的重要组成部分。为书谱作释文,宋代即有。清代安刻书谱后亦相继出现,均各有特色。陈奕禧生于清顺治五年(1648),卒于康熙四十八年(1709),浙江海宁人,字六谦,又字子文,号香泉,官云南知府,工书善诗,尤喜收藏,著名当世。康熙四十七年,即逝世前一年,在擢南安知府假道津门赴任期间,被安岐招饮于沽水草堂,陈奕禧曾有诗相赠"……金石考遗文,彝鼎陈满几。无乃薛尚功,汲古等翻水。

似窥清闳藏，熠耀眩眸子。惭予官有程，未尽启包甄……"① 陈奕禧尽览安岐所藏古物。其时安岐出示书谱墨迹，二人鉴赏之余，安岐"因思书家之所以不能人人解者，良由草书未通，辄从疏阔"，故挽请陈停舟为书谱作释文。陈欣然接受，留住十日，为书谱作释文。陈奕禧学识渊博，书法精妙，专法晋人，在书释义时"兼用兰亭、圣教法书"，书体媚劲流畅，显示了他深厚的书法功力，释文也可说是一篇书法佳作。除作释文外，陈还将书谱中的某些关键之处一一作注说明，给后学者以启示。即所谓"将率府谱内婆心传示笔法关窍之处，一一点出"，"率府之苦心经营始得彰明于后学"。

安刻书谱问世后，褒贬均有，有云停云馆本胜安本，或云安本胜停云馆本，还有认为安刻原迹为宋人临本云云，而安岐则因未见其他拓本，只见停云馆本，遂认为该本失真。安岐身后，书谱墨迹及其他古物大部入内府。安刻书谱原石亦几经转手，其初刻拓本应以"沽水草堂"之"沽"字、"政和"小印有无凿损痕为验。后曾出现过许多翻本，虽不及原刻，但也起到了推广流传的作用。

原载天津杨柳青画社主编《天津三百年书法选集》，1993年11月第1版

---

① ［清］朱奎扬等：《天津县志》卷七，清乾隆四年刻本。

谈《苏米斋兰亭考》一书的原稿

被誉为"天下行书第一"的晋王羲之书《兰亭序》,自唐代起即摹刻上石,历代临摹,化身千百,刻本之多、种类之繁,浩如烟海,为流传古书法帖中之最。仅宋代理宗时择其善本即已有117刻,迄至今日,难以数计。有关《兰亭序》的著作,或阐述其书法特色,或分析序文的思想内涵,或考证字迹损泐,或鉴别其拓本的真赝、刻石之先后,连篇累牍,几乎成了一门专门学科,清代翁方纲著《苏米斋兰亭考》就是其中一部重要著作。

考证《兰亭序》历代刻本变化的著作,最早为宋代桑世昌《兰亭考》十二卷,后又有同代俞松的《兰亭续考》二卷,前者由高似孙删定,文句有所减缩,或谓多失原意。而翁方纲《苏米斋兰亭考》则是继宋代两著作之后有关《兰亭序》各种拓本的又一部考据书籍。它内容全面,资料翔实,对研究历代《兰亭序》拓本的种类、流传以及历代字迹的变化特征等均有很高的资料价值。清乾隆四十年(1775)秋脱初稿,因斋壁间有苏轼、米芾书法石刻,故名之曰《苏米斋兰亭考》。至嘉庆八年(1803)覆加校核,补充了一些他后来又看到的拓本,最后定稿。该书有嘉庆八年苏斋精刻本,以后有《粤雅堂丛书》本、《后知不足斋丛书》本、1936年商务印书馆据《粤雅堂丛书》本铅印本等。

天津市艺术博物馆收藏有该书的原稿,由清代乾隆、嘉庆年间著名学者吴荣光收藏并编排,后由道光年间徐松递藏。该原稿共装裱成两大卷。一卷题为《苏斋摹证兰亭神龙派卷》,长

2521.6厘米、宽31.8厘米，一卷题为《苏斋模证兰亭定武派卷》，长1809.5厘米、宽29.5厘米。这两长卷收集了若干种《兰亭序》的"神龙"本及"定武"本。《神龙派卷》中收集了22种：其中石刻拓本6种，墨本临摹14种，另有《兰亭诗》2种。《定武派卷》中收集了23种：其中拓本3种，墨本20种。这些本子均为翁氏自藏及所见拓本或墨本，墨本中有的是双钩，

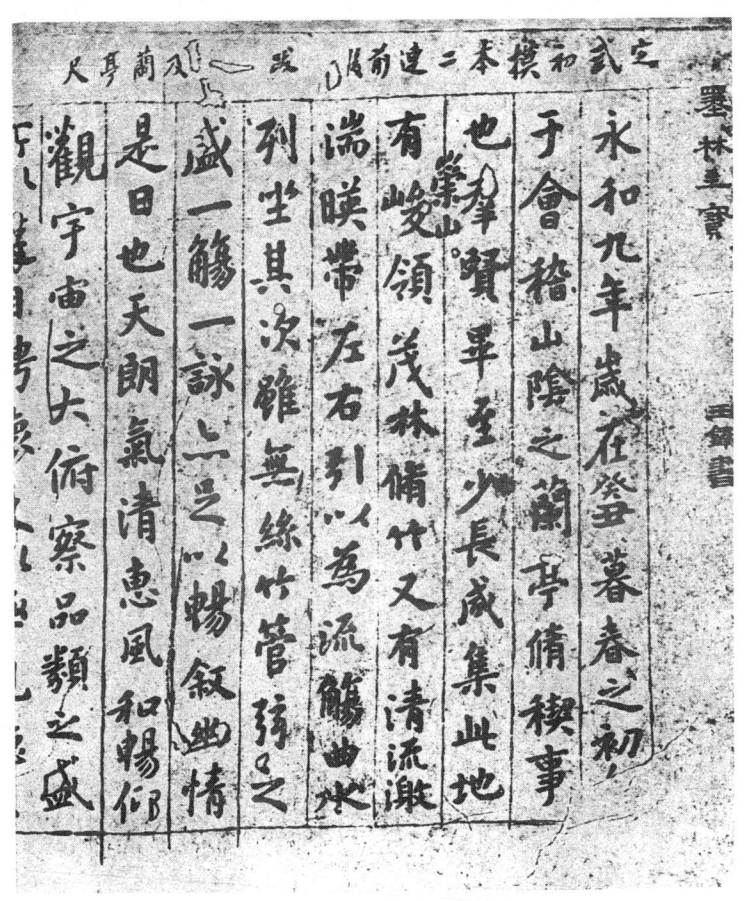

《苏米斋兰亭考》原稿

有的是临摹，拓本为所见墨本的刻本。所有这些本子中有争议及考据的字迹，均着意临写摹刻，并加批注。两卷中收集了几种较为著名的本子，如"神龙"派系中的苏才翁本（原题为"嘉庆三年戊午秋七月十四日借金尚书家兰亭八柱帖第二册苏太简本重模于此"）、《兰亭八柱帖》第三册冯承素摹本，"定武"派系中的《兰亭八柱帖》第一册张金界奴本、赵子固落水本、独孤残本、越州石氏本、国学本、东阳本、程孟阳本、湖州石本。还有一些他所见到的宋拓本。这些拓（摹）本中多处以朱笔圈点、批注，行掛字酌，一笔一点，细加比校。在印刷、摄像技术不发达的时代，翁方纲全以手摹书写，用心可谓良苦，亦可看出他严谨的治学态度。翁氏就是根据这些本子进行认真的对比、分析研究，著成《苏米斋兰亭考》一书的。在各本子中间兼有长跋或说明，经与印本《苏米斋兰亭考》对照，大部吻合，印本所列八卷内容，均可在这些说明中找到，只有一些次序的颠倒及少量词语的不同。两卷另有附件紫檀木尺一件，此尺即翁氏根据赵子固落水本制作的所谓"定武兰亭尺"，翁方纲曾以此尺对帖本的行界、字迹加以衡量。

翁方纲，清直隶大兴人，生于雍正十一年（1733），卒于嘉庆二十三年（1818），字正三，号覃溪，晚号苏斋。乾隆十七年进士，官至内阁学士。善书法，宗法欧阳询、虞世南，其书法度严谨，结字俊秀，骨力遒劲，既有欧书的遗意，亦有自身风貌，为清初四大书家（翁方纲、刘墉、成亲王、铁保）之首。小楷尤精，晚年亦能书蝇头小楷。这两大卷的说明，均用小楷书写，笔意精到，疏密匀称，颇见功力，故而这两卷的说明，亦可称之为翁方纲的书法艺术作品。翁方纲在书法艺术上的成就，和他广博的知识、阅览众多历代古物不无关系。他亦是一位古物鉴赏家，于金石、书画、钟鼎彝器、砖瓦石刻无所不通，尤精于古碑帖的鉴赏考证。于政务之暇，穷力搜求古碑帖善本，宦游所至，博访佳刻，许多著名的碑帖都有他的题跋。当然，有些珍贵拓本或墨本得以观赏，不能不说与他的官衔有关，翁氏也充分利用了这一有利条件。在长期与古代艺术的接触中，他积累了丰富资料，提高了艺术素养，故而有很多的研究著作。除《苏米斋兰亭考》外，他还著有《两汉金石记》、《汉石经残字考》、《粤东金石略》、《瘗鹤铭考补》以及《复初斋文集》等。

原载《书法丛刊》1993年第1期

黄易《得碑十二图》

黄易（1744—1802），字小松，号秋庵、秋影庵主，浙江钱塘人，乾隆五十四年（1789）官山东兖州府济宁运河同知。工隶书，《清史稿·黄易传》[①]云："易承先业，于吉金乐石，寝食依之，遂以名家"，公"家藏精拓双钩锓木。凡四方好古之士得奇文古刻，皆就易是正。以是所蓄甲于一时"。黄易一生，为抢救散失的古碑刻及拓本，丰富我国金石宝库，贡献甚多。《得碑十二图》即是他官山东时访寻碑刻事迹的写真。

该册原为天津著名收藏家徐世章先生故物，徐先生曾将同时收集到的黄易武梁祠画像题签早拓本、汉武梁祠画像残石改制的小砚以及民国年间《得碑十二图》影印本共贮一椟。今为天津市艺术博物馆收藏。

该册12开，纵18厘米、横51.8厘米，纸本，墨笔，一开一图，每图有黄易题识及翁方纲诗跋，翁方纲作序（翁文收入其《复初斋文集》）。

---

① 赵尔巽等：《清史稿》，上海古籍出版社，1986年。

黄易《得碑十二图》翁方纲序

该册图十二幅，记录自乾隆四十年（1775）至五十八年（1793）十余年间黄易在山东、河北等地寻得碑刻、拓本的经过。分录如下（翁方纲诗跋从略）：

一、跋文：

乾隆丁酉八月就选入都，董户部石芝云：曩得汉熹平石经《尚书》、《论语》残字三段，装为一页，置书册间。久寻不得，余屡求弗已，石芝检出见赠。携至翁学士覃溪先生诗境轩，与三五同志快观，莫不羡神物之难遘也。

熹平石经亦称一字经，为东汉末年蔡邕等人为正定经本文字以隶书一体写成，于汉灵帝熹平四年（175）刻石立于洛阳太学前。宋代以来，时有残石出土，并有拓本流传。据《东观余论》载，有唐开元拓本，但早已亡佚，另有翻刻本，如胡宗愈刻于成都西楼，黄迪刻于会稽蓬莱阁，还有越州石氏本。黄易在此图中记载了他于乾隆四十二年（1777）就选入都时从董石芝手中购得《尚书》、《论语》残字三段拓本。据王昶《金石萃编》云，董户部即董元镜,汉军正黄旗人,工分书,尝预修《西清古鉴》,曾为王昶属官,因嫁女无资,故将拓本出让给黄易。此种拓本流传的尚有孙承泽藏本,一说尚有越州石氏本。黄本现藏故宫博物院,据该院马子云《碑帖鉴定》云,孙本亡佚,"现在所存只有黄易于乾隆四十二年购得《盘庚》五行,行五至六字;《尧曰》四行,行六至九字;《为政》八行,行六至十字;皆为宋拓本"。可知黄易所得拓本,绝非翻本。翁方纲曾将此本与孙退谷本及钱梅谿双钩本合刻于南昌府学尊经阁下。

二、图右上角以隶书题"三公山移碑图"。左边跋文：

元氏有封龙、三公、无极、白石诸山。汉碑今惟白石神君一碑尚在。乾隆乙未余客南宫,时吴兴杨鹤洲馆元氏,烦其访碑,得□初四年祀三公山文,书杂篆隶,文复简古,与《隶释》所载光和四年三公山碑不同,盖东汉中叶所刻也。属县令王君治岐移置龙化寺与白石神君碑共存焉。

河北元氏县西北有六座名山,三公山为其一,元人迺贤《河朔访古记》中曾著录,谓在元氏县西北封龙山之下三公山神庙中有碑。又,故宫博物院有熹字本三公山碑拓,有颜光敏印,颜卒于康熙二十六年(1687),可知碑未入土。其后不知何时亡佚。乾隆三十九年(1774)县令王治岐于城外野坡访得。乾隆四十年(1775)黄易客南宫时,适逢三通馆搜求石碑,黄易协助辨识,观其字篆隶相兼,文复简古,与洪适《隶释》所载元和四年三公山碑不同,乃东汉中叶所刻,于是属县令将其移至龙化寺,与白石神碑并立,现存县小学内。此碑首年款首字泐,下为"初四年",翁方纲考为"元初四年"。

三、图右侧楷书题"肥城孝堂山石室图",黄易仿南华散仙笔。左端跋：

> 赵德甫《金石录》云：北齐陇东王《感孝颂》在平阴县小山顶上石室，内刻人物车马，似后汉人所为。余遣工拓视，得"成王相"、"胡王"等标题，永建四年邵善君题名及永康、永兴、延昌、武定、太和、景明、先天等年细刻之字，《感孝颂》后有唐杨杰，石柱间有唐焦昌、宋杨景略等题字。赵氏见画像时不知有标题，盖信勘碑不可不审也。

山东省历县（曾属肥城、长清）孝里铺孝堂山有我国现存较早的东汉单檐悬山顶石祠两间，祠室后有一墓地，祠因墓而建。石祠西山墙外侧刻有北齐陇东王《感孝颂》，该颂刻于北齐武平元年（570），颂中陇东王胡长仁确定该祠墓为东汉郭巨墓。宋赵明诚《金石录》云石室制作工巧，其内镌人物车马，似是后汉时人所为。黄易据此遣工拓视，发现了一些题字。题字最早为东汉永建四年，下至唐宋。这些题字是研究石祠历史沿革的重要文献。黄易的发现是有价值的，可补赵氏《金石录》记载之不足。

四、图左侧篆书题"济宁学宫升碑图"，左边跋：

> 汉尉氏令郑季宣碑，在济宁学宫戟门之东，下段入土。淮阴张力臣释碑时无力出之，深以为恨。乾隆丙午八月，翁宫詹覃溪趣余升碑，因与州刺史别驾成其事，复得下段七十余字，以石柱夹立焉。

汉郑季宣碑《隶释》考为中平三年（186）四月立，碑阳残泐且距墙近，无法传拓，早期拓本大多只有碑阴。翁方纲绘图考字甚详，他与张力臣见碑下部为土所封，深以为憾。黄易乾隆五

黄易《得碑十二图》之四

十一年（1786）为卫河通判时，翁方纲促其升碑，黄易遂与州刺史将碑移动，去掉下埋之土，得下段70余字，此谓升碑。故宫博物院藏有升碑时初拓本，上有济宁令刘永铨朱书监拓，翁、黄二人题跋。

五、图右上端隶书题"紫云山探碑图"，左边跋：

乾隆丙午秋，见《嘉祥县志》云，紫云山石室零落，古碑有孔，拓视乃汉敦煌长史武斑碑及武梁祠堂画像。与济宁李铁桥、洪洞李梅村、南明高往视，次第搜得前后左三石室，祥瑞图、武氏石阙、孔子见老子画像诸石，得碑之多无逾于此，生平至快之事也。同海内好古诸公重立武氏祠堂，置诸碑于内。移孔子见老子画像一石于济宁州学明伦堂，垂永久焉。

嘉祥紫云山访得武氏祠并重建武氏祠堂是黄易访碑历程中的重要事件，被黄易称为"生平至快之事"。翁方纲云"视洪适所著功善倍之"。武梁祠为汉代武氏的家祠，其中的画像刻石是我国传世汉刻石中比较丰富和完整的作品之一。《金石录》、《隶释》均有载，宋元以来散落殆尽。有拓本传世，清朱彝尊见过所谓唐拓本。黄易于乾隆五十一年见山东嘉祥县志记载有武斑碑及武梁祠画像，于是与李铁桥、李梅村等人访得，先后获得40余石，将祠堂内石刻进行了清理，重立武氏祠堂，将老子见孔子画像一石移至济宁州学明伦堂。黄易以访得后的初拓本易得朱彝尊所谓"唐拓本"。"唐拓本"现藏北京故宫博物院，经该院马子云先生鉴定，实为宋拓本。今传世拓本题签条数不一，天津市艺术博物馆藏有武梁祠画像题签拓本约190条，有黄易印记，为乾隆年间拓本。

六、图左侧楷书题"金乡剔石室之图"，左边跋：

金乡城北王广文茔左石室，相传是东汉扶沟侯朱鲔之墓，室中人物刻像颇有画法。孔户部荭谷曾拓数纸。河患室淤，余属县令马君于荟剔出，末幅有朱长舒等字，下有八分，四已磨泐，隐隐似"汉朱氏鲔"等字。

《水经注》、《梦溪笔谈》、《济宁州志》等记载金乡县西三里

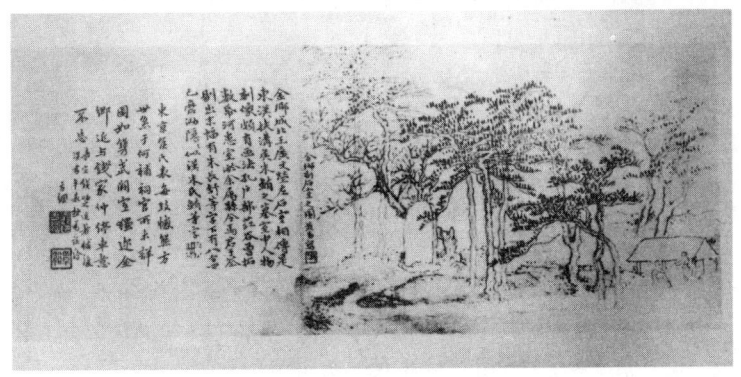

黄易《得碑十二图》之六

有汉朱鲔墓石室，但久寻不得。后黄易得石室画像拓本，辨出数字，确为朱鲔墓，属县令清理出来，为补史之阙提供了资料。惟毕沅《山左金石记》①认为画像"颇类唐宋人画法，或是扶沟后人追崇先世而作"。

七、图左上角隶书题"良友赠碑图"，左边跋：

> 历城王古愚先赠余凉州刺史魏元丕、庐江太守范式二碑，是泰安赵相公家物，签题曰"汉碑十"，知不止一册。武功张君荫堂来刺济宁。赠余聂氏剑光所收成阳灵台、幽州刺史朱龟、小黄门谯敏三碑，与魏范二碑装潢悉同，延津剑合亦奇事也。

魏凉州刺史元丕碑（汉光和四年）、魏范式碑（青龙三年）、汉成阳灵台碑（建宁五年）、汉谯敏碑、汉朱龟碑，世称黄小松所藏汉碑五种，现藏故宫博物院。上海有正书局曾石印一函装。元丕碑，原石已佚，拓本罕见，实为孤本；范式碑宋以后断而入土，乾隆年间再次出土，黄易所得本为未断、入土前宋拓本，额与碑身完好，碑文完整；汉成阳灵台碑、汉谯敏碑、汉朱龟碑虽为翻刻本，亦属少见。

八、图右上端隶书题"晋阳山题壁图"，左边跋：

> 济宁晋阳山慈云寺，六朝古刹也，就山凿佛，座旁开皇元年刻字，壁间多汉人画像，寺后石壁有薛子岫等摩崖大字，并唐晋阳精舍碑，周广顺二年及宋元诸刻。

---

① ［清］毕沅：《山左金石记》，罗振玉辑"历代碑志"丛书本，江苏古籍出版社，1998年。

石壁刻碑形，上作垂虹，尚未勒字。余屡过此山。癸丑四月刻八分四行于上寺东壁间。得宣和甲辰钟金直、晁决道等题名，山下获元刘赓书，盖荣妻许氏墓碑，皆奇伟可观。

晋阳山在济宁城西30里，上有六朝古刹慈云寺，黄易任运河同知时屡过此地，收获颇丰。《济宁县志》① 有记载："运河同知黄易数至晋阳山，访得汉人画像、隋人造像、崖刻、唐晋阳府君精舍碑、宋钟金直等题名及金元碑于山上慈云寺中。"

九、图左侧隶书题"两城山得碑图"，左边跋：

济宁两城山诸兰若间，往往有汉画像，惜无一字，疑是地必有古碑。乾隆壬子四月间水泗滨，因物色之于道旁，得朱君长三字石刻，隶书古拙，汉迹无疑，移置州学存之，江侍御秋史以为东汉初时所书。

两城山位于济宁东南50里处，《水经注》有载。"朱君长"一石隶书三字，由黄易发现并移至济宁州学，翁方纲等人刻跋，无年代，诸多跋语定其为汉代。虽只三字，但字形无拘无束，自有风采，评者认为颇类曲阜两《坟坛》笔意，翁方纲曾云此三字"不著时代，然真汉隶也，以书势自定时代而"。在碑学大盛之时，"朱君长"的独特神韵，使人耳目一新，备受时人推崇。

十、图右侧楷书题"嘉祥洪福院拓碑图"，黄易学筱饮山人笔。左边跋：

洪氏《隶续》（云）李刚等石室在巨野诸境，遣工屡访，

---

① 潘守廉：《济宁县志》，民国十六年铅印本。

得汉人画像不少，惟嘉祥洪福院佛座下一石有成王、周公、鲁公字，与洪氏所载不同，未知何室之石。其旁及戏楼下各有画像一石，惜无题字。

黄易访得汉画像及题字甚多，他曾将画像拓本寄赠王昶。《金石萃编》有著录。王昶跋记云："按以上诸画像拓本皆钱塘司马黄易所贻，今依原石题榜摹其文如右，忆甲寅、乙卯间司马所贻汉刻画像有二十余种。"以下记拓本的数量及出处，其中有曲阜，济宁的普照寺、李家楼、晋阳山、两城山，嘉祥的华林村、七日山以及汶上县、新泰县、邹县等地。可见黄易在济宁地区走遍山山水水，其艰辛可谓至极。

十一、图右下侧楷书题"祷墓访碑图"，小松写于秋影竹庵。左边跋：

济宁潘恬庵先生癖嗜金石文字，令天长时，同陈恪勤公出焦山《瘗鹤铭》于江中，著《金石文字分省钞刻》、《张力臣济宁学宫碑释》。余生也晚，每恨未见其人。先生为中丞公次子，祔葬冢右，绰楔"山高水长"四大字，何义门书。中丞墓碑，汪退谷书，先生自为墓志，郑居实书。茔东元任城郡公扎忽儿解墓，有赵世延碑。乾隆癸丑清明节，余同何梦华携儿子元长拜先生之墓，余默祷曰："我辈好碑，与公同志，愿公神祐，庶有所获。"未几何，梦华得汉孔君碣于曲阜，余得汉画像标题周王、齐王等石刻于嘉祥隋家庄，移置洪福院，先生之灵可谓昭昭矣。

黄易广结金石友，切磋学术，可见当时金石学学术风气之盛。济宁潘恬庵为黄仰慕，其名兆遴，字恬公，号恬庵，兵部侍郎潘士良之子，墓地在济宁北满家庄。潘公9岁能文，康熙二十九年（1690）为天长知县。书座右铭云："最近人情偏执法，但循天理不沽名。"历盱眙、泗州皆有善政，平生好古博学，多有著作，61岁自为墓志铭，后六年而卒。其叔潘士美、潘士谦，皆为名士，潘氏一族在当时当地为名门望族，颇有声誉，故黄易拜谒墓地，以了未晤之憾。

十二、图右上端隶书题"小蓬莱阁贺碑图，钱塘黄易写于济宁官舍"。左边跋：

乾隆癸丑十月十有九日，余马齿五十之辰，戚友咸集，余避喧泗河，遣工拓碑，得熹平二年半碑于曲阜东门外，喜极命酒，邀李铁桥醉赏，同志者闻之共来作贺。时，阮宫詹芸台按试曲阜求其移碑，颜氏与竹叶碑共存焉。

乾隆五十八年（1793）黄易五十岁生日时在曲阜东门外访得熹平二年（173）残碑。曲阜在西汉时为鲁国境地，该碑对研究当地历史人文极有价值。阮元按试曲阜时，将此碑移至孔庙并刻跋语。此图为十二图之最后一图，是黄易北归后所作。

原载《文物》1996年第3期

黄易初拓《汉武梁祠画像题字》册

天津市艺术博物馆收藏的古砚闻名遐迩，这些古砚绝大部分是天津古文物收藏家徐世章（1889—1954）捐献的。徐先生收藏古砚的一个特点是常把与砚上铭者、藏者相关的其他资料诸如书画、书籍、著录、墨、印章等搜集在一起，同储一椟，砚为主，其他为附件。如明王宠款的砚附件是王宠草书卷；黄易铭端砚的附件是黄易《得碑十二图》；黄易武梁祠残石刻砚附件是《汉武梁祠画像题字》拓本。这种收藏方法为后人鉴定工作提供了充足依据，往往附件本身的文物价值不仅可与砚相提并论，甚至还要大大超过。

作为黄易武梁祠残石刻砚附件的《汉武梁祠画像题字》拓本，是一件不可多得的黄易初访武氏祠所拓拓本之一。题字册共收194条，是收录题字较多的拓本，其中包括武梁祠画像题字85条，祥瑞图题字36条，前石室题字63条，左石室题字10条，此外，另有黄易发现题记拓本1条，"汉画室"印章及边款拓本1条，上述拓本装裱在长25厘米、宽17.2厘米的册子上，计25开。首身为名家题签，计有莫友芝（1811—1871）、吴大澂（1835—1902）、杨岘（1819—1896）、赵之谦（1829—1884），另有罗振玉（1866—1940）收藏章"梦艳草堂"，黄易印记"汉画室"、"黄"、"黄易之印"等。册中考跋多处，前半部为俞樾（1821—1907）所书小楷，后为沈树镛（1832—1873）所书小楷。考跋内容为字迹损泐考证及字义考证。沈树镛一则题记有"同治

武梁祠画像砚背面刻像拓片

癸亥秋八月得此黄氏小蓬莱阁旧藏初拓本于都门汉石经室珍藏"之语，得知沈氏于同治二年（1863）收藏此帖。

武梁祠为汉代武氏的家祠，其中画像刻石是我国传世汉刻中比较丰富和完整的作品之一，宋代赵明诚《金石录》即有载，后洪适《隶释》、《隶续》，刘球《隶韵》等均有载。其武梁碑立于东汉元嘉元年（151），元、明间湮没土中，既无著录亦无拓本，至清代黄易（1744—1802）于乾隆五十一年（1786）于山东嘉祥紫云山访得。黄易在他所绘制的《得碑十二图》（天津市艺术博物馆藏）中的《紫云山探碑图》一则的题记中云：

乾隆丙午秋，见《嘉祥县志》云，紫云山石室零落，古碑有孔，拓视乃汉敦煌长史武斑碑及武梁祠堂画像。与济宁李铁桥、洪洞李梅村、南明高往视，次第搜得前后左三石室，祥瑞图、武氏石阙、孔子见老子画像诸石，得碑之多无逾于此，生平至快之事也。同海内好古诸公重立武氏祠堂，置诸碑于内，移孔子见老子画像一石于济宁州学明伦堂，垂永久焉。

将武氏祠的发现及重立情况述之甚详。翁方纲在上述题记旁跋曰：

紫云山荦确，辘轳想车声。两度城隅宿，犹虚石室盟。幅缣曾凤诺，携手得同行。岂独还丹约，南池啸侣情。予在江西初见秋盦以此幅画稿见寄，辄思置身其中，欲倩秋盦为作一帧，及来山东，两至嘉祥，而以行役有程，不及入山践此胜约，为可憾也，故因题此而附识之。方纲试晴邨所贻乳毫。

黄易访得武氏祠是受到同好们的关注的，精于金石碑板研究又与黄易有金石之交的翁方纲，在《得碑图》上逐篇作了诗跋，此为其一。

关于武氏祠的拓本，康熙四十三年（1704）朱彝尊（1629—1709）曾在马氏衍斋书屋见过"唐拓本"，后辗转流传，黄易访得武氏祠后，则以初拓易得，该册现藏故宫博物院，据马子云先生鉴定实为宋拓本。

黄易访得武氏祠后曾拓数本，每份数量各有不同，亦不齐全。流传至今者，亦属凤毛麟角，故天津市艺术博物馆所藏上述题字拓本，亦属珍贵之品。

艺术博物馆所藏此册题字拓本，前后墨色稍异：前半部墨色浓郁,不像是初拓,因初拓时墨气尚且不佳;后半部墨色略逊,应是初拓,两者合一,可能是配本或补拓。其字迹损泐情况:"蔺相如赵臣也","蔺相"二字无,"如"字尚存"口"部,"赵"字存右半;"王胜王者"只存"王者";"王发"二字不损;"蔡叔度"三字稍损;"此秦王"不损;"公子无囗","无"字损;"获于楚陵","获"字草头泐;"义子陈留黄外兄"下半泐等。据此可知,此拓介于乾隆至嘉庆之间。

册中诸多跋具有一定的学术价值。这些跋语有的是对字义的考释,有的是对拓本字迹的考证,有些跋语纠正了前人谬误。跋语从"伏戏仓精初造王业",至"县功曹",有俞樾考释七处,如"伏戏仓精初造王业",注曰:"'王业',洪氏、史氏皆作'工业',然观拓本实是三画中之王。翁氏谓是'王'字,非然也。孔子赞《易》叙述上古首云'伏羲氏之王天下也'。然则此云'伏戏初造王业'正合《易》义,如谓'王业'非太古语,则孔子之言先不古矣,仍当作'王业'为允。樾记。"俞樾,道光三十年(1850)进士,历任编修,终身从事学术研究,为清代著名经学大师,他的批注颇有价值。沈树镛的跋语大部分在后半部,计十五处,如祥瑞图第一石第二条拓本字迹不清,注曰:"《萃编》云此榜二行,惟存首行末一字'息'字,余阙。今以拓本谛审第二条下二字乃'则至'二字,小蓬莱阁金石文字中此榜释文亦阙。郑斋。"前石室第四十二条"王发"二字清晰,注曰:"近拓'王'字全泐,'发'字仅其中。辛未九月校读附记。"沈树镛,字均初,号郑斋,咸丰九年(1859)进士,精鉴别,曾与赵之谦合著《寰宇访碑录》,对碑帖鉴定深有造诣。

武梁祠画像题字均为小字,字数多寡不一,用笔篆隶相间,似为无稿上石,笔意刀工,融为一体,具有浓厚的金石兴味。这些题字当出自工匠之手,字形不拘一定模式,风韵古拙,无拘无束，而字多者又不疏散，较之同时期的《石门颂》、《乙瑛碑》等宏碑巨帙，别有一种书法美。

与此册同时传世的黄易以武氏祠残石刻制的小砚，亦与武氏祠画像题字有关。砚面右上角铭："汉武氏石室碎石柱因材为研，补刻缺字。黄易。"砚四侧分别摹刻了四则题字损泐情况："此亭长前石室'此亭长'三字今缺"；"'蔺相如，赵臣也'，武梁祠像初拓本'蔺相'二字尚露"；"公子无获于外黄兄左石室今少'无'、'兄'二字，'获'字已损"；"'天王舟王胜祥瑞图'今少'舟王胜'三字"。此砚亦可能不是与拓本同出，但上述摹刻确记录了几个关键性的题字损泐情况，弥补了拓本的不足，对武梁祠题字拓本的研究亦是有一定参考价值的。

原载《书法丛刊》2000年第2期

从砚铭看清代书法

中国古砚上的铭文是砚雕的一部分。砚铭,可雕刻在砚额、砚边、砚侧、砚背等非磨墨处。书体有金文、甲骨、真、草、隶、篆、行,既有古代碑帖石刻的仿刻,也有名人名家手笔,加以精湛的刀笔,书法美与砚雕美融为一体,可谓美妙绝伦。它具有历史资料、书法艺术、雕刻工艺等属性,文辞可长可短,内容亦文亦诗,形式或散或韵,或言志寄情,或记事抒怀,不拘一格,是文人砚的一大特色。好的砚铭可以增加砚台的儒雅气质,反之则降低它的身价,伪刻则令人厌弃。

河南省南乐县出土的汉双盘龙三足石砚,砚边缘铭文长达40余字,有纪年、官级、砚值,在诸多古砚铭中,文字之多、内容之详、年代之久,实不可多得①。明清时期,砚铭的铭辞内容、篆刻技法、章法布局发展到了极盛。

在砚台上刻铭者,上起皇帝下至一般百姓,不同职业、不同阶层的人物均有,具有广泛性。对于书画家来说,砚台是他们须臾不可离之物,他们用砚、藏砚、铭砚,难免在砚上留有笔迹。在一定程度上,砚铭书法可以反映一个时代的书风书貌,成为鉴别砚台时代的辅助依据之一。

清代书法是帖学与碑学交替发展的时代,从这些砚铭中可窥见当时书坛风貌的这一侧面。

---

① 参见《中原文物》1984年第2期。

被称为"天下第一行书"的《兰亭序》,为书圣王羲之的佳作,千载传颂,曾多次作为砚铭见诸砚端。宋代就有兰亭砚问世。至明清帖学盛行时期,其势有增无减。这些兰亭砚有的配以兰亭雅集的图景,雕刻有致,文图相映,也有的不刻人物图景,其序文有工匠镌刻者,也有出自名家手笔者。如清兰亭合璧端砚(天津艺术博物馆藏),砚两侧分别由翁方纲及汪由敦缩临兰亭序全文。汪由敦(1692—1758),工馆阁体,其书酷似乾隆帝,故常为帝代笔,翁方纲在评价其小楷时说:"纤逾植发,而无一笔不应规入矩,且于庄重之中出以冲和渊秀之致。"给予高度评价,其他砚铭上亦曾见过他的笔迹,但均无此兰亭序之神采,此缩临本,以小见大,是一件书法佳作。

乾嘉时期金石学大兴,许多学者著书立说,寻访碑刻,搜集古拓。清代砚中有些以古碑碣残石、砖瓦改作为砚,可见秦汉原迹,亦显文房用具之高古。有的是以古碑刻作为摹刻图案,如著名的百汉碑砚,是南昌万承纪(1766—1826)以家藏汉碑拓本,请名刻手王子若(1788—1841)刻,每一砚背缩刻一碑,可谓鸿篇巨帙,洋洋大观。所刻形象逼真,不爽毫发,实为碑刻与砚刻融为一体的典范。清代学者阮元督刻的汉华山碑缺字巨砚(扬州博物馆藏),刀法精湛,书体逼真,不仅是华山碑的研究资料,也是书法雕刻的艺术品。其时碑学之盛可见一斑。

馆阁体是科举制度下形成的一种书体,字体要求方正、光洁、整齐划一,虽然缺少韵味,但由于它端庄秀美,作为砚铭的书体,容易出艺术效果,故而砚铭中有许多这种书体,大小字均有。如清观瑞(乾嘉时人)铭端砚(天津艺术博物馆藏),砚背刻先父经历,长篇累牍,小楷书体隽秀,刀笔一丝不苟,书者、刻者均为高手。字体稍大一点的如纪昀铭志爨婢端砚(藏者同上),砚背刻3行共14字,其馆阁体的特点更加明显。

以隶书体镌刻铭文也比较多见,这些隶书铭文虽不都是名家手笔,但也可以看出当时隶书由唐隶直溯汉碑的一些踪迹。

朱彝尊(1629—1709)。精通金石,在推动碑学兴起中起到巨大作用。他多年临写曹全碑,藏砚、铭砚传世较多,真伪相杂,砚铭多为隶书,长篇、短句均有。具有曹全碑字体的砚铭亦可在其他砚中见到,如清李簧铭蕉叶端砚(藏者同上)。与王时敏(1592—1680)、郑簠(1622—1693)隶书体相仿佛的如梅林珍藏端砚、德不孤端砚(藏者同上)等,有的字形结体拙重,真率质朴,有的笔意飘逸,捺笔上挑。这些隶书铭,反映了朱彝尊作为清初三隶之一的风范。

还有一些书画家的砚铭,在砚铭中亦占有一定比重。

高凤翰(1683—1749),不仅是一位书画家,也是一位篆刻家、藏砚家。他编《砚史》,自书自刻165方,并镌铭跋。其书大多为行草或隶书,参差跌宕,逸而不狂,有的还是他右手疾废时所书刻,参以隶笔,苍茂浑朴,神韵奇趣。

扬州八家之一金农(1687—1764),笔者曾见他铭砚几方,中有一方大端砚(天津艺术博物馆藏),砚背有金农小像及乾隆己未(四年,1739)铭。金农生平喜收藏金石文字,并精鉴别,尤爱古砚,藏佳砚120方,自号"百二砚曰富翁"。《冬心先生集》①中附砚铭一卷,收砚铭95条,他在序中云:"予平昔无他嗜好,惟与研为侣,贫不能致,必至损衣缩食以迎来之,自谓合乎岁寒不渝之盟焉。"从上述大端砚铭的隶书铭可以看出金农书法所具有的古拙奇特的艺术风格,每个字笔画方正,刚劲有力。

梁同书(1723—1815),是与刘墉、王文治并称的清代著名帖学书家。他的书法宗法唐宋,所书出入有法,功底深厚,具有

---

① 收录于《清人别集丛刊》,上海古籍出版社,1979年。

浓厚的书卷气。他在一方永和九年砖砚背书铭，行书四行，其砖因是兰亭集会之年遗物，又因有梁同书作铭，故而声名大噪，曾著录于《金石契》等书中，其砚铭为嘉庆九年（1804），时年82岁，虽是晚年，而无苍老之气，圆转秀丽，徐疾有致（藏于天津市艺术博物馆）。

翁方纲（1733—1818），精于金石碑板之学，其书悉心追摹古人，谨守法度，功力笃深，为清代著名四大书家之首。他所铭跋的古砚，大多与金石碑刻有关，流传亦较多。前面提到的他与汪由敦合摹兰亭序端砚，蝇头小字，一丝不苟，翁方纲素以蝇头小楷驰名书坛，此铭可见一斑。另有跋《瘗鹤铭》端砚，均可看出他的书法特色，笔画丰腴，外柔内刚，颇具唐人风范。

清晚期的赵之谦（1829—1884），笔者见到两件与他的砚铭比较接近的，因为他精篆刻，其铭可能自行操刀，即便由别人代刻，他也会严格要求。所见两铭可以看出其汉魏书风，浑厚雄重，方劲坚实，刻在砚石上更具金石意味。

吴昌硕（1844—1927），清末著名书画家。他在苏州期间，结识了虞山诗人沈石友，曾为沈石友刻砚铭百余件，包括真、草、隶、篆、行，各种书体，人物小像，内容丰富，可见吴昌硕书画、篆刻之功力。沈石友将这些砚铭集成《砚品录》出版，近年上海书画出版社已再版。

谈了上述这些铭刻，读者也许会对铭跋的真伪产生怀疑，这里附带简单说一下。砚铭有的是收藏者、使用者本人所刻，一些篆刻家就大多自行操刀，但大多数是请工匠代行刀笔，铭款者只是督刻。历史记载中有许多刻砚名家，如清初顾二娘，当时著名藏砚家黄任就是请她制砚。对于这些由匠人代行刀笔的砚铭，工匠的文化修养、雕刻技艺就决定着铭刻水平的优劣。今人还提出与所付酬金不无关系。好的铭刻如刻帖一样，有仅下真迹一等之效果，反之则粗劣不堪。那么如何判断其铭刻的真伪呢？根据笔者多年观察，以下几项应予注意：首先铭款人所处年代要和砚形年代统一，后代人可铭前代人砚，可说明砚的流传经历，而前代人决不能铭后代砚，如清代砚不能出现唐代人铭款。如果在同一时代，并署有年款时，还要看是否与铭者生卒年代相符，不能出现铭者未出生、年幼小或已去世的年代。字形要与铭者其他作品如书法、绘画上的字形大体一致，不能差别太大。这些条件都具备，还要看看字口是否生涩刮手，砚体有无包浆，如果存在这种现象，则必为后刻。

原载《第三届中国书法史论国际研讨会论文集》，
文物出版社 1998 年 9 月

碑拓漫谈

颜真卿《郭家庙碑》

颜真卿《郭家庙碑》拓片

郭家庙碑,是唐代名将郭子仪为其父郭敬之所立,故亦称郭敬之碑。碑文由颜真卿撰并书,楷书,唐广德二年(764)刻,30行,行58字,原碑现存西安碑林。

颜真卿,字清臣,今陕西西安人,唐开元进士。入京后历任要职,与郭子仪父子同为维护唐王朝安定统一的重臣。而颜真卿在书法方面的成就几与其政绩等同,他突破了初唐以来二王所笼罩的书坛,创造出具有时代风格的"颜体",是继初唐的欧阳询、虞世南、褚遂良等人之后的具有革新精神的书法家。

颜真卿遗留下的书法作品主要见于碑板,约70余种。从这些书法中我们可以窥见"颜体"形成和变化的过程。早期代表作是44岁所书《多宝塔碑》，结构严谨，转折方峻，显露出魏晋遗风；中期代表作有庄严厚重的《离堆记》、清劲朗畅的《郭家庙碑》等，可以看出"颜体"在变化中逐渐形成，用笔已由方为圆，横轻竖重，形成了自己的风格；晚年的《八关斋》、《大字麻姑山仙坛记》、《颜家庙碑》等丰满朴拙，雍容敦厚，"颜体"已趋成熟和老练。

《郭家庙碑》为颜真卿56岁时所书，属于中期作品。全碑疏朗雄秀，与晚年《自书告身》相近似，既不同于早期的稚嫩，又不同于晚期的老辣；既含有早期书法的间架模式，又含有晚期书法的用笔雄重，可谓"颜体"形成过程中的承上启下之力作。

《郭家庙碑》宋代已见著录，宋赵明诚《金石录》有载。早拓本流传不多，所见多为明拓本。明代时，碑石尚且完好，清时石面已有泐痕，碑文后有嘉庆年间赵怀玉等人观款。近年碑面则多细石花似蜘蛛网。

天津博物馆所藏此拓本分为上下两册，锦面清装裱，原为王紫祯先祖得于甘肃，1941年为天津甲骨文研究家王襄先生所得。拓本虽经多次揭裱，但字口尚且清晰，不失原貌，铭词内"肇允乎虎土"之"乎虎"字、"芝馥兰芳"四字皆清晰，应为宋元间之拓本。王襄逝世后，其后人捐赠给天津市艺术博物馆。

武则天书《升仙太子碑》

中国古代女书法家不乏其人，而书碑者寥寥。唐代有两人，即武则天书升仙太子碑（699），房璘妻高氏书石壁寺铁弥勒像颂（741）。武则天在唐高宗李治去世后从儿子李旦手中获得皇位，其在位期间功过自有历史评说，而她所遗留下的《升仙太子碑》却成为中国女性书碑的鼻祖。

唐圣历二年（699），武则天游嵩山，过缑氏县的缑山（即今河南偃师县南）。该山孤峰独峙，风光无限，并有王子乔庙，武则天有感于仙人王子乔的事迹，于是书《升仙太子碑》。碑高1丈7尺余，宽6尺余，有额有阴，额为武则天书"升仙太子之碑"六飞白大字，阳为武后书登封时事，行草33行，行66字。阴为薛曜书武则天《游仙篇》及从臣题名，另有钟绍京等人题字。

王子乔（或王子晋），为周灵王太子，本姓姬，一说因直谏被废为庶人，一说他好音乐。尝吹笙，作凤鸣，在游历伊洛时被道士浮丘生接上嵩山，拜师学道三十余载，后托桓良告家人，约定七月七日在缑山相见。至期，王子乔骑白鹤驾云飞来，家人可望而不可即，王子乔举手向人们致意，徘徊数日方去。当时遂为王子乔立祠于缑氏山。由汉以后，学仙者多以王子乔为楷模，在河南伊洛地区极为盛行，常见于各种壁画、神话传说中。

武则天曾借助佛教临朝称帝，以洛阳为神都，建大云寺，造大云经，附会说她自己是弥勒佛转世。《金石录》①说："是时张易之、昌宗兄弟方有宠，谄谀者以昌宗为子晋（乔）后身，故武后为葺其祠，亲铭而书于其碑。"武则天既自认为弥勒转世，那么她的宠臣为王子乔转世应是顺理成章的了，此举也应为她维护皇位的措施之一。

武则天生于新兴显贵之家，14岁入宫，通晓文墨。据记载，她于称帝后的万岁通天二年（697）得到王羲之后裔王方庆进奉家藏世祖墨迹，日夕临摹，深得王氏笔法精髓。《升仙太子碑》字体婉转隽永，典丽姿媚，略有章草笔意，可以说是一篇书法佳作。碑中使用了她当政期间改写的一批新字，如丙（天）、坴

---

① ［北宋］赵明诚：《金石录》，中国书店影印本，1985年。

（地）、🗙（日）、🗙（月）等，可资考证。

碑额"升仙太子碑"六字，笔势飞举，字画中空，即所谓"飞白体"。飞白书为东汉蔡邕所创，据说蔡邕见匠人修饰鸿都门时用扫帚以白垩成字，遂有所悟，归而作字即飞白书。

欧阳询书《九成宫醴泉铭》

唐太宗李世民于贞观初年，曾在他避暑的九成宫（在今陕西邻游县）发现了一道泉水，"其清若镜，味甘如醴"，认为是一种祥瑞的征兆，于是命大臣魏徵撰文，欧阳询书写，立了一块碑石，名为《九成宫醴泉铭》。

书写者欧阳询是初唐著名的书法家，字信本，潭州临湘（今湖南长沙）人，官至太子率更令，故世称欧阳率更。他生于南北朝时期的陈永定元年（557），卒于唐贞观十五年（641），他的书法与当时的虞世南齐名，二人与褚遂良、薛稷合称为初唐四大书法家。

欧阳询生活的年代，正是我国书法艺术蓬勃发展的时代。他的书法学王羲之，并博采南北朝方体字的特点，吸收前人的笔法并有所发展，形成了欧体字险峻严谨、修长挺拔的风格。他写的《九成宫醴泉铭》与另外两碑《化度寺邕禅师塔铭》、《皇甫诞碑》，被称为欧书三大杰作。欧阳询写《九成宫》时已75岁，可称之为晚年之笔。由于这篇碑文是奉皇帝之命所书，因而自始至终一丝不苟，疏密有致，欧字险劲稳健的特点表现得更为突出，每个字的点、画、横、竖，力图突破横平竖直的规范，但在整体上却稳重坚实，被历来书法家评为正书第一。

《九成宫》的碑石由于久经捶拓，表皮损坏，字迹变细，一些字甚至完全剥落，已经失去了本来面目。现在国内收藏的宋拓本已寥寥无几,为墨拓珍品。

撰写碑文的魏徵是初唐有名的政治家,突出的谏臣,唐太宗曾把他比作"镜子"。《九成宫》碑文最后以"居高思坠,持满戒溢"作为结尾,表现了魏徵敢于"犯颜直谏"的鲜明性格。今天,我们在欣赏欧阳询书法艺术的同时,认真玩味一下碑文,也是不无教益的。

韩慎先与《寒切帖》

十一月廿七日羲之报得十四十八日二书知问为慰寒切比各佳不念忧劳久悬情吾食至少岁劣力因谢司马书不□□羲之报

——唐　摹东晋王羲之草书《寒切帖》

此帖纵 25.6 厘米,横 21.5 厘米,纸本,计 51 字(重文一处)。后有明董其昌跋:"右军真迹传世不多,唯吾乡陆文裕公家《半月帖》,吴门王恪家《此事帖》与此三耳,所谓山阴衣钵,非具眼者不可与传也。"明娄坚跋:"此右军《二十七帖》为长州韩宗伯收藏,去年春始获见之,今又从辰玉内翰索观,寻绎再三,往往得其异趣,真可谓从容中道者。米元章云:'世人以努张为筋骨,不知不努张自有筋骨焉。'余幸得再睹神物,益信此语之妙解。"帖中有僧权押字,"绍兴"、"内府秘画之印"、"高阳李蔚"、"王氏元驭"、"锡爵"、"王衡"、"王辰玉氏"、"王时敏印"、"逊之"、"坦园"等收藏印记。此帖曾刻入《淳化阁帖》、《大观帖》、《澄清堂帖》、《宝贤堂帖》等。1958 年入藏天津市艺术博物馆,原为册页,后裱成手卷。经专家审定,定为唐代钩摹墨本。

从诸多印记及跋语可知，此帖曾收藏于南宋绍兴内府，后经明韩世能及王氏家族王锡爵（字元驭）、子王衡（字辰玉）、孙王时敏（字烟客）三代收藏，后归李蔚等人。娄坚和董其昌与王家交从过密，得以观赏作跋。可谓名家递藏，流传有绪。

　　王羲之是中国书法史上极富创造与革新精神的一代宗师，对后世影响极大。由于年代久远，王羲之的真迹早已亡佚。今天我们所能见到的王羲之书法，一种是法帖摹刻拓本，一种是钩摹的墨本，前者多于后者。拓本，虽然也是从原迹摹刻而来，但经过刊刻、传拓、装裱等多道工序，失真的成分较多，而钩摹的墨本是直接从原迹上钩勒填墨而成，因此比较接近原迹。目前传世的唐代钩填本屈指可数，据启功先生《唐摹万岁通天帖书后》[①] 一文中初步统计："现存的摹本中，可信为唐摹的，至多不过九件。"有的尚在海外，《寒切帖》名列九件之中。九件中尚有一些不署"羲之"款识。因此，《寒切帖》的珍贵，首先在于它是国内为数不多的唐摹本之一，而且有"羲之"款识，同时经过名家递藏，来源清楚。当然，其书法艺术价值自不待言，它可以使我们领略到王羲之书法的艺术风范，它是一通书札，因此书体从容随意，而又不失精工法度，通篇气贯，风神兼备。正如娄坚跋语所云："寻绎再三，往往得其异趣，真可谓从容中道者。"

　　《寒切帖》的最后归宿，不得不提到现代著名文物鉴定家韩慎先生。韩慎先，名德寿，早年曾确认并收藏元代四大画家之一王蒙的山水画《夏山高隐图》轴（现藏北京故宫博物院），故其斋名为夏山楼，自号夏山楼主。生于1897年，卒于1962年，祖居北京，先祖为书香世家，韩慎先幼承家学，博览群书，广阅名迹，多才多艺，精于诗词、书画、音韵、古物鉴定。尤其在古

---

① 参见1996年《第二届中国书法史论国际研讨会论文集》。

书画鉴定方面,"眼力"极高,深有造诣。他还是位收藏家,其收藏的一些书画、碑帖上印有"夏山楼"、"韩德寿印"等收藏印记,这些书画、碑帖,多为精品。他通晓音律,是一位资深的京剧票友,宗法谭鑫培,与余叔岩、言菊朋同师谭派唱腔设计者陈彦衡,在戏剧界广有声誉,许多京剧名家都是他的挚友。1927年韩慎先赴日本大阪举办个人收藏展,获得成功。19世纪30年代移居津门,经营古玩店达文斋。天津解放初期经梅兰芳向当时文化局局长阿英同志推荐,到文化局做文物顾问,负责文物的征集、鉴定、出口验关工作。由于他学养深厚,见多识广,因而鉴选了无数珍奇瑰宝,为当时天津的文博事业打下了丰厚的物质基础。1961年文化部组织全国书画鉴定小组,韩慎先为三人小组成员之一(另有张珩、谢稚柳二位先生),赴全国各地文博单位鉴定书画。1962年初韩慎先被文化局任命为原天津市艺术博物馆副馆长。至逝世之前,时间虽然不长,但为该馆的文物鉴定、整理、征集、人才培养等做了大量工作,为业务工作的开展打下了良好基础。

《寒切帖》是他调任艺术博物馆之前所征集的诸多珍贵书画中的一件。1958年天津市政府为了筹集资金,动员各界人士把家藏拿出变卖,将所得资金存入银行支援国家工业建设,时称"工业抗旱"。当时韩慎先在和平区成都道人民银行的收购点坐镇收购。两个月期间收购了大量的书画、瓷器等珍贵文物。这件《寒切帖》就是在这次"抗旱"中经鉴定并收购的。此外,他还在收购的三册宋元画册中选择出宋张择端款《金明池争标图》、宋扬无咎《梅花图》、宋苏汉臣《婴戏图》、宋马远《月下把盃图》等8开册页为艺术博物馆珍品之列,成为该馆镇馆之宝。

斯人已去,瑰宝犹存,韩公慧眼,"寒切"愈珍。

宋拓《佛遗教经》

《佛遗教经》，全称《佛垂涅槃略说教诫经》，佛教经名，内容为释迦牟尼临终时对弟子所作的教诫。

此帖文后有"永和十三年六月旦山阴王羲之"一行款。对此，历来众说纷纭。王书小楷传世较少，长篇亦不多见。初唐搜求王书至多，均不见此目。宋欧阳修认为是唐经生所作，清何义门认为唐僧徒集字而成，但细审文中"世民"二字不避讳，恐非唐人所为，故历来称以"传为王羲之所书"。

此帖通篇秀雅婉丽，规整隽洁，墨色浓郁古厚，刻工传拓均佳，当为宋末佳拓，后有明人郭僎跋云"黄庭遗教并书家大乘，而此拓清润疏朗更是善本"，诚非虚语。

此册原为天津著名文物鉴定家韩慎先所藏，现藏天津市艺术博物馆。

宋拓《佛遗教经》

宋拓《黄庭经》

《黄庭经》是道教经名,叙述道家养生修炼之说,其作者有说为春秋时期老子所作,有说魏晋时卫夫人所作,均不能肯定,不过传闻而已。此经魏晋时期极为流行。

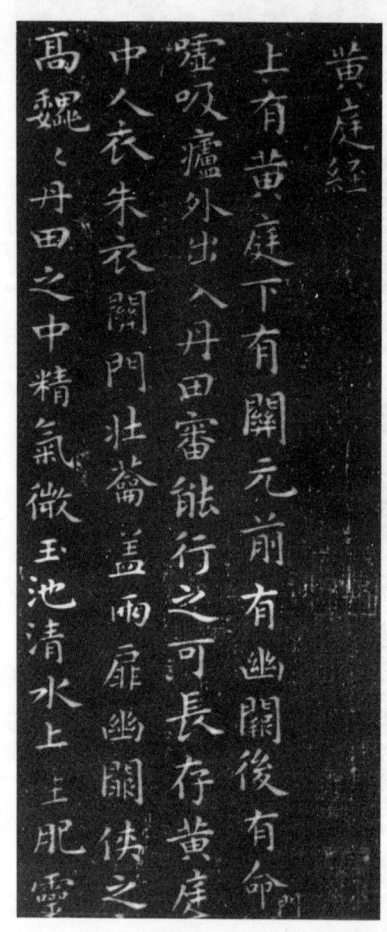

宋拓《黄庭经》

《晋书·王羲之传》曾载王羲之爱鹅,并以书写《道德经》换鹅,此事历来传为墨林佳话。经前人考证,《道德经》为《黄庭经》之误,故认为《黄庭经》见诸墨迹当以王羲之为首。唐代褚遂良亦曾把此帖列入《晋右军王羲之书目》。但历来亦有异议,众说纷纭。欧阳修《集古录》则认为非王羲之所书;米芾以为六朝人书,故一直以"传为王羲之所书"语之。

晋唐小楷如《宣示表》、《黄庭经》、《乐毅论》、《东方画赞》、《曹娥碑》、《洛神赋》等,原墨迹已不可见,流传下来的大多为摹刻的拓本。这些名作都屡经传摹刊刻,各种拓本流传广泛。《黄庭经》摹刻上石,传在晋永和中，但已不可得见。已知《宋刻秘阁续帖》为最早刻本。此后《潭帖》、《宝晋斋帖》、《越州石氏帖》、《星凤楼帖》、《阅古堂帖》亦刊刻。明代则有《余清斋帖》、《停云馆帖》等，其余各刻，不胜枚举，重摹叠刻不下数十本。各种刻本所刻字数、行数、乃至字迹均有不同。

天津博物馆所藏本又名水痕本。七行"养"字下有虫蛀伤残。文中"摇俗"、"修太平"以及三"渊"字中一"渊"字缺末笔，当为宋拓古本之一。墨色凝重，传拓清晰，笔精墨妙，俊逸纵横，堪称佳品。帖后有明代人题跋，一为大书家王樨登，称此帖曾为明代碑帖学者顾从义所藏；一为大收藏家朱之赤。该帖为天津著名收藏家张叔诚所得，1981年张氏捐献给天津市艺术博物馆。

邢慈静草书册

天津市艺术博物馆为迎接第四次世妇会的召开而举办了"中国翰墨情书画展"，在展出的古代女书画家作品中，有一件草书册引人瞩目，它就是明代邢慈静临赵孟頫草书册。

邢慈静，今山东临清人，贵州布政马拯之妻，能诗擅书画，是明代著名书法家邢侗（1551—1612）之妹。邢慈静生活的明代，是我国书法艺术繁荣发展的时代。明代书法家初年有著名的三宋（宋克、宋璲、宋广），中期有祝允明、文徵明、王宠，后期有邢侗、张瑞图、董其昌、米万钟，众多卓有成就的书法家贯穿整个明代。邢慈静生活在这种得天独厚的时代，加之家庭的熏陶，使她的书学受到深刻影响。她远学魏晋钟王，亦师法唐、宋、元诸前代名家，形成她自己的书法风格。从展出的草书册看，很少流露一般女性书法的柔媚纤弱的特点，而是运笔酣畅淋漓，笔法娴熟洒脱，于丰润中见筋骨，通篇行气贯联，开张劲健，具有大家风范。此册虽是临元赵孟頫书作，但更多地表现了她自身的书风书貌。

她不但擅长书法，亦能绘画，所绘白描佛像、竹石，宗赵孟頫之妻管道升。还精于刺绣，据记载，其发绣大士，独具特色，观者谓其"针神"，真可谓是一位多才多艺的艺术家。遗憾的是，她的书法及其他作品流传稀少，生平记载不多，甚至生卒年限亦不详，她的著述《芝兰室非非草》也已失传，这不能说不是封建社会对妇女歧视所造成的吧！

清拓吴《天发神谶碑》

此碑三国吴天玺元年（276）立。传为华严撰文，皇象篆书，一说苏建书，均无定论。原刻立于江苏江宁天禧寺，后移至县学。碑为圆幢形，宋代之前已断裂为三段，上段21行，行5字，"诏遗"一行6字，"大吴"一行7字，中段17行，行7字，下段10行，行1至3字不等，故又称三段碑。清嘉庆十年（1805）毁于火。碑文颂扬三国吴末帝孙皓的功绩，称之为"真命之主"，以便维护他在吴国的统治，但亦挽救不了吴国的厄运，立碑后不到四年即亡朝灭国了。

世传三国时期的碑屈指可数，故此碑更是佳拓难寻，重刻本多种。罗振玉原藏宋拓本，《雪堂金石文字簿录》著录，并著《天发神谶碑考补》，考证详明。拓本现藏北京故宫博物院。

清拓吴《天发神谶碑》，计43开，每开2行，行2至3字不等，纵43厘米，横28厘米。虽有缺字，但纸墨古旧，字迹锋棱未损，应为原石拓本，其中"兰台东观令"、"巧工"完好，"东海夏侯"虽泐，但字形可见，应为清代拓本。

册内有章钰跋："天发神谶碑翻刻本塞都市，此拓流转津上无顾之者，集楼以贱值得之，质吾执友罗雪堂参事，谓的出原石，且锋棱未损，毡墨尤旧，不独'东海夏侯'四字尚存，'敷垂'字未全泐之，足珍也，雪堂书断帖平其言足增声价，为述其略归之。己未闰七月二十四日长洲章钰记。"印"坚孟"。

章钰（1865—1937），字式之、坚孟，别署茗理，晚号霜根老人，江苏长洲人，1889年乙丑恩科举人，1904年甲辰科进士，曾任外务部主事兼京师图书馆编修。辛亥（1911）后迁寓天津，潜心经史、辞章、金石考据之学，著作浩繁，结交津门士林。此时罗振玉正寓居津门，故题跋中称罗振玉为挚友。从跋语可知1919年他以廉价于津门廛市购得此拓。

此碑书体亦篆亦隶，以圆驭方，形体长方，字的双肩作棱角，行笔无蚕头燕尾，平直挺拔，而又含圆转之笔，它以奇特的神采、伟丽的风姿屹立于书坛，受到历代书法家的瞩目，清代张叔末称其"雄奇变化，沉著痛快，如折古刀，如断古钗，为两汉来不可无一、不能有二之第一佳迹。"康有为称其"奇伟警世"，"篆隶之极"，此碑书体融篆隶于一体，特点鲜明，别开生面，诚为书法史中之佳作。

清拓晋《好太王碑》

高句丽王朝于公元前37年在辽宁省桓仁县和吉林省集安地区建立。公元391年第十九代好太王当政，晚出的朝鲜史书《三国史记》称其名为谈德。其在任期间，南征北战，先后收百济、扶余、碑丽尽归本土，并屡败倭寇，扩大了疆域。公元413年逝世，葬于现吉林省集安县东，其子长寿王于公元414年为其立墓碑。

好太王碑高6米有余，四面环刻碑文，正面11行，后面13行，左10行，右9行，行41字，无年月，考为东晋义熙十年（414）。内容为记述高句丽王朝建国神话传说及好太王行状、好太王战功史实、守墓烟户，计1775字，为魏晋时期大碑之一，碑身高耸，蔚为壮观。其书楷隶相融，方正大字，宽博舒展，浑朴、端庄、凝重，魏晋时期书体变化尽在其中。清康有为《广艺舟双楫》① 称"然其高美，已冠古今"，在中国书坛占有一定地位。

此碑远在北方边陲，与朝鲜接壤之处，清初曾将此地封禁，故长期无人问津。光绪初年封禁渐弛，县令发现此碑，草拓数纸，始显于世，逐渐引起国人重视，尤其是金石学者的瞩目，多年来不断传拓碑文，考证史实、精研书体。由于碑文中涉及朝鲜及日本，故近年来尤其受到朝鲜及日本学者的关注。

清末金石学者叶昌炽《语石》② 卷二记之较详：

> 高句丽好太王碑在奉天怀仁县东三百几十里通沟口，高三丈余，其文四面环刻，略如平百济碑。光绪六年边民刊木始得之，穷边无纸墨，土人以径尺皮纸捣煤汁拓之，苔藓封蚀其坳垤之处，拓者又以意描画，往往失真。乙酉年中江李眉生丈得两本，以其一赠潘文勤师，其三、四纸属余，为排比考释，竭旬日之力，未能联缀。其后碑估李云从裹粮挟纸墨跋涉数千里再往返，始得精拓本，闻石质粗驳，又经野烧，今已渐剥损矣。碑字大如碗，方严质厚，在隶楷之间，

---

① ［清］康有为著，崔尔平注：《广艺舟双楫》，上海书画出版社，1981年。

② ［清］叶昌炽：《语石》，上海书店，1909年。

考其时当晋义熙十年,所记高丽开国武功甚备,以真海东第一现实也。

此拓为剪裱本,原为四册,现合一册,每开2行,行3字,纵34.5厘米,横28厘米。题签:"古丸都城北高句骊平安好太王碑　苏州装□。"
册内有跋:
李鸿裔跋:

  高句丽碑,潘司寇加跋送来,即以尘览,装者为道前街宝墨斋顾翁,吴门第一手也。子墩贤阮足下,苏邻顿首。

李超琼两跋:

  是碑余以光绪辛巳客凤凰城时得之,碑在怀仁县之通沟口,今有分防巡检驻焉,东濒鸭绿江,西临佟佳水,经通化东南流,历怀仁之黑熊沟,至是与鸭绿合,水势迅急,古所谓沸流水者也。墓之南有废城遗址周十数里,土人以高丽城呼之,当即魏志所谓丸都者,其西南诸山非悬车束马未易攀陟,母邱俭之柬铭不耐,乃其遗墟,同治以前为碱厂边门外封禁之地,光绪建元后乃弛禁开垦,为怀仁县境设官创治,皆吾邑陈海珊观察本植之功,余佐幕其间,友人祥符章幼樵檆首任县事,既得此碑摹拓见贻,故携之吴中装池为帙也。(下两印:"高句骊王墓碑　共四册",印"惕夫")

  此碑余得自辽左,癸未携之来吴,以一帙转赠中江眉生丈又鸿裔,极蒙赏爱,时吴潘文勤公奉讳在藉,见之亦甄异焉,因复来过,既应之矣,故此帙后文勤跋数百言甲午乃为

书论

077

人窃割以去矣。

叶昌炽跋：内容从略。后署"时甲申秋，郑盦尊丈出以见示，谨据所见诠次如右　长洲叶昌炽菊裳。"下"高句骊王墓碑跋"、"石船"两印。

从上述跋语可知此拓清光绪七年（1881）李超琼得于奉天（凤凰城），并由潘祖荫作跋；光绪九年（1883）李超琼携此拓来江苏装裱，并给李鸿裔阅，李鸿裔作跋；光绪十年（1884）潘祖荫给叶昌炽阅，叶作跋考；光绪二十年（1894）李超琼再取回时潘跋已被人窃去。

此拓"巡车"之"车"字存半，字迹虽清晰，但有描摹痕迹，据罗振玉《俑庐日札》云："善拓难得，以前厂肆碑贾李云从拓此碑时每次上纸二、三层，故第一层字迹较明晰，其第二、三层模糊不辨之处，辄以墨钩填，不免讹误。"从题跋看应为早期拓本。叶昌炽小楷"高句骊王墓碑跋"字体端庄秀丽，考证翔实，对研究此碑的历史及内容具有很高的参考价值，几位名人的题跋，如李鸿裔、潘祖荫、叶昌炽、李超琼均是最早接触此碑的著名学者，不仅说明此拓流传有绪，亦提高了此拓的真实性及学术价值。

题跋者小传：

潘祖荫（1830—1890），字东镛，小字凤笙，江苏吴县人，咸丰二年（1852）进士，官至工部尚书。嗜金石，富收藏。卒谥文勤。

李鸿裔（1831—1885），字眉生，号香岩，又号苏邻，四川中江人，咸丰元年（1851）举人，官至江苏按察使，工诗、善画。

叶昌炽（1849—1917），字鞠裳，号缘督，苏州人，精于碑帖收藏、研究。所著《语石》，记载、考证至深，序中云："访求逾二十年，藏碑至八千余通，朝夕摩挲。"可知学养深厚。

李超琼（生卒不详），字紫璈、惕夫，号石船居士、藤轩、柜轩，四川合江人，同治十二年（1873）举人，历官阳湖、江阴，光绪三十三年（1907）知上海县，善书法。

不可忽视的书法佳作

我这里所指的不可忽视的书法佳作系镌刻在石造像上的题记。

造像即指宗教佛像。据记载，造像始于东汉佛教传入中国之后。各地开凿石窟，雕刻佛像，如云冈石窟、龙门石窟、麦积山石窟、敦煌石窟、炳灵寺石窟等，自北朝至唐代中叶，最为兴盛，直至五代、两宋，此风未减。北魏时期，朝廷崇信并提倡佛教，故佛造像之风气，以北魏为最盛。造像的质地有石、铜、泥等，从数量上看石质为首，铜次之，泥质最少。石造像多琢于方座之上，或一佛，或多佛，或立，或坐，或依山，或独立，或有龛，或有背光，各式各样，大型石窟多为帝王、贵族、达官雕造，而小龛或小造像，则较为广泛，为中小地主、一般群众等造。这些造像多在背光、龛侧、座侧刻铭记事，文字简略，刻工草率。其文内容为供奉者发愿、求福，上至国君，下及平民，为亡者祈冥，为生者求平安，乃至祈求全家幸福、国祚平安等，无所不求。

清代乾隆、嘉庆时期，金石学大兴，碑学兴盛，因受到当时书法家推崇，魏碑体风靡一时，魏碑体的造像题记，成为当时书法风范的一部分，其中尤以龙门石窟造像题记最为显著，一部分精华曾被作为魏碑体的典型。龙门造像题记最早被选出四品，后来据传燕山德林在同治年间选拓老君洞魏造像十种，标名"龙门十品"，之后又有二十品，三十品。流传至今的二十品，代表了北朝书法艺术的时代水平及特点，二十品中上承汉、晋书的传统，下启隋唐书法的新风，对研究中国书法由隶变楷的过渡有重要参考价值。除了龙门二十品以外，尚有许多造像题记名品亦同时受到瞩目，如北魏曹望僖造像记，西魏杜照贤造像记，东魏李道赞等五百人造像记等。

但造像记何止上述二十品、三十品？只龙门一处就有九万多造像，有文字的约3800多种，大量未见经传的造像浩如烟海，不胜枚举，被湮没者当不计其数。古人能选择出二十品，为什么今人不能突破二十品？

笔者在日常工作中，曾接触过一些造像题记，它们存放分散，不被重视，为此深感惋惜。仅就手边所存几件造像题记即可略见其书法内容丰富之一斑。北齐天保三年马庆伯造像记、北齐天保四年的比丘尼僧澄造像记、北齐天保五年比丘明琰造像记，此三则造像记虽均在天保年间，且年代相距紧密，但书体迥异。马庆伯造像记无北朝书法中的粗犷剽悍、锋芒毕露的风貌，而是疏宕飘逸，妍润雅逸，舒展清癯；而天保四年比丘尼僧澄造像记则较前者略显刚劲，但亦不失清俊，如"天保"之"天"字末笔，"八日"之"八"字，均楷而寓行，全篇字字笔画交代清楚，通篇貌似朴拙，内蕴精秀；天保五年比丘明琰造像记结构疏展，结体宽博，笔法古茂。三件年代相续的造像记在相同的时代背景下，显示着各自不同的风貌，说明造像题记书体多变，异彩纷呈。

又，唐代造像记亦为数不少，但被大量的碑刻、墓志所掩。唐碑洋洋大观，早已名显，唐墓志有《千唐斋志》已付梓于世，惟唐造像记难以汇聚。如唐麟德元年南遂造像记即属别具风格之作。麟德为唐初高宗李治年号，只有两年时间（664—665），这个时期的作品流传较少，王壮弘《增补校碑随笔》列麟德元年、

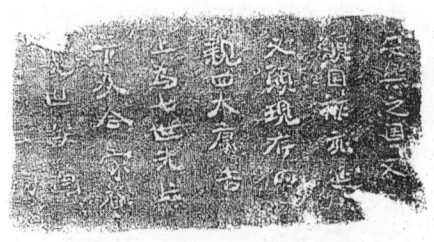

马庆伯造像题记

比丘明琰造像记

南遂造像记

比丘尼僧澄造像记

二年造像五品，其中四品均流传海外，此南遂造像记绝无唐代碑刻、墓志那种严格的章法、严谨的结构，而是结体生动多变，楷法中兼有行书和隶法，虽有界格，但不呆板僵化，舒展自如，别有风韵。

今天的社会条件、人力、物力均胜于古人，完全能从前人未发现的题记中选出四十品、八十品乃至更多。此事，过去早就有人考虑过，如欧阳辅在《集古求真》① 中云："龙门一处，全拓已至两千（这是当时的数字），兹特捡录此最先著名四种（始平公、孙秋生、杨大眼、魏灵藏造像）以概其余。龙门以外，其他造像，无虑数千，佳者百不得一，以后甄录最少，不能拔其优，好古者自择之，殆示有可取，不能全废也。"前人尚且如此，今者则更不殆言。

所有造像题记，尽管文辞内容有一定时代局限性，书刻者或僧人或匠人，书体草率，良莠不齐，但却表现着民间书体的无拘无束、率真质朴、生气勃勃、奇趣盎然的特点，有的拙中寓巧、逸趣横生，有的深厚质朴、雄深憨厚，蕴含着书法艺术的真谛，是书法艺术宝库中不可忽视的佳作。仅流传于世不见著录的拓本数量就很可观，如果把这些不见经传的民间书法搜集加以整理，将会极大地丰富我国书法艺术宝库。如果连同其他质地的造像题记亦列入其内，数量则更为可观。

原载《第二届中国书法史论国际研讨会论文集》，文物出版社1996年9月

---

① 欧阳辅：《集古求真》，《石刻史料新编》第一辑第11册，台湾新文丰出版社，1982年。

天津市艺术博物馆举办"中国历代妇女书画展"

中国古代女书法家、艺术家不乏其人。五千年前新石器时代的彩陶艺术，就产生于原始社会的母系氏族公社，彩陶上那些精美的花纹图案，大多出自女性之手，是我国最早的绘画艺术。东晋著名大书法家王羲之，亦从师于女书法家卫铄。但由于长期的封建社会统治，妇女的才智得不到发挥和重视，有很大一部分名不见经传，作品不能流传。实际在艺术史的长河中，她们也和男子一样，继承并发展了民族优秀文化传统，做出了巨大贡献。其作品多绮丽隽秀、典雅姿媚，别具特色。这里展出的仅只是妇女书画作品中的一小部分，反映出了妇女书画的独特风格。展览旨在弘扬妇女的功绩，并应给予公正的历史评价。

部分展品作者小传

蔡琰草书　（选自明拓淳化阁帖）

蔡琰，东汉人，字文姬，今河南杞县人，蔡邕女，博古有才辩，妙于音律，工书，笔法得父传而传之钟繇。

卫铄楷书　（选自明拓淳化阁帖）

卫铄，西晋凤凰元年生，东晋永和五年卒（272—349），字茂漪，世称卫夫人，工隶书，尤善规矩，正书入妙。王羲之之师。

唐天宝十二年优婆夷书经卷

优婆夷，佛教名词，梵文的音译，或译为"近事女"，指已依照佛教的戒律受持五戒的女性信徒。为佛教七众（其余六众为比丘、比丘尼、式叉摩那、沙弥、沙弥尼、优婆塞）之一。

武曌升仙太子碑　（明拓本）

武曌，唐武德七年生，神龙元年卒（624—705）即武则天，今山西文水人，永徽六年被立为皇后，载初元年自称圣神皇帝，国号周。能书，得王羲之后裔所献先祖遗墨，摹拓临习，笔力益进，圣历二年书升仙太子碑。

唐房璘妻高氏石辟寺铁弥勒像颂　（清拓本）

原碑唐开元二十九年（741）立，在山西交城石壁山永宁寺，宋毁于火，曾重刻，金又毁于火，又重刻。高氏生卒不详。

杨娃楷书题月下把杯图

杨娃亦称杨妹子，今浙江绍兴人，宋宁宗皇后，工诗善画，书法似宁宗，宁宗题画多由其代笔，马远画亦多由其题识。

管道升行书　（选自初拓三希堂法帖）

管道升，南宋景定三年生，元延祐六年卒（1262—1319），字仲姬，今浙江吴兴人，赵孟頫妻，翰墨、词章无所不工，善书能画。

马守贞兰竹轴

马守贞，明万历十二年生，三十二年卒（1584—1604），小字玄儿，又号月娇，善画兰竹，故亦以湘兰名之，金陵妓，以诗画擅名一时。

马守贞、柳隐扇面轴

柳隐，明万历四十六年生，清康熙三年卒（1618—1664），本姓杨，名爱儿，字如是，号影怜，江苏吴江人。家妓，后嫁钱谦益，能诗文、善书画，书得虞、褚法，白描花卉，雅秀绝伦。

间作山水、石竹，不减元人。

文俶花卉扇面

文俶，明万历二十三年生，崇祯七年卒（1595—1634），字端容，父从简，高祖徵明，今江苏苏州人，所绘花草昆虫，鲜妍生动，深得家法。

邢慈静草书

刑静慈，明人，邢侗妹，今山东临邑人，书法宗晋，而类其兄，工诗，亦善竹石及白描大士。

卢允贞山水人物卷

卢允贞，明人，字德恒，号恒斋，今江苏苏州人，白描精妙，亦能山水。

周禧观音变相卷

周禧，清初人，即周淑禧，江苏江阴人，工花鸟，兼写大士像。

陈书山水轴

陈书，清顺治十七年生，乾隆元年卒（1660—1736），字南楼，今浙江嘉兴人，善花鸟、草书，笔力老健，风神简古。

马荃斗鸡图轴

马荃，清人，字江香，江苏常熟人，马元驭女儿（一作孙女）。活动在清康熙年间，工花卉，妙得家法。

范雪仪吮毫敲诗图轴

范雪仪，清初人，今江苏苏州人，擅画人物。

恽冰设色百花卷

恽冰，清人，字清于，号浩如，一号兰陵女史，今江苏常州人，恽寿平之女，工花鸟、蔬果。

任霞碧桃锦鸡轴

任霞，清人，字雨华。生年不详，光绪二十七年卒（1901），任颐之女，花鸟人物能继承其父画风。

邹一桂、恽兰溪花卉册

邹一桂，清康熙二十五年生，乾隆三十七年卒（1686—1772），号小山，晚号二知，江苏无锡人，内廷供奉，擅花鸟、人物、山水。妻恽兰溪，今江苏常州人，工山水花卉，曾与夫合绘蟠桃图，约长丈余，夜间秉烛，匍匐地上画大小三百枚，天未明已成。

黄之淑兰石图轴

黄之淑，清人，字耕畹。广东吴川人，活动在清嘉道年间，善山水墨竹，尤擅用双勾水仙法写双勾墨兰。甘泉洪倬妻。

程恭寿、焦学漪合作梅花轴

生卒不详，清道光时人。

董婉贞墨梅轴

董婉贞，清乾隆四十一年生，道光二十九年卒（1776—1849），字双湖，号蓉湖，浙江海盐人，汤贻汾妻，能诗，擅画、山水、花卉，尤善画梅。

左锡蕙盥手观花图轴

左锡蕙，清人，字畹香，今江苏常州人，善人物、花卉，均超妙入神。

顾蕙梅花轴

顾蕙，清人，字畹芳，号墨庄，今江苏常州人，善写生，兼长山水、花鸟、虫鱼，道光年间曾作耄耋图。

恽怀娥花卉轴

恽怀娥，清人，号纫兰，今江苏常州人，花卉精雅，着色鲜润。

钱聚瀛、陶馨杏林宾敬图册

钱聚瀛，清人，字斐仲，号餐朝，别号雨花女史，今浙江嘉兴人，能诗词，又擅书画，尤工花卉。陶馨无考。

蒯嘉珍、钱与龄合作怪石水仙图卷

蒯嘉珍，清人，字铁匡，江苏吴江人，工诗善画。妻钱与龄，字九英，浙江海盐人，得陈书法。夫妇二人闺中唱酬之暇，以绘事相娱乐。

王芑孙、曹贞秀行楷合璧卷

王芑孙，清乾隆二十年生，嘉庆二十二年卒（1755—1817），工书，用笔遒厚浑古。妻曹贞秀，生于乾隆二十七年（1762），卒年不详，字墨琴，安徽休宁人，侨居江苏苏州，无金粉之好，能画梅，书法钟、王。

沈毂仿古山水册

沈毂，清人，字采石，号琼宫仙史，道光时浙江嘉兴人，少学诗于父，学画于母，又善画梅。

姜桂花卉轴

姜桂花，清人，字芳垂，号古研道人。活动在乾隆年间，善画山水，干笔疏秀，亦工翎毛、花卉。

缪素筠花鸟轴

缪素，清人，云南人，工画，常为慈禧代笔。

孙云花卉册

孙云，近代人，天津罗朝汉妻，工花卉。

英和、萨克达氏夫妇合作苓仙祝寿卷　（文物公司）

英和，清乾隆三十六年生，道光二十年卒（1771—1840），字树琴，号煦斋，清宗室，工诗文，善书画。其妻萨克达氏亦善丹青。

谢雪翠鸟菊花轴　（文物公司）

谢雪，清人，字月庄，号蓉庄，今江苏苏州人，工花卉，阮元姬人。

吴淑娟鹿轴

吴淑娟，清咸丰三年生（1853），1930年卒，晚号杏芬老人，安徽歙县人。工山水、花卉，性慈善，常以作画所得润资悉数捐付义赈协会。

顾韶人物扇面

顾韶，清人，字螺峰，杭州人，得家传，人物花卉臻妙。

朱璘花卉扇面

朱璘，清人，生年不详，咸丰十一年（1861）卒，杭州人，工绘画，并卖画养亲。

另有：金二英、宋莹（近代）、织华女史（近代）、蒋敬之、徐又淑、徐湘生、蔡玉生待考。①

附记：关于举办《中国历代妇女书画展》，我曾有过设想，但因种种原因始终未能实现。1987年底馆务会议在总结当年工作、制订下年工作计划时，正式确定1988年3月8日妇女节时举办女史书画专题展。该内容的专题展过去本市从未搞过，主题新颖，在全国亦属鲜见，且在妇女节时推出，恰逢其时，故易引起观众兴趣。本馆书画藏品中有多少女书画家作品，底数不清。故而首先查阅资料，查出女性书画家人名，并于2月4日起去书画库翻阅藏品编目卡、书画文物账、资料账、二等品账，初步查出本馆收藏的女书画家作品50余件，后又在碑帖库中查出三件，在工艺库中查出两件，共计约60余件，此后又从天津历史博物馆借来10余件，向文物公司借来10件。2月12日书写前言稿，经过查阅资料写出部分书画家小传、说明，交领导审阅后批准，

---

① 展览品中另有何香凝、于立群、肖淑芳、周思聪、李淑一等近现代人的作品。

前言由李月萍用隶书书写，我写小说明、标签，春节后三处展品集中在展室，按年代顺序排列好，由陈列部门的同志布置陈列，其中近代孙云花卉册因页数较多，故不按年代顺序，放在清代展线中的大通联柜内，整个展览共展出 71 件（实际数为 103 件）作品。

  展览的主办单位由天津市妇女联合会领衔，另有天津历史博物馆、天津市文物公司、天津艺术博物馆。开幕式由市妇联主任高清琴剪彩。群众对展览的内容反映良好，高清琴主任亦认为历史上妇女是做了巨大贡献的，连大书法家王羲之的老师都是女的，应引以为荣。许多内行连连称赞明清时期的女性作品好。1988 年 3 月 12 日《天津日报》还发表某观众的评介，文中开头就对展览赞不绝口："今年三八节艺术博物馆搜奇揽胜、觅古猎今，精心举办了'中国历代女书画家作品展'，使璀璨夺目的巾帼艺术群星再见于天幕之上，美不胜收。"

"中国明清书画精品展"轰动香江

为庆祝我国政府恢复对香港行使主权,进一步加强天津与香港之间文化艺术领域的相互了解与交流,天津市艺术博物馆应香港中华文化城有限公司及香港丽新有限公司的邀请,以80件明清书画精品(其中明代34件、清代46件)组织了一堂"中国明清书画精品展",于3月29日至4月5日在香港华润大厦中国文物展览馆展出,展期8天,接待观众6000人次。

天津市艺术博物馆虽多次在国内外举办展览,但赴香港展出乃为首次,博物馆对此次展览极为重视。在时间短、任务重的情况下,为了办好这次展览,艺术博物馆工作人员克服重重困难,于万余件书画精品中,精选了80件明清两代不同流派、不同画科、不同画法的书画作品参展,为津港人民之间建起了文化沟通、感情交流的桥梁。

"中国明清书画精品展"轰动香港,成为香港人民文化生活中一件盛事。开幕式极为隆重,许多知名人士为展览剪彩。其中有新华社香港分社副社长张浚生、社长助理兼宣传部长孙南生、文体部副部长刘效炎,新中港集团有限公司主席徐展堂,南洋商业银行前董事长庄世平,丽新集团主席林百欣等。张浚生先生发表了热情洋溢的讲话,他说:"中国传统绘画是中华文化的重要组成部分,中国历代艺术家在千百年的艺术实践中,按照中国人独有的审美眼光和艺术手法,表现自然、人物、风情,创作出一幅幅绝世精品。""这次展出的明清代表性画家的作品,对于提高艺术鉴赏力、加强国际文化交流，起到了积极的促进作用。"出席展览开幕式的知名人士还有香港华润集团董事长谷永江、香港中国银行行长羊子林、香港中文大学文物馆馆长高美庆、香港艺术博物馆馆长朱锦鸾等。香港大公报、文汇报、亚洲电视等十几家新闻单位做了报道，一致盛赞展览。刘效炎先生说："这次展览不仅使香港市民认识了天津市艺术博物馆的馆藏成就，而且认识了明清书画艺术成就，从而增进了对华夏文化的了解、对伟大祖国的认同和热爱。"高美庆女士说："你们举办了这样高水平的展览，我们再办就有东施效颦之嫌了，我们只有引进唐宋绘画才能与此展媲美。"《香港商报》报道："展览无论是质量及规模均为最上乘的一次。"展览展出时间虽然不长，但观众非常踊跃。香港市民下午活动较多，所以有时下午观众高达800多人。参观者中有知识界、商界书画爱好者，文物收藏家，书画家，学生，普通市民等各阶层人士，许多观众一来再来。其范围之广、人数之多，大大胜于以往同类展览，产生了极大的轰动效应。各界高度赞扬了祖国传统文化的博大精深，以及天津市艺术博物馆的丰富馆藏。香港《文汇报》报道："展览让香港市民领略到明清时期中国绘画的鲜明风格和独特艺术魅力。"

  展览取得如此轰动效应和展览内容是分不开的。"中国明清书画精品展"的展品有山水、花鸟、人物、楼阁等不同画科；并有工笔、写意、水墨、青绿设色等不同画法；书法作品真、草、隶、篆、行五体皆备。以绘画作品而言，堪称流派纵横，异彩纷呈。涉及从明初的浙派、吴门四家以至华亭派，到清的"四王吴恽"、金陵八家、扬州画派以至清末的海上画派等。名家名作更是令人赏心悦目。在花鸟画中有"夏卿一个竹，西凉十锭金"之称的明代画竹名家夏昶的《西窗风雨图轴》，宫廷花鸟画家林良的《梅竹寒雀图轴》，明代江南第一风流才子唐寅的《菊石轴》，清代善画没骨花卉的恽寿平的《松柏灵芝轴》，四画僧之一的杰出写意画家朱耷的《荷塘双禽轴》，郑板桥的《竹石图轴》等。景物方面有明代仇英的《桃园仙境图轴》，沈周的《青山红树轴》。界画中有清代袁江的《沉香亭图轴》，袁耀的《汾阳别墅通景屏》最为壮观，许多人在袁耀的《汾阳别墅》12条通景屏前拍照留影。人物画中有明末陈洪绶的《蕉林酌酒轴》，曾鲸的《王时敏小像》，清末任颐的《捉鬼图轴》等。这些书画精品征服了香港观众，给人以极大的艺术享受。

在香港展出期间，艺术博物馆以展览为媒介，会见老朋友，结识新朋友，进行广泛的交流。敏求精舍是香港久负盛名的民间收藏社团，创建30多年，会员来自各个阶层，他们是收藏家，也是建筑师、工程师、律师、医生及其他专业人员。其兴趣广泛，所藏包括各个门类，有书画、陶瓷、铜器、玉器，等等。会员经常举办讲座、聚会，举办展览，出版刊物。几任会长曾到我市艺术博物馆参观，进行学术交流。在展览工作之余，艺博进行了回访。参观了该社社址，观看了正在举办的牛年书画、陶瓷展。优雅的展室，以及社员对中华文化执着的爱，均给人留下深刻的印象，此外，香港新中港集团有限公司主席徐展堂先生亦是一位著名的收藏家，徐先生为展览剪彩，并邀请艺术博物馆的朋友到他私人藏品的徐氏艺术馆参观。徐先生经过多年的搜集，藏品累累，其中尤以瓷品为最。其展品自新石器时代彩陶至清代御制瓷器，精品荟萃，许多为罕见之品。虚白斋藏中国书画馆是香港艺术博物馆为展示刘作筹先生（1911—1993）捐赠大批书画而建立的。刘先生生前因得清代伊秉绶隶书"虚白"二字而取"虚白斋"室名。刘先生热爱中华文化，为使国宝免于流失海外，大量搜集瑰宝，并于1989年将所藏500余件书画全部捐赠给香港艺术博物馆，希冀能将之公诸于世，发挥其在艺术鉴赏及美学教育上的最佳作用。这些书画作品的年代由5世纪的六朝至当代，其中尤以明清二朝各个流派画为主流，使香港艺术博物馆书画收藏质量大大提高。天津市艺术博物馆的同志参观了虚白斋藏中国书画馆后，对刘先生热爱中华文化的精神和无私贡献的义举深表敬意。除此之外，天津市艺术博物馆的同志还结识了民间木版年画收藏家许晴野先生。许先生对具有浓厚乡土气息的民间木版年画情有独钟，搜集全国各地年画数十年，藏品已付梓并举办展览。在英国统治百年之久的华洋杂居之地，对民间艺术有如此强烈的情感，是难能可贵的。香港收藏家还有许多，因停留时间短，来不及进行了解，故而只举出上述几位，以见一斑。

总之，"中国明清书画精品展"在香港的展出是成功的，展览之外的收获也是很多的，此行对今后津港之间文化艺术的交流也是很有裨益的。

原载《天津文史》1997年第1期

津沽书法三百年

最近，天津市艺术博物馆、历史博物馆、文物公司、杨柳青画社、书法家协会天津分会、文化局文物处联合举办了"津沽书法三百年"展览。展览荟萃了明末至近现代天津七十余名书法家百余幅作品，历时一个月。

有关天津地区书法艺术的发展，过去一直没有进行过系统地研究。近年深为人们所关注，在上述主办单位和知名人士如方纪、张映雪等先生的倡导下，天津书法史的研究得以开展。展览是起初的第一步，尽管所搜集的作品尚不够全面，但它揭开了天津书法研究的序幕。

天津书法是于三百年前的明末清初在特定的地理环境和历史环境下发展和成熟的。明清时代，天津已形成较为完整的都市规模，北运河、南运河、永定河、大清河、子牙河在这里汇聚，东注渤海，因而使天津成为北方的交通枢纽，又因它地处京畿，政治、军事、经济均受到都城北京的影响，政局稍有变动，一些达官贵人，则相继来津避风。一些南来北往的文人墨客、客商，无不途经此地，或留居、或寄住，传达和交流了南北文化信息，天津一些达官贵族所建立的园林，成为这种文化交流的主要场所。如清初张霖、张霔兄弟建筑遂闲堂，吸引了一些北游之士如姜宸英、赵执信、朱彝尊、石涛、方苞等；雍正间查氏一门所居水西庄，亦招揽南北名宿，如朱岷、华嵒、杭世骏等俱驻其家。这种类似今天文艺沙龙性质的繁荣的文化交流，对天津的文化发展影响很大，呈现出多方位、多层次的特点。天津的书坛因此也有较强的接受力，能够吸收传统并有所创造，因而天津的书法即有古代传统，又包含南北不同的风格流派特色，从而形成了自己的发展面貌。

明末至清初，董其昌、赵子昂的书法风靡全国，同时延续了明代崇尚帖学之风，故而书法崇帖，宗董、赵居多。这个时期天津的主要书家如励杜讷（1628—1703），字近公，学问渊博，楷书是典型的馆阁体，行书宗董，擘窠大字，亦有气势；张霔字帆史，号笨山，善行草，尤精小楷，曾得到著名书画家石涛的赞赏，更难得的是他的隶书直写汉碑，他所临写的曹全等汉碑遒劲飘逸，完全摆脱了时弊；朱岷，清康熙乾隆年间人，字导江，号客亭，原籍江苏武进，后居津，善写隶书，笔法多样。另外有善写篆书的李友太（明末清初人，字仲白，号大拙），工草书的金铨（1728—1804，字均衡，号野田），颇得张旭草妙的乔耿甫（系乾隆时人，字默公，号五桥）等。嘉道以后，碑学大兴，欧体字曾被作为楷模，天津此时学欧者不乏其人，比较著名的有善写楷书的"铁勾王"王维珍（咸丰十年进士，字颖初，号莲西）、"天下学欧第一好手"的王维贤（清末人，字竹林）。咸同以后，随着商品经济的发展，思想开阔，书风愈加活跃，不同风格，交相辉映，是天津书坛最兴盛的蓬勃发展时期。如光绪年间的张体信（字翔生），善以楷体为隶书，融汉魏碑碣摩崖为一体，意境超绝，别开生面；顾越（1855—1915，字捷轩，又字权度），天津《大公报》第一任主笔，真、草、隶、篆四体皆能。被称为天津四家的华、孟、严、赵也各有特色，华世奎（1863—1942，字璧臣），工唐楷，尤以颜体见长，并融以秦汉篆隶，字体敦厚端庄，在天津很有影响；孟广慧（1867—1939，字定生），为津门临摹南帖北碑的名手；严修（1860—1929，字范孙，号梦扶），

孟广慧书法　　　　　　　华世奎书法

著名教育家，书法娟秀隽永，颇见功力；赵元礼以写苏字见长，并有所发挥，是众多的写苏字书家中比较有成就的一位。李权同也是天津文化界比较有影响的人物，工篆刻，书法六朝写经，自然淳朴。

纵观天津三百年来的书法概况，不乏名家及名作，在中国的书坛上还是有一定影响和贡献的。

原载香港《大公报》1989年5月26日

马子云手拓汉《鲜于璜碑》

1973年,天津市武清县兰城村出土了汉鲜于璜碑,该碑以碑身完整、书体优异而令人瞩目。一般说来,碑文内容及书法风格的研究均需要有清晰的拓本,故而需要拓印出来。但新碑出土初拓是件大事,需要高手启拓。为此,天津市文化局文物处特聘请北京故宫博物院研究员、金石碑帖鉴定家、器物传拓专家马子云老先生专程来津手拓。

马子云先生系陕西邰阳人,幼入乡学,1919年入北京琉璃厂碑帖专营店庆云堂,由于他资质聪颖,勤奋好学,知识、技艺日臻完善。1947年他受聘到北京故宫博物院传拓铜器、碑帖,并从事金石研究鉴定,直至退休。他通过长期的传拓工作,大量实物的观察,积累了丰富的经验,掌握了充分的第一手资料,成就了金石传拓、鉴定两项业务的突出业绩。1962年,《文物》杂志发表了他的《传拓技法》一文,轰动东瀛,译成日文出版,后又由香港《书谱》杂志转载,并邀请他去香港讲学。他的鉴定著作亦陆续出版,如《碑帖鉴定浅说》、《石刻见闻录》、《碑帖鉴定》(与施安昌合著)等,均具有很高的学术水平,成为碑刻鉴定的圭臬。多年来汉碑出土较少,早先出土的碑刻又因保护而禁拓,当马老听说天津出土了汉碑,并请他初拓,喜不自胜,欣然接受了约请。

传拓技法是中国特有的一门古老的传统手工技术,始自唐代,在摄影技术未出现之前,利用传拓技术,可以记录文物的形状、文字和图形，以流传后世。在今天，这种古老的技术仍有很大的应用价值，例如文物器内铭文无法拍照，就可以传拓方法解决，这于科研、出版、展览均可提供清晰的图示。起初每当我看到一些早期拓本时，总想知道这是怎样拓印出来的。因此对这门技术心仪已久，1974年，有幸观看了马子云老先生拓碑的全过程。

当时汉鲜于璜碑存天津市历史博物馆。拓时将碑平放，下面垫起，以六尺好宣纸折叠成约32开大小，每叠一层均留出小纸头，以便湿后揭开，然后用清水或白及水将纸蘸湿，再用两块木板把水挤出，此时宣纸已压成一小方块，没有点耐心和功夫是打不开的，接着小心翼翼地一层层将纸打开，铺在碑石上，用棕刷边擀边刷平，再用打刷把字迹打出来。之后双手握棕刷在纸上反复地刷，刷时看似用力，令人担心把纸刷破。这时马老解释说，刷时用力要巧，既不能把纸刷破，又得使纸与碑面接合牢固。最后一道工序就是上墨了，墨汁是用旧古墨碎块浸泡而成；先取少量墨汁放在如乒乓球大小的木制墨板上，用棉织品做成的大扑子蘸上墨汁并反复在墨板上把扑子里的墨揉匀，待碑上的湿纸干到一定程度就可以上墨了。只见马老右手拿扑子，左手持墨板，一边拍打墨板吸墨，在纸上一层一层地上墨。当时他已年届古稀，弯着腰一拓就是一天，对于一位老人来说其劬劳辛苦可想而知。但面对一张张精美的拓本时，马老惬怀愉悦之情溢于言表。每份拓本有碑阴、碑阳两张，初拓约有15份。天津市艺术博物馆得到的可能是第七拓，碑帖专业历来重视初拓本，故而艺术博物馆将拓本裱成两大轴，并派专人携全拓赴北京故宫博物院请马老盖印。马老郑重地盖上了"邰阳马子云"、"马子云手拓"两印，名碑名拓手，合为双璧。此后艺术博物馆与马子云先生建立了经常的业务联系，1979年，还曾聘请马老来馆鉴定馆藏碑帖。晚间他在下榻的宾馆又为馆里同志讲解了一些传拓知识。

拓本出现以后，流传社会，香港《书谱》杂志首先发表，随后北京文物出版社也以碑帖形式出版，《鲜于璜碑》因而声名远播，享誉中外。

20世纪90年代初，艺术品拍卖业振兴，汉《鲜于璜碑》拓本为拍卖品之一，频繁在各拍卖会上露面。已故北京翰海艺术品拍卖公司总经理秦公先生生前曾问过我，此碑在天津共拓了多少张，怎么有这么多拓本？我只听说马老拓完之后有关单位又拓了几份，但到底拓了多少份却不得而知。秦公先生本身就是知名的碑帖鉴定专家，经他反复对照研究，认为从1993年时就有翻刻本。所谓翻刻本是用原拓再刻、再拓的拓本。据闻后来翻刻本也已价值不菲。可见汉《鲜于璜碑》拓本在人们心目中享有的声誉，天津市艺术博物馆所藏初拓本也就成了鉴定真伪的标准范本。

因为看了马老拓碑的全过程，我曾试用此法作砚拓，也取得一定效果，难怪后来有的行家看我拓砚时说这是拓碑的方法。

原载《今晚报》2004年8月8日

我学拓砚

传拓是中国一门古老的传统手工技艺，起源于唐代，绵延至今。在摄影技术出现之前，拓片起到了反映器物真实现状的作用，在成像技术发达的今天，它又成为一种艺术品。各种铭文、纹饰，经过传拓，不仅可以表达其全面的真实面貌，而且可以美化器物，装裱起来，几乎可以与原器物媲美，于临摹、刊印、研究皆有可用。

我接触拓片，是在20世纪六七十年代。天津市艺术博物馆藏砚甚夥，并附有一部分砚拓，这些砚拓均是20世纪三四十年代北京著名篆刻家、传拓家周希丁先生携高徒、北京文物鉴定专家傅大卣先生所拓。把这些拓片与砚对照，发现拓片把砚台拓美了、拓活了，赏心悦目，难以名状。

我渴望掌握这门技艺，但不知从何学起。1972年天津市武清县出土了汉鲜于璜碑，当时邀请了北京故宫博物院碑帖鉴定专

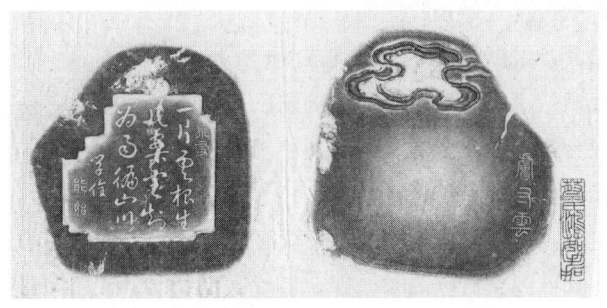

蔡鸿茹手拓清肤寸云砚

家、传拓专家马子云先生来津拓碑，我有幸观看了拓碑的全过程，对其方法有了初步了解。以后又见到傅大卣先生来馆做拓片。我用观察来的方法试着拓砚，逐渐掌握了拓砚的方法。有人看我拓砚时说我这是拓碑的方法，我认为拓法可以借鉴。通过几年的实践，我改进了工具和拓法，均属旁门左道，讲出来仅供参考。

用具：

小棕刷：用来刷纸。

发刷：用来打出纹饰或铭文。一般刷子如果毛硬会把纸打破，毛软打不出纹饰或字口，而发刷，柔、硬、韧兼而有之，且不会把纸打破。各地博物馆大多都用此类打刷。刷子用的时间长了，上面会沾上纸毛，可以用清水洗净，干了再用。

小镊子：用于拣出纸上的小草刺、纸疙瘩等杂物。纸遇湿有时出现褶子，可用小镊子展平。

扑子：用于拓墨。把塑料海绵剪成大小不同的圆块，用纯丝绸包裹三四层，用橡皮筋扎紧，做成大小不同的扑子。塑料海绵易吸、放墨，纯丝绸结实、耐磨、质点细，拓出来少有布纹。

白及：用于纸与砚的黏合。用温水泡一天，须浓淡适宜，浓了黏性大不好揭，淡了粘不上。白及是中药，中药店有售。

宣纸：选宜做拓片的薄宣纸。

墨汁：根据传拓需要调其浓淡。

板刷：用它蘸白及水往纸上刷。

砚台：用于盛墨汁和研墨。使用砚。

操作：

上纸：所拓器物要固定，平放时放在软垫上，不平的地方垫好，使其稳固。拓侧面时，砚台侧立，两边要用其他物品挤住，以免侧倒。然后把要拓的每一面擦拭干净，以免污染拓纸。再看纸上有无杂质，用小镊子拣干净。看好砚的尺寸，砚的两面、侧面如果都要拓，最好拓在一张纸上，设计好位置。把纸铺在砚上，用板刷蘸白及水往纸上刷，然后用另一张纸附在上面吸湿。如砚面上的纸不平，要用棕刷刷平，有小褶子用镊子轻轻展平，大褶子要把纸掀起来用棕刷擀着刷，扫平为止。

打纹饰或字口：纸上好后要用发刷打出铭文字口及纹饰。凹陷太深的地方，容易打破，这是拓片常有之事，拓片不怕破，怕少肉。上纸后如有破洞，可用相同的纸补。补纸不要用剪刀剪，要用手撕出毛茬，撕成与破洞相符的纸片，蘸白及水补上。一般补纸宜在质地粗的器物上，特平的器物不宜补，因补后墨拓不易掩盖。打出纹饰之后如果纸上起毛，可以用棕刷刷一遍。之后要阴干，由于室内空气流通不平均，故而砚面的纸干的速度有时不一，会出现一半干、一半不干，可以用干净的薄塑料布盖在易干的地方，等各面平均了再掀开。拓纸不能太干，太干不易上墨，亦不能太湿，太湿易涸墨，干到百分之七八十即可。

上墨：先用墨扑在使用砚上蘸墨汁。墨扑吸墨后不能立即就往砚上拓，可在使用砚上把墨扑内的墨揉匀。在拓之前要反复在另纸上试拓，看墨扑内的墨是否匀，如果拓在纸上出墨点，则是不匀，须再揉。传拓高手无须试拓，他们能掌握墨扑湿度，这是技术高超之处，我却多年掌握不了，总要在其他纸上反复试拓多次，直到不出现墨点，才敢往砚上拓。所拓器物，质地粗的比较好拓，容易遮丑，质地细平的则难拓，微小墨点都能显现出来。要一层一层上墨，以使墨匀。拓到半截如果有其他事需要离开，可以用塑料布把它盖上，办完事掀开接着拓，免得纸干翘起，前功尽弃。拓时墨色深浅不一，可以用墨扑慢慢找齐。

墨扑蘸墨多了，浓度过大，有时会打不出墨来，这时就不要再蘸墨了，可以备一小块布，要干湿适度，墨扑在这小湿布上敲打，使墨扑湿润，把积墨打出来，可以反复用多次。

　　有的人不用隔夜墨扑，我则有时仍留用。一是用古旧墨研的墨，舍不得扔掉，于是将墨扑放在塑料袋里，转天用布洇湿，仍可使用。一是遇上墨扑好用，怎么用也不出墨点，我也舍不得扔掉，放在塑料袋里，转天继续使用，直到丝绸磨破为止。拓完揭纸如果揭不下来，可用口呵气，边呵边揭。

　　传拓方法很多，我还没学到家，上述可能有谬误，疏漏多多，祈望指教。

原载蔡鸿茹著《中华古砚100讲》，
百花文艺出版社2007年5月第1版

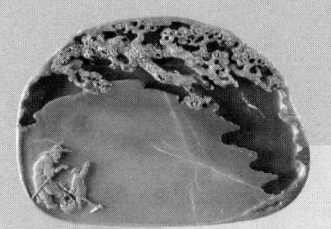

砚话

考古资料在鉴砚中的运用

鉴定古物有多种方法,除了来自物品本身的主要依据及辅助依据外,考古发掘品的比较对照、古今文献资料的查阅,亦是不可缺少的。其中考古发掘资料尤为重要,因为在古墓葬的发掘中对地层的测定及墓葬本身的记载,均是极为科学而确切的。在墓葬考古发掘中尤应注意有纪年的墓葬,有纪年就可进一步确定随葬品的年代。下面谈谈我在古砚研究中运用考古资料的一些体会。

考古发掘资料可以补史

中国古砚传世很多。这些传世品的年代又以明清两代为主。要想了解中国古砚发展史,就需要借助考古发掘资料。事实也正是如此。发掘品中早期资料多,传世品中晚期制品多,两相互补,即可透视完整的中国砚史。大量的原始社会及秦汉墓出土的研磨器及古砚,使人们认识了中国砚台的雏形以及砚台由研磨颜料而演进成专用于书写的过程;通过诸多晋墓出土的三足瓷砚,认识到由于青瓷的兴盛,三足瓷砚成为当时主要砚形;通过诸多唐墓出土的辟雍砚、龟砚,认识到辟雍砚在唐砚中所占比重以及唐龟砚的形式;此外还有元代长方平板砚;等等。这些均可填补传世品的空白,把它们排列起来,基本可以看清中国砚台发展的脉络。

深入研究这些考古资料时,你还会发现许多值得深思的问题。如汉代砚早期与晚期的不同。早期多是一个不规则的石饼,并附一研石,如广州南越王墓出土的石砚、湖北江陵凤凰山168号西汉墓出土的石砚均是如此。但晚期,主要是东汉,砚台形式出现了变化:有盖,盖上有高浮雕兽(或龙)钮,下有三兽形足,盖的里面有一个凹槽,可以扣住研石。当然这种变化是逐渐、交叉进行的,东汉时也会出现简单石饼形,但早期汉砚绝少见立体形雕盖钮三足形。再如,唐代箕形砚是主流,但仔细观察,也有不同形式,有的砚面内有折痕,有的无折痕,如同勺子。从纪年上看,早期大多砚面无折痕,晚期砚面有折痕,当然这种变化也是渐变、交叉的,不是按年代截然分割的。

考古资料可以修正史误

考古发掘历来有证史、修史之功能,在古砚领域里亦不例外。宋代抄手砚式是主流,一说抄手砚式是苏轼所创。但实际上,抄手砚在五代时即已出现。1979年苏州七子山五代墓出土抄手砚。1975年江苏邗江蔡庄五代墓也出土抄手砚,这些砚已和宋抄手砚无多大区别。五代墓还有一种砚式,即湖南省博物馆收藏的1964年在长沙赤岗冲五代墓出土的"闻人"紫石砚,及1958年长沙牛角塘五代墓出土的刻有五代长兴三年(932)年款的石砚,后者有名款、纪年、砚值。两砚内折痕明显,头部见方,介于唐箕形砚与宋抄手砚之间。由这种形式跨入宋抄手砚式,似乎是极为便捷的了。如果把上述出土古砚按时代顺序排列,似乎可以得到这样的认识:唐箕形砚早期砚面无折痕,晚期出现折痕；五代砚的前端或头部渐呈方形，砚面折痕明显，两墙足竖直；至宋代抄手砚式达到成熟和完美。

考古资料可以确定传世品的年代及真伪

有纪年墓出土之物是具有确切年代的标准器，以它对照传世品以确定年代，简便易行。如安徽省博物馆藏兽形铜盒石砚，原定为六朝，后徐州地区东汉墓出土鎏金兽形铜盒石砚，两相对比，所差无几，前者遂由六朝升为东汉。天津市艺术博物馆藏明澄泥砚，砚背有"见海若"铭，久不被人重视，不意1981年第8期《文物》刊登北京通县唐大庄乡金代墓出土一澄泥砚与馆藏明澄泥砚铭文形式相同，尺寸大体相同，则馆藏砚时代得以明确；以后又见许多与此铭文相仿、形式多样的澄泥砚，则进一步得知此类型砚为山东所制，年代可延续到明清。

1993年河北省宣化辽代张文藻墓发现壁画①，从壁画中可以了解辽代绘画、社会习俗、茶文化、文房用具等内容，这些均给予各种艺术类别以诸多启示。而我注意的则是壁画中桌子上放的砚台，由此得知辽砚受到宋砚的影响，而且砚底有高台，则所见传世品中有高台类似形式之砚，均应考虑是否定为辽代制品。

当然，以出土物鉴别真伪亦是可行的。新作均有时代感，与出土物对比，雕刻手法与砚形格格不入，绝没有地下埋藏千百年前遗物所具有的历史烙印及文化底蕴，易于明察。

运用出土资料进行研究鉴别，我受益良多，限于篇幅，仅举

---

① 河北省文物研究所等：《河北宣化辽张文藻壁画墓发掘简报》，《文物》1996年第9期。

上述几例。它是方法之一，但不是唯一之法。随时注意有关出土信息，认真阅读发掘报告，了解出土物的历史背景，扩大视野，及时搜集出土有关资料，建立起一套索引，以便应用检索，必大益于研究和鉴定。

原载《收藏》2001年第6期，
原标题《运用考古资料鉴别古砚》

文献资料在鉴砚中的运用

上篇谈考古资料在古砚鉴定中的运用,本文着重谈一下古今文献在古砚鉴定中的运用。

文献记载包括文字及图谱等。古代文献记录了古代砚台的一些情况,是前人实践经验的总结,可资查考借鉴。现仅就运用文献资料鉴定古砚,举例谈点粗浅体会。

第一,阅读古代文献时要认真分析,参照核对,以求真知。

首先,关键性的问题一定要牢记。例如各种石材的开采和出现情况,以端石为例。端石出现在唐代,唐朝有许多诗词讴歌端石,如唐代诗人李贺《杨生青花紫石砚歌》,赞扬了端州制砚工人勇敢、智慧的品格,其中富有浪漫主义色彩的诗句"端州石工巧如神,踏天磨刀割紫云",一直被人们称颂。唐李肇《国史补》中亦云:"内丘白瓷瓯,端州紫石砚,天下无贵贱通用之。"出土的唐端砚亦证实了这一点。宋代端石见于记载的就比较多了,苏易简《文房四谱》、米芾《砚史》均有载,苏轼更有唐初武德年间开采端石一说。端石出现在唐代,就给端砚的鉴定划定了上限。汉砚不可能有端石质。曾有一文学作品,说司马迁为撰写《史记》,笔耕不辍,夜以继日,以至把所使用的端砚磨穿。此言差矣!司马迁乃汉代人,他怎么能用得上唐代的端砚?真乃"关公战秦琼"尔!

现今各地有新砚材开采,亦有老砚材恢复开采。生产者多为本地区出产的砚材寻找远古记载依据,愿望和心情可以理解,但牵强附会者有之，对此鉴定者应做到心中有数。

其次，对古代文献要认真分析。几种书籍要参照核对，因为古书历经各代传抄，难免有误，版本的不同，也会出现字句差异。例如清代计楠《石隐砚谈》云："东坡云端溪石始出于唐武德之世，五代宋初得下岩之北壁南壁石。"而他在《端溪砚坑考》中又引宋人叶交叔的话，说唐开龙岩，未提"武德之世"。对此有人提出疑议，唐武德年代出现端石是否确切？我认为唐代开始有端石是基本可以确定的，至于是否为唐初武德之世，则需再加讨论。

又如澄泥砚之做法，就取泥方式从记载上看似乎有两种。宋苏易简《文房四谱》中云，用夹布囊盛泥在水瓮中摆动，将细泥澄于水中，待下沉后去水加添加剂，再行制作。而五代张洎《贾氏谭录》中云："绛州人善制澄泥砚，缝绢囊置汾水，逾年而后取沙泥之细者，已实囊矣。"这两种方法均是取经过滤的细泥，但似乎前者在室内，后者在室外，则知山西绛县一地是采取汾河资源。笔者问过山西澄泥砚制作者，山西汾河长达千余华里，纵贯忻州、晋中、吕梁、临汾、运城五个地区，沿途各支流把多种不同矿物质含量的泥沙冲刷到汾河中，复经主流的淘刷，其精华部分在汾河转向的绛州（今新绛县）河湾淤积，形成澄泥砚得天独厚的原料条件，故而自古此地就成为澄泥砚的产地，而室内取泥方法似乎不只是在汾河沿岸。当然河北滹沱河、山东泗水柘沟等地也有澄泥砚制作。这两种取泥方法，现今按其记载制作，往往不得其门而入，说明历史上文人的记载有时脱离实际，无详细配方，无精确剂量，道听途说，语焉不详。今天澄泥砚的制作者们已经研制出优于古代的方法，制作出质坚而不渗水、耐磨而不损笔的优质澄泥，极大地丰富和发展了这项古老的工艺。

再如关于洮河石的出现问题，多数研究者引用明代王世贞

(1526—1590)的《宛委余编》："柳公权蓄砚（一作'论砚'）以青州为第一，绛州次之，后始重端、歙、临洮。及好事者用未央宫铜雀台瓦，然皆不及端，而歙次之。"后来著文者均以此为依据，说明端、歙、洮河石均出现在唐代。宋代权威性著作谈柳公权所谓《论砚》时，内容有所不同。宋苏易简《文房四谱》云："柳公权常论砚言青州石末为第一，绛州者次之，殊不言端溪石砚，世传端州……"宋唐询《砚录》云："唐柳公权蓄砚以青州为第一，言磨讫墨易冷，绛州之砚次之。"两记载是没往下讲，还是柳公权根本没说过这样的话？总之，宋代记载没有谈到柳公权论洮河石砚事，那么王世贞记的柳公权的蓄砚事"后始重端、歙、临洮"，还有铜雀台瓦等，真的是柳公权说的，还是王世贞说的？需要认真分析。查《旧唐书·柳公权》本传载："常评砚，以青州石末为第一，言墨易冷，绛州黑砚次之。"《新唐书》未载此事。《旧唐书》由五代后晋刘昫等撰，他们的生活年代距唐代不远，当然不会遗漏论砚之事，而所载与《文房四谱》及《砚录》大体相同。在甘肃地区一份油印资料中，笔者看到有关洮砚产生的时代的内容，虽然是一份不起眼而简陋的印刷小品，却引起了我的注意。它除了引用米芾《砚史》、赵希鹄《洞天清录集·古砚辨》以及宋黄庭坚《刘晦叔洮河绿石砚》诗外，还提到金代元好问《赋泽人郭唐臣所藏山谷洮河石》一诗中的小序"王将军为国开临洮，有司岁愧可会者六百万，才得此砚来临洮"之句，王将军即王韶，宋熙宁年间曾到边陲驻军六年，向朝廷进贡方物中就有洮河石砚。米芾《砚史》中谈及洮河石时亦云："朝廷开熙河，始为中国有。"经反复核对上述篇章，我认为宋代是洮河石大兴时代，既然大兴，其产生可能在宋，亦可能在宋前，或许会发掘出比唐、宋更早的实物，但是目前是不是认定到柳公权时代，则有待商榷。

第二，古代流传下来的砚谱较多，使我们能够看到无缘得见的实物之形貌，也可以查考出砚之源流及出处。一件古砚如果是砚谱中之物，则可提高其身价，故而砚谱有很高的科学性、资料性、可读性。但在阅读砚谱时有时也会发现一些值得思考的问题。举两个例子，先谈谈在砚谱中身居高位的《西清砚谱》。该谱记录了清宫中所藏古砚，印行以后可使人们一览宫中宝物之形貌。该谱有图，有说明，图文并茂，记录古砚式样繁多，不仅使流传出宫的砚台有迹可循，而且对继承传统制砚工艺亦有一定借鉴作用。但是谱中所录砚的年代大都有误，虽然乾隆年间金石学大兴，各地有些出土的古砚，但编纂者所见终有局限，而宫中所藏又都为传世品，因而误定年代或真伪不明亦在所难免。例如卷首把汉砖改制的砚视为汉代砚，还把有些纹饰繁缛、失却古朴的砚定为唐宋砚，读时应特别加以注意。又，著名的《阅微草堂砚谱》亦是一册权威性砚谱，该谱收录纪昀（1724—1805）铭款藏砚的拓本，但仔细观察，砚铭的书体与纪昀的书体相差甚远。砚台上铭款的书体是鉴定砚台署款真伪的重要依据。据传这些砚台上的铭文多是纪昀作铭，一部分自书，一部分请刘墉及门人伊秉绶代书，纪昀只是督刻，那么砚谱是否可信呢？看一看砚谱原稿来源即可知晓。据砚谱前徐世昌所作序称："范孙侍郎遗其子智怡赍札投余，附河间纪文达公《阅微草堂砚谱拓本》一册，为文达裔孙堪谨所藏孤本，将与宁津李凌之商付石印，而嘱序于余。"原来砚谱原稿来源于纪昀的后代，故而还是可信的，同时砚铭内容与纪昀生平历史悉合，其中所记录的有些砚的实物现藏天津市艺术博物馆。砚台的质地、造型、纹饰均属上乘，具大家收藏品之风范，亦见有按此砚谱制作的仿制品，一比即知优劣，故而此砚谱是真而无疑的。

第三，对记载中著录的名品要认真分析，加以确认，因为不是凡是经著录的就一定是珍品、真品。举天津市艺术博物馆收藏的两件砚为例说明一下。一是明代顾从义摹刻石鼓文石砚,见于多种著录,如翁方纲《复初斋文集》、张廷济《清仪阁题跋》、罗振玉《石鼓文研究》、郭沫若《石鼓文研究》等。著录上所载除石质外,尺寸、铭文、拓本与原作悉合,只是记载为端石,但原物苍黑,又不像黑端,石质不能确定。此砚上的石鼓文是按宋拓本石鼓文的字数及按原石鼓上的字位摹刻的,它保持了原石鼓的字与字、行与行以及每段之间的间隔,为石鼓文字迹位置、诗文研究提供了依据,这是优于剪裱拓本的地方。在国内尚无宋拓石鼓文拓本的情况下,此砚包括它的拓本的珍贵性显而易见,故而常被文字研究者引用。清代翁方纲曾因见砚拓辛鼓有"工"字,曾在81岁高龄时亲自在太学手摸损坏较甚的辛鼓,拓出其中"丁",并参照范氏天一阁本及顾砚本,审定行次,证实顾砚本此鼓之"工"字。清代阮元摹刻石鼓文时则参照了顾砚本,郭沫若著《石鼓文研究》时在复原诗句上也参照了顾砚本。这些均说明了此砚的知名度及真实性。曾在北京某处见过一台与此砚相仿的石鼓砚,相比之下,彼砚粗劣不堪,则进一步证实馆藏石鼓砚确真无疑。馆藏另一方古砚名气更大,即宋谢文节桥亭卜歘砚,此砚见著录亦不少,《复初斋文集》、《金石萃编》、《随园诗话》、《卜砚山房》等名著均有载。各记载及砚铭均认定谢文节即宋谢枋得。《宋史》载,宋亡后,谢卖卦为生,元朝屡招不仕,是一位很有民族气节之人,又因与文天祥为同科进士,故常与文并称。传这方砚为他卖卦时所用,清代发现后每易一主即有题咏。藏者即便得到一纸拓本,也装帧悬于座侧,以寄仰慕之情。清初查礼得砚后遍征诗赋,集成《卜砚集》。《天津县志》将此作为地方文苑盛事而载入。各种记载中所言尺寸、铭文均与实物悉合,惟石质不像记载中所云端石,极似歙石。在对砚全面研究过程中，经反复审视，铭文矛盾百出，而且砚形不像宋代，说是明代倒还贴切，真伪难以定夺。对这样一件可上可下的古砚，艺术博物馆极为重视，因为如果真是谢枋得用过的宋砚，则砚的身价可剧增，这当然是馆里所期望的。几年来该馆不断请专家鉴定、论证，但仍难下定论，还在慎重研究之中。我举上述两例，旨在说明不见得凡是记载过的古砚，都是无可挑剔的。在使用文献资料时还应注意的是，某些收藏家对自己的藏品钟爱有加，自认自家物品最优，而所请的题跋者投其所好、说些应酬溢美之词的情况亦是有的。时代在发展，新资料不断涌现，都会使我们"眼力"提高，不断地重新审视流传至今的古物。

另外也应指出，当今有很多砚学研究者、收藏家、工艺美术工作者，撰写了许多文章著作，编辑了许多砚谱。他们有的在产砚区工作多年，有丰富的实践经验，掌握着充足的第一手资料；有的是收藏、研究砚多年，有精辟的见解和观点。他们写的文章易懂，而且便于通讯联系、相互探讨，这些均是优于阅读古代典籍之处。我们可以充分利用这些新鲜资料，以求丰富我们的知识库。

原载《收藏》2002年第5期

# 鉴砚絮语

古砚亦存在真伪和优劣问题，需要对其进行判断年代、鉴别真伪、品评优劣等工作。一般来讲，优劣易识，真伪难辨。砚台是一种包括文学、历史、绘画、书法、雕刻等元素的综合艺术品，它表现在造型、质地、纹饰、款识、装潢等各方面，这几方面都存在着真伪与优劣问题。由于每方古砚的具体情况不尽相同，故而不宜定哪一条为主要或次要，还要视具体情况进行分析。本文拟就古砚鉴别真伪问题谈点粗浅体会。

造 型

造型即砚台的形状。在研究砚史时可以概括出每一个时代的主要造型。掌握了这些，当遇到砚台时，则可初步从砚形上划分出它是哪个朝代的作品。一般来讲，唐、宋以前的砚形区别比较明显，而明清时期的砚形则比较接近，有时不易区分，可以借助其他方面来定其年代。这里要注意的是仿造古代造型，做旧以冒充古物的现象。现代工艺美术工作者的仿古之作无可非议，但不能做旧冒充古代作品、以假乱真。要鉴别这种伪造的古砚，这就要仔细观察它的各个方面，刀口是否生涩，纹饰和砚的年代是否合套。当然这些方面也可以做旧，这就需要有敏锐的观察力。有一次某藏砚者持一四足长方砚，砚池上端有立体雕刻，来者说是六朝，但给人的初步印象是新作，尤其是立体雕刻无一点古朴迹象，砚身的包浆系涂蜡所为，不可能是旧砚。

前一时期还出现过许多大砚，奇大无比，有的以吨计量，有人用车拉来声称是旧藏。这些砚先不说它的纹饰如何，就砚台本身是书案上的研磨器具来讲其大小就有悖情理，它不能占半个桌子或整个桌子。即使在清代砚已逐步演变成玩赏品、陈设品，大砚也是少数，而且历经千百年转移，硕大之物毫无损坏，似乎不太可能。目前，市场上出现的大砚、大墨恐怕和我们纷繁的时代及人们的思绪不无关系，它是否受到社会上某些追求大、讲究长的风气的影响呢？

砚的年代也可从残损、风化的程度来断定。但破旧不能说明它的年代久远，完整不见得年代近。旧砚保存得好，秘不示人，就少有风化、残损之可能，而且完整无损还是给砚台定级的标准之一；否则，人们收藏了一堆破砚，其价值要大打折扣。

质　地

砚的材质有本身优劣及冒充名砚材问题。优劣的问题比较好解决，材质细润如肤，石品丰富为优，粗糙为劣；泥质要坚润耐磨，疏松渗水者不可取。目前出产砚石的地方很多，但为打开销路，常见冒充名砚材之现象，如紫色石材均称之为端石，绿色石材均称之为绿端、洮河石、松花石，疏松的黄色石称之为澄泥。其实，只要砚材好，何必以它石之名掩己之优？就以本来产地命名有何不可？久而久之，使用者定会认可，必定名显于世。而要鉴别好砚材之优劣真伪，只有以原产地的石材作为观摩的标本，并阅读有关资料，熟悉各种主要石材的特征，掌握分辨石材种类的技能。当然，目前出现的新石材，认识它，掌握它，也是非常必要的。同样一种石材，古代与现代亦有所不同。古代砚由于经历久远，受自然或人为的温度、湿度及其他因素的浸渍，会形成一层保护层，一般古物均有这种情况，习惯称之为"包浆"，而现代石材仿造古物，就不易仿制出它历经沧桑的面目特点。"包浆"也有仿制的，但均浮在表面，像涂了层颜色。

纹　饰

砚上的纹饰雕刻，从古代到近代，总的趋势是由无到有，由简单到复杂，纹饰越来越繁缛，雕刻越来越细腻，晚期则又显示出地域特色。纹饰鉴定中的最大问题是后刻纹饰。原装原刻，是在制砚时与砚形制作及花纹装饰一次完成，这种砚经过若干年后，它的纹饰不会与砚格格不入，不会给人以砚是砚、花纹是花纹两者不相关的感觉。如果砚的制作与纹饰非一次性雕刻，则属于后作纹饰。古砚在流传过程中，有的人为了增强艺术效果，提高砚的身价，将砚加以美化，反而画蛇添足，不但增加不了砚的价值，还会降低砚的价值。鉴别者除了要看刻花刀口是否生涩，包浆是否渗入，还要看所刻花纹是否与砚形时代相符，更要借鉴同期其他艺术的风格特征，如石刻、玉雕等等。例如汉代龙形盖钮三足石砚，其雕刻是汉代石刻简约、概括、质朴的风格，如果刻上清代龙纹，则不伦不类，一看便知是后作纹饰。

铭　文

砚铭包括器物的雅名、收藏款识、记事、诗词等。这是一个比较复杂的问题。除了砚堂用于磨墨，水池蓄水不能铭刻，其他部位均可作铭。有关铭文方面的知识，诸方家有许多论述，不再赘述。这里主要谈一下鉴别方法。凡经名人收藏、署款，均可提高砚的身价，而且铭文的书体及内容还是划定年代的依据，故而某些人为了抬高其身价，常伪造名人款识，欺世盗名，给后来鉴别者增添许多麻烦。对待铭文要注意以下事项：

从砚的优劣看铭文的真伪。名人砚、名收藏家藏砚、御砚，质优铭精。铭文人多可以确认。反之，粗俗不堪的砚刻上顾二娘款或某大名头，则多数为伪铭。

审视砚的制作年代与署款者所处时代的关系。署款者所处的时代可以比砚台制作年代晚，而绝不能比砚台制作年代早。例如唐砚上有清代、甚至现代人铭均可，亦能说明它的流传经历，而绝不能出现唐前人之铭。

注意同姓名署款者的甄别。遇到需要查阅工具书的同姓名者要结合砚形进行甄别。在查阅字号索引之类的工具书时，有时会发现同姓名、同斋堂、同别号者甚多。如《中国美术家人名辞典》中别号惺斋者有宋代、清代、近代四人。这就要结合砚形看四人中哪一个更为贴切。如果砚形是清代，就要在这四人中清代人中寻找；如果这四人都是清代，那还要对铭文的内容与铭者生卒、籍贯、经历等各方面加以分析，寻找接近者，不能像买萝卜白菜一样，拣大个挑。

注意铭文的书体。一些篆刻家作砚铭时，大多自行操刀，而大部分收藏者是请匠人镌刻，藏者是督刻。尽管如此，字迹亦不能离谱太多或拙劣不堪。铭者的字迹如果能用他的其他作品对照，最好参照一下，除个别情况外（如代笔），不能与铭者笔迹差离太远。没有参照物，还要看字的时代风格。

如果有纪年，最好查一查铭者的生卒年月，出生年龄比纪年晚的不太可能铭砚，当然尚未出生或已去世就更不能铭砚了。曾见有一乾隆某年某人铭砚，查此人生卒，知砚上的年份是铭者死后多年，显为伪铭。

众多名家在一方砚上作铭,则要注意它们的排列,字迹是否雷同,刀法是否接近等。

铭文的笔迹亦有包浆,不能生涩、露白渣,作的包浆与陈年的包浆大相径庭。

上述诸项,只是一些常遇见的问题,实际中还会有更多问题出现,鉴定时要再三斟酌,达到合情合理方能论断,不能一见铭款就认为是真。

装　潢

砚台的外包装亦是不可忽视的方面。砚盒不仅有着保护砚台的功能,也往往带有时代感和收藏特征,亦是鉴定砚台的辅助依据。清代尤重装潢盒的美化,甚至喧宾夺主,砚盒有时就是一件工艺品。有的大收藏家作的砚盒有一定格式特色,同样的遇见多了就可以认识它。有的收藏者不忍心在砚上刻铭题跋,于是施于囊匣之上,这种囊匣就有很重要的资料价值,是鉴定砚台的辅助依据,即便有损也不能抛弃,要好好保存。关于砚盒大约有几种情况需要注意:原配盒,砚与盒同时制作;早年收藏者做盒;旧砚做新盒,把新盒做旧,冒充原装;旧盒装新砚冒充旧砚。前两种情况可无须用力,而后两种情况则需注意。现在作盒子冒充原装或旧盒子装新砚无非是想抬高砚的经济价值,故而要仔细观察砚台放在盒子里是否合适,是否紧得拿不出来或松得砚能在盒子里乱动,盒底有无与砚长期接触的印痕,有无墨锈,盒子有无包浆等等。

总之,上述各项均要合情合理,统一和谐,才能得出比较确切的结论。

原载《收藏》2002 年第 10 期

古砚收藏简谈

关于古砚收藏这个话题，以前写文章详细谈过，现在简单说几句。

要收藏通常须有几"力"，诸如眼力、财力、毅力、魄力、体力等。这其中眼力是首要的，财力是基础，其他几"力"均是辅助性的。

眼力要通过学习来提高。学习有两方面，一是看实物，一是看书。看实物是要看好砚台，看优秀作品，提高自身的审美意识，看实物可以到博物馆看砚展，到拍卖会看预展，眼要阔，不能穷。看书是增加知识，现在出版物很多，良莠不齐，看书要看权威性单位或权威人士的藏品出版物。如故宫博物院出版的《故宫博物院藏文物珍品全集·文房四宝》专册，里面收录了许多故宫的收藏品，精美绝伦。熟读这些书，就可以提高你的欣赏水平、审美观点。砚台是一种综合性艺术，如果可能，还应该学习一些历史、文学、美术等方面的知识，这样才能全面认识每一方砚台。通常藏友刚开始搞收藏时，见到有像砚台形状的就买，买了许多，但有价值的不多，甚至有赝品，在买的过程中逐渐提高眼力，藏品也就越来越精，这是藏友们通常要经过的过程。要尽量缩短这个过程，就要通过学习，打好基础，不盲目乱买。

眼力中还包括对古物残损的看法，有的人认为风化越甚越古、越真，反之则是伪品。在文博单位工作的人员都知道，馆藏文物评级的标准，文物的完整性、品相是重要条件之一。如果瓷器破了一块或"皮毛"差点，尽管年代久远、稀有，也很难定为一级品。对于传世品，亦是如此，天津民国年间有位大收藏家，家里的孩子们均不被允许摸家藏，他也很少把玩，只是定期请朋友来观赏，所以保存到现在如新的一样。如果"生坑"玉器，总用手摸，变成了熟坑，也会失去了它本来的价值，所以残损破旧不见得真，完整无缺不见得是赝。

收藏切忌一叶障目，为我独尊。有的藏友花了重金，费了好大力气收集来的藏品，钟爱之情可以理解，但不能认为自家的东西独一无二，世上无双，对于别人的藏品不屑一顾，听不得不同意见，弄得鉴定人员很为难，只有不表态，免得不愉快，这对深入研究没有好处。

搞收藏，首先是陶冶性情，提高历史、文化知识，丰富生活。我们不反对把搞收藏作为一种投资手段，但作为一个收藏家来讲，重要的还是在于提高思想修养，提高生活质量。有一位藏友讲，有的客人一进门看到屋里藏的古物时，首先说的是"这得值多少钱啊"？藏友一听就不想再和他往下交谈了，感到没意思。说明这位藏友思想提高了一定境界。现在有些人急功近利，存在着捡漏、撞大运的思想，都是不可取的。

保持良好的心态，海纳百川，能听不同意见，与人交流，和谐共处，是一个收藏家应有的心理素质。祝愿藏友们收藏愉快，快乐收藏。

砚田絮语

文房用具以笔、墨、纸、砚为主，国人雅好文房，由来已久，它们是文人墨客施展才艺的利器，任何一个艺术门类的创作均得力于它们的帮助，故备受关爱。君不闻"笔砚精良，自是人生一乐也"，苏轼把得到好笔佳砚视为人生中的一件乐事。数千年在人们心目中厚重的积淀，使得在各种先进文具充盈的今天，也抹杀不掉它们的位置，人们对其还是爱恋依旧。这种难以割舍的情缘，源自它们特有的艺术魅力及深厚的历史、文化底蕴。笔、墨、纸、砚是一种文化的载体，是华夏文明进步的标志。

笔、墨、纸、砚中寿命最长者是砚，"笔之寿日，墨之寿月，砚之寿世"。中国的砚台，从秦汉时代逐渐形成以来，已经伴随着人们走过两千余年。在这漫长的岁月中，古人以砚为田，朝耕夕种，相磨相惜；与砚为友，相濡以沫，须臾不离，体验着它的功能，享受着它的艺术美。"墨精非砚不展采，笔精非砚不飞花"、"文人有砚，犹如美人有镜"、"诗书之伴，笔墨之友，以日以年，斯为不朽"，溢美之词，不一而足。同时，人们也精心培育这枝艺术之花，使它日益精美绝伦。

一

中国是一个历史悠久的文明古国，古代文物浩如烟海。坐落在渤海之滨的天津博物馆以文物收藏丰富著称，其中古砚一类名闻遐迩，享誉中外，为该馆所藏文物的一大特色。1957年原天津艺术博物馆建馆始，就将砚台一类设专库、专柜，独立账目，专人管理。1979年文物出版社出版藏砚专集，1986年曾举办国内首届"砚史"展览，2004年天津博物馆成立后又举办"砚寓儒雅"砚台专题展。部分砚台多次出国展出，为中外砚文化的发展、历史研究及文化交流提供资料，在国内外享有盛誉。

（一）砚之海洋、国之瑰宝

天津博物馆收藏的古砚以明、清两代作品为主，兼有部分唐、宋、元代以及近、现代作品，传世品居多。其特点是品类齐全，形式多样，造型典雅，雕刻隽美，精品荟萃。

从质地来看，几种著名砚材均具备。有广东肇庆端溪斧柯山的端石、江西婺源龙尾山的龙尾石（亦称歙石）、甘肃洮河流域的洮河石、北方及其他地区的澄泥，还有吉林的松花石，扬州地区的漆砂砚，山东的淄石、红丝石等等名贵砚材。此外还有陶、瓦、瓷、玉、铜铁、竹木、象牙、煤精等砚材，品类齐全，质地优异。有些砚材还有珍贵的石品，如端石中的青花、蕉叶白、火捺、冰纹、鸲鹆眼，歙石中的金星、银星、金晕、银晕、罗纹、眉子等，以及各种颜色的澄泥。

从造型上讲，比较重要历史阶段的形制，均有其代表作品，如唐代的箕形、宋代的抄手形，明清时期的随形、方、圆、八角、仿古器物、动植物、自然景物等多种品式。

从纹饰图案的雕刻讲，诸砚品也能体现各个时代的风格特色，如宋元砚刀法洗练，简约概括；明代砚古朴浑厚，苍劲有力；清代砚镂雕精细，绚丽多彩。历代纹饰由简到繁，由粗而细，可见一斑。

有些砚还镌刻着名人书法、手迹，或临摹的古碑帖、金石文字。这些不仅是书法艺术品和文学作品，有些还反映了特定历史时期的人物或史实，具有一定的学术和史料价值，成为我们研究历史的重要资料。

总之，从这些古砚可以看出，砚台是一种融汇历史、文学、雕刻、绘画、书法金石等各方面内容的综合艺术，是我国历代制砚匠师的智慧与技艺的结晶。

（二）多方搜求、广聚英华

天津博物馆收藏有如此之多的古砚，和社会各界的大力支持及该馆的努力搜求不无关系。

这里首先应提及的是那些爱国、爱艺术、爱砚的热心收藏家。天津著名古文物收藏家徐世章捐献的大批古砚即收藏于天津博物馆之中。徐世章（1889—1954），字端甫，号濠园，民国时期国民政府总统徐世昌的胞弟。他在政务之余，特别是去职以后，致力于蓄藏古物，古砚、古玉为其收藏之大宗。他平日生活简朴，箪食弊衣，大家庭节年的开销只有一二百元，而每年购古物却花费逾万元。他对家人说："要是将买文物的钱用来买钻石，可以买一簸箩。"1954年徐世章临终前，为了不使自己终生辛辛苦苦收集的古物再行散佚，故立遗嘱将所藏全部捐献给国家。其中古砚一类奠定了天津博物馆藏砚基础。徐世章的胞兄徐世昌的部分藏砚亦捐献妥藏馆中。徐世昌（1855—1939），1918年被段祺瑞的安福会举为总统。徐世昌通晓翰墨，精于诗、书、画，自称"文治总统"，1922年"解甲归田"后，隐居天津，位尊而谦和，财饶而俭用，晚年生活较为充实，以诗、书、画、收藏自娱。该馆所藏他的部分砚台，虽然数量不及其弟，但部分为清代张之洞所开采的精品砚材所制，其中有部分收录在他自行编辑出版的《归云楼砚谱》中。近现代天津古文字学家、甲骨文发现者之一王襄先生生前使用及收藏的部分宋、明、清砚连同其收藏的大部分甲骨、书籍等在他去世后一并捐献给国家。这部分古砚虽然数量不多，但从一些砚铭上可以看出先生早年远行谋生、勤力治学、编纂著作的艰苦生涯，是他的经历、业绩的见证。上述这些先生的爱国义举，不仅保护了中华民族的文化遗产，为增加博物馆的藏品做出了可贵的贡献，而且也为后代留下了宝贵的精神财富。

为了充实馆藏，该馆还有目的地收购了一些古砚，如汉兽形石砚便是在一个物资公司的仓库里检索到的。20世纪六七十年代砚的研究方兴未艾，这件汉兽形石砚在非文化单位仓库中长期搁置，无人问津。后来机缘巧合才得以抢救出来，真是出资少、获益大，填补了馆藏无汉砚的空白。同时还收购了唐陶砚，宋风字形绿石砚，元长方形四足端砚、白玉凤砚，清眉纹歙砚等等，虽然付出巨资，但充实了馆藏，补充和增加了早期作品。为了不使藏砚年代断档，还有选择地收购了一些现代砚，如端砚、洮河砚、贺兰砚、澄泥砚、苴却砚等，亦曾派人到山东临沂鲁砚产区征集淄石砚、红丝石砚等。通过以上各种措施，广聚英华，从而使天津博物馆藏砚形成一定规模，可以按年代排列成序。当然，对于当今一些著名的国家级制砚工艺美术大师的优秀作品，还有待今后逐步纳入征集计划之中，以体现当今制砚工艺的新成就。

（三）精品荟萃、品类璠玙

天津博物馆所藏砚台，精品累累，不胜枚举，姑且只举其中几例。

交友宜端，取石亦然。端石从唐代出现后，一直为士林所钟爱，为砚材中佼佼者。馆藏端石砚较多，精品也多。例如清林佶铭天成端砚，因材施艺，整体气势恢宏，一派大家风范。细心观察，侧有"汝奇"小字行书款，此人名谢士骥，清初制砚名家。观此砚，可知其非名家是雕不出来的，谢氏传世真品已是难得一见了。

清黄任铭墨雨端砚，砚体敦厚，雕刻精湛，奇特的是润泽的砚面石内含有墨色纹点，徐徐斜下，犹如墨花飞雨。端州产砚区人士曾看过此砚，啧啧称奇，言之少见。更为可贵的是砚背有清初著名砚台收藏家黄任铭款及"十砚轩"收藏章，黄任曾将一生所藏砚台择其优者十件，铭其斋为"十砚轩"，此砚是否为其中之一尚待研究，但确属上乘佳作。"墨雨"二字是后来的收藏家徐世章所命名，真是再恰当不过了。

清纪昀为那彦成铭端砚。此砚为长方形小砚，光素洁净，砚底、盒面均刻有纪昀行书铭，书体端秀，令人赏心悦目。从铭文得知文人以砚互赠、攘夺时有发生，并以此为乐事。此砚记录了文人爱砚之情及他们休闲娱乐的乐趣，是一件很好的历史资料。在有关刘墉、纪昀的电视剧热播之时，许多观众对这方砚给予了少有的关注，展出时，观者如云。馆藏凡有纪昀铭款的砚，经与《阅微草堂砚谱》反复核对，其中几件确为著录之品，上述一件亦在其中，这些砚不仅在谱，而且有的还是民国年间徐世章从纪氏后人手中所得，流传有绪，具有可靠性。

"一寸干将切紫泥，专诸门巷日初西。如何轧轧鸣机手，割遍端州十里溪。"这是清代著名砚台收藏家黄任送给当时著名制砚家顾二娘的诗，讴歌二娘的砚艺，感谢她为他制砚。顾二娘，本姓邹，嫁夫顾启明。公爹顾圣之，字德麟，清康熙江苏吴县人，工琢砚，艺传于子启明，启明不寿早亡，由其妻顾二娘袭承其业。顾二娘不喜粉脂钗环，不学俗流事梳洗，却善操刀舞石，所制砚台古雅中能兼华美，刀法圆活而肥润。当时王公贵族、文人墨客趋之若鹜，追踪芳迹，纷纷请她制砚。笔者见过两件她的作品，一件结邻端砚，一件双燕衔花端砚，虽然铭款有待研究，但其构图、刀法均极精到，可见巾帼制砚之芳容。

歙石与端石同为唐代始开采，在砚林中与端石并驾齐驱。馆藏歙砚亦不乏佳作。有的雕刻隽永，有的石品丰富，有的具有史料价值，具有很高的历史、文化含量。如宋代长方形抄手式歙砚，做工简洁，刀法利落，为宋代典型佳作。明代蝉形歙砚，石质洁净，砚材如此硕大的作品，流传至今毫无损伤，实属难得。清宫御铭八角歙砚，金星、金晕石品，熠熠生辉，显示宫廷砚之雍容华贵。清眉纹歙砚，砚面缕缕眉纹，养眼夺目。至于铭文的资料性及流传经历，清程瑶田、程光国铭歙砚可资见证，砚面有银星、银晕，眉纹缕缕，为优质歙砚材名贵石品，砚面、背均有铭文，记录了该砚不寻常的经历。清乾隆十三年（1748）为安徽歙县程瑶田所得，五十年后，即嘉庆三年（1798）程氏76岁时调合肥，将此砚留赠给族翁程光国。民国二十九年（1940），辗转被天津古文字学家王襄先生所得，王襄与我国另一著名古文字学家陈邦怀（1897—1986）交往甚密，此砚曾为二位学者共同鉴赏之物。王襄逝世后，家属将此砚捐赠给天津博物馆。此砚几遇良知名士，实乃大幸，最后归于博物馆砚海之中，终得最佳归宿，诚为古今文林之佳话矣！

制作澄泥砚是我国一种古老的传统制砚工艺，是用经过滤的泥土，放入适当的添加剂，经加工焙烧而成，兴于唐，盛于宋。由于添加剂及火候不同，故而呈现出不同色泽。清朱栋《砚小史》载："澄泥之最上者为鳝鱼黄，其次为绿豆沙，又次为玫瑰紫……然不若朱砂澄泥之尤妙。"黄、紫、绿、朱几种颜色的澄泥砚在天津博物馆均有收藏，其中尤为著称的是明荷鱼朱砂澄泥砚。它色泽艳丽，黑红相映，对比鲜明，引人瞩目，雕刻精妙，线条流畅自如。鱼与"余"谐音，构图寓意吉祥。此砚质地、构图、色泽、雕刻均具特色，诚为具较高艺术水平之佳作，深受人们喜爱。

洮河石是西北地区所产的一种优质砚材，历史悠久。据记载，宋代就曾作为方物进贡朝廷。馆藏洮河石砚亦有引人瞩目之佳作。如十八罗汉洮河石砚，椭圆形，此形传世较多，本馆亦收藏一件明代作品，敦实厚重，砚周浅刻不同形象的十八罗汉，砚面水池中有云中楼阁，整体具有浓郁的宗教色彩。另一件宋代长方形抄手洮河石砚，三侧内敛，造型端庄，为宋代典型之作，侧面、砚底分别有郑孝胥、周肇祥两位收藏家题铭，更增加了它的历史、文化价值。

其他材质的砚台亦不乏精品。如宋代绿石砚、明代水晶砚、明代青州铁砚、明代鎏金双虎铜砚、清代御铭松花石砚、清代瓶形木砚、清康熙仿成化圆瓷砚等，足以展示我国砚材的多样性及广泛性。

二

对于中国砚的文化内涵及历史渊源，近年来国人予以极大关注，认识正在逐步加深。无论是收藏、鉴赏、研考等，均在原有的基础上逐渐扩大和深入，尤其是考古发掘中出土的大量新资料，极大地丰富了人们的视野。有关各种砚台的图像、学术论文、研讨会等大量涌现，是一种可喜的文化现象。

目前各种书刊有关砚史的论述连篇累牍，不胜枚举，均极为全面；对于各种材质的特点状况，各相关出产地的专家、技术人员或长期生活于斯地的研究学者，也均有较为精辟、全面、深刻的见解及论述，故不再赘述。在此只谈谈笔者在解读砚台及工作中所遇到的几个问题及自身的感受，以就教于方家及同好。

（一）回顾历程、继往开来

国人对砚台的关注，由来已久，非始当今。例如我们经常吟诵的诗句"端州石工巧如神，踏天磨刀割紫云"（《青花紫石砚歌》),"紫云"是端石的代称,唐代开采,作诗的人就是唐代李贺。唐代刘禹锡《赠唐秀才紫石砚诗》第一句就是"端州石砚人间重",说明端石刚一出现就受到人们的关注和颂扬。

宋代曾有多部有关文房用具的专著,米芾《砚史》、苏易简《文房四谱》、高似孙《砚笺》、唐积《歙州砚谱》等等。宋代四大书家之一的米芾所著《砚史》,记砚条目,均为亲见亲试,使人可以得知宋代人用砚情况,对后世影响极大。

明清时代乃至以后,关于砚台的文字记载、图谱、考察记录等就更多了,许多著名的收藏家、制砚家相继出现在各种记载中。

新中国建立初期,对砚的关注虽不太普遍,但一些有价值的研究文章仍有出现。如《考古》1955年第6期陈公柔撰文《白沙唐墓出土的瓷器》,把过去称为瓷座的多足盘形器定为瓷砚,后《文物》1959年第6期袁炎兴《谈青瓷有足盘形器的名称和用途》一文亦加以论述,使人们认清了出土的这类器物是砚台。

1964年,时任国家文物局局长的王冶秋在《文物》第1期上发表《刊登砚史资料说明》一文,这或许是一次带有官方性质的,对砚台表现出极大关注的重要举措。文中论述了砚台的发展史,从文字学的角度用实物论述了砚台确是从研磨器演变而来。这个观点过去虽有记载,但不甚明确。王文这种观点影响着以后的研究及考古发掘,人们开始注意发掘品中的这类器物。此后至"文革"时期停刊,《文物》每期均刊登砚台图片,年代广泛,形式多样。至"文革"以后《文物》复刊,各博物馆纷纷刊登馆藏砚台图片及介绍文章,先后有上海博物馆、湖南省博物馆、河南省博物馆、陕西省博物馆、河北省博物馆等均将馆藏砚台公之于众。原天津艺术博物馆则率先出版藏砚专集;洛阳考古队介绍了该队15年间出土的砚台,重点介绍了具有科学价值的38件。不仅各文博单位、考古发掘部门均重视砚台的出土并予以刊登,各种文具展亦相继出现,如安徽省进京举办文房四宝展,山东省进京举办鲁砚展,天津举办砚史展,故宫博物院多次在国内外举办文具展。时至今日,国家、个人的各种砚台研究组织仍在相继出现,一些拍卖或砚台专题拍卖会亦起了推波助澜的作用。

正是这些具有科学性、学术性的实物及论文使我们对中国砚的认识大为提高,明确了砚的起源及嬗变,把这些资料梳理排列,中国砚史即可展现。应该说我们今天对砚台的研究是在上述成果的基础上进行的,今天的研究也是上述研究的继续。

(二)砚形变化、自然衔接

依据各地不断涌现出的新资料,并结合以往研究成果进行综合分析,笔者认为砚形的几次变化,既有前代的遗存,也有新形式,它们之间有联系,也有变化,自然衔接。

目前公认1975年湖北云梦睡虎地战国至秦代墓出土的砚、墨、笔为最早,砚形是简单的卵形石,附研石(或称研子),这种形式延续到西汉乃至东汉早期。东汉砚形则出现三足,还有动物形象盖钮,研石(或研子)扣在盖里部凹窝内,三足稳妥支撑。研石有了固定位置,显然是形式上的一大进步,当然从西汉无足到东汉三足的变化,没有一刀切的界线,而是相互交叉、逐渐变化的。

通过考察众多唐墓出土物,得知唐砚以箕形为主。但这种箕形早期、晚期亦有不同,早期砚面无折痕,晚期至五代出现折痕。唐代砚的最大变化是质的变化,随着端石、歙石等专用砚材的发现,制砚工艺出现了崭新局面。大自然的恩赐不仅能满足衣、食、住、行各个方面的需求,也能满足精神、文化上的需求,唐代发现的几种砚材惠泽数代。直至今日,砚材产地已几乎覆盖了大半国土,据地质部门统计,古今砚材约有 90 种之多①。

五代时期是唐代箕形砚变化成宋代抄手砚的过渡时期,湖南省博物馆收藏的两件五代墓出土石砚②,砚面低,内有折痕。扬州市博物馆收藏的五代墓出土的长方抄手端砚,虽然砚面不高,但与宋代抄手砚式相同③,而苏州七子山五代墓出土的长方抄手砚④则与宋代抄手砚无异,说明抄手砚在五代时期已很普遍,并非宋人所造,唐末、五代是过渡期,宋代是它的成熟期。

明清时期,是砚台用途由实用性转变为工艺美术性的重要阶段。随着商品经济的发展,各种绘画、工艺美术也随着商品经济生产的要求和各阶层的需要,出现了新的发展趋势,工艺品种繁多,风格各异,异彩纷呈。制砚工艺也在这种大潮中发生着变化,砚的实用性逐渐缩小,取而代之的是工艺性和观赏性,其质地、造型、纹饰甚至装潢,全方位朝着工艺化方向迈进。尤其是宫廷用砚,用料考究,不惜工本,雕刻精益求精。有人认为清代砚是衰退,是极盛而衰,是砚台发展的下坡路。此问题可作两方面的诠释,从实用性来讲,可以认作衰退;但大量的雕刻卓著的砚作是不能抹杀的,清代砚的质、工、图案均达到很高水平,总归是一种成就,它代表着一个历史阶段砚雕的水平,应从历史的角度加以看待。如果否定了这个历史阶段的砚雕成就,那么如何看待这个历史时期尤其是乾隆时代玉、竹、木雕乃至瓷器、绘画的艺术成就?难道把上述这些工艺品也全部抹杀?

---

① 吕麟素:《试论古今中国砚石资源》,《中国文房四宝》1994 年第 3 期。
② 王代文等编:《中华古砚》图 36、37,江苏古籍出版社,1998 年。
③ 王代文等编:《中华古砚》图 35,江苏古籍出版社,1998 年。
④ 苏州市文管会等:《苏州七子山五代墓发掘简报》,《文物》1981 年第 2 期。

纵观这些变化,均无不与当时的经济发展、社会进步、文化需求、生活习俗相关联。

(三)风格各异、各具特色

任何艺术形式均不是孤立的,在一定的历史时期,各种艺术门类相互影响,既有独立的个性,又有相同的共性,即所谓时代风格。制砚亦是如此,它应该与所处时代的雕刻艺术同步。东汉带有立体盖钮的雕刻的砚,可以窥见汉代石雕艺术的简约、豪放。明清时期工艺美术的丰富内容、高超技艺,也常在砚艺中体现。从砚台发展史及考古资料中可以发现,早期砚的形制南北地区无大差异,说明文化发展相对平衡。直至汉唐时期的砚形仍基本一致,而宋以后则明显感到砚的雕刻风格趋向地域性差异。尽管箕形与抄手形分别为两个时代的基本砚形,而后的发展却不尽相同,及至明清差异愈显,甚至出现不同的流派。有研究者提出有粤派、徽派、苏派、闽派等,从应用上看又有宫廷砚、文人砚、民间砚、礼品砚等,各种砚台既有时代风格,又有各自的特点,受各地区不同经济、文化氛围的差异所影响。宫廷砚用料考究,做工不苟,华贵无比,如清乾隆八方金星歙砚;文人砚充满书卷气,典雅不俗,如清许珩铭书卷端砚;民间砚注重使用,雕刻简略,如宋刘万制澄泥砚;礼品砚雕刻繁复,注重装潢,如清瓶形木砚。粤派作品刻工饱满,俗称"广作",如百蝠砚等;苏闽派作品秀丽典雅,如山水端砚。歙砚作品由于石质结构所致,适于浅雕,构图较之广作简约,如蝉形砚。看了这些不同地区、不同特色的砚台,如同步入砚艺的百花园,给人的印象是深刻的、多样的。

随着时代的发展进步,各地区文化艺术的交流,这种差异似乎在缩小,近几年广东地区也有简约、清新之作。其他地区亦有繁复之作。除了不同地区所产砚材可以辨认外,其制作风格令人越来越难以辨认。对这种状况，笔者认为还是保持地区特色为好，例如天津杨柳青年画与苏州桃花坞年画、四川绵竹年画就不尽相同，各具特色。不能像目前的一些大城市，为了建立国际大都市形象，一律高楼大厦，毫无地域特色。游历这些大城市，感到是在一个地方徘徊，景色雷同令人乏味。如果工艺美术失去地方特色，也就难称之为地方工艺了。砚台是一种手工艺品，如果全国各地不同的产砚区，均能具不同的特色，那将是怎样一个多姿多彩、异彩纷呈的灿烂景象！

（四）继承传统、传承文明

继承传统，吸取精华，剔除糟粕，是个永恒的话题，是任何艺术门类创作时都要遵循的准则。中国是一个历史悠久的国家，文化遗产浩如烟海，流传至今的每一个艺术门类，也和我们的民族、我们的文化息息相关，但如何继承得好，把继承与发展、吸收与借鉴的关系处理好，以传承深厚的历史与文化，弘扬华夏的文明及人文精神，是个值得我们探讨和研究的问题。

砚台是古人文化生活必需品，这种艺术形式我们是继承下来了，不像某些艺术门类已经失传，但随着应用范围的缩小，其传承还有待我们的维护。在弘扬文化艺术的前提下，我们深信这种艺术形式不会消失，至于技法如何吸纳，则需诸方家贡献真知灼见。例如，还是要从基本功开始。例如绘画，在练习基本功时都要从临摹经典开始；书法亦是如此，写隶书要读汉碑汉隶，写楷书要读唐楷，写草书要读王书，要临《书谱》等等，这就是说首先要从学习古代传统艺术开始。如今一些制砚家刻砚也像上述学习传统艺术那样，从临摹古砚开始。但临摹，或称复制不是继承传统的唯一方法，还要从构图、技法上进一步探讨。

继承不是泥古，时代在发展，文化艺术也要跟上时代脚步；创新是对传统的延续，但创新又不能凭空而为，还要在继承的基础上创新。

首先，最重要的是砚台的基本属性，要具有实用性，古人早就说过"器以用为功"，它是砚台，不是山石盆景、陈设摆件，更不是庭院设施、摆在地上的庞然大物，或是公园、游艺场所令游人抚摸的吉祥物。艺术领域各种门类的创新亦是如此，如京剧改革，无论如何创作新唱腔，如何吸收其他艺术唱腔，均是为京剧所用，使人听起来是京剧，不是歌剧，更不是其他剧种。再说大小，想起天津泥人张第一代张明山所作蒋门神，不施彩，通高仅2寸余，但其神态则完全表现在小指盖大的面部，双目怒视，一幅恶霸凶残形象活灵活现，堪称以小见大之典范。现在有些大砚，尺寸超大，如果放在书桌上，不知写字、绘画所用的宣纸何处摆放？古代也有大砚，但并不是超大尺寸。目前流行的大砚不能认为是创新。

再者是纹饰。有关砚台纹饰的繁简，中国工艺美术大师刘克唐先生在他的《论砚之十二品与四病》中有精辟见解。现在有些砚台雕刻过于繁缛，深雕、浅雕、透雕等各种雕艺施于一砚，纹饰堆砌、满而又满、臃肿不堪，用于磨墨的砚堂远远小于纹饰，主次不分，本末倒置。砚台本是书房之物，书写需要静心，是寂寞之道，纹饰眼花缭乱让人看着就累的砚台，不但不能使书写者静下心来，反而会增加浮躁情绪。有人认为现在的砚台没人用了，主要是欣赏品了，那么你就不要叫砚台了，称为雕刻工艺品岂不更好？这些繁琐雕刻的砚台，使我们体会到工艺性越强、艺术性就越弱，以工代艺，追逐雕刻，不仅达不到艺术效果，且适得其反，真乃费力不讨好也。①

（五）综合艺术、广采博收

砚台是一种综合艺术。如果从砚台成为专用于书写之器的秦汉始，至今已有两千多年历史，故而它所蕴含的历史、文化底蕴极其丰厚。它所表现的艺术形式、纹饰图案的内容也是多方面的，可谓包罗万象、无所不容。我们现在接触它，就要学习各方知识，虽然不能成为专业人员，起码也要有一些了解。除了要有历史、文学方面的知识外，其他领域的知识有时也会遇到。一些涉及自然科学方面的知识，如砚台纹饰是地图的端溪图砚、地形图砚、印心石屋山水全图砚，就要了解这些地方的位置、所标区域名称等，从而得知古代这些地方的位置。如果是涉及宇宙的星座的砚台，如北斗七星砚，还需要了解天文方面的知识。古砚中常有八卦及井田图案，也需要了解其内容。一位艺术家生活在一个多姿多彩的社会中，就会在他的作品中对社会加以反映。研究者更要穿越时空，跟着他的思路走，研究、了解当时的社会形态、文人形态、审美意识。

砚台的材质不只限于石质，尚有瓷质、玉质等另类砚材，鉴定这类砚台时，只看砚形不行，还要有相关的瓷、玉知识。不同质地的器物要分别参照不同类别的规定。瓷砚的胎、釉、彩、图案都要和瓷器门类相接轨；玉砚的玉质属于哪一种，它的雕刻纹饰也要和玉器类相参阅。瓷、玉均是专业性很强的门类，必要时还需要请教专家。认清了它们，将对确定砚台真伪、年代大有裨益。2008年笔者与故宫博物院吴春燕在编辑《文物藏品定级标

---

① 有关继承传统与创新问题，江西省工艺美术大师、著名制砚家胡中泰先生《中国名砚鉴赏·对砚雕艺术发展的思考》一文曾有精辟论述，值得一读。

准图例·文房用具卷》时，就遇到这种情况，许多优秀的非石质砚，其珍贵级别与优秀性就要与相关类别的定级标准对照。故而我们在序言中特别说明："文房用具是在文化的演进与需求下形成的一个综合群体，虽有统一称谓，但又分属各种艺术门类，因此在定级过程中难免有疏漏或欠妥之处，敬请专家匡教。"

由于砚台不像其他艺术品（如瓷、玉、书画）那样有较强的专业性，出土物、传世品、文献记载均较为丰富，文博界往往将它列为杂项类，不予单独立项，对它的关注相对较少，故而日常知识的积累极为重要。在笔者接触砚台这项艺术之初，深感知识的浅薄与不足，慢慢接触之后便会发现它蕴含着那么多的知识，这也就是将砚台称为一种综合艺术的原因所在，它所蕴含的知识是多方面的，砚小天地宽，壮哉！

与臧天杰合作，原载天津博物馆编《天津博物馆藏砚》，文物出版社2012年4月第1版

书林挚友　国之瑰宝

中国是一个具有悠久历史的文明古国,在漫长的历史长河中,人民群众创造了丰富的物质财富和精神财富,在浩如烟海的文化宝库中,文房用具亦是其中不可忽视的组成部分。

文房用具包括多种有关书写所用器具,其中以笔、墨,纸、砚为主要用具,这四种用具由需求而产生、汇聚,并相互发展演变,为人们的文化生活提供方便。文房用具的存在和发展,推动着文明的进步,标志着中华民族文化的发展。正因为如此,故而被誉为"宝",即通常所云"文房四宝"。

砚是文房四宝之一。近年来,人们在研究古代珍贵文化遗产诸如绘画、陶瓷、铜玉的同时,对古代砚台也给予了极大关注。研究者发现,它有丰富的文化内涵,是一个大可探求的知识领域。它融绘画、雕刻、书法等各种艺术特色于一体,可以说是一种综合艺术品。研究其产生和发展,不仅必要而且可能。目前砚台不仅有大量的传世品,而且有丰富的考古发掘资料,基本上可以自成系统,人们可以通过这些地下、地上的丰富实物,看清它的发展概貌,从中领略砚台在书写中所起的作用,在整个文明史发展中所起的作用。同时还可以发现一些相关学科的资料及其相互关系,从而折射出历代社会经济、文化的发展面貌的某些侧面。

砚台的发展变化,受着社会经济、文化等诸多方面的因素的影响,它本身也有其固有的特性,所以其形体、纹饰的变化有时代风格，也有独特风格。中国砚台的发展，也和其他艺术品一样，是朝着美化的方向发展的。从宏观上讲，古今砚台的形式，由原始到进化，由简单到复杂，从简单的实用品，逐渐演变成精美的工艺品，融实用与工艺于一身，成为一种有艺术价值的文化工具。

砚台是一种研磨器具，它是由原始社会研磨器演变而来，这一观点已被公认。研磨器是在原始社会中伴随着原始农业而出现的，约在公元前五千年至八千年间。新石器时代早期的粮食研磨器与制作陶器时用于着色的颜料研磨器极为相似。从大量的地下考古发掘资料中可知，秦汉早期出土的书写用砚又与研磨器相似，两者之间可能有着渊源及密切关系。陕西临潼姜寨二期遗址曾发现包括石砚（有盖）、石磨棒、黑色颜料、陶质水杯等的一套完整彩绘工具，距今约五千余年，目前谈到最早的文具，大多以此资料为据。中国历史博物馆收藏的双格石研，亦是早期颜料研磨器，它和后来的砚形很接近。但这些都不能认为是书写砚。最初，研磨器可能用于研磨各种颜料，待书写逐渐发展而应用于生活中后，它又兼有研磨墨的功能，故而砚的形成与文字的产生、书写的正规化不无关系。1975年湖北云梦睡虎地发现的战国末至秦代初墓葬里出土的砚和墨，可以认为是最早的书写砚，因为它伴随着其他文具而出现，说明战国晚期至秦代，书写用砚的功能性逐渐明显。这个时期的砚，形态比较原始：无纹饰雕刻；亦无专用砚材，只是一个简单的圆形石饼；一面磨平，作为研面；另附一块小研石。当时"墨"还处于不定形状态，需要研石在圆形石饼上研磨，说明它还残留着研磨器痕迹，故而说它是研磨器亦无不可，因而有人将早期的砚称为"研"，是有道理的。这种简单形式的砚一直延续到秦汉时代。

秦汉时代的砚，早期简单，晚期复杂。秦至西汉砚仍多为圆形石饼，书写功能已经逐渐明显，如湖北江陵凤凰山出土的一套完整的文具，有砚、墨、简、削刀等，与现在的文具构成极为相似。发展到晚期，即东汉时期，砚的形式发生了变化，出现了纹饰雕刻，圆形砚盘下有三足，上有砚盖，不仅砚身有雕刻，并有精美的立体雕刻兽钮。如出土比较早的河北地区双盘龙石砚[①]，盖上为立体双龙盘绕，双龙口部相衔，颈下透雕成孔，四足伏地，造型极为生动。又如汉三熊足兽钮石砚[②]，不仅三足作熊头雕刻，而且盖上站立的兽形立体雕刻亦引人注目，它昂首挺胸，跃跃欲动，显示了汉代雕刻艺术宽博宏大的气势及高度的艺术水平，反映了汉代石刻的时代风格。另外，研石的存放位置亦有改进，砚盖的里部雕一凹窝，正好扣住研石，这也是工艺上的一个进步。除了圆形砚外，还出现方形黛板，这种长方形的石板，有时作为研墨写字之用，有时也作为研磨石黛供妇女画眉之用。在出土物中，两种现象均存在，说明其功能不只是书写之用。除了石刻砚之外，也出现了一些精美的砚盒。如徐州地区出土的汉鎏金兽形铜盒石砚，卧兽伏地，通身镶嵌各种颜色宝石，整个砚盒金光闪烁，华贵富丽，铸造技术已应用到美化砚台的装饰上了。山东临沂地区出土的西汉长方形漆盒石砚，其砚盒绘画流云、兽，色彩绚丽，线条流畅，与汉代壁画一脉相承，绘画艺术也在砚台的美化中加以运用。近年扬州地区曾出土了精美的漆砚，比早年安徽省寿县出土的漆砚更胜一筹，应属汉砚又一品种。

魏晋南北朝至隋统一之前的三百余年，社会处于分合交替的动荡形势之中，经济、文化发展不平衡，而且也往往带有地区性、民族性。这个时期的砚台发展最突出的是三足圆形瓷砚的出

---

① 郑绍宗：《汉砚资料四则》，《文物》1964年10期。
② 《砚史资料（一二）》，《文物》1964年12期。

现，这和当时社会经济发展有密切关系。江南地区青瓷业有很大发展，制作了大量的生活用具，用以代替昂贵的漆器及铜器，同时也制作一些文化用具。圆形青瓷砚即是其中一种。三足可能是汉代三足石砚的延续，曹魏繁钦《砚颂》云："钧三趾于夏鼎，象辰宿之相扶。"由三足开始，至南北朝中晚期发展至五至六足。除了瓷制外，亦有陶制。与此同时北方出现了一些带有雕刻的方形石砚，如出土的北魏石雕方砚、北燕石雕方砚，其中以北魏石雕方砚雕刻得最为精美，带有明显的地方风格及民族色彩。汉代长方形研板应属方形砚范畴。圆形三足，方形四足，除了汉石黛板外，砚均以足支撑，这可能是受到其他器物造型的影响，亦可能与当时席地而坐的生活习性有关。从出土的西晋对坐书写俑可以看出，书案较低，二人席地而坐，距书案有一定距离，要求砚台有一定高度是适宜的。

　　唐代经济、文化的高度繁荣，是文房用具发展的重要社会因素，朝廷重视书法，以书取士，从而促进了书法艺术的繁荣，书写用具应运而兴。故而唐代是砚台发展的重要历史阶段。相继出现了端石、歙石两大专用砚材，红丝石、澄泥也接踵出现。这些优质砚材的出现，无疑促进了制砚工艺的一大进步。

　　唐代砚形，发生了一些变化。从唐代一些其他遗物诸如石刻、金银器形制看，均有精美的雕刻，推想砚台的形制应亦有精美雕刻，但事实并非如此。查阅一些砚谱上所记载的砚形，均不可信。诸多唐墓出土的砚，均以无纹饰的箕形为主，所谓箕形，即一端圆（或方）而窄，一端平而阔，如同生活中所使用的簸箕，砚底一端落地，一端以足支撑，有单足、双足、梯足。故宫博物院收藏的唐代绘画文会图中所画的砚台即属此类。这种形式，就是米芾《砚史》中多次讲述的凤字形。但他提出这种形制晋代即有制作，"有上圆下方，于圆纯上刊两窍置笔者，有如凤字两足者，独此甚多，所谓凤凰池也，盖以上并晋制"，但晋代出土的遗物却极少见到。洛阳唐墓曾出土东魏武定七年（549）年款箕形陶砚，属后代埋葬前代遗物亦有可能，但砚背模印人身鸟首纹饰及图案花纹均似唐代风格，很难断为南北朝遗物，因此箕形砚的上限还有待地下发掘遗物证实。唐代箕形砚亦有变化，主要在落地一端边缘处，有些陶制（或称早期澄泥）箕形砚一端作莲叶花边，亦称七曲纹，晚唐时期比较多见，是箕形砚的变种。龟形砚在唐墓中屡屡出现，造型多样。

魏晋时的三足瓷砚在唐代已很少见，代之而起的是圆形多足辟雍砚。这种形式的砚最初在出土时人们还不认识，认为是一种类似器座的器物，陈公柔同志通过多方记载和考证，认为这是一种瓷砚，极有见地。① 这种瓷砚在隋代即已出现，但足下多为圈足，圈足宽而与砚面通过镂空相连，唐代虽然足下亦与圈足相连，但足部明显凸出，而且往往有纹饰，如故宫收藏的圆形多足陶砚。"辟雍"之名取汉代太学的一种建筑形式，四面环水，砚亦如此，砚面居中，圆周下凹作为盛水处。米芾《砚史》中记载此种砚隋唐之前即已出现，但从地下出土的遗物看隋唐居多，制作地区亦较广泛，南方有白瓷制品，中原地区如陕西还出土过唐三彩辟雍砚，绚丽多彩。还出现在砚盘旁带有笔插的，不仅造型新颖，而且更说明了这种器物的书写用途。

隋唐时代砚形，纹饰雕刻虽然比同期其他工艺制作略显简单，但从砚台本身历史看，无论形式，还是纹饰，均比前代有了很大变化。从砚台造型看，隋唐时期的砚台还是以实用为主，直至宋代，还是意在应用，不注重在装饰加工上下工夫。

---

① 陈公柔：《白沙唐墓中出土的瓷器》，《考古通讯》1955年第6期。

宋代，北方出现了一种绿色砚台，即甘肃洮河流域的洮河石，它由宋熙宁年间王韶开发临洮后，作为该地进贡的方物才名声日显。澄泥的制作愈加成熟。宋代苏易简的《文房四谱》、米芾《砚史》，对澄泥砚的制作方法加以文字上的记录总结。端、歙石仍在继续开采，这些优质砚材，为制砚匠人施展才艺开辟了广阔天地。

长方形抄手砚成为宋代砚形的主流，砚面一端低、一端高，底挖空，两墙足。所谓抄手，是用手抄砚底拿取，体积轻便，乃后人命名。砚的两端尺寸稍有不同，典型的宋抄手砚是砚堂一端略大，墨池一端略小，两墙足内敛。这种砚形在江苏苏州五代墓中曾经见过，说明宋代之前即已出现。这种砚形亦属凤字形系统，与唐代箕形砚一脉相承，宋代是其成熟阶段。宋抄手砚，一般典雅庄重，虽无纹饰但每一个边缘刚劲挺拔，毫不含糊，体现着一种内在的美。除长方形抄手式之外，亦有椭圆形，或仿制龙凤、鹦鹉等图案，当时还流行一种随形砚，见于记载的如顾见山藏天然砚，有宋仁宗玺印及米芾、黄庭坚题识，米芾还藏有七十二峰研山，洞壑奇绝。这种天然砚，不加雕琢，有一种质朴自然的艺趣，"研山"一名由此而传，直到明清时代还有制作，但已是质朴不足、雕琢见长了。

元朝砚的形式，基本上延续宋代，各种砚材均有制作，但略显粗犷朴拙，从出土的元代砚看，大多如此。这是受当时社会因素的影响，可以说是一种时代风格，但也有些精心之作，如元代墓出土过嵌端石的四足砚。

明清两代，砚台的制作工艺发生了极大变化。它的功能由实用品逐渐演变成工艺美术品，进而成为一种收藏品，制作风格由古朴趋豪华，简略趋繁缛，后期制作精雕细琢，不惜工本。有人认为砚台到了清代中后期已进入极盛而衰的阶段，这可能是指砚的实用性，但从雕刻工艺上看，还是有着不可泯灭的成就的。

明代，端溪曾开出了一些优质砚材，其他各种质地的砚材亦仍在使用。人们对砚材的要求也比以前讲究了，文房用具已经成为一种工艺美术品。如景德镇烧制的成套瓷制文具，包括笔杆、笔盒、水盂、印盒、糨糊盒、瓷暖砚等等，青花或五彩，极为精致，这样的文具与一方佳砚相配，将使文房增色生辉。砚上的铭文已经多了起来，记事、颂祷、题跋等等不一而足，这些铭文的史料性、艺术性价值已经逐渐显现出来。如明顾从义石鼓文砚，就是有重要文字研究价值及文学研究价值的资料。一些有关文房用具的品评文章或专著也增多了，如屠隆的《纸墨笔砚笺》即是。明代至清初顺治、康熙年间，砚形发展可以算作一个阶段，明代砚端庄厚重，大件作品居多，纹饰不甚繁琐，但与其他工艺美术品如石、牙、漆器等有相通之处，说明它已步入工艺美术品之行列。

清代，是砚台制作的辉煌时

明凌云端砚

明鎏金双兽铜砚

明十八罗汉洮河石砚

明澄泥砚

代,这是指它的雕刻而言,当然实用性已经降低到更低限度。清代砚的砚材种类,砚台的雕刻制作、纹饰内容等等都达到了很高水平。

清代砚的砚材除了前代已有的著名砚材外,尚有水晶、翡翠、玉石、漆砂、象牙、料器等一些不能研磨的质料,也用来做砚。这是出于工艺上的需要,其成品也大多作为玩赏品。如康熙时期的松花江石,青绿秀嫩,比洮河石更显艳丽,它是宫廷宠物,皇家专用品。江南卢葵生制作的漆砂砚盛行一时,它体积轻盈,又有嵌罗甸漆盒,很受人们喜爱。

清代砚所表现的内容极为广泛,花草树木、飞禽走兽、云霞日月、山川景物、历史典故、人

清金星歙砚

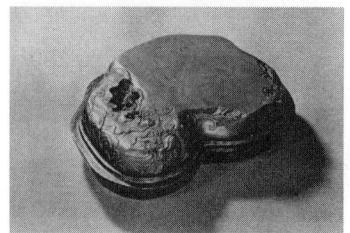

清松鼠爪端砚

清牛耕端砚

清鹦鹉端砚

清汝奇制云日端砚

物故事，金石碑刻、名家书法等等无所不容，凡是能表现的，几乎都能在砚台上见到，作为一种图案施于砚上。

清代砚的雕刻精细繁缛，尤其是乾隆年间及其以后，其制作与其他工艺美术品一样，华美无比，仿古、仿真、仿旧，如以瓜果、动物为图案的，雕琢得形象逼真。在雕刻工艺上，已显示出了一些流派的踪迹及地方特色。江南的一些遗留的砚台图案清秀隽永，做工高雅脱俗，有人称之为浙派。广东的一些制品纹饰丰满、图案繁复，有人呼之为"广作"。从流传的一些传世品看，文人用砚以雅见长，带有一种书卷气；民间用砚以质朴为主，多注重实用；宫廷用砚材料考究，做工规整，称为宫作。不同艺术风格，不同应用范畴，不同雕刻纹饰，不同质地原料，构成清代砚的异彩纷呈、琳琅满目的局面。

这些优美的砚台，有的出自文人墨客之手，有的则是民间手工艺匠师操刀。当时曾有许多专门制作砚台的能工巧匠，如清代的顾二娘就是誉满江南的制砚女高手。文人墨客中亦有如著名画家高凤翰藏砚几百方，亲自动手摹刻《砚史资料》，为后世留下宝贵资料。

从传世的一些砚台看，以观赏性、陈设性、艺术性为其特色。这些特性也促成了它的收藏性，许多无使用价值的砚台，成为单纯的玩赏品而被砚台收藏家收藏。故而，亦曾出现许多砚台收藏家，如清雍正年间的黄任即是以蓄砚著称于世。砚台与陶瓷、铜玉等古物一样，登堂入室，被人们收藏。

新中国成立后，这枝古老的艺术之花又焕发出了新的光彩。在砚材种类上，不仅挖掘和使用原有砚材，而且还开发出许多新型砚材，砚材种类、产砚地区均在扩大。雕刻上毫不逊色于古代。广大制砚技术人员，不断提高自身的素质，不仅继承了传统技法，而且在艺术视野、知识水平、雕刻技法上都力求超越历代水平，创作出许多耀古震今的好作品。现代砚品种类繁多，有实用性的普及品，亦有观赏性强的艺术品。随着文化事业的发展，砚台这个艺术品种将有广阔的前景。同时，它也已成为我国与各国人民进行文化交流的媒介而走向世界。

原载蔡鸿茹、胡中泰主编《中国名砚鉴赏》，
山东教育出版社1992年7月第1版

人间绝美汉名砚
——汉砚的形式与发展

笔、墨、纸、砚是中华民族的传统书写工具，是文化遗产中的瑰宝，千百年来，它们以独特的神韵和风采，精美博深的文化内涵，引发着使用者的激情和遐想，为无比辉煌灿烂的文化书写着累累篇章，被誉为"文房四宝"，洵非溢美。砚，因坚固耐用而为四宝之首，历朝砚台以其不同形式、不同质地、不同种类构成了一部内容丰富的中国砚史。中国砚台历史之久远，成就之卓著，比起其他任何艺术门类均毫不逊色，可以说，任何一种中国古代艺术的创作成就均与砚不无关系。从有文字以来，砚就应运而生，砚几乎成了文明进步的象征，每当看见一块砚台，就会想到华夏五千年文化的辉煌成就，自豪之情，油然而生。

中国砚台，由形成到发展，由原始到成熟，简略到繁复，粗糙到精致，经历了若干历史进程。

由研磨器到书写砚

砚台是文具中的研磨器具，用它研墨以便于书写。笔用的时间久了要掉毛，掉笔头，墨会磨损而且也受自然环境的影响而不好保存，纸虽有"纸寿千年"之誉，但往往亦受自然环境的影响而不能完好保存，地下出土物完整的较少，唯有砚的寿命长，出土、传世品很多。砚台形成今天这个样子，经过了从研磨各种物质到单独研墨专用于书写这样一个相当长的过程。秦汉时期出土的用于书写的砚台，由砚盘及研石两部分组成，与原始社会粮食研磨器及彩绘陶器的研磨器相似，二者当有渊源关系，即是说，可能早在五千多年以前的新石器时代就出现了砚的雏形。研磨器是在原始社会中伴随原始农业而出现的一种极原始的农业工具，它由磨棒（或研棒）及磨盘组成，考古发现较多，有的形式不规则，如距今七千余年的浙江省河姆渡遗址出土的研磨器，磨盘呈多边不规则形，为新石器时代早期产品。比较规则的如河南省新郑裴李岗出土的研磨器，椭圆形磨盘，底有四足，距今六千年。除了这些粮食研磨器外，还发现有颜料研磨器，如陕西临潼姜寨新石器时代二期遗址出土的彩绘工具，其中有带盖石研、研棒、陶水杯、黑色颜料，是用来彩绘陶器的，距今约五千年，这两种研磨器有相同特征而又有不同的功能。粮食研磨器随着农业、手工业的进步而逐渐衰退，被其他器具所取代，而颜料研磨器则在演进过程中成为砚的前身。

由颜料研磨器过渡到专门用于书写的砚，还有一个过程，但初期两种器物界限不甚分明，因为许多早期出土的研由研盘及研石所组成的砚的形式，影响着整个汉代砚的形式。汉代是我国封建社会前期，文化比较发达，书法艺术高度发展，隶书由形成步入兴盛，成为汉代书体的主流，在书法史上占有重要地位，从流传下来的众多汉碑可以推知，当有相应的文具使用。汉代砚早期与晚期有着明显的发展变化，由简单的圆石饼逐渐出现了纹饰、足、盖、盖钮、铭文，是西汉和东汉或称早期与晚期的明显区别，愈到晚期愈加明显，这一点往往被人忽视。早期砚如长沙湖桥一带西汉墓出土两件石砚，皆作圆形，另附石研杵[1]；广州市

---

[1] 李正光，彭青野：《长沙沙湖桥一带古墓发掘报告》，《考古学报》1957年第4期。

象岗山南越王墓出土的西汉石砚是一块天然河卵石，附研石①；湖北江陵凤凰山168号西汉墓出土的圆形石砚，附研石②。这些形制简单的圆石饼砚与湖北云梦睡虎地11座战国末至秦初墓出土的不规则圆形石砚大体相同，可知汉代初期无足无盖的形制是比较普遍的。由无足无盖过渡到有足有盖，中间还有些过渡形制，如湖南长沙湖桥汉砚均附研石，这几乎成为汉砚的特征。研石的存在不仅说明当时墨的制造工艺不高，而且说明当时还残存着研磨器的遗迹。严格地讲，汉砚仍属研磨器范畴，"砚"字早期并不见典籍，清《天禄识余》云："九经有'笔'、'墨'字……而无'砚'字"。"砚"字本身最初亦不释作磨墨写字所用之器名，汉许慎《说文解字》："砚，石滑也。"即石性滑利，而"研"字谓"䃺"（磨）也，倒也贴切。湖北荆州江陵张家山三座汉墓出土大批竹简，遗册属于M247所记殉葬器物可与墓中土实物对比，简册中有"研□有子"，则物品中有石砚两件，该墓时间为高祖五年（前202），即是说西汉时期是把砚称为"研"的，直至汉末刘熙《释名》予以引申，释"砚"为"研也，研墨使和濡也"，"研墨者曰砚"，才见明朗。

砚的相关器物——黛板

两汉时期还有一种长方石板砚，屡屡见于出土物中，有的石板镶嵌在漆盒内，有的镶嵌在木盒内并附研石。如1978年山东

---

① 文化部文物局等编：《全国出土文物珍品选（1976—1984）》，文物出版社，1987年。
② 纪南城凤凰山168号汉墓发掘整理组：《湖北江陵凤凰山168号汉墓发掘简报》，《文物》1975年第9期。

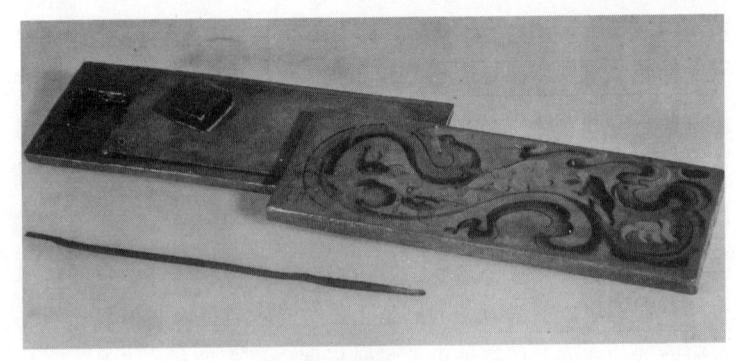

汉彩绘漆盒石砚

临沂金雀山汉墓出土的画彩漆盒石砚，长方形石板镶嵌在髹漆木盒里，盒盖饰以红、黄、灰色绘虎、熊、鹿、羊等纹饰，图案清晰生动，色彩鲜明，线条流畅。1985年江苏邗江县姚庄西汉墓出土的漆盒石砚，为长方形，一端圆角，盒面髹褐漆，边缘饰连续几何纹，中间朱漆云气纹，形制精巧隽美。

笔者曾在扬州博物馆见过后者，砚体不大，握在掌中，令人喜爱。这些板砚被称为砚、黛板、调色器等，究竟做何用，说法不一。我认为还要看它的出土位置及随葬物，如果出土时伴有书写用具如笔筒、毛笔、简册等，其功能可以认为是书写之用，混杂与其他随葬品中者，则不好明确指出其用途，只能视为研磨器之属。若出于女棺中并有其他美容用具，或出于夫妇合葬棺木之间伴有奁、盒等物，其功能似乎比较明显，是作为美容之用，称之为黛板。可以说功能是多样的，形式相互借用。这里要说一下黛板的称谓，黛者，青色颜料也，古代妇女画眉所用的材料，使用时先在石板上研磨成粉末，加水调和施于眉上。中国画眉之风已有两千余年历史，早在战国时代即已出现，《战国策》中有云"郑周之女，粉白黛黑，非知而见之者以为神"，《诗经》中有"螓首蛾眉，美目盼兮"之句，《楚辞·大招》中有"粉白黛黑施芳泽，长袂拂面善留容"等，均说明当时画眉之风。及至秦代，秦始皇令宫中妇女穿红衣画绿眉，故有"红妆翠眉"之说。到了汉代此风不减，汉武帝让宫人画八字眉，形如飞蛾，人称蛾眉、黛娥。女才子卓文君不仅天生姿丽，而且善画远山眉，更加娇媚，人争效仿。汉代还有许多有关眉的趣闻，如"举案齐眉"是说梁鸿、孟光夫妇二人相敬如宾。画眉的趣闻莫过于"张敞画眉"，张敞为给妻子画眉，误了早朝，遭到非议，受到汉宣帝的责问，也是夫妻和谐的佳话。这些以画眉为主的传说，说明砚板被称之为"黛板"有其可能性，只可惜汉以前以何作为画眉器物现已不得而知了。

一带西汉古墓出土的石砚中有的砚盘边沿磨出棱角，上下平整，所附研石亦作多边棱形，笔者在陕西亦见过这种形式，当比不规则卵石形前进一步。

早期汉砚还有长方形的，只见一例，即1953年广州先烈路塘望岗西汉墓出土的长方形砚，砚面中间凹下成池，为早期长方砚式。

东汉砚与西汉砚之分野

东汉时期的砚，形式上有很大变化，出现了盖、足、纹饰雕刻、铭文，有的还有精致的砚盒。出土比较早的是1955年河北省沧县东汉墓出土的双盘龙三足石砚，有盖，盖上为青石雕成的立体双龙盘绕，砚下三足鼎立。1964年第12期《文物》刊登砚史资料中的汉三熊足兽钮盖石砚，为立兽盖钮，造型生动雄伟，整体雕刻具有汉石风格，1956年安徽省太和县李阁乡汉墓出土的汉三足石砚，亦属这个时期制品。河南安阳地区南乐县出土带盖盘龙三足石砚，砚盖雕成六条飞龙，砚面阴刻隶书铭文40余

东汉雕龙圆石砚

字，有纪年、砚价、吉语等，此砚雕刻精美，铭文内容翔实，是一件罕见佳品。石砚出现三足，可能是受其他器物造型的影响，同时研石的存放有了固定位置，每个砚盖里面均有凹槽，盖与砚面相合时，研石正扣中，比起汉初研石随意放置要进步多了。

东汉还有一种带有兽形砚盒的石砚，如南京博物院收藏的带有兽形铜砚盒的砚，盒做兽伏地状，盖底合一，通体鎏金，并镶嵌红色珊瑚、绿色枕石和青金石，光彩夺目，盒嵌砚石。该砚1969年江苏徐州东汉墓出土，说明铸造工艺、鎏金工艺、镶嵌工艺已纳入砚的美化之中。

在众多的汉代砚品中，可知汉砚用砚材必须坚硬耐磨，其材质以石质居多；另一特点是，尽管出土地区不同，但无论东西南北，形式基本一致，时代风格大于地方特色，说明我国书写工具汉代时并无地区差异。

研磨器的研面上，不只有黑色，亦有朱色等其他颜色，说明在使用上分工不严格，这是过渡时期的必然现象。

原载台湾《紫玉金砂》第36期，1996年

唐代佳砚放异彩
——唐砚试析

唐代经济文化的高度繁荣，是唐砚发展变化的前提和基础。砚形、砚质趋向多样化、优质化，这些又给辉煌灿烂的唐文化以深刻的影响和促进。

中国砚史的新篇章

唐代，因开采出了以端石、歙石为首的专用砚材，从而结束了以往杂石制砚的历史，揭开了制砚工艺的新篇章，如果说汉代是专用书写砚的产生和形成，唐代则是专用砚材的开采和使用，是砚台质的变革，故而唐代是中国砚台发展史中的重要历史阶段。

端石的出现，在一些唐代诗文中可见记载，如唐代李肇《国史补》中云："内丘白瓷瓯，端溪紫石砚，天下无贵贱通用之。"端石产于广东省肇庆市郊羚羊峡斧柯山的端溪水一带，因当地古属端州，故而得名。这种石材质地温润，呵之即湿，发墨不损毫，受到士林重视，此后历代时开时闭，所得石材愈采愈佳，而且还有许多名贵的石品，如青花、火捺、冰纹、蕉叶白、石眼等，使端石不仅具有实用性，而且具有欣赏性。

歙石的出现，据宋代洪景伯《歙砚谱》记载，为唐开元中一位姓叶的猎人，追逐野兽至长城里（区域名），见叠石如城，莹洁可爱，携归成砚，歙砚始显于世。歙石产于江西省婺源县龙尾山，故有时歙砚亦称龙尾砚。古时歙州府辖歙县、黟县、休宁、祁门、绩溪、婺源六县，砚石产地属歙州府，故名歙砚。歙石料均采于婺源，在当地或歙县加工。婺源于1952年由安徽省划归江西省。歙石纹理缜密，坚润莹洁，极易发墨。南唐李后主曾将澄心堂纸、李廷珪墨及龙尾砚列为天下之冠，南唐时设砚务官，督采监制歙砚，为歙砚兴盛之时。歙石与端石一样，也有许多名贵石品，如罗纹、眉子、金星、金晕、银星、银晕等。这两种石材，历经千年沧桑，久用不衰，具有强大的生命力，成为文房良佐、书林挚友。

红丝石在唐代虽然昙花一现，但在当时亦有过辉煌。它产于山东省益都的黑山，以后山东临朐老崖崮亦出此石。宋代唐彦猷《砚录》中曾载他发现红丝石的洞口，镌有"唐中和年采石"几字，可知此石产于唐代末年，并记云："红丝石之至灵者，非他石可与较，故列于首。"宋代时曾把红丝石列为第一，红丝石色紫红，有的间有黄色，红、黄相搅，犹如瓷器中的搅釉，艳丽夺目，极具装饰性。石质细嫩，善发墨，为文房增色生辉。

还有一种用泥土烧制的澄泥砚，也在唐代日渐成熟。唐人鉴于古砖瓦烧制的启示而制成泥砚，其质地细腻坚实，耐磨不渗水，发墨宜笔，与石无异，有"虢州澄泥砚，唐人品砚以为第一"之誉。其制法宋以后才见著述，它是用经过滤的细泥放入适量添加剂，经雕刻、焙烧而成，产地有虢州（今河南灵宝、陕州一带）、绛州（今山西新绛县），宋以后扩展到其他地区。澄泥砚作为贡品见《唐书·地理志》"虢州弘农郡土贡絁瓦砚"。絁瓦砚，即是以粗布澄泥而制作的砚，砚瓦是唐人对砚的称谓，或者是澄泥砚以前的一种过渡性称谓。由此记载，可知地方进贡方物中有澄泥砚，说明它的社会地位不亚于端、歙等石质砚。

以上仅举几种主要砚材，当然还有其他石材或瓷、陶、玉等砚材。

箕形砚为唐砚形的主流

唐砚形的特点是注重实用,与前代相比,它更注重砚堂、水池的使用,属于实用型,尚未进入工艺品之列。

首先,比较普遍的是箕形,所谓箕形,犹如我们生活中使用的簸箕,因其形如凤字,故亦称凤字形砚,这种形式在晋代已见雏形,宋米芾《砚史》载:"上圆下方,于圆纯上刊两窍置笔者,有如凤字两足者,独此甚多,所谓凤凰池也,盖以上并晋制。"箕形砚底部后有两足,砚首底落地,成三足鼎立之势,前低后高,前凹后平,便于前部聚墨,后部研墨、舔笔。唐墓中这种砚形比比皆是,唐代绘画(如文会图)中所绘的砚形亦是如此。箕形砚又分首部有纹饰、砚面有无折痕等式样。早期砚面无折痕,晚期砚面有折痕,到了五代砚首见方,折痕明显,变化成宋代长方抄手式。盛唐时期砚首有纹饰,如成曲形花瓣式。湖南还出土过兽形瓷箕砚,砚首为昂首兽头。

唐墓中还常见有一种多足辟雍砚,有瓷质亦有陶质。辟雍,亦作"璧雍",此词源于古代太学建筑,取四周环水,形如环璧而得名,这种砚很可能是由晋三足砚演变而来。辟雍砚有的有砚盖,有的有橄榄形笔插或水盂,1957年广州市郊华侨新村唐墓出土的辟雍砚,砚面附有水盂、圆筒形笔插,说明有其他文具与其配套使用。唐代还有龟形砚,1962年河南省上蔡县城东贾庄唐墓出土龟形陶砚,龟背为砚盖,

唐龟形陶砚

上刻纹饰，腹为砚底，内有月形水池与砚堂相隔，底四足支撑。笔者在山东、陕西亦见到过这种砚形。上述几种砚形，有瓷质，亦有陶质，陕西懿德太子墓还出土过唐三彩多足辟雍砚，亦是一种类型的质地。

以上谨就唐墓出土的常见砚形列出一二，我认为这些有纪年的唐墓出土物具有一定的科学性，是可信的实物资料。仅就这些资料即可见唐代砚的大致情况。

使用者的讴歌与赞颂

唐砚的变化，最敏感的感受者莫过于使用者，尤其是文人墨客，他们讴歌或赋文、品评或鉴赏，不一而足。其对端砚的赞颂诗文比较有名的如李贺《杨生青花紫石砚歌》、刘禹锡《唐秀才赠紫石砚以诗答之》、皮日休《以紫石砚寄鲁望兼酬见赠》等，其中给人印象最深的是李贺的诗篇，其诗后世几乎作为考察端砚开采年代的史料。李贺（790—816）一生郁郁不得志，才活了27岁，留下许多著名诗篇，而唯独这首《杨生青花紫石砚歌》久为砚林传颂。诗曰：

端州石工巧如神，踏天磨刀割紫云。
佣刓抱水含满唇，暗洒苌弘冷血痕。
纱帷昼暖墨花春，轻沤漂沫松麝熏。
干腻薄重立脚匀，数寸光秋无日昏。
圆毫促点声静新，孔砚宽顽何足云。

在诗中开头他以丰富的想象力及浪漫主义手法，高度赞扬了采石工人的艰辛劳动及勇敢智慧，表现了他善于运用象征性的描写手法去表现奇异境界的艺术特色。古代砚坑中积水，在篝火下水面映出坑顶，犹如天幕，砚工踏水取石，如踏天幕，李贺虽没到过端州，只从人们所谈情景就能写出如此佳句，真可谓神笔之作了。

出土唐砚举例

有许多出土的唐砚具有很高的史料价值，均不可不知，姑且试举几例：

唐箕形端砚，1965年广州市动物园出土，底有两梯足，砚面有折痕，应为晚唐制品。端石出于唐代，故此砚为端石早期制品。

唐箕形歙砚，1976年安徽合肥市唐砖墓出土，底两梯足，砚面无折痕，该墓墓志铭为唐开成五年（840），歙石出于唐代，故此砚为歙石早期制品。

唐红丝石箕形砚　　　　　　唐辟雍多足瓷砚

唐"拯"字箕形陶砚，1960年广东韶关唐张九龄墓出土，砚底一"拯"字。拯乃张九龄之子。张九龄（678—740）是广东历史上最早参与封建皇廷中枢决策的人，有"岭南第一人物"之称。张拯史载不详，《旧唐书》作"极"，《新唐书》作"拯"，由此砚可知"极"字误。

唐红丝石箕形砚，山东省博物馆收藏，为1937年山东省益都出土，益都为唐代红丝石产地，此砚应是早期红丝石砚珍贵资料。

唐兽形箕砚，1965年湖南益阳鹿角山出土，砚首为昂首兽头，高眉隆鼻，双目圆睁，兽身伸展变化成箕形砚台，底有四兽足，砚身部分施褐釉，砚堂及底部为灰白色胎，可能为长沙窑制品。此砚造型奇特，实属罕见。

唐辟雍白瓷盖砚，陕西唐长乐公主墓出土。直径31.5厘米，通高18.4厘米，高隆起的砚面下有二十五蹄足，有盖，盖上有纽。制作精美，釉色晶莹，规格大，并有砚盖，在辟雍砚中较为少见。

原载台湾《紫玉金砂》第46期，1997年

藏砚品砚谈宋砚

经过晚唐以至五代十国的混乱分裂局面，宋王朝建立了统一国家，政治、经济出现了崭新局面，开始向封建社会后期过渡。文化艺术则又步入了一个新的发展阶段，是继唐代之后的又一辉煌时代。

宋代的各种工艺制作水准均超越前代，有些工艺品的造型图案开始出现繁缛倾向，砚台的形式、纹饰均有所变化。故而宋代一些文人墨客不只限于使用砚台，品砚之风日盛，论砚之篇迭出。

宋代比较有名的品砚、评砚著作如苏易简的《文房四谱》、米芾的《砚史》、苏轼的《端溪砚谱》、高似孙的《砚笺》、唐积的《歙州砚录》、唐彦猷的《砚录》等，这些著作都是前人经验累积的记录。如《文房四谱》是苏易简"因阅书秘府，遂检前志，并耳目所及，交知所载者，集成此谱"，其书搜采颇为详博，足以广典据，资博闻。米芾《砚史》则自称书中所言砚品均为目睹并亲自使用，因此这些著作有一定的真实可靠性，至今仍有参考价值。

在砚上赋诗作铭也渐成为一种时尚，如苏轼的端砚铭："千夫挽绠，百夫运斤；篝火下缒，以出斯珍。"据史书记载，苏轼曾被贬广东惠州，是否到过端溪不得而知，但民间却传说他曾出资在肇庆附近的沙浦开掘砚岩，至今此砚岩还称"旧苏坑"。而且，如果不身临其境，也很难将采石工艰辛劳动描绘得如此逼真。这四句诗历代传颂，成为千古佳句，多被作为砚铭雕刻在砚台上。① 书法家黄庭坚曾以动物的绿色羽毛形容洮河石的色彩："久闻岷石鸭头绿，可磨桂溪龙纹刀。莫嫌文吏不知武，要试饱霜秋兔毫。"② "鸭头绿"后来几乎成了洮河石的代名词。品砚之风见著于人们对砚石的评论与比较，如清朱栋《砚小史》引蔡襄云"端石莹润，唯有铓者尤发墨，歙石多铓，唯腻理者特佳"，他以亲身体验，总结出端、歙的优缺点，十分中肯；而苏轼则又以佳砚所具备的条件提出"涩不留笔，滑不拒墨"③，成为评判砚材的至理名言。这些都说明砚与人们日常生活是何等贴近，它比其他工艺品更具实用性，故而成为人们关注的对象。

著名砚材日臻完备

宋代砚质仍以唐代出现的端石、歙石、洮河石、澄泥为主，但质地均优于前代。

歙石经过南唐朝廷的重视，制造业形成一定规模，促成了宋代制砚业的繁荣，砚材质地的精良、石品的繁多。

端石仍在开采，且下岩所开各坑扩展了开采面，许多优质端石砚材相继出现。

洮河石在宋代声名日显，米芾《砚史》云："通远军石砚"、"自朝廷开熙河始为中国有"。北宋通远军即今之陇西县，洮河流域归属此郡，熙河路境域历代屡有变更，包括较大的洮河流域在

---

① 谭沃森：《漫话端砚》，百花文艺出版社，1980年。

② ［北宋］黄庭坚：《黄庭坚全集·刘晦叔洮河绿石砚》，江西人民出版社，2011年。

③ ［北宋］苏轼：《东坡题跋》影印本，中华书局，1985年。

内。又金元好问的《赋泽人郭唐臣所藏山谷洮河石》一诗小序云:"研有铭曰:王将军为国开临洮,有司岁丑可会者六巨万,其中于中国得用者此研材也。"赋云:"旧闻鹦鹉曾化石,不数鹮鹈能莹刀,县官岁费六百万,才得此砚来临洮。"王将军即王韶,根据这些记载可以得知洮河石砚在宋代的情况。这种绿色的石材曾引起使用者的极大兴趣爱好。宋赵希鹄《洞天清录集·古砚辨》记云:"除端、歙二石外,唯洮河绿石此方最贵重,绿如蓝,润如玉,发墨不减端溪下岩,然石在临洮大河深水之底,非人力所致,得之为无价之宝。"洮河石因其石中含有条条纹理,犹如万端云霞或涟漪的河水,故亦称为"绿漪石"。除绿石外,尚有玫瑰红色,即米芾《砚史》中所称"赤紫石"。

澄泥砚自唐代以现后,宋代更加兴盛,不仅在宋代书籍上有产地及制法的记载,而且有实物流传至今,如"东鲁柘砚"、"虢州法造闰金砚子"、"泽州吕砚"等。1983年济南东郊出土"柘沟徐老功夫细砚",证实了传世品的科学性,质地坚密,制作精良,不亚于石。这些澄泥砚背的印款说明了它的作者及产地,例如柘沟是山东泗水柘沟镇,徐老是制作者,功夫细砚,即加工细制,加工法制。当时制作澄泥砚出现许多高手,如裴第三(虢州裴第三罗上澄泥造)、刘万(潭阳刘万功夫法砚)等,其中泽州吕道人所造最为人称颂。苏轼说他制作的砚"坚致可以试金"[①],何薳云:"其砚坚润宜磨,光溢如漆。"[②] 可惜吕道人法不下传,传世作品稀少。

以上这四种砚材在宋代发展日臻完备,开采使用至今不衰,

---

① [北宋]苏轼:《东坡题跋·书吕道人砚》,中华书局影印本,1985年。
② [北宋]何薳著、张明华点校:《春渚纪闻》,中华书局,2007年。

故而用它们所制成的砚常被后人称为"中国四大名砚",有时亦把红丝石列入其内。这种称谓是有一定道理的,但不尽完备。因为其他优质砚材实际也相继出现,只是在记载、开采、使用等方面没有受到人们更多的关注罢了。

抄手砚形的成熟阶段

抄手砚到了宋代发展成为一种极为成熟、普遍的砚式,是宋代砚形的主流。所谓抄手是底部凿空,三边着地,一边可把手伸进去移动,这种砚式实用、庄重,其前身可以追溯到唐代箕形砚式,唐箕形砚底前低后高,砚面呈凤字形。此后砚首由圆逐渐变方,到了五代出现了介于箕形与抄手形之间的一种砚形。如1964年湖南长沙赤岗冲五代墓出土的箕形砚及长沙牛角塘五代墓出的箕形砚,就符合了两代砚形特点,近似长方,砚面与砚边折痕明显,砚首亦朝方形变化;而1979年苏州七子山及1975年江苏邗江蔡庄两座五代墓出土的抄手砚磨制规整,已与宋代抄手砚无大差异。典型的抄手砚砚面呈梯形,前窄后宽,三侧内敛,呈上大底小状,边线挺拔率直有力,底部抄手有斜坡状,亦有半圆弧状。还有一种长方形砚面、侧面垂直、砚体敦厚、平正庄重的抄手砚,亦是宋代抄手砚形,广东省高要县宋墓就出土过这种形状的端砚,或称"太史式"。除了上述砚式外,尚有椭圆形、圆形及仿造其他物种形式的砚。1995年安徽省六安州镇出土的两件宋砚,一为

宋歙石抄手砚

长方抄手式，一为仿瓶形雕花式。传世品还有鹦鹉砚、鹅砚等，尽管砚体上有些雕刻纹样，但构图简练、主题突出，绝无后世精雕细刻之态。

从大多数宋砚来看，仍以实用为主，正如米芾《砚史》所云：器以用为功。

宋砚举隅

有些宋砚具有很高的历史价值及艺术价值，试举几例。

1953年安徽省歙县小北门一次出土宋代窖藏17方古砚，各具特色。其中宋眉纹枣心歙石砚，月形水池，椭圆形砚堂，砚体为青黑色细罗纹石材，砚堂嵌入对眉子歙石一片。对眉子石色青碧，上有双眉纹理，双双对对，极为罕见。清人徐毅《歙砚辑考》云："歙石以眉子为绝，而眉子品目不一，要以石色青碧、石质莹润及纹理匀净者尤为精绝。"尤其是这片镶嵌的对眉子歙石砚面，既可作盖，又可作研面，不仅便于拿取洗涤，而且石片底下放水即可湿润砚面，产生保湿作用。早在一千多年前，我们的祖先就有如此科学的制作方法，实令今人赞叹。

1973年安徽合肥大兴集北宋包拯家族墓群中包拯次子包授（一作"绶"）墓出土长方石砚，石质坚硬，造型古朴简洁。包授，《宋史》无载，其父包拯以廉洁著称，《宋史·包拯》云："虽贵，衣服、器用、饮食如布衣时。尝曰：'后世子孙仕宦，有犯赃者，不得放归本家，死不得葬大茔中。不从吾志，非吾子若孙也。'"包氏家居盛产歙砚材的安徽，却以如此简陋的石砚入葬，可见其崇尚简洁的家风。包拯于宋康定元年（1040）在端州做官，清正廉洁，兴利除弊，离任时"不持一砚归"，在当地传为佳话，此砚不是绝好的注脚吗？

天津市艺术博物馆收藏的两方抄手砚，一为北宋长方抄手洮河石砚，一为宋抄手歙石砚。前者传为河北巨鹿出土，砚面石中有圆形纹理，洮河石宋代兴盛，可见宋代洮河石之风采。后者砚石含有白色芝麻形纹点，有人认为可能是歙石中难得的满门鳅石品。两砚做工极为规整，边线整齐利落，可见宋代制砚工艺的高超水准。

宋代澄泥砚除了前面提到的民间制品外，亦有细工之作。如北京故宫博物院收藏的宋苏轼款鹅式澄泥砚，砚作四首盘卧状，中间形成砚堂，质地朱红，做工精良，此砚入清宫后深得乾隆皇帝赏识，于乾隆四十六年（1781）赋诗刻铭。

1973年广东省高要县连塘镇察步庙嘴山宋代墓出的抄手端砚，砚面平正庄重，形制古朴，三侧垂直，砚堂下有一石眼，直径1.2厘米，色绿带黄，中有瞳，晕作五重，砚底为抄手。高要古属端州，此砚当是该地所产砚石而制。

原载台湾《紫玉金砂》第55期，1998年

《石见藏宋砚》序

中国是古老的文明古国,历史悠久,创造了无以数计的瑰宝,遗存文物浩如烟海,能够保存至今,有赖于国家,也有赖于历朝历代诸多收藏家。如今,藏宝于民,已成共识,成为一种文化现象。我接触的一些收藏家,他们大多根据自身的爱好及力量,在浩繁的文物类别中选择一两类作为收藏对象,有的藏瓷器,有的藏玉器,有的藏书画等。鉴于工作关系,我比较多地接触了一些砚台收藏家,仅就砚台一类,也可细分,有的藏古端砚,有的藏古歙砚,有的藏现代砚等。诸多的分类,说明我国历史文化积淀丰厚,一人不能广而博收,同时也说明收藏家更趋理性,心态更加平和,研究更加专业化。石见先生就是我所接触的具有这种特点的收藏家,通过交谈,看藏品,得知先生关注并收藏的主要是宋代砚。

宋代是经过唐末至五代十国的分裂局面后建立起的统一国家,政治、经济、文化得以复苏,文化艺术继唐代之后,再次步入辉煌时期,工艺美术制作超越前代,有些工艺品造型图案开始趋向繁缛。砚台的造型、纹饰有所变化,当时品砚、藏砚、铭砚之风日渐盛行,并出现了砚学专著。就我所接触的无论出土还是传世的宋砚,多以长方抄手式为主。这种砚形可能是由唐代箕形砚演变而来,砚面由无折痕逐渐出现折痕,至五代时期已形成前方后阔、底无双足而挖空的长方抄手形砚,至宋代成为成熟期,正如米芾所云:"本朝变成穹高、腰瘦,刃阔如钺斧之状。"这种抄手砚大多少有纹饰，一些砚谱虽有些另样记载，但缺乏佐证，难以取信。根据其他雕刻工艺来看，宋砚应当具有当时雕刻工艺的时代风格。1995年安徽省六安市州铺镇枣树林北宋墓出土一件蝉形青花端砚（现藏六安市文管所），首部为葵花形水池，内刻波浪纹，其中凸雕一条鱼，颈部有一长方形水槽，内有一孔与墨池相通，槽上有盖，盖正中有一活眼，两侧刻缠枝花纹，砚底略凹，此砚与长方抄手造型迥异，且工于雕刻，对囿于长方抄手式的思路有所拓展，而且是在北宋墓中出现，说明变化在此之前。

石见先生所藏宋代砚，多为前窄后宽，背有抄手，四侧内敛，为典型的宋砚式。有年款的有绍熙、淳祐等南宋年号，当属南宋前后所制，突出的特点是大多有盖。砚上有盖，约始于东汉，晋代三足圆瓷砚亦有盖，唐代箕形砚也有带盖的，所见有子母口的宋砚当是有盖的，可能出土时或流传过程中遗失。或许这种带有纹饰的砚盖，是南方地区风格，因为石见先生这些砚多从江南地区所得，保存完好。最精彩的是砚盖上的纹饰，归纳起来有人物、山水、花卉、禽鸟等，内容丰富，千姿百态，构图简洁，刀法流畅，具有宋代民间风俗画的特色及宋代绘画、工艺的时代风格，令人叹为观止。雕刻者由于对生活的真实深刻了解，熟悉各种物象姿态、习性，因此每一图像均栩栩如生，不仅补充了砚史资料，也从一个侧面反映了宋代社会习俗、人文景观，是研究宋代历史、文化艺术的重要资料。

砚上的人物雕刻体型比例适度，姿态简明，尤其是婴戏图更是令人瞩目。儿童向来是美好未来的象征，寄托着人们无限期望，成为喜闻乐见的主题之一。这种图饰艺术由来已久，宋代利用极为广泛，常见于绘画、瓷器、民间艺术作品中，还出现许多绘制高手。天津博物馆就收藏带有宋苏汉臣款识的婴戏图。晚唐路德延的《孩儿诗》描绘了孩童各种游戏、习性及状态，砚盖上的图案，有的就可以和诗对应。那些天真烂漫、憨态可掬的胖娃娃，真是令人喜爱。

集中了如此数量众多、内容丰富的宋砚，不得不敬佩石见先生对祖国文化遗产的挚爱之情。先生祖籍东北，谋业江南，在他身上既有东北人的豪放爽直，又有江南人的细腻求精，年逾不惑，敏而好古，执着探求。他收集古砚采取了非真不收、非精不纳的宗旨，十余寒暑，夙兴夜寐，艰辛劬劳，锲而不舍，付出了巨大的精力、财力，收集了二百余方以宋代为主的古砚。除了精品意识，他还力求科学性，他访问专家，广泛征求专业人员意见，查阅资料，探求来源，谈起来有根有据，令人信服。书中每件砚均写了详细的说明，并逐件赋诗于后，说明他做了大量典籍查考、剖析诠释的案头工作，把收藏又提高到一个新的境界。本书对阅读者赏兴、鉴藏将大有裨益。

一个朝代，一类器物，竟咸集如此丰殷，令人惊叹！

石见先生慧眼识珍，捃摭精华，功誉万代！

谢枋得与桥亭卜卦砚

桥亭卜卦砚是天津一方有名的古歙砚。

此砚长33.3厘米，宽19.4厘米，高2.57厘米，正面题"桥亭卜卦砚"五篆字，砚侧、背均有题字。这方砚的流传经历，颇具传奇色彩，曾屡见著录，赫赫有名。

从砚上铭文看，这方砚最初为宋谢枋得之物。谢枋得（1226—1289），字君直，信州弋阳（在今江西上饶）人。南宋宝祐四年（1256）进士，历仕教官、江东提刑、江西知谕使等职，因不降元而以"义节"著称。宋亡后，谢枋得落魄福建建宁，携砚卖卜于建阳市上。当时已经投降元朝的宋臣程文海，曾向元朝推荐宋臣二十二人，以谢枋得为首，但谢辞不就，程文海曾在砚背铭"宋谢侍郎砚"五个大字。后元臣魏天祐强迫谢枋得北行，砚未及携。其后建宁发大水，砚被洪水掩于泥。明永乐十四年（1416），当地一名赵元者在桥亭发现了这块砚。此后三百余年，辗转北传。清雍正初年，天津周焯一日游城西海潮庵，发现此砚，携之以归，极为珍视，以至抱砚同寝。周焯与天津水西庄查礼交谊甚厚，也是水西庄的常客，此砚亦成为当时在水西庄雅集的话题、观赏的古物。乾隆十六年（1751）周焯病重，临终前，嘱其子将砚转赠查礼。时查礼正在南方为官，携砚北归，遍征题咏，于是此砚名声大震，享誉北方。道光年间，该砚又落入大兴刘位坦（宽夫）之手。庚子京师之变，砚又为永新段春笋所得。1934年天津经营古旧书的文运堂，一日见旧军阀张勋部下夹着一个黄绫包来店堂,说有物要售,打开一看,竟是这方久负盛名的古砚,当时双方议价,出八百块银元收购。时天津收藏家徐世章曾预先得到此砚拓本三纸,正在寻求原件。文运堂急将此砚售给徐氏,价一千五百银元。徐氏虽然出了高价购置,但仍认为得到了宝物,喜不自胜。20世纪50年代初,徐世章后人将此砚连同其他古物一并捐献给国家,现藏天津市艺术博物馆。

这方古砚,每易一主,即有题咏或传拓。砚之声誉,不仅因流传曲折而显,更重要的是谢枋得与文天祥为同科进士,又均在宋亡后不仕元朝,后来谢不食守义而死,历史上尝以"文谢"并称,故而是砚亦作为忠义的象征而受到人们的敬仰。天津市艺术博物馆在评定馆藏时,对于此砚之真伪,专家反复研究鉴定,难以定夺。最明显的疑点是砚背程文海铭"宋谢侍郎砚",查《宋史》谢枋得未有"侍郎"之谥,只在明代时有一些人请谥此称,但尚未批准,那么程文海又如何预知明朝未议成之谥呢?

无论如何,这方古砚能流传至今殊属不易,是天津地方文苑史上的一件盛事。

原载天津市文史研究馆编《沽上艺文》,
上海书店出版社1993年7月第1版

辽金元砚有芳华
——辽金元砚的风格与实例鉴赏

中国历史上辽、金、元时期，即从公元 926 年至 1368 年，历时四百余年。辽、金与五代、宋并立，元代则是中国历史上建立的第一个多民族统一国家。在这段历史时期，就文化艺术而言，虽受到唐宋两代的影响，但也呈现出其民族特点，有一定的成就是不言而喻的，如文学、绘画、戏剧等均有辉煌的一页。金元时期产生的杂剧是中国戏剧史和文学史上的重大事件，可与唐诗、宋词相提并论。绘画中的黄公望、吴镇、王蒙、倪瓒号称元代四大家，把山水画推向了新的高峰。书法以赵孟頫、鲜于枢等为巨擘，而谈到砚台的发展，似乎就无多少话题可谈，往往一带而过。从上述的其他艺术门类的发展来看，这个时期的砚台虽然不像宋砚的典雅庄重、明代砚的注重雕刻纹饰，但仍有一定的发展变化。

从一幅壁画谈起

1993 年河北省文物部门在清理宣化辽代张文藻壁画墓时，发现其中一幅书房童戏图，引人瞩目。[①] 画中有八个人物，其中一女子衣着华贵，画面中放置的器物有茶道所需用具：茶碾、朱

[①] 河北省文物研究所等：《河北宣化辽张文藻壁画墓发掘简报》图 1，《文物》1996 年第 9 期。

漆盘、毛刷、茶砖、茶炉、执壶等，两张方桌，一张桌上放着餐具、茶具，一张桌上放着文房用具，人物顾盼，妙趣横生，儿童嬉戏之态跃然壁上。从这幅壁画中可以得到诸多启示，诸如辽代壁画的风格特色、辽代的社会习俗、茶文化在北方的流行、文房用具的形式状况等，尤其是为我们了解这个时期的砚形提供了真实可靠的例证。

辽金元砚砚形承继唐宋之风

从壁画上的砚形可知这个时期是融会了唐、宋两代砚形的特点，这在众多的传世品及出土品中可以得到证实。河北宣化另一辽壁画墓中也曾出土过这类砚两件[①]：其中一件较唐代箕形砚有所变化，其砚首呈扇形，有纹饰，这种形式在其他辽墓中亦见到过，可以说是唐代箕形砚的发展；另一件则是宋代抄手砚式。在传世品中，还可以见到宋代形式的砚，如金大定红陶砚，砚背有"大定通宝"钱形印款。

在诸多元代墓中还出土过一种长方平板式砚，上部雕如意头或云头、桃形等样式的水池，这种砚比比皆是，几乎成为这个时期的典型砚式。除长方形之外，亦有塑造其他如人物、动物等形式。还有出现暖砚，可能是北方气候寒冷所致，这种砚均为镂空方底座，砚底空腔内能置可燃物，使砚面加温，达到解冻的目的。这些不同形式的砚，均可见当时砚形的发展变化。

不仅砚形带有唐、宋之风，砚材的使用也大多与唐、宋时期相同。端石的开采在元代时禁闭，得不到大规模的开采。歙石曾

---

① 河北省文物管理处等：《河北宣化辽壁画墓发掘简报》图2，《文物》1975年第8期。

因婺源县令为满足达官显宦的贪欲，穷力挖掘，至使坑洞崩塌，采石生产遭到厄运，此后长期未得开采。而澄泥砚的制作从诸多的遗物看，则在继承传统的基础上获得发展。如内蒙古昭盟巴林右旗辽代庆州古城出土的一件八角形澄泥砚，砚底印款铭"西京仁和仿李让罗土澄泥砚瓦记"①。庆州是辽代圣宗太平十一年（1031）所设置，相当于今内蒙古巴林左、右旗的一部分。还见有一种砚背印款为"西京冬关作监砚瓦"款识的澄泥砚，传为山西大同出土。辽兴宗重熙十年（1041）升云州为西京，府曰大同，辽即建都用为重地，金仍为西京，故此件亦是辽金时期制品。北京金代墓还出土过印有"见海著"款并有铭文的圆形三足砚。这些泥质砚质地坚硬细润，说明澄泥砚制作水平的提高，其铭款是宋澄泥砚中常见的戳印方法，制作地区大多在北方。

砚林芳华实例举隅

辽、金、元时期的制砚工艺并未停滞不前，也确有精致之品，在砚史发展中应占有一定位置，试举几例。

1992年内蒙古赤峰阿鲁科尔沁旗罕苏木苏木朝克图山辽代耶律羽之墓出土大量金花银器，其中有一件砚盒，盒内嵌长方石砚，盒底刻"万岁台"三字，盒盖面及盒四侧布满龙、草叶等纹饰，盒底有十余支撑架，做工精湛，技艺高超。耶律羽之与辽太祖阿保机同出一脉，属堂兄弟，官位显赫，如此精致之品，可知

---

① 成顺：《辽庆州古城出土"西京古砚"》，《文物》1981年第4期。

辽国上层贵族使用文房用具的情况。[1]

1952年上海青浦县元代著名水利专家和书画家任仁发及其家族墓出土了三方砚台。质地为端石、歙石、澄泥，其中两方长方形砚均有盖，砚面雕有花纹。任仁发，南宋末宝祐二年（1254）生，元泰定四年（1327）卒，字子明，号月山，松江（今属上海市）人，南宋末咸淳年间举人。入元后官都水庸田副使，潜心水利之学，并有所长。又工书画，书学唐李北海，并善画人物、花鸟，尤长画马，可与赵孟頫相匹，曾奉旨画天马二图，元仁宗诏藏秘监。从出土的三方砚可知当时文人用砚情况，并对了解任仁发的生平事迹提供研究资料[2]。

元三彩陶砚

元牛形歙砚

辽鸟纹三彩陶砚（内蒙古自治区博物馆藏）。传为内蒙古巴林左旗墓葬出土。此砚砚面及侧周有花鸟纹饰，黄褐釉盖内有墨书契丹小字7个，色彩绚丽。我国陶、瓷器制作分别在新石器时代及魏晋时期出现以后，代代相传，而砚的制作时而有之。辽代官、民窑陶瓷器烧造亦有一定规模，三彩器是其中一种，而辽三

---

[1] 内蒙古文物考古研究所等：《辽耶律羽之墓发掘简报》图5，《文物》1996年第1期。

[2] 上海博物馆：《上海市青浦县元代任氏墓葬记述》，《文物》1982年第7期。

彩陶砚是比较少见的①。

元代白玉凤砚（天津博物馆藏）。该砚以高度概括的手法刻划出凤的盘卧状态，但又不失凤的主要部位及砚的各个组成部分，并采取线雕、浮雕相结合的手法，起伏有致，繁简相融，故它不单纯只是件凤形玉砚，也是一件精美的玉石雕刻工艺品。我国用玉砚的历史悠久，但玉质坚硬，不善磨墨，故多作为研磨颜料器具，如研磨朱砂等。河南安阳殷墟妇好墓出土的玉器中，就有玉调色盘。各代虽有玉砚制作，但终究实用性小，不如其他专用石材好用，只能作为砚材的一种而已。

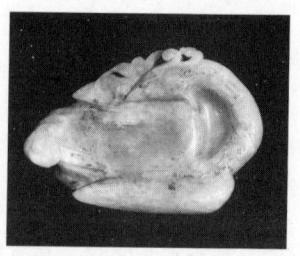

元白玉凤砚

元代饮翰人物澄泥砚（天津博物馆收藏）。此砚质地为灰黑色澄泥。砚形为一老翁，盘腿坐势。张口为水池，腹部作砚堂，雕塑古拙，憨态可掬，造型新奇，颇有艺趣。因有饮食文墨之意，故命名为饮翰人物澄泥砚，与此形相仿佛者，曾见西安市某收藏家亦有一件，可见当时澄泥砚造型之丰富多彩。

元饮翰人物澄泥砚

原载台湾《紫玉金砂》第58期，1998年

---

① 国家文物局编：《中国文物精华大辞典》，上海辞书出版社，2005年。

绚丽多彩明清砚
——《双清藏砚》序

明清时代，随着资本主义经济的萌芽，社会生产力、生产技术日益进步，文化艺术也随着商品经济的生产及各阶层的需要，出现了新的发展趋势。其中工艺美术品的制作技艺高超、内容丰富，而制砚工艺也在当时艺术风尚的影响下，从质地到图案造型乃至功能都发生了巨大变化。砚的实用性已被艺术性、欣赏性、陈设性所取代，砚的质地、造型、纹饰、甚至装潢全方位朝着工艺美术化迈进。

从流传至今的大量明清砚品来看，数量之多、品类之丰、工艺之精是其他任何时代都不可比拟的。如果说中国砚史发展长河中所出现的诸如由原始社会研磨器进化成汉代书写砚、唐代出现端、歙两大专用砚材等为中国砚史发展中的重要转折的话，而明清时代则是砚台由实用转变成工艺美术品的重要历史阶段。

古老砚材的延续　新兴砚材的涌现

明清两代，端石多次开采，开采出大量优质砚材。歙石在清代由于宫廷的重视，皇帝曾命大臣在歙州重价征购精品，地方也有开采，故而使歙石从元代的厄运后得到转机。两大重要砚材石品丰富、材质优异。洮河石亦有间断开采。从众多的传世或出土的澄泥砚，可以看出继唐、宋以后，澄泥砚的制作亦并未间断，这种古老的制砚工艺不但没有失传，而且一直发展到清末。

除了重要砚材的延续使用，这个时期还出现了许多新砚材，如吉林省长白山区开采出的松花石成为宫廷专用品，它以色泽翠绿、条条纹理、温润如玉的特色，走进砚林，走进宫廷。又如嘉庆、道光年间扬州漆工卢葵生制作的漆砂砚，以砚体轻巧、便于携带，受到人们的喜爱。

在众多的砚材中还有金属、陶瓷、玉石、漆器、改制砖瓦等特种砚材，而有些不耐磨的材质如象牙、竹木、合成化学料等也拿来作砚。这些砚材中有的虽然在历史上用过，但从来没有像清代这样应用广泛，这也许是人们在试探开发出更多的砚材，但更多的因素是工艺美化的需要。

优质砚材的出现和砚材的广泛应用，为制砚工艺的施展提供了广阔天地。

雕刻精湛　题材广泛

明清两代砚的纹饰、造型，早期、晚期不尽相同，明代至清初，形式古朴，厚重大方，纹饰繁而不褥、细而不紊，乾隆以后逐渐工精繁复，穷工极巧。砚的雕刻在长期的艺术实践中，地方风格流派逐渐形成，大量工细之品出现在江南一带，有人总结出粤派、闽派、苏派等几个地域流派，而这几个制砚地区之间又有所区别，江浙一带作品清秀典雅，广东制品则图案丰满，极富装饰性。

明清时代砚所表现的题材相当广泛，世间万物几乎都成了砚所表现的内容。逐渐增多、增长的铭文则成为重要的历史资料及书法佳作。砚台囊括了雕刻、绘画、文学、历史、书法等各个艺术元素，成为一种综合艺术品。其砚形也是多种多样的，或因材施艺，或以内容约定形式，小到盈寸，大到逾尺，品味、层次远远超出以前各代。

从应用的范围或使用的对象来看,明清砚大致有以下几种:

宫廷用砚:这部分砚选材精、工艺高。如清宫的造办处,专门从全国各地选优秀匠人入宫,他们手艺高超,制作一丝不苟。

文人用砚:砚台是辅佐文人墨客丹青染翰的重要工具,所谓"夫工欲善其事,必先利其器",故其作用历来受到文人的重视。同时,砚要反映知识阶层的情趣、爱好及审美意识,不仅要满足实用方面的需要,也要满足精神生活的需要,正如明人文震亨在《长物志》中所言:"韵士所居,入门便有一种高雅脱俗之趣。"故而文人墨客、达官显贵所用、所藏的砚台,大多融知识性与艺术性于一体,带有浓浓的书卷气,显示着较高的文化层次。文人用砚不仅质地优良,而且图案高雅、气质不俗,有的加以金石书法铭文,更具文化内涵。这类砚常见有若干形式的井田砚,赤壁砚,山水砚,金石、书法篆刻砚等。

观赏砚:这种砚主要功能在于观赏、把玩,使用价值微乎其微,实用性极小,纹饰涵盖砚堂,几乎成了陈设品。还有一些象牙、竹子、合成化学料的砚台,不能研磨,观赏成为主要功能。明代盛行的不加雕饰的砚板,旨在保留石中各种珍贵石品,亦是专供欣赏之用。

此外尚有或繁或简的礼品砚;刻工简略,实用性强的民间用砚;取其高古而改制古代砖瓦的砖瓦砚等,不一一尽述。

制砚名家与藏砚名家

明清砚有如此之巨大成就,是和大批制砚高手分不开的。江南集中了大批能工巧匠,或刻竹木牙石兼工刻砚,或专工刻砚,只可惜有的砚上难见署名。到了清代一些名刻手才渐有落款。对这些制砚高手，典籍记载寥寥，传记极为简略。但正是这些不见经传的艺术家为后世留下无以计数的瑰宝。这个时期人们比较熟悉的民间制砚名家有顾二娘、王岫君、谢士骥（汝奇）、吴进（或"吾进"）、王曰申等，宫廷制砚家则有金殿扬、近代的陈端友等。

明清砚传世如此之多，是收藏家的功绩。说起收藏，国人收藏历史悠久，把砚台作为收藏品，可能在宋代就有了。风气最盛是在明清，这和砚的艺术性逐渐提高不无关系，尤其是清代砚台精品大量涌现，使藏砚之风愈盛。藏砚家中首先要提及的当属黄任，还有余甸、林佶、万承纪、计芬，一些著名的金石家、书画家、学者如翁方纲、高凤翰、纪昀、黄易、阮元等人也是砚台的收藏家。他们的文集里，大多收录砚铭原文，正是这些收藏家不遗余力的搜求及保护，才为后世留下诸多宝贵的文化财富。

写在《双清藏砚》出版之际

以个人资财用于搜购古代文物，是一种高雅的消费。高雅的爱好，世人皆有之，国人更有此雅兴，从古至今延绵不断。公务之余，把精力、物力都投入到所爱所好上，被誉之以收藏家之雅号，形成一种文化现象。这不仅对个人文化修养、陶冶情操大有裨益，对保护传统文化而言也是巨大贡献。

台湾洪三雄、陈玲玉贤伉俪被称为"古物收藏家"当之不愧，他们收藏的古物种类多多，数量夥夥。作为有成就的企业家，他们致力于搜集古物，为保护祖国文化遗产不惜一切，这是难能可贵的。当然，他们也曾走过艰辛之路。

此集是他们收藏品中的砚台类，集中收录的砚台以明清两代作品为主，兼有少量宋元作品。翻阅此集，如同徜徉在明清古砚的海洋中。所收砚台品类齐全，砚材有端石、歙石、洮河石、红丝石、澄泥、松花石、漆砂、瓷、玉、砖瓦等，而且石质优异、石品丰富，形式多样，雕刻精湛，材美工巧，千姿百态，各臻奇妙。

从铭文上看，有清代著名书画家、收藏家王时敏、沈荃、高凤翰、翁方纲、黄任、王文治、马曰璐、吴大澂、姚元之以及近百年的王震、王云等人收藏或铭记的砚台，这些砚台具有很高的文化品位及书卷气质。还有一些制砚名家如顾二娘、王岫君的佳作。这些砚台工艺高超，有些令人过目难忘。如明代蓬莱端砚，雕刻虽繁，布满纹饰，但风格浑厚高古。周亮工款赖古堂珍藏鱼形砚，荷叶托鱼，构图简练，刀法圆润，古朴文雅。著名书画家高凤翰款蝠池随形砚，随形雕琢，自然天成，苍古朴茂。黄任、林佶、李馥铭款的凤凰逐月端砚，石质粹美，内含石品，简洁的雕琢，给人以清秀文雅之感。黄任款另一件琴瑟静好端砚，石质润洁，雕琢有致，众美咸备。顾二娘款的鹰松端砚，雄鹰展翅环绕砚面、砚背、砚边，鹰松相倚，构图紧凑，禽羽、松干细雕细刻，以精细的刀笔，刻画威武的雄鹰，刚柔相济，并臻齐美。以鹰或鹦鹉为砚雕图案者有多种，而此砚独具特色，通体高雅秀丽、气派不凡，有较高的艺术水平。总之，集中收砚精华荟萃，佳作良多，不胜枚举，充分反映了明清制砚工艺的辉煌成就。

值此《双清藏砚》得以付梓之际，欣其诚为艺林之盛事，谨致祝贺。

原载洪三雄编《双清藏砚》，台湾"国立"历史博物馆出版社 2001 年 9 月

顾从义摹刻石鼓文砚

石鼓文是我国最早的石刻文字，是以大篆书体在十个秦石鼓上分别刻着的十首四言诗，在我国文学史、文字史上有着十分重要的地位。石鼓自唐初发现后，经历了一千余年沧桑，辗转移运，流传至今，字迹日渐剥泐，其中一鼓已一字无存，只有依靠早期拓本方能知其原貌。拓本中最著名的是范氏天一阁藏赵松雪藏北宋拓本，存462字，但早已亡佚。鲍安国藏三种北宋拓本（465字—491字），亦先后流出国外。元、明和清初拓本均三百余字。到民国初年则只剩下二百余字了。

明顾从义摹刻的石鼓文砚，是一方有重要文字价值的古砚。

顾从义，字汝和，号砚山山人。松江人，生于明嘉靖二年（1523），卒于明万历十六年（1588年）。嘉靖中，他以善书被征入朝，授中书舍人，隆庆初以修国史擢升为大理评事。平生博雅好古，曾摹刻了许多法帖，其中顾本《淳化阁帖》最为精善，此石鼓文砚之摹刻亦系重要之作。砚上有"内府之宝"一印，说明原为宫中之物。

此砚之石鼓文，字体虽小，但书写严谨，刻工精细，保持了原刻神貌；字数虽较天一阁藏本略少，但已接近宋拓本字数，而多于元以后诸拓，是按宋拓本摹刻无疑。至于据何种宋拓本，还待研究。

砚似堂鼓形，石色类歙，石质极似山东淄川石，直径19.5厘米、高10.4厘米，砚面、底、周刻石鼓文全部。砚面为"而师"、"马荐",砚底为"吾水"、"吴人",其余"吾车"、"汧殹""田车"、"銮车"、"霝雨"、"獣作"环刻砚周。不计残字、重字,共计434字。另外,砚面有"内府之宝"四字印,底有隶书"石鼓"二字、篆书"子子孙孙用

明顾从义摹刻石鼓文石砚

之永保"、楷书"东海顾从义摹勒上石"三行九字款。

石鼓砚之流传与意义

此砚流传有绪,屡见著录,曾见于翁方纲《复初斋文集》、张廷济《清仪阁题跋》、罗振玉《石鼓文研究》等书。此砚于乾隆四十六年(1781)为歙县曹文埴所得。在曹家先传其子曹振镛,至振镛之孙曹绍楠时,被朱善旗以重资于道光二十一年(1841)购得。1935年,天津古物收藏家徐世章堂兄徐世襄[①]得知此砚藏于北京李氏,于次年购到。徐世襄在得到此砚后写了一篇题记,刻在砚盒上,文云:

---

① 徐世襄(1886—1941),字君彦,号朴园,是世章堂兄,由其印章"徐八"及称徐世章"十弟"可知他排行第八,徐世章排行第十。曾居北京,徐世章收集古物过程中,他做了许多工作,徐世章藏砚的装潢上铭记及跋语,大多出自他手。

心仪此砚久矣,乙亥冬访知此砚藏于北平李氏,经估人介绍往观,价议定而又反悔,磋商数过,方有成议,乃又几为厂肆攫去,苦心力争,终于丙子二月杪始获得之。翌日亲携之津,吾弟狂喜,加椟之,其宝爱可谓至矣。椟既成,乃嘱余将斯砚递藏及得之匪易并述而刻之椟面,俾后世子孙宝藏之。

徐家兄弟为得此砚费尽了心机,也耗费了巨大资财。据说徐家以四千四百块银元购得,当时一块多银元可买一袋面粉,八角多钱可买一身衣服。收藏家不惜重资搜集古物之情况,于此可见一斑。

此砚在清乾隆年间被发现,对当时及之后的石鼓文研究均有重要意义。

其一,在字迹上,石鼓中的"马荐"鼓,在北宋拓本中还有十几字,元拓本只剩一字,而此砚尚存十三字及两个残字,其中第一行的"虹"字右半"工",为诸本所无,这就为石鼓文研究提供了新的依据。

其二,在文字的排列上,此砚是按照原石刻的字位摹刻的,它保持了原鼓的字与字、行与行及每段之间的间隔,为石鼓文的字迹位置、诗文研究提供了依据。这是与剪裱本大不相同的,故而常被石鼓文的研究论述者所引用,称为"顾砚本"。如清代阮元根据范氏本摹刻石鼓文时,就是参照了顾砚本的;郭沫若在著作《石鼓文研究》一书时,在复原原诗字句上也参照了此砚。在尚未发现新的宋拓本之前,我们可以把此砚看成是宋拓本的模型,有着与宋拓本同样的重要作用。

周希丁拓明顾从义摹刻石鼓文砚

友人林君从津门购得砚拓一轴,来天津艺术博物馆要求鉴定。经确认,这是著名篆刻家、传拓专家周希丁精拓明顾从义摹刻石鼓文石砚拓本。

拓本长 167 厘米,宽 67.5 厘米;外题签"顾汝和精刻十石鼓研墨拓本　壬午重阳濠园题记",时为 1942 年;拓本上诗堂篆书"顾刻石鼓砚　濠园十弟属题戊寅春首兄世襄",下印"襄印"、"朴园五十后书",时为 1938 年。墨拓有石鼓砚外盒盖上摹翁方纲铭、内盒盖顶及周效曾诗铭,砚拓包括砚面、砚底、砚周及砚身立体拓,最下端是外盒盖徐世襄铭述其收藏原委,两旁有徐世章抄录的清代翁方纲《苏翁斋斋集·跋石鼓研》及张叔未《清仪阁金石题识·顾氏缩本石鼓文》,徐世章收藏章十一枚,周希丁印一枚,即"临川周康元手拓顾刻石鼓砚"。

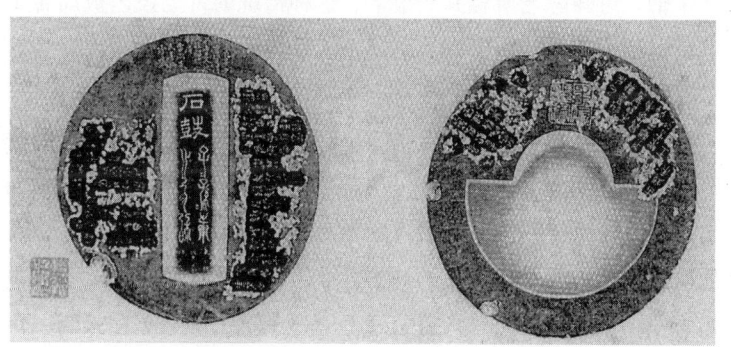

周希丁拓明顾从义摹刻石鼓文石砚

徐世章,是天津近代著名古文物收藏家,家藏古物甚夥。其中古砚一项闻名遐迩,生前曾想传拓出版,故请当时北京著名篆刻家、传拓器物专家周希丁传拓藏砚。周希丁于 1936 年夏携弟子傅大卣(1917—1994,北京文物鉴定专家)来津居住徐家拓砚，历时七年之久，可惜未得付梓。砚拓均有一定规格尺寸，有些徐氏认为好的均加以装裱成卷、轴，并出跋语，每砚拓数份。1954年徐世章逝世后，其家人遵遗嘱将所藏古物全部捐献给国家，部分砚拓亦包括在其中。故这些拓本一部分保存在天津市艺术博物馆，一部分散落民间，上述拓本即是其中之一，与此同样者天津市艺术博物馆亦有收藏。

周希丁（1891—1961），一名康元，原名家瑞，原籍江西临川，长居北京。先后在北京文博界从事传拓古器物及文物保管、鉴定工作，亦精篆刻，20世纪40年代曾出版《石言馆印存》，收自刻印章千余方，并传拓众多铜器、玉器、甲骨、钱币、石经等，多有传世，所拓均精美绝伦。著名古文字学家陈邦怀评其拓法云："审其向背，辨其阴阳，以定墨气之深浅；观其远近，准其尺度，以符算理之吻合。君所拓者，器之立体也，非平面也，此前所未有也。"但周先生传拓众多古砚之成就却鲜为人知，审视拓轴，可知陈老所言并非虚语。这种传统的古老技艺被周希丁运用得炉火纯青，精湛完美。周希丁还为此拓专门镌刻图章，盖于砚拓之中，可见他对此拓之珍重。

此帧砚拓有砚及内外盒全拓，有名拓手传拓戳记，有砚的收藏经历，有砚之著录，各铭记均有确切纪年，资料全面，记录翔实，是一份研究石鼓及石鼓砚之不可多得的全面资料，具有很高的研究价值。同时，砚拓的艺术性亦不容置疑。从布局上看，砚拓居中，铭文、跋语、盒盖分列上下，主题突出，布局得当。传拓技艺高超，字迹清晰传神，墨色深浅浓淡层次分明，尤其是立体拓，其形与原作毕肖，真可谓仅下真迹一等。在摄影技术不甚发达的时代，拓本可以记录现状，在科技发达的时代，则可谓是一种艺术品。可以说此拓不仅具全面的资料性，亦有很高的艺术性、观赏性。当然也增加了对周希丁传拓技艺的更多了解。

虚虚实实顾二娘

> 一寸干将切紫泥,专诸门巷日初西,
> 如何轧轧鸣机手,割遍端州十里溪。
>
> ——黄任《赠顾二娘》

这是清代著名砚台收藏家黄任赠给当时女刻砚家顾二娘的一首诗,诗文即是描述顾二娘的辛勤劳作,也是赞颂她的高超手艺。

清代,工艺美术极为发达,各种艺术品穷工极巧、材美工臻,其中的制砚业,亦是工艺精湛,出现了许多技艺高超的能工巧匠,其中一名女制砚家,尤为引人瞩目,人称顾二娘。

顾二娘,本姓邹,具体生卒年月不可考。清初康熙年间嫁给苏州专诸巷顾德麟之子顾启明为妻。何故称顾二娘?是在娘家排行第二还是夫君启明排行第二,不可知,有记载亦称"顾青娘"。顾家是世代相传的刻砚之家,见于记载最早的有顾道人及其子顾圣之,圣之字德麟,人称"小道人",父子二人制砚已有知名度。本来邹氏嫁到这样一个远近驰名的制砚世家中,衣食无忧,只要管好家务,相夫教子就可以了。不久却飞来横祸,夫君疾病缠身,天不假寿,尚未留下子嗣就撒手人寰,二娘成了寡妇。最为焦虑的是公爹顾德麟,中国的传统是家技传男不传女,宋代作澄泥砚的吕道人甚至法不传子,更不要说传给外姓女人。可谁又能担当起这份重任呢?顾德麟考虑自家无男丁,不甘心让这绝技失传，思前想后，他选中了儿媳邹氏：她过门后，严守妇道，尊重长辈，操持家务，做事颇有心计，打点内务，井井有条。这些虽说是人们的推断，但如果二娘不是有如此美德，顾德麟也不会把她作为接班人。顾德麟打破了传统观念，大胆选择了二娘做接班人，这种选择在当时的封建社会，可谓难能可贵。

　　顾二娘凭着她的聪明睿智，学习技术得心应手，到康熙末年她已能独当门面，成了顾砚掌门人、江浙一带制砚工艺者之翘楚。江浙一带制砚工艺有着悠久历史，图案设计秀丽多姿，雕刻精细，在文林中享誉，成为文人砚的主流。制作一方砚要经过选料、制图、雕刻、磨光等多道工序，她在制砚过程中，逐渐摸索出艺术规律，增强了审美意识。据《闻见偶录》记载，顾二娘认为："砚系一石琢成，必圆活而肥润，方见镌琢之妙；若呆板瘦硬，乃石之本来面目，琢磨何为？"故而她做的砚台，古雅之中能兼华美。

　　成名的顾二娘，引来无数用砚、赏砚、藏砚者的青睐，尤其是一些王公贵族、文人墨客，更是趋之若鹜，有人作诗相赠，有人拿来砚材请她刻砚，其表现不亚于当前的追星族，其中砚台收藏家黄任就是一名狂热的"粉丝"。黄任在清雍正年间曾在广东高要、四会县为官，与端砚材产地相近。当时端溪斧柯山开采砚石，黄任得以收集佳石，卸任后，携至吴门，多交顾二娘手琢砚品。

　　顾二娘制砚，不仅给家中带来经济效益，也带来巨大的社会效益，声名远播，许多书籍谈她制砚事迹，有的甚至说她身怀绝技，能以足尖踢石材而知石之好坏，人称"顾小脚"。而另一则记载则较为贴切，即以纤足踹机轴之绳，即知石之美恶，用小脚踹机绳的感觉来体验石之优劣①。不管记载如何，均说明她善于选材下料。顾二娘无子，后来她把侄子过继为儿子，名顾公望，顾公望继承了顾家的技艺，制砚卓有成绩，曾供奉内廷。

  顾二娘之事，见记载于《江南通志》、《苏州府志》、《闻见偶录》、《前尘梦影录》、《茶余客话》、《随园诗话补遗》、《骨董琐记》等，当知历史上确有其人，并非子虚乌有，当然还应当有其制作的砚台流传后世。但流传至今确定为她的作品的却极为少见，许多刻有顾二娘铭款的砚台粗俗不堪，应是赝品。故宫博物院最近出版的图录册收录了有顾二娘款识的砚两件，无论石材质地，还是雕刻、图案设计，均精美绝伦，但据闻也有争议。天津博物馆收藏的一件飞燕衔花端砚，有小字楷书款"吴门顾二娘制"，砚材、雕刻、书体俱佳，而且有浓厚的女子制作风格。请专家鉴定，只说"差不多"，仅可以肯定是清初制品。据《骨董琐记》云："顾制其著者也，特无款识，不易辨别。凡细八分款'吴门顾二娘制'六字者，大抵皆伪。"此言顾二娘砚大多不刻款，刻了隶书款"吴门顾二娘制"的大多是伪作。这似乎是鉴定顾砚的标准，但实际亦不尽然，不是隶书款而是其他书体的，也有粗俗不堪者。目前大量流传的小笸箩形的各种材质的砚，纹饰刻的很细，并有顾二娘款识，大多为民国年间所制。而没有款识的就更难辨认了。殷切期望公认的顾砚真品出现，让人们全面领略顾砚的风采。

原载《天津文史》2008 年第 1 期

---

  ① ［清］徐康：《前尘梦影录》，"丛书集成初编"本，中华书局，1985 年。

读《西清砚谱》

1991年上海书店重印《西清砚谱》,精装大8开本,洋洋大观,诚为继承祖国文化优秀传统之盛事,正如马承源同志在序中所云:"上海书店重印《西清砚谱》,在当今提倡弘扬民族文化的呼声中,自有其积极的现实意义。"久闻此书,未能得阅,于是急购一册,一睹为快。

西清,是一种地区称谓,犹如东厢、西厢。西清为西厢清静之处,后指宫廷宴游之处,清代为宫廷南书房的别称。乾隆十四年(1749)梁正等人奉敕编纂宫中所藏古代铜器千余件,名为《西清古鉴》。乾隆四十三年(1778)由于敏中、梁国治等人将宫中所藏古砚200件绘图编次,计24卷,由乾隆帝赐名《西清砚谱》,即为此谱,民国年间有印刷本行世。

《西清砚谱》收录的砚台均为宫中所藏,这些砚品世人难以得见。印行以后,可使更多的人得以阅览宫中宝物,当具有很高的可读性。谱中对每件砚的现状记录详明,在没有摄影技术的情况下,完全手绘。每方砚均注明原大的百分比,砚体描绘比例合度,立体感强,是一份丰富的资料,不仅对于流传出宫的砚台有资可寻,而且对继承制砚工艺的传统亦有一定借鉴作用。

《西清砚谱》收录的砚台品种齐全、式样繁多,纹饰雕刻精湛。如十六卷的海天浴日砚、十七卷的鹅砚、十八卷的十二章砚等均有很高的艺术性,尤其是十五卷的刘源款双龙端砚,令人瞩目。刘源于清康熙初年供奉内廷,精于绘画、书法、雕刻等技艺，尤擅长施图设计，是一位多才多艺的艺术家，深受康熙、乾隆帝的赏识。双龙砚今藏故宫博物院，是一件高品位的艺术佳作。有的砚还有一定的资料性，如卷六旧澄泥钟砚，砚背有斜形长条印款"东鲁柘砚"四字，编者谓"东鲁柘砚无考，或为鲁人名柘者所制未敢臆断也"。实际这是山东泗水县柘沟镇所出，该地以泥为砚，由宋延至清，流传亦很多，分别有"柘沟石砚"、"柘沟刘家石泥砚子"、"东鲁柘砚"、"鲁柘砚"等款识。谱中所录亦是这种类型制品，但传世品多为长方抄手，很少见有谱中凤字形，可知柘沟砚亦有进入宫廷的精细之品。

应当提出的是谱中所录砚的年代大部有误。虽然乾隆年间金石学大兴，各地有些出土物，但编纂者所见终有局限，而宫中所藏又都为传世品，因此误判年代或者真伪，亦在所难免。确切地讲，谱中除一部分宋砚外，大多实为明清制品。例如卷一汉代砖瓦砚，编者显然是把这些砚视为汉砚而冠以书首。应当说明，由汉代砖瓦改制的砚不能算是汉砚。更何况谱中所录均不是汉砖，而是后人仿制。清嘉庆朱栋《砚小史》卷二载"新制未央瓦砚吉水王功载曰宣德中宁藩造汉未央瓦砚"云云，其现状描述与谱中所录大体相同。卷二的虎伏砚即使是汉砖，其形亦是后人改制。又如谱中有许多石渠砚，此类砚宋代确有其形，亦见出土物，但谱中石渠砚纹饰繁缛，失之古朴，大部为清代仿制品。比较明显的卷十二的宋端石洛书砚，墨池内刻神龟负洛书图，周刻流霞，背刻东坡后赤壁赋图，作者以此而定为宋代，实际从形制看最早亦不过明代。这些疏漏，读者阅读时是应注意的。

这里还要道及的是几年前见过的一部手绘砚谱，纸本，墨色，木夹板，计五册，长、宽各为31厘米，共93开，绘宋石砚49方，并有于敏中、梁国治、彭元瑞、金士松、陈考泳、沈扬、董诰、刘墉、张照等人题诗，以楷书统一抄录。每页有"太上皇帝之宝"、"懋勤殿宝"、"乾隆御览之宝"、"五福五代堂古稀天子宝"、"八徵耄念之宝"五玺，绘图精致，字体工整，当系宫中之物。经与《西清砚谱》核对，应为第八卷以后宋石类砚部分原稿，殊为珍贵，不知何时何故流落民间。该册原为天津私人收藏，后归天津文物公司收藏，1983年《文物》第1期署名邢捷、张秉午有文章介绍。

原载《中国文房四宝》1993年第4期

王敏之《纪晓岚遗物丛考》序

王敏之先生多年从事文物工作,终日与历史遗物为伍,他和诸多文博工作者一样,养成一种特有的习惯,即注重实物,讲话、撰文均以实物为依据,言之有物,论之有据。我不知这是否是他考虑编辑《纪晓岚文物丛考》一书时的依据,在我看来,最起码是一种在学术上执着地探究求实精神的表现。

历史遗物的流传体现着人的文化活动和时代的嬗变。翻开这部著作,书中记录纪晓岚各种遗物约计19种,品类繁多,这些实物可诠释纪晓岚的方方面面,并反映出当时历史状况的某些侧面。书中所列各项内容,王敏之先生都经过认真筛选,反复研究,去伪存真,无戏说,不臆断,真实可信,尤其是对某些铭文加以注释,使书的内容更加充实丰富,更具资料性、可读性。此书的出版无疑对学术界是一大贡献,为人们了解纪晓岚提供了翔实的科学资料,必将对研究工作起到推动作用。

书中收录了纪晓岚的《阅微草堂砚谱》(以下简称"砚谱")及部分流传的民间藏砚。众所周知,《砚谱》是纪晓岚的一部重要遗著,也是砚学研究的重要参考资料,深受学人重视。《砚谱》原拓为纪氏裔孙堪谨所藏,后委托天津著名教育家严范孙之子智怡请寓居天津的民国时期大总统徐世昌作序,并由北京故宫博物院金石书画鉴定家、河北宁津李浚之(1868—1951)于1916年石印出版。故而此谱来源清楚,流传有绪。

纪晓岚所处的时代,正值清乾隆盛世,文化昌盛。其时工艺美术制作精巧，镂月裁云，争奇斗异。其中，砚台类在这种时代氛围中，不仅材质优异，而且制作精良，具有较高的艺术水平，后世鉴赏家往往把这个时期的砚作作为鉴别清代珍品砚的标准。《砚谱》所收纪晓岚藏砚，雕刻精湛，材质纷繁，形式多样，充分反映了当时制砚工艺的时代特征及辉煌成就。《砚谱》以拓本印刷，在摄影技术尚未出现的时代，传拓就是表达器物清晰图像的唯一手段，尤其是有铭文的砚台拓本，要比影像更为清晰。因此《砚谱》所收砚品的铭文，均得以清楚的展示。这些砚铭，不仅有书法、篆刻、文学、历史诸多方面的艺术及价值，也记录了纪晓岚的生平大略。《砚谱》印行早，发行量大，不仅极大地开阔了鉴赏者的眼界，也为研究者提供了对照、勘正、鉴别的依据，虽然不及后来商务印书馆于1933年影印的《西清砚谱》精致豪华，也算独步当时了。

《砚谱》中每方砚均有砚铭，砚上镌刻的铭文，历来是收藏、鉴定，鉴赏者寄情、抒怀、记事的载体。这些铭文记载了纪晓岚的政务、行踪、处世、交友、艺术造诣、文化修养及生活情趣等各个方面，是全方位了解纪晓岚的第一手资料，要研究、了解纪晓岚，搞清所有砚铭的内容也是一种必要的途径。王敏之先生为此作了先期点校、注释工作。

为古物上的铭文作释文，是一项学术性很强的文字工作，需要有文字学、文学、历史等诸多方面的知识。王敏之先生以他深厚的学识素养及扎实的业务功底，首先将每方砚的铭文作了释文，对于一些生僻或难以辨认的字，均以现代通行的字体释出，并加以断句、标点，使读者欣赏、阅读时一目了然，免去难以通读之不便。他进一步对铭文中的一些人物的生平小传、历史事件、成语典故等作了注释。须知这两项工作需要作大量典籍查阅、核实勘正的案头作业。尤其值得一提的是，有关砚台业务方面的一些专业术语，如产地、材质、石品、砚形等均进行了准确无误的表达。可知敏之先生为熟悉这门专业所下的工夫，确实不亚于砚林中的专业人员。砚铭有了释文和注释，对《砚谱》中每件砚便不再加以考辨，也不作任何结论，以使读者有最大的思考空间，读者可以根据注释见仁见智，各抒己见，任意评说。《砚谱》自1916年出版至今，可能尚无一人将图像的铭文作释文和注释，由此可以推断，旧砚谱有释文和注释者亦较罕见。王敏之先生作了良好的开端，极大地丰富了《砚谱》的文化内涵，方便了读者阅读、引用、检索，免去了许多繁琐的工作，由此受到砚林学者的瞩目，这是确定无疑的。

书中除了《砚谱》外，尚收实物9件，稍显单薄，这有待各收藏单位及收藏家的大力支持，以继续提供藏品信息。仅就现有几件实物来看，亦不乏精品，如凤字砚、黼黻砚、墨注砚，确为《砚谱》著录之品，流传至今，可见《砚谱》信而有征。另外，河北省博物馆收藏的铜瓦砚、碑材砚，亦为难得一见的传世珍品，说明《砚谱》著录以外，尚有纪晓岚铭砚流传。

搜集资料，尤其是实物资料，并将之编辑出版，实非易事，王敏之先生十年如一日，孜孜以求，付出了难以言表的精力和物力，个中艰辛劬劳、心曲苦衷只有他自己和同行知道。我对他这种锲而不舍、勤于笔耕的精神深表敬意，并为此书得以问世表示祝贺。

原载王敏之《纪晓岚遗物丛考》，
人民日报出版社2003年5月第1版

《郑长恺摹纪昀砚作集》序

初识郑长恺是在 2005 年春季，他来津门时携带十余方他与妻子合作雕刻的砚台。细看这十余方砚台，竟是临刻《阅微草堂砚谱》中的砚作，形态逼真，与原作无异，如果它们不是光洁崭新而无包浆，真令观者以为是纪晓岚所藏砚台，堪称高仿。询问来者，方知郑长恺夫妇以《阅微草堂砚谱》为蓝本，摹刻了一百件，带来的只是其中几件。作为一个文物工作者，经常会遇到一些古代文物的复制品，或称仿品、赝品，而他的复制品确实吸引了我的目光，使我不由得想对郑长恺夫妇进一步了解。

搞文房用具专业的人员对于纪晓岚《阅微草堂砚谱》再熟悉不过了，这是砚林之中一部经典图录，所收砚作雕刻精湛、材质纷繁、样式多样，反映了当时制砚工艺的时代特征及辉煌成就，不仅有书法、篆刻、文学、历史等诸多方面的价值，也记录了纪晓岚的生平大略，具有很高的资料价值。笔者所工作的天津博物馆收藏了几件砚谱中的砚作原件，其作品砚材、雕刻均令人叹为观止。

其后与郑长恺夫妇几次接触，发现他们言辞不多，为人谦和，处事低调，不张扬，不浮躁，默默耕耘，故而外界对他们了解不多。问其师从，原来他与妻子王兰是海派砚雕大师陈端友再传弟子，经二代张景安、三代李东海，传至他们已是第四代。夫妻二人继承了海派细腻、严谨的艺术风格，用心揣摩先辈技法，善于运用切刀，技艺更加严整规矩，而又着意开创新技法，显示出个性，将金石、书画、篆刻与砚雕融为一体，使作品具有浓厚的金石兴味及不同凡响的文化品位，受到专家的首肯。

郑长恺夫妇摹刻《砚谱》的初衷听起来很简单，就是想通过摹刻学习和领略古代砚刻的技法，再现古砚风采。说得简单，做起来不简单，他们的成功并非一蹴而就。首先要有胆量和勇气，才能触摸这么大的艺术堡垒，再者要有坚实的艺术功底，所谓艺高人胆大，没有这两项，是不行的，经过三年夜以继日的雕刻，付出了巨大劬劳，终于完成了这项巨大艺术工程。

如此巨大的文化工程，其意义重大。

首先此举赞颂了先贤，弘扬了地方历史文化传统。纪晓岚是清代乾、嘉时期的高官，亦是著名学者，生于直隶河间府献县崔各庄，今属河北省沧县。沧县出了如此显赫之人，是该地区的荣光。近年来该地区为了弘扬先贤，曾成立有关纪晓岚的学术文化团体。郑、王二人是土生土长的沧州人，出于对先贤的敬仰，对家乡的热爱，复制了一套砚台，亦应是对弘扬地方历史文化的贡献。

其二，摹刻《砚谱》不是欺世盗名，不是蛊惑藏家，而是传承文化，发扬砚雕的优秀传统。将砚谱平面拓片还原为立体造型，使人们能够充分欣赏纪氏藏砚华彩、清代砚的艺术风范。这套复制品于观赏、学习均大有裨益，是砚林中精品。

其三，凡有成就的艺术家，无一不是从学习传统开始的，在继承传统的基础上，有所突破，逐渐形成自己的风格。继承与发展、吸纳与创新一直是一切艺术家所遵循的成长规律，但如何进行，则各有途径。例如学习书法，开始时都要读碑临帖。而对如何学习古代砚雕传统，郑、王之举无疑是一种探索。他们从老师那里学习的技法如严整的刀法，善于形似；同时在天津博物馆展出该馆收藏《阅微草堂砚谱》中的真品原件时，他们更是多次前往观摩,细心领悟纪氏藏砚的方方面面;因而,在复制时才能得心应手。

这套砚谱完工后,我相信郑长恺夫妇会对纪晓岚的生平、清代砚的雕刻手法、各种书体的砚铭雕刻技巧等都会有极大收获及长足进步。期待他们学古不泥古,认真总结收获,给同行以借鉴。

砚铭概说

一件古代文物，除了他本身造型及纹饰具一定时代风格外，如果再有铭文款识，就会对我们考查该物的时代、真伪诸问题提供重要依据。中国古砚，无论是出土物，还是传世品，也存在这个问题，尤其是传世品，真伪的鉴别问题要更重要一些，铭文款识的有无，尤其显得重要。

砚台上的铭文，是雕砚艺术的重要组成部分，一方砚如果有铭文，则知砚的制作时间、地点、收藏者姓名、流传经历，以及其他有关问题等等。当然，有时不可能包括以上所有内容，但只知其一，亦可考查出其二、其三。因此，砚台上的铭文，不仅仅是书法篆刻艺术，而且也是研究该砚的重要资料。有些古砚，雕刻、石质虽非上品，但由于铭文有一定内容或价值，也会提高砚台的身价。

砚台上的铭文，长短不拘，或以砚之大小为囿，或言简意赅，经历收藏者多，铭文就多一些，反之则少一些。砚台上的铭文长短，目前尚不能找出规律，一般而言，似乎应是早期砚铭简略，晚期砚铭较长。但亦不尽然，有些早期砚铭并非简，如有的汉砚铭文达40字以上；而晚期砚铭又并非繁，如有些清代砚只收藏者的铭款两字。随着考古的新发现，文物的广泛搜集整理，我们会逐渐发现有关砚铭的新资料，充实其内容，使之系统化，成为考证古砚的一个重要方面。

砚铭的部位，笼统地说，除了磨墨的砚堂外，其他部位，诸如砚背，四侧以及水池上端均可作铭。一般地讲，于砚背作铭居多，有些收藏者珍惜所爱，不忍在其上镌铭，亦往往制作砚盒，于盒盖、盒底铭刻砚之始末，亦属多见。

砚铭的书体，真草隶篆均有，其字形结构，多因时代而风格各异。汉代砚铭，可见其蚕头燕尾的汉隶及捺笔凝重的草隶；清代砚铭，则多见规矩方正的馆阁体。故而铭文的字形亦往往是鉴别砚台年代或款识真伪的一个依据。如果有宋代年款的铭文，而书体为清代馆阁体，则一望便知其铭伪。有些铭文，上乘的书法，加上高超的刀刻技艺，二者相得益彰，犹如一篇篇书法佳作，观之令人赏心悦目，爱不释手。

中国砚台的发展历史悠久，源远流长，早在新石器时代即已出现其雏形，到了两千余年前的秦汉时代，专供磨墨书写的砚台，其形式、制作，已臻成熟。而砚台上的铭文，从出土物中曾见两件时代较早的：一为西汉圆形三足石砚[1]，砚面中心有"大泉五十"四字；一为东汉石砚[2]。其中后者为三足石砚，在砚面与砚盖接口处，阴刻隶书一周计39字："延熹三年七月壬辰朔七日丁酉君高迁刺使，三公九（一作'几'）卿，君寿如金石，寿考为期，永典启之，研值二千。"如果把盖钮正中的"君"字及砚底正中的"五铢"二字，加在一起，计42字。此砚不仅砚形精美，而且铭文中有纪年、官职、砚值及颂祷之辞，文字之多，内容之详，实属罕见。这方汉砚的发现，为砚台铭文的研究提供了重要资料。南北朝时期，有一方带铭的砚，值得注意，即东魏

---

[1] 洛阳市博物馆：《洛阳市十五年来出土的砚台》，《文物》1965年第12期。

[2] 安阳地区文管会等：《南乐宋耿洛一号汉墓发掘简报》，《中原文物》1981年第2期。

箕形平底陶砚①，西安东郊郭家滩出土，砚背有阳文"武定七年为庙造"。武定为东魏孝静帝年号，此砚为唐墓出土，且模印人首鸟身，画面具有唐代风格，此砚如果真伪无问题的话，则砚早于入葬年代。而且，从砚形可知唐代典型的箕形砚，即米芾《砚史》中所提到的晋"有如凤字两足"者，在东魏时亦有出现，犹如宋代流行的抄手砚在五代墓中可以发现一样。因此，由"武定七年"之铭，则可引申到对砚形的演变的研究。

隋唐时期，经济文化的高度发展，各种质地的砚台增多，而且端、歙两大砚材的发现，使制砚工艺专业化，一些歌咏、评论砚台的诗文层出不穷，而出土的有铭文的唐砚，虽有，但不多见。传世的某些砚谱虽著录唐著名书法家、文学家铭刻之砚，但经不起推敲，不足为信。

五代期间，所见有铭文之砚中有两件值得注意，此两件均为后晋天福年号。一为洛阳出土的天福二年灰陶砚，背面阴刻28字，似七言律诗，年款为"天福二年八月营造记之"②。一为天福五年端砚，砚底铭"天福伍年伍月一日买此端州彦瓦，计价钱伍拾阡文，买叁拾阡文，释侣□聋"③，有砚值，有纪年。据收藏者考证，天福八年时每石粮二百文，由此可知当时买此端砚价格之昂。

宋元砚的铭文，所见渐多，从传世品中亦屡有所见。如民国八九年间河北巨鹿出土的大批宋陶砚，有的砚背楷书印款"漳阳

---

① 朱捷元、黑光：《陕西省博物馆收藏的几件砚台》，《文物》1965年第7期。

② 洛阳市博物馆：《洛阳市十五年来出土的砚台》，《文物》1965年第12期。

③ 商承祚：《契斋藏天福端砚考》，《书法》1980年第1期。

刘万功夫法砚"①，滹阳为河北省滹沱河之阳，巨鹿正当其南，其为当地制品无疑。"刘万"为制作者姓名，"功夫法砚"为依法所制之义。此砚虽无纪年，但有制作地点及作者姓名，说明在河北地区亦有早期澄泥砚的制作。又如上海博物馆收藏的北宋绍圣五年王功靖造陶砚②，有制造的具体时间，制作者姓名。

明清时代，尤其清代，有的砚台上的铭文内容丰富，除了有纪年、收藏者的姓名外，尚有记事、题咏、名言、警句、碑帖书法，等等。明清砚铭的丰富内容，为后人提供了大量研究资料，笔者曾接触过一部分有铭款的明清砚，深有所感，其内容大致有如下几个方面：

记事：有些砚铭中记述了某些人和事，很有历史价值，如清谢锡铭端砚③，砚背布满铭文，说明该砚始末，其中反映了当时甘肃地区社会经济凋敝和人民生活困苦的一些情况。此砚虽石质润洁，然制造简略，又无纹饰，本无甚价值，但由于其铭文内容提供了康熙年间甘肃地区的一些史实，故而其砚有一定历史价值。

纪念：亲朋好友，同僚故旧，见面、分手之期，相互之间常常互赠信物或纪念品，文人墨客常把砚台作为赠品之一，以示高雅，常见铭文中有这方面的记述。如百菊溪天际归舟砚④，即是两江总督百龄因病归京北上时，同僚韩崶赠予留念之物。还有把石砚作为朋友之间交谊深厚的见证，称石交砚。石交，谓交谊如金石之坚也，如张廷济赠给阮元的一方石砚，阮元镌铭"金石

---

① 河北第一博物院：《河北第一博物院半月刊》1933年第34期。
② 吴朴：《介绍上海博物馆收藏的几方古砚》，《文物》1965年第12期。
③ 天津市艺术博物馆编：《天津市艺术博物馆藏砚》图45，文物出版社，1979年。
④ 天津市艺术博物馆编：《天津市艺术博物馆藏砚》图69，文物出版社，1979年。

交"三字，并述其原委，以说明二人交谊深厚。

诗词、名言、警句：一些镌刻山水景物的砚台，常常借用名人的诗歌以增韵味，使其诗情画意，溢于砚边。如以赤壁为图案的，常常要铭以宋苏轼的《赤壁赋》，图文并茂，情景交融，使砚增色生辉；一方雕刻迂回曲折的山峦之砚，铭之以"青泥何盘盘，百步九折紫岩峦"，是出自李白的名诗《蜀道难》。端砚中常见的"端州石工巧如神，踏天磨刀割紫云"，是摘自唐李贺的诗《杨生青花紫石砚歌》。明清砚中有很多井田砚，常常铭曰"但存方寸地，留与子孙耕"，是出自晋贺某的诗篇，是诗，又是警句，激励后世笔耕不辍。

金石书法：有些砚铭以名碑帖为蓝本，缩临于砚背，如石鼓文、兰亭序、玉版十三行、瘗鹤铭等等。清乾嘉时期的万承纪，将所藏百种汉魏碑帖拓本缩临于砚背，称百汉碑砚，可谓艺术壮举。由于缩临时采用了最佳拓本，故而砚铭往往不仅是一种书法艺术，而且也可以从中窥见最佳拓本概貌。如明顾从义摹石鼓文砚①，计刻四百余字，分析其字形、字数及其排列，均系按宋拓本摹刻，在国内尚无宋拓本的情况下，此砚成为宋拓石鼓文的模型。一些著名画家如金冬心、伊秉绶、吴昌硕等人的笔迹铭刻，则成为一篇篇书法艺术作品。

从上述历代砚铭情况看，可以大致得出一个结论，即早期砚铭以纪实内容为主，有纪年、有制作者姓名或制作地点，而到明清时代，由于砚已作为一种玩赏品，玩赏性大大超出实用性，因而砚铭多出现诗词题咏，旨在表达收藏者、鉴赏者的闲情逸致。

原载香港《书谱》1986 年第 5 期

---

① 天津市艺术博物馆编：《天津市艺术博物馆藏砚》图 23，文物出版社，1979 年。

漫话清代刻砚艺术
——兼谈几件山水砚

我国砚台由研磨书写的实用品,发展到"适用"与"美"融为一体,再到以欣赏、艺术价值为主,经历了一个发展过程。作为造型艺术品之一,砚台的形制纹饰的加工制作,与其他竹、木、牙、石艺术品一样,同属于雕刻艺术。

清代的工艺美术,仿古、仿旧、仿真成为一种风尚,制作繁复、纤巧、精细,图案多种多样。砚台的艺术风格,也愈趋华美,制作讲究雕琢技艺,因而艺术价值逐渐提高,其中有些已纯粹成为艺术欣赏品。其纹饰的内容极为广泛,花草树木、飞禽走兽、云霞日月、山川景物、历史典故、人物故事、名家书法、金石碑刻等等,世间万物,凡是能表现的,均作为纹饰在砚台上加以展现。砚台的形式,清初天然石子状、门字形居多,形体敦厚、浑朴庄重,后期则形式变化多样,随形、方、圆、八角等均有。端石砚材到清代,开采所得佳石寥寥,有些作者惜材,因材施艺的随形砚愈见增多。这种以材为形之砚,半雕半璞,别有一种古朴自然的艺术趣味。

清代砚的纹饰,民间制品纹饰简略、朴实,带有浓厚的民间色彩,注重实用;宫廷制品,材料考究,制作规整,雍容华贵,多有御用款识;唯文人用砚,其造型、纹饰充满书卷气,构图典雅,刻划着意,艺术性高于实用性。不同地区的砚虽然形式大体相同,但纹饰稍有差异,带有较为明显的地方风格,如广东制品,构图丰满,极富装饰性,几与广彩、广绣相类,旧称"广作"。

砚台纹饰的部位，以雕在砚面为宜，便于观赏，且可美化文具，装饰书案。有些却在砚背，这是出于一种玩赏的需要，为收藏家所喜爱。刻砚者，有一部分是文人、艺术家，如高凤翰，既能画画，亦能制砚，平生嗜砚，曾集三百余方自制砚，汇成《砚史》资料。此外，大部分是手工艺匠师，有些更是制砚名手，如清初顾二娘，就是著名的女刻砚家，其作品构图优美，刀法高超，名重一时，许多收藏家、文人墨客都请她制砚。百汉碑砚的作者王子若能书善画，诗、文、篆刻，无所不能，他后来摹刻高凤翰《砚史》，虽贫病交加，仍呕心沥血，刻意求精，功未就而身殁，后由吴熙载续成未竟之业，使《砚史》资料得以流传。这些以刀代笔的能工巧匠，在小者方寸、大者盈尺的砚田上，施展才艺，制作出一方方精美绝伦的艺术品，有的署名，有的不署名，为后世留下了宝贵的文化财富。

雕砚过程，先要相石、选材，了解砚材质地、纹理、形状。常言道"良工遇大璞，操刀而割，踌躇满志也"。《前尘梦影录》载："莘田善诗工书，其诗注中引顾二娘逸事云'能以纤足踹机轴之绳，即知石之美恶'。"这说明顾二娘的技艺高超，也说明了石材成器的最初过程。通过相石构思造型，考虑成熟即行留舍，这也就是因材施艺。毛坯形成，然后加工细作。砚刻以浅浮雕为主，辅以高浮雕或深浅线刻，为技法和刀法要视题材内容及形式而定。

本文就几件以山水为纹饰的作品，为清代刻砚艺术作一管窥。

琅嬛仙馆砚山

这是长 69.5 厘米，宽 13.7 厘米，厚 3.7 厘米的片状大端砚。做个支架竖立起来，就成了山石陈设品，不仅造型大而奇特，其纹饰雕刻亦饶有兴味。双面雕刻，一面有两处磨平，当是砚堂，其一边沿处荡一小舟，渔翁独钓，可见这两处是全图中的湖塘或河流，为树石纷杂掩映着的平静水面；另一面右侧峭壁悬崖，纵横险劲，左侧树石相间。两面构图不仅气势统一，而且粗雕细刻巧妙结合。山峦均按石面既成形态，略施刀笔，如同写意，自然天成，古朴奇拙，意境瑰丽。而每棵树木却精雕细刻，连小枝叶也清晰可见，犹如工笔。再看那两处平静的水面，尤其是水中小舟，给人以恬静、安适之感。这种粗犷中寓精致、纤巧中见雄伟的风格，显示出作者的独特匠心与高超技艺。琅嬛仙馆为清代阮元的室名，阮元（1764—1849）字伯元，号芸台，是清代著名学者，他所收藏的砚多为精品。

王岫君山水砚

清王岫君制山水端砚

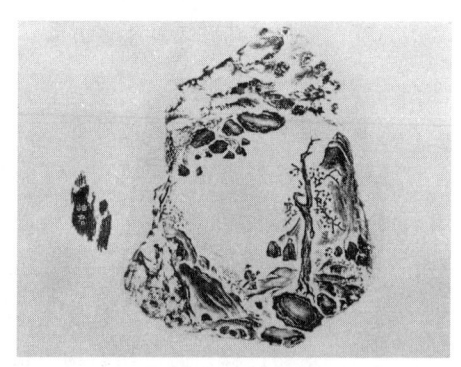
清王岫君制山水端砚背面拓片

这是一方随形砚，构图按石形布局。砚面四周刻山石，左下角平台上侧身盘坐一翁仰望前方，中间磨平处作为砚堂。老翁的仰望与砚堂的平坦，给人以平远开阔、一望无际之感。作者巧妙利用石材凹凸，雕出大小不同的石块，错落有致，上部深凹处作为水池，整个布局合理，使用部位恰到好处。砚的背面是磨平后的浅浮雕，由上部及下部的潺潺小溪，左边线刻的水草形成中部平坦的湖泊，山石大小参差，右侧的小山似展向画面之外，山下一棵落叶松树，点出深秋季节，令人想到砚面老者仰望的秋高气爽的天空。山间行走着琴童，是给前面老者送琴去吗？引人遐想。这方砚的纹饰，从拓本上看，是两幅墨笔山水画，作者将绘画与雕刻有机结合起来，刀中见笔墨。作者王岫君是清中期江南刻砚名手，所制砚品格调清新，具有艺术特色，《艺术家征略》有记载。

天际归舟砚

这是一方友人赠别纪念品。清代嘉庆十六年两江总督百龄，因病乞归京都，乘船北上，同僚韩崶赠此砚，以志留念。砚面无纹饰，主题在砚背，要将纹饰及铭文安排在一个画面内，布局颇费一番苦心。上部隶书"天际归舟"作为点题，左边铭文："破浪乘风客，抽帆到岸时。菊溪丈句为勒之砚阴，即以赠别兼志仰慕。时嘉庆辛未仲春韩崶。"数语简洁明了。画面远处山峦起伏，近景树石房屋，中间河流中行舟，船已落帆，意"抽帆到岸时"，预祝归客一帆风顺，平安到达。为便于携带，砚厚2厘米，轻薄精巧，画面纯系深度线刻。

原载《朵云》1985年第8期

王子若《百汉碑砚拓》

目前流传的高凤翰（1683—1749）《砚史》拓本，是清代道光年间王相（1789—1853）请王子若（1788—1841）及吴熙载（1799—1872）重摹的拓本。读过《王子若摹刻研史手牍》[①] 可知，王子若在摹刻《砚史》之前，还为南昌万承纪摹刻百汉碑砚。百汉碑砚与高凤翰《砚史》为砚史研究中的重要资料，笔者倾慕已久。近日友人携来两大册砚拓，云在沪上得《百汉碑砚拓》。原砚已散失，拓本亦属难得。

图册纵 50 厘米、横 35 厘米。共有 72 方砚拓。拓本大小不一，每拓只拓砚背，即摹刻碑刻一面。两册包括目录、题跋、砚拓约 50 余开。首页为清末张祖翼篆书"百汉碑研拓本"题字，其后为"百汉研斋缩本目录"，并有道光十五年（1835）叶汝兰隶书跋，其后为砚拓，张祖翼光绪二十三年（1897）行书跋尾殿后。砚拓中不仅有汉碑刻，并有伪周延陵季子墓十字碑，秦碑三种，还有三国魏碑两种，两册虽不够百幅，亦蔚为大观，册中多处有"魏子伯"收藏印。从砚刻所题年代看，最早为道光三年（1823），最晚为道光九年（1829）。万承纪逝世于道光六年（1826），缘何在他逝世后又出现砚刻？可能是万承纪生前已将所有拓本交付王子若，万承纪逝世后，王子若仍在镌刻，以完成万承纪遗愿。凡是在万逝世后的砚刻，均不见万承纪的名字，有别

---

① ［清］王子若：《王子若摹刻研史手牍》，文物出版社，1962 年版。

于其他。从砚铭所记年款看,有道光三年、四年、五年、六年、七年等,可知中间一直未间断,耗时达七年之久。

万承纪,生于清乾隆三十一年(1766),卒于道光六年,字廉山,号廉三,南昌人,乾隆五十七年(1792)举人,官江苏知府。工诗文善书画,曾与罗聘有交往,深悟画法,金石书画亦悉能鉴别。《王子若摹刻研史手牍》中云:"曩与万廉翁暇日鉴古,因不满于褚千峰、牛空山《金石图》之作,乃有缩汉碑研之作。"褚峻(字千峰)与牛运震(字空山)曾合著《金石经眼录》,褚峻摹图,牛运震补说,并以所见之碑缩摹于边幅,共47通。后得新出土裴岑纪功碑,改为《金石图》下卷,从魏吴以下迄于唐,凡60图,但每碑只缩数十字,不比前刻精善,故而万承纪有缩临百汉碑砚之举,以反映全貌。王子若,原名应绶,字子若,后改名曰申,江苏太仓人,清代著名画家王原祁五世孙,能书善画,深得家法,又兼工金石篆刻,且精医道,由于家境贫困,以书画、篆刻、行医为生。因摹刻百汉碑砚工善,后被浙江秀水王相相邀重刻高凤翰《砚史》。万承纪邀请王子若担负百汉碑砚摹刻工程,可谓将遇良才,王子若亦不负所望,施展才艺,成其巨著。万承纪去世后诸子析产,又经战乱,百汉碑砚分散各处,现在已很难见到原物了,这套拓本也就值得重视了。

百汉碑砚及其拓本为人们了解万承纪及王子若的生平事迹提供了有益的资料。万承纪除有记载称他能诗能画外,由此还可知他通晓碑碣石刻,收藏许多碑刻拓本。张祖翼在跋尾中说:"南昌万廉山太守,道光初官南河同知,其时河督驻清江浦南河同知为其首厅,凡巨款之出入,皆以厅官为枢。岁蚀朝廷金钱数十百万,其财力之丰厚,为东南各省所未有。自黄河改道,河督裁撤,岁修有额,而河吴贫矣。然当其盛时,虽夸珍宝,选歌舞,酒池肉林,上下征逐。犹有一二风雅之官,如长白麟见亭河督,开诗社，奖人材，刻《鸿雪因缘》，一时名流咸延之幕府，时人称盛。即万廉山太守，亦以重资聘王子若茂才刻百汉碑于研背，虽用之如泥沙，较之娶妓女嗜樗蒲者，固高出寻常万万矣。"这些评述弥补了以往文献对万廉山生平记载的不足。王子若摹刻百汉碑砚时身强无恙，镌刻精湛，更胜《砚史》一筹。这套百汉碑砚，也可见清代金石学的鼎盛之象。

在摄影技术不甚发达的时代，传拓几乎成为记录现状、广泛流传的唯一手段。然而传拓亦非易事，要受路途、天时、地域等诸多因素的限制，费工费时，而以原拓缩刻就解决了这一问题，将原碑缩小，保持原貌，其拓本具有写实性又便于保存和传递。得不到原拓的人，也可以此充作观赏学习的资料。以玉枕兰亭为滥觞，其后有褚峻、牛运震的《金石图》，钱泳的汉碑缩临本等，缩刻逐渐发展成为一门专门的技艺。百汉碑砚的镌刻按原刻，形象逼真，断缺残碣之形，剥蚀残泐之处，雨蚀苔侵之迹，无不在目。诚如叶汝兰序言所云："廉山万氏百汉碑砚之刻较诸刻信之于原石形模不爽毫发，艺至此观止矣，蔑以加矣。"还要提到百汉碑砚是将碑刻与砚刻融为一体的典范。摹刻金石碑刻是古砚常见雕刻纹饰之一，这种图案最富金石兴味，如明顾从义摹刻石鼓文石砚，清翁方纲摹刻兰亭端砚、瘗鹤铭端砚、阮元摹刻西岳华山庙碑巨砚等，将鸿篇巨制浓缩于方寸之中，以小见大，字迹清晰准确，记录了早期拓本状况。

百汉碑砚不仅记录了一些拓本全貌，有的还附有考证。万承纪以自己收藏的拓本参照其他本子，加以综合，使其尽善尽美。如汉嵩山三阙，刻了三阙图形，按原阙将文字刻于其中，共刻了七方砚，在其中一方侧铭："缩摹嵩山泰室、少室、圣母石阙凡七砚，形式画像依金石图，字迹依余所藏旧拓本，金石图摹本字数较多于余所藏拓本，惜其以木刻缩摹，字迹失真，不足依放，

西汉大吉买山摩崖砚拓

仅就余藏拓所有字数缩摹,诸阙缩本,唯此砚(少室西阙之右侧西向)有余幅,因识其略。廉山。"又如汉西岳华山庙碑砚侧铭:"华山碑久毁,今时所传拓本考证,王氏《金石萃编》详言之,余所藏本全碑不缺,字迹苍劲,视阮氏重刻残本差为近古,虽不是钱氏旧藏天一阁全文本,亦当是前人从原拓钩刻者,兹即据以缩摹。以俟博识者正之。"西岳华山庙碑明代毁佚,世传著名的拓本有长垣本、华阴本、四明本,另有祁门马氏半本。铭中所云"钱氏旧藏天一阁全文本"为乾隆年间钱东壁所藏,此本于乾隆十三年(1748)归阮元,现藏故宫博物院,此拓为整张立轴,可观全貌,便于镌刻。万承纪想必见过此本,故能以自己所藏之本与四明本对照，摹刻此砚。汉西狭颂碑砚侧铭："原刻峡中摩崖椎拓艰，年月一行后有题名十二行，拓全者甚少，此以余所藏旧拓缩摹肖刻，末行'时府'字止，考题名首行云丞右扶风陈仓吕国字大宝，'时府'二字当是连属丞字为文者。廉山万承纪。"等等，这些铭记文字有一定的学术价值。

两册有清代张祖翼边跋多处。张祖翼，生于道光二十九年(1849)，卒于1917年，字逖先，又号磊盦，安徽桐城人，精篆隶金石之学，曾著《磊盦金石跋尾》、《集书汉碑范》。他在后跋中提到"渭渔仁兄方家以百汉碑砚拓本属题，因不揣固陋，拉杂书此。"从他在两册中的边跋内容看，他逐页审阅过，提出了自己的意见，据理订正了万承纪记《百汉碑砚》之误。如对非汉碑的题识云"绎山乃秦碑，参入百汉亦觉不伦"，延陵季子碑的题识"延陵季子碑无可考，或曰伪造，似不必掺入百汉也"。汉裴岑纪功碑砚，万承纪认为他所用的拓本得于出土地新疆，为最完者，张祖翼题识云："裴岑碑缩本笔画有讹，结体亦不符，想其时未见原刻，但以翻本缩摹之耳。"实际此碑翻本有许多，新疆就有刘氏翻本，另有长洲顾氏本、申氏本等。碑中"庆"字误作"疢"字，砚刻即作"疢"，张祖翼的题识信而有征。又如对夏承碑砚的题识，则将检出原碑讹字一一列出，方便了后来的观赏者。

原载《文物》1997年第9期

井田砚纹饰小议

以井田字格为图案的古砚称井田砚，以明清两代居多。

天津艺术博物馆藏有一方比较典型的井田砚。端石，近方形，长13.8厘米，宽12.3厘米，高3厘米，砚面四角四个"十"字，构成一个井字，背面亦为井字，中间楷书铭文"古法不行，守此石田，利我笔耕，以祈有年"，落款"道光甲午若波藏，霞竹铭，退庵刻"，砚石细润，做工规整，字体娟秀。若波名顾沄，清代著名画家；霞竹名蒋宝龄，《墨林今话》的作者，亦是名画家；退庵名凌淦，为镌刻者。道光甲午为道光十四年（1834）。

砚台是书写工具，又是一种工艺美术品。古代遗留的大量古砚，如同其他古代艺术品书画、瓷玉、青铜器一样，在造型、纹饰等方面，各个朝代都有其不同的风格，是当时社会意识形态在文化艺术上的反映。

古人使用井字纹作砚之装饰，盖表淡泊著述之志，但多数则踵前人"笔耕"之典故。许多井田砚的铭文都有"笔耕"之词或"笔耕"之义，如有些井田砚上的铭文为"墨褥笔耕，长登大有"、"儒老终身耕此田"、"笔耕无税，永为良田"等。"笔耕"一词，史书多处使用：《后汉书·班梁列传》中有"……家贫，常为官佣书以供养"，在他投笔从戎时，曾讲"安能久事笔研间乎（华峤书作'久事笔耕'）"；又梁《文选》任昉《为萧杨州荐士表》云"前晋安郡侯官令东海王僧孺，字僧孺，年三十五，理尚栖约，思致恬敏，既笔耕为养，亦佣书成学"。古代文人把受佣书写，视为维持生活的一种手段，而"笔耕"则成为这种职业的代称。之所以将书写比作耕稼，大概和古代经济发展有关。在漫长的封建社会中，农业生产是关系到整个民族社会生存的重要部门，是社会的经济基础。

为了表现"笔耕"之义，在好古之风盛行时，一些文人墨客把使用井田砚视为尊古、高雅之事。

井田格纹饰在构图方面上下左右平行、对称，极富图案性，符合中国传统的对称、平衡的审美习惯，作为砚台纹饰非常适宜，因而广为人们接受并应用。

原载《天津社会科学》1982年第3期

黄任铭墨雨砚

黄任，是清初一位有名的砚台收藏家。他生于清康熙二十一年（1682），卒于乾隆年间，福建永福人，康熙四十一年中举，雍正二年任广东四会县知县，工诗善书，有《香草斋集》、《秋江诗》集等，名重一时，为人豪爽，好宾客，常饮酒作诗欢宴，故为上司所不满，后因大水陡发，堤溃田淹，终于被弹劾，于雍正五年被罢官。被夺职后，他典当衣物，以结未了之事，深受百姓爱戴，而黄任却未受百姓任何馈赠，只带着他的诗束、端砚离任。离任后又在当地留居三载。黄任生平喜欢藏砚，据《榕城诗话》载，黄任"有砚癖，自号十砚先生"，是因他有十方较好的砚台而名，他还刻了"十砚轩"收藏印，这方印常在一些砚上见

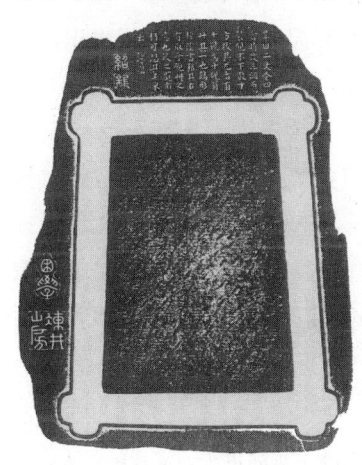

黄任铭墨雨砚正面拓片

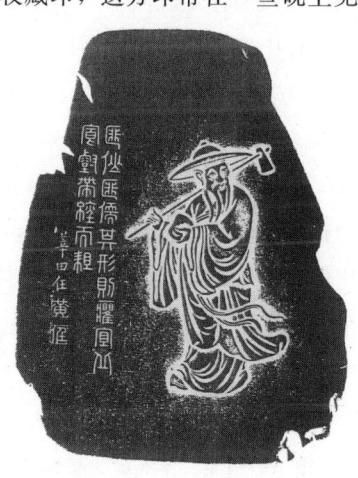

黄任铭墨雨砚背面拓片

到。现传古砚,有很多是经他铭刻、收藏的。这里要向读者介绍的是经他铭刻、收藏的墨雨砚。

砚长22.6厘米,宽18.6厘米,厚5.2厘米,随形,砚面作一大井字,井字中间为砚堂,井字笔画深雕为水池,砚上端有周绍龙①小楷铭:"莘田二丈令四会时,搜三洞石制砚不下数十方,拔其尤者有十,号为十砚翁,此其一也,镌形于阴,书铭其右,有取乎砚畊(耕)之意也,后之览者犹可想其丰采。云峰题。"印"绍龙"。砚背浅浮雕一肖像,旁有黄任篆隶书铭"匪仙匪儒,其形则癯。宜丘食壑,带经而粗。莘田任",下有"黄"、"任"两字章。砚侧尚有篆书"禾石髓"二字,"禾石"原意百二十斤,在此为石之借用,故此二字当为石之精髓之意。从石色石质看,属于端石,砚体浑厚、古朴,石质温润细腻,惟砚面石内含有墨色纹点,徐徐斜下,宛如细雨绵绵,故徐世章给了它美妙的名字——墨雨砚。徐世章为民国年间著名的文物收藏家,他对此砚极为珍视,在砚盒上铭记:"癸酉初冬予得此砚于沽上,形制浑朴,石质温粹,砚面细雨丝丝如泼墨,审端石中仅见,亦莘田翁十砚轩中之最精品也,因以墨雨名之,甲戌上元濠园居士识,世章。"按徐氏生活年代,"癸酉"及"甲戌"当为1933年、1934年。

墨雨砚刻工精致、典雅,正面井字虽然简略,但刀法严谨,规整,一丝不苟;背面的肖像,线条流利,刀法圆润,人物造型比例适度,神态洒脱。纵观这件古砚的石质、雕刻、铭记、造型,无不精湛优美,正面周绍龙的铭记提到此砚为黄任收藏砚品中之精品,良非虚语,确实是一件难得的珍品。

---

① 周绍龙,字允乾,号瑞峰,清雍正年间进士,福建闽侯人,善书。

此砚未注明制作时间，但我们可以从砚的内容进行一下研究。砚背肖像，头戴草帽，肩扛锄，手持砚，看来是他自己形象的写照，砚旁的铭文"带经而粗"带有超世脱俗而为砚耕之意，很像东坡谪居海南的《坡仙笠屐图》。这种情形常会使人想到旧时代的一些文人、学士，大凡在不得志或官场上失意的时候，常常要想的一条出路是解甲归田，逃避现实，诸如苏东坡的"解佩投簪、求田问舍"、陶渊明的"田园将芜，胡不归"等，而黄任这幅形象，表现他被罢官后的心情再合适不过了。因此，此砚很可能是在黄任离任后，也就是在雍正五年以后制作的。

黄任喜欢砚台、收藏砚台，是和当时所处环境有关的。他所任的四会县，明清间属广东肇庆府，与端砚产地高要县相邻，从他的井田砚诗中得知，雍正三年亦曾得到过端砚石，这些情况均与墨雨砚周绍龙的铭记内容相吻合。

原载香港《大公报》1980年10月29日

阮福铭井田砚

明清两代，尤其是清代，砚台上的图案花纹繁复多样，表现内容涉及各个方面，其中以井田为内容的纹饰也有多种，阮福铭的井田砚，即其中的一种。砚堂雕成井字形，居于砚的右下角，上部有牛童牵牛，砚石中有绿石线三条，按其形雕成田中阡陌小路，整个构图为一幅田园小景；砚背雕作汲井水灌溉，并有阮福于道光二年楷书铭八行。砚纵 24.5 厘米、横 27.3 厘米，是一方大砚。

阮福铭井田砚正面拓片　　阮福铭井田砚背面拓片

砚背铭文出自《庄子·天地》。与砚铭大意相同之处为："子贡南游于楚，反于晋，过汉阴，见一丈人方将为圃畦，凿隧而入井，抱瓮而出灌，搰搰然用力甚多而见功寡。子贡曰……'凿木为机，后重前轻，挈水若抽，数如泆汤，其名为槔。'为圃者忿然作色而笑曰：'吾闻之吾师：有机械者，必有机事，有机事者，必有机心。机心存于胸中，则纯白不备……道之所不载也。吾非不知，羞而不为也。'子贡瞒然惭。"庄子喜托寓言阐明其意，故文中所说，未必真有其事，只不过用以阐明其思想观点而已。文中的槔，即为桔槔。当时，冶铁事业的发展，促进了生产工具的改良进步。桔槔即为当时比较进步的灌溉田园的汲水器具，可能就是砚背所雕刻的取水方法。庄子反对使用机械，他认为人类智力的发达，会导致心生机巧，反不如自自然然地"愚而朴"、保持真性为佳。

砚的两面铭文及纹饰是相应而刻的，砚面是向往古法，砚背是反对进化，图文之意相符，但是否反映了铭者阮福的思想见解，值得研究。

阮福之名，史载不详，《续清文献通考》中有简略记载。阮福为阮元之子，字赐卿，又字喜斋，曾为甘肃平凉府知府，著有《孝经义疏补证》。道光二年（1822）曾为其父编辑《研经室集》，正与砚铭同年，该砚为了解阮福提供一些资料。

原载香港《书谱》1988年第6期

竹砚与蕉叶砚

所谓竹砚、蕉叶砚即是以竹及蕉叶为图案而雕刻的砚。

竹是一种中空有节的多年生植物，常年苍翠，风姿潇洒。由于它空心有节的自然形态，坚韧不曲的特点，故而常视为坚贞、操守、气节的象征。

在清代砚中，竹子的形象是常用图案之一。以竹为主题，不仅是艺术效果的需要，而且也往往表达作者（或收藏者）的思想意识。尤其是文人用砚，精于雕琢，一些文人士大夫，既讲功名利禄，又讲品德气节，因而作为气节象征的竹子，最能标榜主人的处世态度。笔者所见到的竹形砚，有丛竹、疏竹，其中竹节形为多，但又以不同竹节的断面而变化多样。

明末凌云竹节端砚雕成扁圆形的竹节，一面为砚堂，配以螭

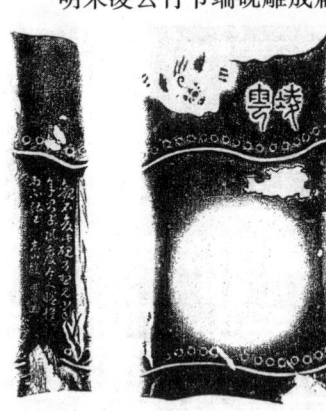

曹学佺凌云竹节端砚正、侧面拓片

曹学佺凌云竹节端砚背、侧面拓片

虎，一面铭文。从铭文得知，此砚为明末曹学佺的藏品。曹学佺，字能始，生于明万历二年（1574），卒于清顺治三年（1646），福建侯官人，历任朝廷命官，《明史》有传。他受过弹劾，并遭奸臣魏忠贤的威胁，但忠君报国矢志不渝，明亡自缢殉国。他铭刻的这方砚台正反映了他这种精神世界。铭曰："香山养竹记云：竹本固，以树德；竹性真，以立身；竹心空，以体道；竹节贞，以立志；是故称为君子一日所不可无也。今因之，以琢研，又一日所不可少，以不可少之物，而貌不可无之象，趣孰甚焉。"他以竹子的本固、性直、心空来修身养性。落款"己亥"，此时正是曹学佺中举后的第三年，时年26岁，他就是在青年时代进行这种思想意识的修养，最后成其"壮举"的。侧李馥（清初人，字汝嘉，号鹿山）铭："观不复此砚，可想见当年君子风度，令人睠怀而不能已"。可见曹学佺的节烈行为是为当时及后人所赞颂的。

曹学佺砚上有小印"何可一日无此君"，还有些砚上常铭以"终身与之俱者惟尔，一日不可无者此君"。在一些古文物中常有铭"此君"者，如古墨中有模制成竹节形，名曰"此君"墨，苏轼亦尝言，"宁可食无肉，不可居无竹"。此典出自《世说新语》卷下《任诞》："王子猷尝暂寄人空宅住，便令种竹。或问：'暂住何烦尔？'王啸咏良久，直指竹曰：'何可一日无此君。'"王子猷是晋朝人，可见士人尊崇竹之久远。

芭蕉亦是多年生草本植物，它的外形也以绿色枝叶为主要特征。夏日，自叶心横出花轴，开花同时结果。这种以绿色为主的大叶花卉，有一种壮硕厚实、庄重典雅之感，尤其是雨后，叶上浮满颗颗雨珠，晶莹剔透，甘露欲滴，更加娇艳。历代文人学士艺术家都把它作为题咏的对象。

古砚中以芭蕉为形象的不比竹形砚少。围绕蕉叶这个主题，巧用刀笔，以不同的构图，雕出蕉叶的千姿百态。如清李簧蕉叶端砚通体为大叶片，背面雕出肋筋、叶纹，繁简相融，舒展开阔；清蘅沚铭蕉叶砚①，体薄石细，精巧别致，那尚未尽情舒展的蕉叶，卷曲着叶尖，构图含蓄俏丽。清蕉月结邻砚②砚面左边几片蕉叶，右衬流云圆月，一幅安谧的夜景，清新宁静。

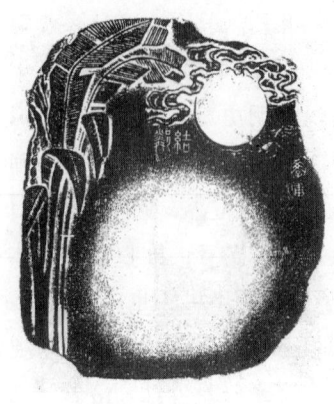

清蕉月结邻砚拓片

蕉叶形象能如此广泛地被制砚家所利用，不仅是因为蕉叶易于表现，而是砚作为书写工具，用蕉叶图案是有一定缘由的。据说，唐代大书家怀素年轻时贫无纸张，要多植芭蕉，靠其叶以供挥洒，并颜所居为"绿天庵"，因有蕉书之说。宋黄庭坚《戏答史应之诗》曰："不嫌藜藿来同饭，更展芭蕉看学书。"由此看来，蕉叶砚的出现，亦反映了书艺史上的一段佳话。

原载香港《书谱》1987年第6期

---

① 天津市艺术博物馆编：《天津市艺术博物馆藏砚》图72，文物出版社，1979年。
② 天津市艺术博物馆编：《天津市艺术博物馆藏砚》图40，文物出版社，1979年。

古砖瓦砚

砖瓦砚，是利用古代遗留的建筑材料加以改制，从狭义上讲只不过是旧物利用。古砖改砚，多利用长方形砖，在一面开砚池；古瓦则大多去其筒，只用瓦头，一面保留印字或图案，一面磨平作砚池。砖瓦砚虽不入名砚材之列，但在砚史上亦占有一定位置。

古代建筑材料时有文字，或记事、纪年、或吉语以及其他，因而引起人们注意的首先是它的文字，把它作为研究文字发展的资料。古物出土，虽历代均有，但直至赵宋之际，砖瓦方出现于典籍之中，最初见于著录为宋洪适《隶续》中，收汉永平、建初砖，瓦则见于宋王辟之《渑水燕谭录》。及至清代，出土渐多，专辑亦夥，如乾隆时朱枫《秦汉瓦当图记》，近代则有罗振玉《秦汉瓦当文字》、严福基《严氏古砖存》等，其他如《金石契》、《金石索》亦有零星记载。不难看出，砖瓦上的文字，对学术界的重要作用，它也和其他诸如钟鼎彝器、玉石泉玺等一样，成为一门专门学科。

砖瓦又如何改制成砚呢？可以说砖瓦的史料价值及使用价值几乎是同时被发现的。唐吴融《古瓦砚歌》开头就谈到废瓦为砚："勿谓采柔而无刚，土挺而为瓦，勿谓乎废而不用，瓦断而为砚。"至宋代，记载、诗歌中有大量篇幅提到铜雀台瓦砚，说明唐宋时期已有砖瓦砚出现。元明时期，各种砚材虽已逐渐考究，但砖瓦砚亦有使用，及至清代，尤其是乾嘉时期，则有大量砖瓦砚流行，在众多的砚材中，砖瓦已占一席之地。除了建筑砖瓦，进而发展到冥契砖、墓志砖、造像砖等。朱彝尊在一方砚上铭曰："秦羽阳，汉未央，魏之铜雀，齐香姜，制为研，质最良"，讲的都是砖瓦砚，说明当时砖瓦砚已相当流行。

砖瓦兼资料性与使用性两种功能是有一定原由的。其一，是由古代砖瓦本身的质地所决定的，古代砖瓦的制造往往使用澄泥法，故而质地坚密、耐磨，不渗水，不损笔，这些特点都是它成为砚材的条件。1982年《文物》第9期拙作《澄泥砚》中曾提出古人作澄泥砚之法是受古砖瓦制作的启发而产生的，砖瓦砚与澄泥砚有着渊源关系。其二，唐宋之时，经济文化发达，社会对文房用具的需求骤增，在专供研墨使用的石材出现同时，各种材料均用来试用，流传的唐代砚质地就有瓷、玉、陶，以及新发现的端、歙两种砚材等多种。至宋米芾《砚史》中就提到26种砚材，大多亲自试笔，有的材料来源充足，又宜于使用，得以留传，反之则被淘汰。砖瓦质砚当然亦在其内，砖瓦无需制作，只需稍加改制，开磨出砚池即可使用。其三，好古之风所致，尤其是清代乾嘉时期，金石学盛行，曾有大批砖瓦改砚，文人墨客以古代遗物置于书案，一派儒雅之风，即所谓"好事者但取其高古也"。其四，唐人有时将砚称为砚瓦，实际并非以瓦作砚，当然有时亦将近似瓦质的澄泥砚称为瓦砚，但大多是指其形似瓦，砚心凹（一说凸），便于援毫，故有"砚瓦"或"瓦砚"之称，这种称谓是否与以砖瓦为砚互相启发和影响呢？值得研究。

在考古发掘不发达的时代，古物极为难得，即使是零砖碎瓦也值得倍加珍视。清《砚小史》就载有半块的未央宫瓦、长乐宫断瓦一角等，并载："近人以数十金得邺台半砖，而余家雀砚亦用白金十金购之。"它的价值并不亚于钟鼎瓷玉，用作砚材亦不低于端歙。为了迎合人们珍视古物的心理，假古砖瓦的制造则应运而生。宋代即已出现伪作,宋欧阳修《集古录》云"相州瓦诚佳,然少真者,大名相等处作假瓦",更有甚者,用澄泥法作成古瓦状,埋入土中,土渍其内,然后出土,凿以为砚。明宣德年间,曾出现仿造的汉未央宫瓦砚,以赐往来官员,这种瓦形砚目前仍流传很多。仿制砖瓦图案,已成为制砚工艺的一种纹饰,笔者亦曾见到过以端石做成的瓦当形或砖形砚。

以砖瓦改砚,开始则无所选择,因所见遗物少,故而是古皆宝,随着出土物的增多,人们则专注那些著名建筑遗物而流传又较少的和在历史上有一定纪念意义的遗物,当然有些有纪年的砖瓦改砚,不能视作制作砚台的年代。

若论著名建筑或有历史意义的建筑,当属铜雀台了,在古代诗歌及记载中屡屡出现。铜雀台是汉末著名建筑之一。建于东汉建安十五年(210),位于邺城西北(今河北省临漳县),铜雀台与金凤台、冰井台合称三台,曹操被封魏公后定都邺,大修宫室,当年曾在此歌舞饮宴,更有一些文人墨客附会"铜雀春深锁二乔"之说,故使其名声显赫。以铜雀台瓦改制的砚台亦随之身价倍增,视若珍璧,不过流传至今的这种瓦砚已不多见了。

笔者所见到的砖瓦砚大多是清代改制,其中无论砖瓦价值或铭文之珍贵亦不乏佼佼者。秦汉砖瓦砚、魏晋、三国时的砖砚,均有很高资料价值。其中流传较多的梁大同九年砖砚,字体楷隶兼容,秀丽刚劲,梁武帝本身就是书法家,其当政时的制品确足珍视。清六舟和尚、张叔未等人铭的吴越宝正四年砖砚,不仅少见,且有研究价值。晋永和年号砖砚,有三年及九年等,其中以梁同书铭跋的永和九年砖砚最为称著,众所周知,永和九年(353)为东晋大书法家王羲之书写名作《兰亭序》的一年,梁同书字山舟,博学多文,慧眼识宝,遂于其上作铭,砚铭"甲子",当为清嘉庆九年(1804),为梁晚年所撰。此砚著录于《金石契》。

随着文化事业的蓬勃发展,在传统砚材相续恢复,新砚材不断涌现的情况下,砖瓦砚的使用逐渐减少,而且古代砖瓦的文物性,又使人们不忍改为砚用,但是在砚史上我们应该知道它曾留下光彩的一页。

原载香港《书谱》1988年第5期

罕见的宋墓莂抄手砚

京城著名古砚收藏家阎家宪先生所藏古砚甚夥,近日趋府与之共赏,其中一件宋砚引起我的注意。

砚作长方形,长14.4厘米,宽8.5厘米,高1.4厘米,砚面略凸,椭圆形水池,砚底呈弧形,抄手、四侧微内敛,砚体小巧灵秀,砚背上有一圆光,内有楷书铭文:"有宋钱塘外赵氏,洪州察推赵公讳汝正,太宗皇帝八世孙也。寄居邵武,买冢地一丘,东极长窠,西极黄䕨,南极山背,北极于湖。值钱四百万,景定五年七月初。"铭文与砚面、砚池方向相反。反复审视,我的注意力集中在砚台铭文上,震惊地发现这分明是一种地券,或称"墓莂"的另一种形式,这种内容的铭文竟然出现在砚台上!在我所看到的古砚中,除了以砖制墓莂改作的砚以外,尚属首例。

细审这段铭文,感觉似曾相识。清末金石学家叶昌炽在他的著作《语石·买地莂二则》中载:"童二如游洛阳得石刻一方,其文云:大男从土公买冢一丘,东极阆泽,西极黄䕨,南极山背,北极于湖,值钱四百万,即日交毕,日月为证,四时为任,太康五年九月廿九日,对共破莂,民有私约律令。"这就是后来人们常引用的西晋杨绍墓莂。

叶昌炽所说的墓莂或称地券,多为两个合并一起,其内容记有死者姓名,所买土地之东西南北四至地界,购置土地所用钱数,买主及中保人姓名等。有的文字与纹饰相反,质地有石、砖、铅、铁、玉等。墓莂放在墓穴内或置于旷野，如人们熟谙的汉人吉买山记，即为大字摩崖刻石，刻在山上。这是生者为死者购置的一种冥契，视如死者生前占有土地的延续，故而内容虚无缥缈，真券、伪券相兼，虚界、实界并存，有的纪实也兼沿袭旧俗，目前流传最早的有汉代墓莂，最晚的约出自明代。

笔者所见的一些砖质墓莂，因质地坚硬，每被后人在无铭文的一面开镌出砚堂，改作砚台使用。如《沈氏砚林》中就收录改作砚用的汉建元年墓莂两件；天津市艺术博物馆也收藏有各式墓莂多件，有的改作了砚，有的侧面纹饰与铭文顺序相反。

根据上述文献及笔者所见，再来评估阎家宪先生所藏古砚。首先可以肯定这是方宋代砚。就砚形上看，为宋代常见之抄手形，风格古朴，铭文古厚，书体具有宋代字形明显特点，非近人所镌。铭文的年代为南宋景定五年（1264），至祥兴二年（1279）南宋王朝彻底覆灭，这段时间只十六年，因此可以认为此砚出自宋末元初时期。铭文的内容应是沿袭当时随葬墓莂、地券的旧俗，而且文字与砚池方向相反，正与某些墓莂镌刻方法相同。

我感到疑惑的是铭文中的墓主人赵汝正，铭文称赵汝正为宋太宗八世孙。按，宋建炎元年（1127）高宗南渡，绍兴八年（1138）建都今浙江杭州（古称"钱塘"），赵汝正或许为南宋皇室在外地支族。洪州即今南昌，赵汝正为该地察推，后寄居邵武（福建地区）；查《宋史》宗族中汝字辈中无汝正之名，或因地位卑微，声名不显，未记于史册。洪州、邵武两地史志尚待查。又据元末陶宗仪《辍耕录》记载，元朝至元二十二年（1285），曾有僧人盗掘宋帝陵墓事："至元间，释民豪强，故宫观为寺，削道士为髡，且各处陵墓，发掘殆尽。"宋元间文学家周密谙熟宋代掌故，在《癸辛杂识》中对僧人盗掘宋帝陵寝事记叙更为详尽："先启宁宗、理宗、度宗、杨后四陵，劫取宝玉极多"，"至十一月，复发徽、钦、高、孝、光五帝陵，孟、韦、吴、谢四后陵"，"高宗陵骨发尽化，略无寸余，止锡器数件，端砚一只，砚为泽（僧）所得"，"陵中金钱以万计"。陶宗仪在《辍耕录》中也曾大量摘引周密所述。这种大规模盗掘皇陵的活动猖獗一时，本文中所记之抄手砚极有可能是在这类发陵活动中出土的；虽说地区有所不同，但皇室宗族之墓均为盗墓贼的重要窃取目标，赵汝正之辈必不能幸免。《癸辛杂识》和《辍耕录》的记载或许可以给我们提供对此砚进行进一步研究的线索。当然，指赵汝正之名为伪托，亦不无可能，即该款识为后人所刻借以沽名欺世，但即便如此，款识亦不可能为近年所刻。

至于此砚的石质，石色尚紫，故阎家宪先生认为是湖南祁阳石。湖南所产用于雕刻或作砚石的石材，其大宗是产于"湖南、云贵高原东缘、武陵山南麓及雪峰山西脉之间，具体位于芷江古城之北"①的明山石。经询问湖南胡彬彬先生，得知此山有诸多石坑，最早于南宋时开采，用于制砚也始于南宋，距此400里外则是湖南祁阳县所产祁阳石。虽然两种石材均呈紫色，但祁阳石开采的时间较明山石为晚，可能在宋代之后。因此，阎家宪先生所藏石砚，是端石、是祁阳石、还是明山石？尚须进一步研究。若从石砚的年代看，属祁阳石的可能性就不大了。

---

① 胡彬彬：《天工巧夺的明山石雕》，《收藏家》2002年第11期。

清黄易摹武梁祠画像砚

这是一方长 12 厘米，宽 13.5 厘米，高 6 厘米的石砚。一面平，左上刻字"汉武氏石室碎石柱，因材为研，补刻缺字。黄易"。背面内凹，刻两人物、一鸟。四侧均有铭刻，上为"公子无、获于、外黄兄，左右室，今少'无'、'兄'二字，'获'字已损"，下为"于王舟、王胜，祥瑞图今少'舟''王'、'胜'三字"，左为"此亭长，前石室，'此'、'亭'、'长'三字今缺"，右为"蔺相如赵臣也，武梁祠像，初揭本'蔺'、'相'二字尚露"。

黄易，钱塘黄树谷子，善承家学，尤工山水，平生性嗜古碑碣，所到之处，搜访于荒烟莽野之间，官济宁时，当地汉魏六朝金石故物遗存丰富，黄易于政务之余，穷力搜求，使任城五碑增至二十，曲阜孔庙同文门下碑刻亦接踵而增。平生对于史书所载而无实物的古碑刻，尤注意访求。曾自画《秋盦得碑十二图》，一图一事，记其乾隆四十年（1775）至五十八年（1793）间所访古刻之事，可想其艰苦之情。钱竹汀题其《得碑图》云："平生未有和峤癖，作吏偏于孟母亲。一辆芒辇一双眼，天将金石付斯人。"可谓其真实写照。

原载香港《书谱》1985 年第 3 期

端砚的收藏

端砚为我国四大名砚之首,产在广东省肇庆市羚羊峡斧柯山端溪水一带。自唐代开采以来,至今已有1000多年的历史。该地古属端州,故所产之石称为端石,制成砚称为端砚。端砚历久不衰,源于它的特质。其质地细腻,耐磨不损笔,性温润,呵之即湿,故被誉为文房至宝,被历代文人墨客所钟情,也成为收藏家的收藏对象。

近年来,日本、东南亚地区的收藏者也开始纷纷关注端砚的艺术价值,其收藏价值和投资价值正在不断体现,如明朝的金石家刻铭端砚和海水纹端砚,曾拍出22万和10.58万港元的高价,清代麒麟形端砚则以15.5万元人民币成交。

古砚价格的不断走高,也在一定程度上抬升了近现代端砚的身价,就连一些近20年来制作的高档品,价格也在不断走高;而近两年出品的端砚,其出售价格也明显上扬。从中不难看出,端砚的市场价格已开始稳步攀升,预示着集藏与投资群体的不断增加。

端砚的收藏投资,与其他古董文玩的收藏投资一样,其价格评估的主要依据,是历史价值和艺术价值。但也有其特殊之处,即端砚的坑种材质与石品花纹往往是摆在首位的评价因素。

肇庆斧柯山有诸多的开采口,称为洞、坑、岩。每处所出之石均有不同,各有特色。其中三个开采地出产的砚石最好,即老坑、麻子坑、坑仔岩。

老坑：唐代开始开采。该坑所产砚材集各坑石材之优点，质地细腻、娇嫩，疏密坚实，石品丰富，青花、火捺、蕉叶白等蕴含石中，绚丽多姿。其中冰纹为最显著的特色，且石眼较少。古人即推崇老坑口，享誉千载。但老坑石经千余年开采，日渐稀少，据传已无石可采，有封洞之说。卖家多为旧存，价格相对昂贵，动辄万元或数万元，尺寸小者也近万元。

麻子坑：相传是一位脸上长有麻子的陈姓砚工在清乾隆年间发现的。麻子坑石与老坑石相差无几，容易混淆。其质地细腻，石品丰富，青花、火捺、蕉叶白等均有。只是其石眼碧绿，眼中有瞳有晕，石上有时出现像被虫蛀的痕迹，通称虫蛀。目前麻子坑虽然断断续续仍在开采，但产量不多，佳石也少。

坑仔岩：宋代治平年间开始开采，岩石细腻，石色略赤，颜色比较均匀，少有上述两石的层次感，但也有上述两石中的石品。尤以石眼多为特征，有瞳有晕，眼的颜色有翠绿，有黄色，为制砚工艺增添了装饰效果。该岩目前仍在开采。

古今端砚的艺术价值均体现在构图设计与刀法琢工之上，即一方砚台的整体砚雕技艺。技艺精绝的，可以化石材上的瑕疵为妙品，弥补石质石品的先天不足。故也有砚雕越精妙价越高的普遍价值规律。不但是同一历史年代同一档次坑种石材如此，在三大名坑以下的诸档群坑中，就是年代稍逊一些，坑种石材档次稍低一些，只要是匠心独运，因石构图、因材施艺，立意高远曼妙，题材新颖独到，刀法巧夺天工，其经济价值也会随艺术价值扶摇而上。

收藏和搜集端砚，首选当然是老坑石。但这除了要准备足够的金钱，还要有鉴别力，防止卖家以其他石冒充老坑石。另外，老坑石不太好找，麻子坑、坑仔岩也不失为好砚材，价格也相对低一些。所以，专家建议，对端砚的集藏与投资需要量力而行。

如果经济实力允许的话，可以投资一些名声不低的早期品种乃至名家的珍品，相信这类上佳之作随着时间的推移会不断增值。当然，对于绝大多数集藏者和投资者来讲，应该考虑那些目前价格不高、但制作水平不低的品种。虽然这些品种绝大多数是近代制作的，但并不能据此否认其今后存在的升值空间。恰恰相反，随着收藏界对端砚越来越重视，新入盟的收集者会更加容易接受市场上价格适中的近代品种，并在一定程度上推升其价格的上扬。

当然，有些砚材根本不是端石，但石色与端砚接近从而冒充端石的情况也时有发生。因此，专家提醒购买时要格外谨慎，一是要提高个人的鉴赏水平，二是购买时可以请专业人士或专业机构进行鉴定。

原载《新广角》2006年第10期
原标题《端砚升值快　收藏须谨慎》

清云月端砚

这是一方长15.7厘米、宽13.3厘米、高3厘米的小砚,每次见到它总有一种赏心悦目之感。我欣赏它的构图及其意境、刀法、石质、铭文,一方佳砚的条件它几乎都具备。

端砚砚眼中的层晕层数多寡　决定砚眼高下

以圆日或满月、云、水组合成的纹饰,常常作为砚雕的图案,这种图案比较容易表现,也容易显出艺术效果。通常是圆圈的日或月在中间作为砚堂,周边上游云,下海水,上端间隙处作水池,形成一幅海天旭日、月上东山的壮丽景观,而此砚则另有天地,四周浮云,中间的圆月略偏右下角,形成浮云半掩。上部,尤其是左上部重笔浮云,与右下月相呼应,于不对称中蕴含着平衡,最为精彩的一笔是圆月上一缕青云,用笔不多,却显得俏丽、隽永,整个画面予人静穆、恬淡的意境,显示出一种高雅的气质。其刀法圆润,自然流畅,无生硬之感,石质肤润细洁,左上浮云中有一石眼,眼是端石中名贵石品之一。眼是岩石地质成分所构成,是一种水白云母质的结核,有眼之石嫩秀细润。最好的眼称"鸲鹆眼",它晶莹翠绿,圆正明媚,眼中间瞳外有一圈层晕,层数多寡,决定眼的高下,石工们经常把它巧妙地运用在纹饰上,起到画龙点睛的作用。

此砚之石眼,瞳及层晕不甚明显,但亦不失其艺术效果,它

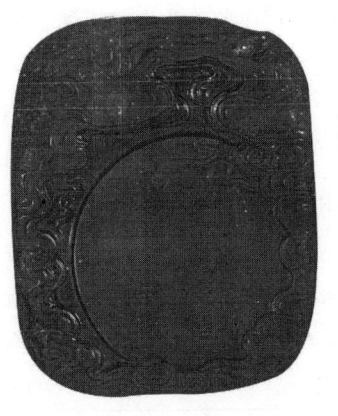

清云月端砚正面　　　清云月端砚背面

在云中大而明亮，似日，似月，与圆月（或日）的砚堂相互辉映，别有一番意境。如此佳砚必出自高手，侧面果然有"汝奇作"小字行书款。汝奇名谢士骥，清初人，精于篆刻、书法，他所雕刻的砚台均为上乘佳作，从砚的风格上看，应为江南一带制品。

砚背铭文书七行　款落辛未花朝黄任题

砚背的铭文隶书七行："曾浸银河湿不干，支机泻染彻宵寒。谁将砍桂吴刚斧，琢出文窗七宝团。贯虹美璞育蟾蜍，长养珠胎满又虚。恠（怪）底津津流欲滴，的应此水是方诸。"楷书款："辛未花朝黄任题。"铭中有吴刚伐桂的故事，《酉阳杂俎》："旧言月中有桂，有蟾蜍。故异书言月桂高五百丈，下有一人常砍之，树创随合。人姓吴，名刚，西河人。"蟾宫折桂则喻为功名得中。"七宝"是佛经中名词，是以七种宝物合成，在此引申为文房至宝。最后一句"的应此水是方诸"，"的"喻明亮、鲜明，

"方诸"是古代在月下承露取水的器具,在此喻为砚池蓄水。从铭文看,所言均与月有关,故砚堂图案应是月,非日。

黄任,清初著名砚台收藏家,平生嗜砚,据《榕城诗话》载,黄任"有砚癖,自号十砚先生",他供职的四会县,明清间属广东肇庆府,与端砚产地高要县相邻,他得到佳石佳砚是有可能的。砚铭年款为"辛未花朝",辛未为乾隆十六年(1751),时黄任69岁,其卒年不明,如果得知具体时间,则可进一步判断此铭真伪。"花朝"为百花生日,旧历二月,何日说法不一。"环翠楼"一说为清代平湖潘梦鹿,待考。

此砚原为已故天津古物收藏家徐世昌故物,后捐献给国家,现藏天津市艺术博物馆。

原载台湾《紫玉金砂》第 37 期,1996 年
原标题《嫩秀细润清端砚》

清丽隽永　图文相映
——清赤壁小端砚赏析

表现诗词名赋，以景叙情，是清代砚雕内容之一。这是一方以表现宋代苏轼《赤壁赋》为内容的小端砚，其特点是以小而灵秀见长，铭文以书体精湛取胜，质地以润洁为优，融雕、铭、质三者，堪称佳作。砚长14.5厘米，宽13.5厘米，高2厘米，原为天津古物收藏家徐世章先生故物，现藏天津市艺术博物馆。

小巧灵秀　意境深邃

砚为随意形石片雕成，砚面只雕周边，崖壁山石，流云掩月，水上荡舟，舟中二人对酌，圆月作水池，中间平坦作砚堂，构思巧妙，刀笔不繁，而意境深邃。从砚的拓片看，真有赤壁泛舟之佳境，不禁使人想起苏轼《赤壁赋》开头几句："壬戌之秋，七月既望，苏子与客泛舟游于赤壁之下。清风徐来，水波不兴。举酒属客，诵明月之诗，歌窈窕之章。少焉，月出于东山之上，徘徊于斗牛之间，白露横江，水光接天……"砚面那明澈皎洁的月色，淡淡的浮云，平静清澈的江面，水中荡漾的小舟，一派幽静安谧的意境，不正是赋文的再现吗？把一篇名赋，融于一块随意而不大的石片之中，雕琢成一幅典雅隽永的图画，以小寓大，以简驭繁，实为制作者技艺高妙之处。

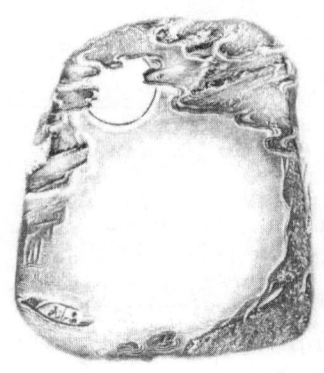 

清赤壁小端砚正面拓片　　　清赤壁小端砚背面拓片

蝇头小楷　图文相映

砚背刻蝇头小楷苏轼《前赤壁赋》，全文则更为精彩。每字仅3毫米，共21行，行25字，末行12字，共537字，刻满石面而又不显拥挤，布局得当，字字清晰，点、划、撇、捺，一丝不苟，通篇丰姿娟秀，潇洒清逸，又不失严密峻整，书者、刻者当系高手。如果说砚面是一幅赤壁图画的话，砚背则是一幅小楷书法。砚面图景与砚背书法对映，堪称诗情画意、图文相映之楷模。

署款"小斋珍玩"、"何氏"、"立械"，均待考。

原载台湾《紫玉金砂》第42期，1997年

翁方纲缩摹《瘗鹤铭》砚

古砚中常有以书法、铜器铭文、碑帖的摹刻作为纹饰的,尤其是在内容和形式广泛多样化的清代砚中,更成为其表现手段之一,使砚台增加一种金石兴味。这些往往是留给后世的宝贵研究资料,是和收藏者的学识、兴趣以及当时崇尚金石学的社会风尚分不开的。这里要介绍的翁方纲缩摹《瘗鹤铭》砚就是其中一例。

翁方纲是清代乾嘉年间著名学者,金石学家,生于雍正十一年(1733),卒于嘉庆二十三年(1818),精于碑板鉴别考证,著作甚夥。此砚所署辛卯年款,为乾隆三十六年(1771)。翁氏自乾隆二十九年(1764)奉命提督广东学政,至三十六年任满回京,此砚正为该年所作。砚作长方形,长22、宽15.4、高4厘米,端石,砚面上端有四言诗十二行,虽文辞符合砚所表现的内容,但字形多是《汗简》一类的古文,并不太好。右下有楷书"微臣属书"四大字,左下落款"乾隆辛卯七夕覃溪摹并铭"。砚之两侧亦有铭刻,一为宋陆游等人焦山观《瘗鹤铭》题铭,原文十二行:"陆务观、何德器、张仲玉、韩无咎,隆兴甲申闰月廿九日踏雪观《瘗鹤铭》,置酒上,方烽火未息,望风樯战舰在烟霭间,慨然尽醉。薄晚,泛舟自甘露寺以归。"原文未完失刻,其后当有"明年二月壬午,圜师刻之石,务观书"。铭文中首行勾涂"宋嘉熙二年十二月",后"与"、"游焦山",以及"息"字之"火"旁。另一侧为唐王瓒五言诗:"江水初不冻,今年寒复

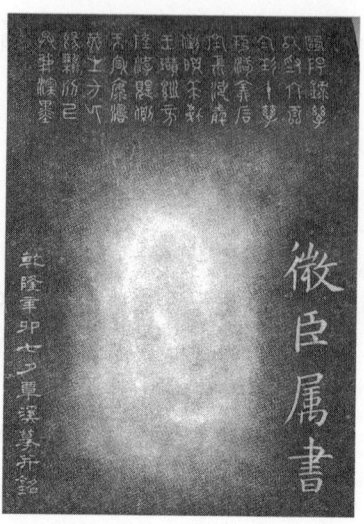

翁方纲缩摹《瘗鹤铭》砚拓片

迟。众芳且未歇,近腊仍挟衣。载酒适我情,兴来趣渐微。方舟大川上,环酌对落晖。两片青石稜,波际无因依。三山安可到,欲到风引归。沧溟壮观多,心目豁甦时。况得穷日夕,乘槎何所之。冬日与诸公泛舟此山,丹阳掾王瓒。"

砚面右下"微臣属书"四大字,为唐《夫子庙堂碑》文首所泐之字。唐夫子庙堂碑刻于贞观年间,未久毁于火,后宋、元间分别重刻,翁方纲对此碑深有研究,并为李氏摹本作过跋,还曾将其碑文摹刻于另一方砚背①。

焦山之西崖壁上,自浮玉岩起,刻满历代名人观铭的题咏。砚两侧所摹唐王瓒、宋陆游的题字为其中之一二。所摹陆游等人的题字中,"隆兴甲申闰月廿九日"为小字,翁方纲在《瘗鹤铭考补·沧州移石后拓本辨》中云:"按,宋孝宗隆兴二年甲申十

---

① [清]翁方纲:《复初斋文集》,上海古籍出版社影印本,1995年。

一月，放翁此题讹作嘉熙二年十二月，盖沿都元敬跋之误也，此石旁别有嘉熙二年题铭一行，故致误耳，今改正。"后乾嘉时人张开福所著《山樵书外纪》中亦云"近大兴翁氏曾刻端溪研亦仅据退谷考"，说明翁氏年号的依据，也表明了此砚制作的一些经历。由于陆游是宋代著名的爱国诗人，在此铭中抒发了他忧国忧民的爱国豪情，读之令人肃然起敬，故而历来为人所重视，往往在研究《瘗鹤铭》文章中出现。在《瘗鹤铭》一些拓本中，铭下前人题字，可辨者不多，翁方纲在他得到《瘗鹤铭》旧本题诗中曾有："沧浪凭览是何人，王瓒留题傥未湮。丑岁依稀游迹认，追摹甲午与壬辰。"故而砚侧摹王瓒诗也是有一定依据的。

砚背所铭是此砚之重点，为《瘗鹤铭》五石本摹刻，计81字（半字亦在其内）。《瘗鹤铭》原刻江苏镇江焦山西麓摩崖上，后山崩堕入江中，宋代在江中发现残石后，才引起人们的重视。到清代康熙年之前，只能在枯水时节进行传拓，称水拓本。康熙五十二年（1713）陈鹏年等将残石五块出水上山，乾隆二十二年（1757）移至山上定慧寺，之后拓本称"出水本"。故而拓本有水拓本及出水本之分，字数多寡不一，前者拓本一般珍于后者拓本。翁方纲对《瘗鹤铭》精研多年，在诗文中屡屡题咏，曾先后收集了三种落水本及初移山上碑亭一拓本，乾隆四十一年（1776）他又得到汪士鋐《瘗鹤铭考》一书，经过反复精研审谛，定出其所见字数，写了辨证八篇，作为续汪氏《铭考》后之《考补》，成为研究《瘗鹤铭》的重要著作。此砚的摹刻，更可看出他对此铭的珍视。铭文的蓝本当系水拓本，属于五石本。从铭刻的布局来说，在当时，对于研究《瘗鹤铭》的拓本是有一定参考价值的。

《瘗鹤铭》正书大字，笔势雄强豪放，意态奇逸，从其带有过渡性的字体结构中可以窥见楷书发展中的篆隶遗意，在我国书法史上占有重要地位。前人评价很高，北宋黄庭坚称之为"大字之祖"，并与《兰亭序》并观。翁方纲称赞它"寥寥乎十字之仅存，而秉该上下数千年之字学"、"六朝诸家之神气，悉举而淹贯之"。历代考证、题咏者甚多，此砚之作，即其一也。

砚面上部铭文试释：

欧阳录挐（字），以为六百，凡七十挐（字），

于□金石，空江泓前，倒映垂勒，

王瓒诗旁，陆游题侧，天风海涛，

缩之方寸，于□洲上，供我濡墨。

原载香港《书谱》1984年第1期，
原标题《缩摹〈瘗鹤铭〉砚》

清程鸣款扁豆形端砚

这是一件极为精巧别致的扁豆形小端砚,长 13.8 厘米,宽 8.2 厘米,高 1.2 厘米。制作者因材施艺,取石材之形,砚面为豆荚剖面,大部平坦作砚堂,上部雕以根、茎、叶、须蔓,背面部分掩映须蔓、枝叶,把一个平平常常的扁豆表现得极有韵味。整体随意自然,雕琢有致,线条流畅,雅丽隽俏,既有不施刀笔的自然石皮之美,亦有枝叶须蔓婀娜之姿,两相相映,别具风范。石质润泽,款识镌刻精到,随砚形配以薄薄的檀木天地盖,愈显灵秀。

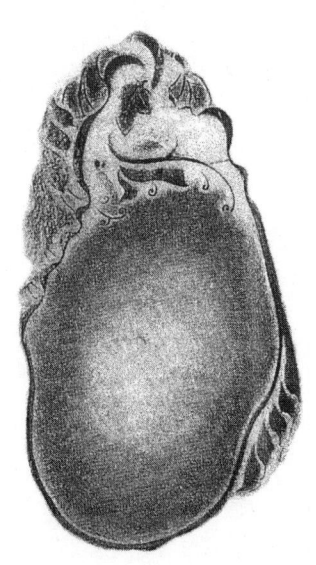

清扁豆形端砚正面拓片

砚背印章款"竹房造"。据清代张廷济《清仪阁题跋》载,竹房名吾(一作吴)进,字以方,竹房为号,浙江海盐人,工琢砚。蝇头小楷"庚戌夏松门程鸣"。程鸣是位著名的画家,字友声,号松门,安徽歙县人,祖籍江苏仪征,乾隆年间诸生。画山水宗石涛,参以程邃,且往往以书法入画,不加渲染,自然苍浑,诗出王士禛之门,与当时陈撰、方士庶、历鹗为诗画友,其绘画作品有所留传,此小砚亦为其遗物。署款为"庚戌",此

"庚戌"或为雍正八年（1730），或为乾隆五十五年（1790），因其生卒不详，故难以推断。天津市艺术博物馆收藏程鸣墨笔山水松溪闲渡图，署款"雍正庚戌冬孟松门老人程鸣写"，以此款识看，他可能不会卒于乾隆庚戌以后，故砚署"庚戌"亦应是雍正庚戌，即1730年。

此砚现藏天津市艺术博物馆。

原载台湾《紫玉金砂》第43期，1997年

原标题《清扁豆形端砚赏析》

两件计氏家藏端砚

清代画家计楠一家均精绘事，笔者有幸见到计氏家族收藏的两方砚台，一为计楠之子计芬收藏的以象代耕端砚、一为计楠从子计光炘收藏的紫云端砚。

计芬的以象代耕端砚，长方形，长18.7厘米，宽11.9厘米，高3.6厘米，砚面光素，砚背浅浮雕一象，象上隶书铭："无象而有象，历山之耕，象代之往，此中为田，可以击壤，太平逢年，赖我石丈。"行书款"儋石藏"，左下角有"龙石"二字铭。计芬初名炜，号小隅，又号儋石，浙江人，生活在清嘉庆、道光年间，绘画承其家学，山水、竹木、人物、佛像无所不能，清蒋宝龄的《墨林今话》对其艺术成就曾给予高度评价。除精绘事外，还长于鉴别古物，而且是一位古砚收藏家。据载，他收藏的三百余方砚中以莲叶砚为最佳，后又得到一枚红丝石砚，认为可与莲叶砚相媲美，因而自颜其室为"莲叶红丝两砚石室"。以象代耕端砚虽然不见得是他收藏中最精之品，但雕刻严整，刀法利落，图像与铭文颇布局得当。铭文是借虞舜以象在历山耕田的传说，借喻笔耕砚田之意。左下角"龙石"二字，可能是清嘉道年间篆刻家杨澥所刻。此人初名海，江苏吴江人，善书，篆刻、竹刻均著名，道光三十年卒，年七十余岁。此砚很可能是他为计芬刻制的。

另一件是计光炘的紫云端砚。计楠的从子见记载有三人，计耀、计照、计光炘，计光炘收藏的紫云端砚，长15.3厘米，宽

11厘米，高4.5厘米，如果说计芬的以象代耕端砚以严整、典雅见著，此则以半雕半璞取胜。从石璞中磨出砚堂，凹处为水池，自然浑成，另有一种艺术风格。从砚堂看其石质，色紫，嫩细，是一块优质端石，可能主人惜材，舍不得好的斲材细刻。砚上端竖侧面刻隶书"紫云"二字，有款曰"二田先生属翁大年刊"，下有小印"未钧"。紫云是取自唐李贺诗"端州石工巧如神，踏天磨刀割紫云"之句。"二田"为计光炘的号，光炘字伯曦，平生敬仰沈石田及恽南田，故取号二田。他幼年丧父，依附计楠，攻读诗书，但不乐意应考科举，善画，山水、花卉皆名于时。刻款中之翁大年，是翁广平之子，字未钧，号陶斋，江苏吴江人，善书，精篆刻。由于家学渊源，他还是一位古物鉴赏家，著有《古官印志》、《古兵符考》、《封泥考》等。从题款看，这方砚是翁大年为计光炘铭刻的。

计氏一家皆善丹青。精于艺事，今观两砚，更见其一门风雅，可为佐证。

原载香港《大公报》1981年4月5日
原标题《两件计氏家藏砚》

清韵雪斋云腴端砚

1997年7月1日是香港回归祖国之日，回想中华民族百年屈辱尽扫而光，不由得想到天津市艺术博物馆收藏的第二次鸦片战争期间清政府钦差大臣花沙纳的一方端砚。

花沙纳字毓中，号松岑，蒙古正黄旗人，道光十二年（1832）进士。他在朝廷官位显赫，历任满汉蒙各族统领，步军统领，工部、吏部尚书等职。其所藏端砚随石材而作，砚面近似椭圆形，上部浅雕卷云，双飞蝠，下部平坦为砚堂，中夹水池。砚背磨平部分有行书铭五行："沪上得云腴砚，因题：谁琢云腴腻不磨，墨池凉浸露华多。春申江上乘槎客，袖取吴淞一剪波。咸丰戊午冬月，松岑。"印"松岑"，旁有"韵雪斋藏"四楷书款。所有款识、题字，皆字体秀丽、行笔流畅。砚形构图简略，但花纹雕刻精细，端雅别致。石质润洁细腻，是一方佳砚。

砚中所铭年款"咸丰戊午"（1858），正为《天津条约》签订之年。公元1858

清韵雪斋云腴端砚背面拓片

年，英法联军炮击大沽口，遂占领天津，清政府先后派桂良、花沙纳、耆英往天津议和，英国提出56条，法国提出42条，迫使桂良、花沙纳于6月份用印画押。美俄也在此前几天与清政府订立了满意的条约。如果说《南京条约》是不平等条约的开始，《天津条约》则是不平等条约的继续和加强。当时，花沙纳曾作为钦差大臣随桂良在天津与英、法、俄、美签订条约，随后又在上海签订中英、中法、中美通商章程。这一系列条约的签订，使中国丧失了更多的主权，加深了中国的半殖民化。砚铭中"沪上得云腴砚"以及"春申江"（即黄浦江）、"吴淞"等语，均为上海地界，故该砚可能是在奉使至上海时所得。花沙纳除政务外，亦通晓文墨，工诗，能画，善鼓瑟，与戴熙（画家）同年，尝与其谈论六法，据说他的诗作还被英人购去，译成外文，流传海外。故而此砚高雅不俗，具有文人气质。不过在列强瓜分、丧权辱国之时，清廷官员还有此雅兴，实在是与时局极不协调！

此砚原为天津古物收藏家徐世章故物。据徐氏铭记云，他在民国年间居北京炒豆胡同时曾与花沙纳后人同巷，在某冬月友人宴席上得以相识，此砚系向其恳让，价70银元。此铭记说明了此砚的真实可靠性及流传经历。

一方小砚，映射出中国人民遭受帝国主义欺凌的屈辱历史，其价值远远超出了鉴赏、雅玩之范畴。

原载《天津文史》1997年第2期

澄泥砚

砚台，作为研墨的工具，最基本的条件是耐磨、不渗水。如果一磨即穿，或遇水即渗，则不能用来研墨。因此，制砚的材料必须质地坚硬。中国的砚材种类繁多，大多具备这两个条件，而端、歙、洮石之所以著名，则不仅具备这两点，且兼有易发墨、不损笔、墨汁不易干涸、呵之即湿等优点。作为中国古老的传统工艺澄泥，之所以能和端、歙、洮石相提并论，也是因为它具备了上述的优点，是一种优质砚材。

澄泥，即过滤过的细泥。用以制砚，与一般的陶砚或瓦砚有所区别。某些墓葬中出土的陶砚或瓦砚，质地松软，胎薄，无实用价值，砚上亦无使用痕迹，很可能是专作殉葬用的。当然亦有以死者生前使用过的砚台殉葬的，应另作别论。有些砚背面印有年款，如"大魏兴和二年造记"、"天保八年造□"、"天福二年八月营造证"等等。这些带年款的砚，制作水平虽较一般陶、瓦砚略高，但仍渗水，与后来的澄泥砚有很大差别，仍应称为陶、瓦砚。以泥土为原料的除陶、瓦砚外，还有砖砚。砖砚大都是用秦汉砖开了砚堂改制的。但这些砚不能称为汉砚。以砖瓦为砚是社会上好古之风的反映，是金石学盛行的产物，"好事者但取其高古也"[1]。

而澄泥砚，既非陶砚，又不能与砖瓦砚混同，但澄泥砚的制

---

① ［北宋］何薳著、张明华点校：《春渚纪闻》，中华书局，2007年。

作是从一些砖、瓦、陶砚的制作工艺中得到启示的。宋苏易简的《文房四谱》记载:"魏铜雀台遗址,人多发其古瓦,琢之为砚,甚工,而贮水数日不燥。世传云,昔人制此台,其瓦俾陶人澄泥以絺绤滤过,碎胡桃油方埏填之,故与众瓦有异焉。"铜雀台的砖瓦制法不大同于一般砖瓦的制法,它的制作方法是把泥土经过澄滤,加上一些坚固剂而成,这样的砖瓦质地紧密。由此看来,澄泥工艺至迟在三国时期就已初步形成,从而为澄泥砚的出现创造了前提条件。铜雀台所在地相州(河南安阳县,宋为相州邺郡),当地人后来就曾在铜雀台瓦的制作基础上进一步做出砚台,《砚史》云:"相州土人自制陶砚在铜雀上,以熟绢二重淘泥澄之,取极细者燔为砚,有色绿如春波者,或以黑白填为水纹,其理细滑,著墨不费笔,但微渗。"这段记载从制作方法来看,是澄泥砚无疑,而米芾称其为陶砚,说明当时澄泥砚的概念还不明确。

明澄泥砚

任何一种物品都是为了应用而产生的。隋唐时期经济文化发展,各阶层对文化工具的需求量大大增加,促使文房用具的种类、原料增多,各种材料广泛被用来做砚,瓷砚早已出现,著名的端、歙石亦相继出现,澄泥砚

明澄泥砚背面拓片

明凤字形澄泥砚

的问世也就势在必行了。因而澄泥砚的产生是有其社会基础的。

从目前记载及出土实物看，唐代澄泥砚的制作已经达到了较高的水平，如河南省灵宝县南的虢州，唐代就以制作澄泥砚闻名，故而有"虢州澄泥砚，唐人品砚以为第一"之说。曾见甘肃出土的唐代澄泥砚，荷叶边，两足，箕形，质地已经达到了一定硬度。

"澄泥砚"之名，在唐代还不甚明确，由于它是泥土制成，又加之当时有用砖瓦为砚的，所以往往以瓦或陶而名之，如唐韩愈瘗砚文中"土乎成质、陶乎成器"、"砚乎砚乎、与瓦砾异"的描述，他讲的这种以土做成的砚，而又与瓦不同，当是澄泥砚。

澄泥砚起于唐而兴于宋。人们在用泥土做砚并进行使用的过程中，逐渐摸索、整理出一套澄泥砚的完善制作方法，这就是《文房四谱》、米芾《砚史》等书记载的方法。取泥方法一是以细绢二重缝袋放在河水中，逾年细土充于袋；一是用一袋泥在容器中摆动，细泥沉底，去水而得。烧制方法则是："入黄丹团和溲如面，作二模如造茶者，以物击之，令至坚，以竹刀刻作砚之状，大小随意，微荫干，然后以利刀刻削如法，曝过，间空垛于地，厚以稻糠，并黄牛粪搅之，而烧一伏时，然后入墨蜡贮米醋而蒸之五七度，含津益墨，亦足亚于石者。"前后差不多十几道工序，而每一道工序目的都在于使其质地更加坚硬，如加入黄丹，黄丹即为中药里的铅丹，是由黑铅、火硝、硫黄、食盐、白矾等锻炼而成的铅化合物，放置这种药物，无疑可以加强泥土的硬度，又经过烧、蒸等工序，所成砚品，当然要"含津益墨"了。

宋代不仅整理了澄泥砚的制法，而且砚的制作也大有进步，制作的区域也日渐广大，并出现了制澄泥砚的能工巧匠。山西汾河沿岸的绛县，河南的虢州、相州，山东的柘沟镇，河北的滹沱河沿岸等，都有澄泥砚的制作。从这些产地来看，大多是北方，而且多在河水沿岸，如山东的柘沟镇就毗邻柘沟河，当地产黏土，镇人多以作陶器为生，亦做砚，谓之柘砚，后来还见有在砚上印款"鲁柘砚"的，亦是此地产品。山西的泽州还出了一名叫吕道人者，制澄泥砚最为有名，他做的砚以别色泥作"吕"字为标志，其制品坚致如石，可以试金，划之无痕，质润宜墨，光溢如漆，说明宋代的澄泥砚制作已达到很高水平。吕道人死后法不传子，当然外人就更不得其法了，故而有些人盗其名作伪款赝品。流传至今的宋澄泥砚比较多，曾见一紫色宋抄手式澄泥砚，与唐澄泥砚相比，除了形制各代表不同的历史风格外，其质地坚且细，几与石无异。还有些带有印款的制品，抄手式，体积略小，如"宋虢州裴第三罗土澄泥造"、"漳阳刘万功夫法砚"、"柘沟刘家石泥砚子"、"刘万功夫法砚"、"墨刘万造"等等，与其他澄泥砚比较，雕制稍粗糙一些，很可能年代略早，或在唐宋之间，或系民间之物，均有待研究。

　　明代澄泥砚的制作、雕刻均有了极大发展，是澄泥砚的成熟阶段。制品优良者，泥质极细，而且肤润，泥的色泽也有许多变化，有朱、紫、黄、绿等色，清《砚小史》载："澄泥之最上者为鳝鱼黄，其次为绿豆砂，又次为玫瑰紫……然不若朱砂澄泥之尤妙。"所见这几种颜色的澄泥制品，真是五光十色，绚丽多彩，紫色如肝如栗，绿色如翠如碧，黄色有赭黄、干黄，而朱砂澄泥则赤如朱，鲜艳夺目。砚的形式也多种多样，有长、方、圆、八角等等，只是宋代常见的那些印款不多了，代之而起的是名家的铭刻题识。在雕刻上则精益求精，制作技艺达到极为精湛的程度。如明代荷鱼朱砂澄泥砚，雕刻线条流畅，造型生动活泼，为了突出鱼的形象，在鱼的四周及托鱼的荷叶上，烧制前都着上黑色，在黑红相交处可以看见墨点。黑红二色相映，衬托出艳丽的红色。这种着色工艺，增强了艺术效果，使作品达到了更加完美的境界。

原载《文物》1982年第9期

蟾蜍澄泥砚

这是一件造型颇有兴味的蟾蜍形澄泥砚。砚长 11 厘米，宽 9.2 厘米，高 4.5 厘米。砚分为盖、底两部分，盖面涂金，上面仿造蟾蜍皮疣，有无数小圈点，前部双目圆瞪，还有两个小鼻孔。打开盖后，头、腹分隔，蟾腹为砚堂，头部为水池，底有四足，并有印款"陕州工艺局澄泥砚王玉瑞造"。整个砚台灵巧别致，艺趣横生。

蟾蜍，古代喻为祥物，常将此物的出现视为喜兆，《酉阳杂俎》"喜兆"条云："集贤张希复学士，曾言李揆相出拜相前一月，日将夕，有虾蟇（即蟾蜍）大如床，见于寝室中，俄失所在。"又，蟾蜍多用为月的代称，通称蟾宫者，即月宫。传说月中有蟾蜍，古诗中常把蟾宫折桂喻为科举及第，如李中《送黄秀才》诗"蟾宫须展志，渔艇莫牵心"，温庭筠《春日将欲东归寄新及弟苗绅先辈》诗"就喜故人先折桂，自怜羁客尚飘蓬"。因而"蟾宫折桂"成了科举得中的代称。以蟾为砚，正反映了旧时读书人渴望加官晋爵的心理愿望。古砚中以蟾形为砚的屡见不鲜。

砚底印款"陕州工艺局澄泥砚王玉瑞造"。陕州，清雍正年间升为直隶州，包括今河南三门峡市及陕县、灵宝、卢氏县等地。工艺局是清代光绪年间官办或官督商办的手工业工场，设织、绣、染、木、皮、纸等工艺科目，佣用工师、工匠传艺，后又设工厂、学校、展览馆等。各省市县均有工艺局的设施，砚上所印的陕州工艺局，即是陕州地区这种部门所生产的物品。因而砚的年代亦可确定，即为清末制品，"王玉瑞"当是制作者姓名。

砚质为澄泥，色灰黑。澄泥砚是中国一种古老的传统制砚工艺，兴盛于唐宋。《陕州志》"物类"中云澄泥砚"唐宋皆为真品，虢州澄泥砚唐人品之以为第一"。澄泥砚的产地极其广泛，据记载及实物所知，有山西汾河沿岸的绛县、河南的虢州、山东的柘沟镇、河北的滹沱河沿岸等，取材简便、原料来源充足。虢州属于陕州辖境，因而此砚亦是传统工艺之作。该砚的年代虽然不算久远，但却反映了澄泥砚的制作在当地的流传历史，并为清末手工艺发展及工艺局的工艺品种提供了资料。

原载香港《大公报》1982年3月21日

澄泥古砚新风采
——再造古澄泥砚辉煌的蔺氏父子

澄泥砚是中国古老的制砚工艺,由其名可知其制作过程,它是利用经过沉淀、过滤的细泥,放入适量添加剂,经过加工制作、焙烧而成。这种工艺与古代砖瓦及陶器的制作有着渊源关系,至唐代发展成一种成熟的制砚工艺,于宋代更大有发展。

澄泥砚的产地据记载主要有虢州(今河南灵宝、陕州一带)、绛州(今山西新绛县),以后扩展到泽州(今山西晋城市)、柘沟(今山东泗水县)、潍州(今山东潍坊市)、相州(今河南安阳市)、滹阳(今河北滹沱河沿岸)、宝山(今上海市附近)等,其制法在宋代苏易简的《文房四谱》、米芾的《砚史》等著作中均有简略记载。本文所要介绍的是新绛县博物馆副研究员蔺永茂及其子蔺涛研制家乡传统工艺澄泥砚之事。

绛州澄泥砚闻名遐迩　具优异地理条件

山西省新绛县古称绛州,是一座历史悠久的古城,春秋战国时期先后属晋国、魏国,南北朝时期北周明帝改为绛州,隋开皇三年(583)改为建州域,辛亥革命时改绛州为新绛县,由建州城计算距今已有一千四百多年历史。历史上这里早已是文人荟萃之地,帝王将帅在这里活动频繁,文人墨客多有流连赞颂佳作。战国时期著名思想家荀子就出生在这里,唐代诗人王之涣、宋宫廷画家高克明、元杂剧作家李行甫等皆系绛州人,全县古迹遗存甚多，民间艺术繁盛，故而这里一直是晋南政治、经济、文化活动中心。

这里出产的澄泥砚闻名遐迩，它得力于优异的历史环境及得天独厚的地理条件。山西汾河水发源于晋西北宁武县管涔山的雷鸣寺，纵贯山西中南部一千三百余里，百川千流汇于一水，在新绛一段迂回形成大河滩，混流中含有多种矿物质，成为制作澄泥砚的最佳原料。南唐张洎《贾氏谭录》云："绛州人善制澄泥砚，缝绢囊置汾水中，逾年而后取沙泥细者，已实囊矣。燔为砚，水不涸焉。"①

蔺氏父子掘国粹　共同研制澄泥砚

蔺永茂，1940年出生于山西省吕梁山南麓新绛县光村。光村有许多美丽的传说，因其地经常神奇地闪光而得名，是一块风水宝地，这里有距今六千年的新石器时代遗址，传说春秋战国时期著名政治家蔺相如就出生在这里，蔺永茂就生长在这一方沃土之中。他自幼酷爱美术，成年后在美术绘画方面大有进展，有多部作品问世。1976年他就读于山西大学艺术系美术专业，经过正规教育，艺术知识和创作水平得到冶炼和升华，1984年任新绛县博物馆业务馆长，在任期间耳闻目睹古老的文明与艺术，激发了他的历史责任感，立志要使绛州澄泥砚重放异彩。其子蔺涛，生于1968年，曾就读于稷山师范学校，毕业后在县城任美术教师，在其父亲的激励下，放弃了在城里工作的优越条件，回家乡小学任教，以便与父亲共同研制澄泥砚。父子俩肩负起"挖掘国粹，恢复传统"的历史使命，并于1986年开始了艰苦的研

---

① 大致如此，各记载中可能某些文字有出入。

制历程。

要想恢复传统澄泥砚又谈何容易？一是数据匮乏，古代制法的记载缺乏科学记录和整理，文人的记载往往脱离实际，既无剂量，又无配方，语焉不详，按其法制作，行不通。二是无实物样品。古代流传下来的澄泥砚，有些有地区铭文，如宋澄泥砚中有"柘沟泥砚"、"虢州裴第三罗土澄泥造"、"潭阳刘万功夫法砚"等，这些有地区命名的澄泥砚是极好的地区研制样本，而绛州澄泥砚有款识者极少。在《西清砚谱》上见有乾隆御铭中提到绛州澄泥砚，但此即便是真品，亦可望而不可即。三是缺乏资金。蔺氏父子虽出身书香门第，而至今家道中落，他们的学业及艺术成就也是全凭个人艰苦奋斗所得，只有他父子两人的工资收入难以支付大量的试验费用。

这些困难都在蔺氏父子坚韧不拔和锲而不舍的精神下一个个被克服，为此，他们付出了巨大心力，耗费了仅有的家财。刚开始，他们千方百计查寻资料，搜集图片、书籍，即使是只言片语也一一抄录，反复推敲，潜心研究。为了攻克制作中采泥与焙烧两个关键工序，他们遇到了难以想象的困难；为了采到最佳泥土，不顾汾水急流险滩，有时几乎见了龙王；在焙烧中夜以继日，熬红了双眼，熏黑了脸，又成了火头军；最可怕的是窑崩，砖土飞扬，顷刻间一切化为乌有，或者是全窑无成品，全部报废。从采泥到成品，他们认真做好每道工序，不敢稍有懈怠，就这样日日夜夜，寒冬酷暑，千百次试验，经历了无数的失败折磨与每个进步的喜悦，历时六个春秋两千多个日子，终于掌握了澄泥的物质成分组成和焙烧过程中的变化规律，终于于1991年8月试制成功。当时仅有三块成品，数量虽然不多，但却凝聚着蔺氏父子两代人的汗水与心血，父子俩不禁流出苦涩与幸福的眼泪！

澄泥砚色彩丰富　富艺术性

新生的绛州澄泥砚不仅继承了传统，而且又有所发展。由于制作工艺掌握得当，因此质地不仅细润，且达到一定硬度，耐磨不渗水，比起古代澄泥砚毫不逊色。古澄泥砚色彩极为丰富，不只是鳝鱼黄色，亦有绿豆沙、玫瑰紫、蟹壳青、朱砂红等色，而绛州澄泥砚亦烧出了黄、红、绿、青等色。在造型上就更丰富多彩了，他们运用自身的艺术功底，巧妙地利用焙烧后泥质变化所形成的纹理，与雕刻辉映，增加了砚的艺术性、观赏性，既有传统的古色古香，又有浪漫主义的时代色彩，使澄泥砚展现了新的风采。通过研制，他们摸索出一套从采泥、投入添加剂，到雕刻、焙烧的较为完整的制作工艺，极大地丰富并补充了历史记载及遗缺。

海天浴日砚

新的绛州澄泥砚在首都北京参加了1994年中国名砚博览会及1997年中国文房四宝展览会，经专家及同行的鉴定和测试，得到首肯，获得了荣誉和嘉奖。1996年他们在原工作规模的基础上，在当地政府的大力支持下，成立了绛州澄泥砚研制所，蔺永茂父子分别任正副所长。目前，他们正满怀信心地要在质地、色彩、雕刻诸多方面攀登新的高峰，再造绛州古澄泥砚的辉煌。

原载台湾《紫玉金砂》第48期，1997年

澄泥砚发展的新阶段
——《徐氏澄泥砚》序

澄泥砚是中国古老的一种制砚工艺品。其名除和端石、歙石等石类以产地命名有所区别外,还说明了它的制作过程。它是利用水中的泥沙经过沉淀、过滤后,放置一定的添加剂,经过加工制作,焙烧而成。

澄泥砚兴于唐而盛于宋,其产地有山西、陕西、河北、山东等地。明以后,南方亦有制作。这种制砚工艺与古代砖瓦及陶器的制作有着渊源关系,从一些古墓葬出土的早期泥砚看,质地与当时的砖瓦、陶器相近,似乎是一种过渡阶段产物,或者多为殉葬品。如甘肃地区出土过汉绿釉陶砚,与当时常见的绿釉陶壶等器物相同,属于釉陶,均为殉葬品,无实用价值,质地发糠、渗水。唐宋以后,澄泥砚逐渐成为一种专门制作工艺,与制瓦分离开来,一些泥砚背可见"罗土澄泥造"等字样。这些印记,说明了泥砚的制作方法,以及这种砚的命名。元代以后,亦见有传世品及出土物。如内蒙古伊克联盟巴林右旗出土的澄泥砚,砚背印有"西京仁和坊李让罗土澄泥砚瓦记",砚体敦厚,是很珍贵的资料。北京通县金墓出土的"见海著"三足澄泥砚,与其类型相仿佛的其他三足砚还有很多,底有铭文数句,为山东制品,这种形制的砚由辽金元一直延续到明。山东柘沟的制品亦流传很多,制作时代由宋可延续到明清。从这些制品看,形制质朴、纹饰简略,多系民间制品。明清时代有些精制之品,大多为传世品,经细审,绝非所谓类澄泥的石质所能替代,质地较前期大为改观,说明制造工艺有了进步。到了清中晚期，还见有一种蟾蜍砚，底印款"陕州工艺局澄泥砚王玉瑞造"。澄泥砚制作方法，虽然有些人法不后传（如吕道人），但从上述各代的制品看，说明其不同的制法一直在民间流传着，只是缺乏科学的记录和整理，没有传播开来。宋代一些书籍上虽有记载，但文人的记载又往往脱离实际，既无详细配方，又无精确剂量，语焉不详。按记载制作往往得不到结果，使人不得其门而入，故而澄泥砚的制法不能被普遍掌握。清末民初，国家处在半封建半殖民地社会，外来品增多，连端、歙两砚的生产尚岌岌可危，澄泥砚则更是奄奄一息了。

从上述情况看，澄泥砚是有其自身的发展史的。其形制既有本身的独特风格，又与时代风格相应，除了它的形制与中国砚台发展相呼应外，其本身亦有许多有别于石质砚的特点。如：澄泥砚的砚材是由人工制作的，取材方便，无须像取石材那样费工费时、要经过比取泥更为艰苦的劳动，因而在古代时的经济价值一般亦不像石质名砚那样昂贵；可塑性强，不像雕刻石砚那样往往一刀下去可定全盘，泥砚可以回刀、修改；烧制时的火候、色彩可由人工控制，虽然有些色彩得于无意之中，但大体上的色泽与投放添加剂有一定关系；对于质地的密度、坚实程度则更可由人工控制，烧不到耐磨、不渗水的程度就不称其为砚台了；等等。可知澄泥砚在古代有一套成熟的工艺，其制品足可与石砚媲美。由于这些特点，它具有了强大的生命力，并跻身于名砚之列。

对于这一优秀的文化艺术遗产的继承和发扬，使之继续为当今文化生活服务，今人责无旁贷。而徐文达同志则尽先触动了这神秘莫测的领域，不愧为继承、研制中的佼佼者。

徐公文达，与我是忘年之交，亦是砚友，尽管所居相距遥远，彼此之间了解不多，但对砚学的研究是相通的，祝贺他出版

《徐氏澄泥砚》砚录。在砚学研究上，他有一种精神，即他自谓"偏要探索一下古代科技，并且把它'古为今用'"的执着精神。凭着这种精神，他老有所为，孜孜以求，锲而不舍，在探索、发扬、恢复传统的澄泥砚制砚工艺中，付出了巨大脑力劳动和体力劳动。呈现在我们面前的这册砚录，色彩纷呈、形象各异，令人赏心悦目、爱不释手。祖国的文化遗产得以再现光彩，真使人振奋！徐公也从中得到了欣慰和快乐。可有谁知，为这一方方澄泥砚的现世，徐公曾倾注了多少心血，经历了多少磨难、艰辛和痛苦。

首先在选取原料上，澄泥砚的家乡在山西，除了山西，其他地方的泥土是否可用？于是他远涉冀、鲁、豫、甘肃、云南等地，采集了四十余种泥样，经过试验，极大地拓宽了原料产地。而取泥的方法，也突破了古书上的记载。在烧制中，经过千百次试验，较好地掌握了泥质的硬度、密度和吸水率、色彩等诸多问题。在整个研制过程中，不仅发掘了古法，如吕道人法、泽州罗土法，还创造出了许多新法，如光洁法、披金法，炙釉法、水夹层法等。既继承了传统，又发扬了传统、突破了传统，集所有澄泥砚优点之大成，制出了一种新型的澄泥砚，并把这一民间手工艺纳入了科学技术行列。如，集中的荷鱼砚系按天津市艺术博物馆珍品明荷鱼朱砂澄泥砚复制的，研制出黑红两色的烧制方法，并以"奚釉"称之，可以和原作乱真。"举杯邀明月"砚的质地细润如玉，棕、红、白等各色相晕相渗，浑然一体，犹如太空中彩云萦回，实为极品。其他如金鲤砚，夹水层蟾蜍砚、两色五蝠砚、三杏砚、大象砚、飞黄砚等，均是不同凡响的佳作。还要说明一点，一方好砚，雕琢也很重要，澄泥砚的雕琢制作亦和石类砚一样，操刀者要有深厚的艺术修养和雕刻功底。徐公是位书法家、画家、篆刻家，所以他能较好地把色彩与构图、雕琢有机地结合起来，因材施艺，巧夺天工，制作出较高艺术品位的砚品。

如果说古代澄泥砚曾有过辉煌时代，那么当今的澄泥砚则又进入了一个新的发展阶段，由徐文达同志所研制的澄泥砚，为中国砚史谱写了新的篇章。

原载徐文达编《徐氏澄泥砚》，
山西人民出版社1996年10月第1版

砚海拾珠
——浅谈山东几种传统古砚

齐鲁大地,沃土丰厚,藏珍蓄宝,人杰物华,历代不仅出现了许多名士,也遗留下不少珍贵遗物。就文房用具讲,山东亦是砚的故乡,曾出过许多有名的砚材,如红丝石、淄川石等,澄泥质砚则有柘沟砚、鲁柘砚等,其年代上可追溯到唐宋、下迄明清以至近现代。这里简要介绍几件民间流传的传统古砚。

柘沟砚

此砚流传比较广泛,宋制,长方抄手,① 背印款"柘沟刘家石泥砚子"或"柘沟石砚"② 均为澄泥质,柘沟镇在山东省境内,据记载,其地在泗水县西北,有柘沟河经此南流注入泗水,其地产赤埴,可作器物,用以作砚,称柘沟砚。铭中称"石泥",可能是因宋代对"澄泥砚"之名尚未通行,只一个泥字,即可说明砚之质地。

鲁柘砚

兹后,年代较上件略晚的是鲁柘砚,长方形,分为盖底两部

---

① 天津市艺术博物馆编:《天津市艺术博物馆藏砚》图 9,文物出版社,1979 年。
② 《砚史资料(九)》图 22,《文物》1964 年第 9 期。

分，盖面回纹边，中有"鲁柘砚"三个楷书字，质地较柘沟砚细腻，砚面平洁。这种形式的砚流传很多，笔者曾见同样大小两种，与此相仿佛者尚有在"鲁柘砚"三个字下加监制者铭款者，且多为红色泥质。从这种砚的形式、质地及铭款看，应为明或清初制品。这种砚从名称上看，当与柘沟砚同属一个地区的制品，后者为前者的继续和发展。

尼山砚

所见此砚多作长方形，砚面圆形墨池，方形砚堂，取天圆地方之意。其中之一砚背四角有四方形柱足，砚背铭文分别为"大明甞（时）"、"尼山精气"、"松烟研处金圭转，雪水凝时玉带围"、"尼山之英，融而为砚，祜启后人，维坚克念"落款。"镇山"，此类型又见两例，略有不同，一为泰安市博物馆收藏，形式、铭文与上件相同，惟砚面不同，上部浮雕魁星，旁为星座图，圆形砚池；一为山西文物商店藏，砚面上部有"冰清"二字，砚背上亦有"尼山精气"四篆字，下铭文为"玉为质温润而栗，金为声扣之则鸣"，款"见海翁著"，并有印款。以上三砚，虽略异，但基本相同，应属同一类型。年代大致为明代或明以前。"尼山精气"道出了此砚产地，在山东曲阜县东南60里，连泗水邹县界，一名尼丘山。精气，旧说天地万物之元气也，阳之精气曰神，阴之精气曰灵，神灵为万物之本。尼山还为孔子诞生之地，《史记·孔子世家》云"叔梁纥与颜民祷于尼丘，字仲尼"。圣人诞生之地，万物皆为精灵，故铭文中云"尼山之英，融而为砚"。"见海著"、"镇山"皆似砚之作者或收藏者。尼山砚至今仍有制作，其石质坚而不顽，下墨颇利。

乾坤澄泥砚

此砚不知其名，姑且以其铭文称其为乾坤澄泥砚。圆形，砚面下凹成涡，桃形水池，背有三个圆形矮足，并有砚铭19字："乾其体，坤其腹，兑其口，鼎其足，多识前闻以大畜。"这种形式有出土物佐证。1981年第7期《文物》刊载《通县唐大庄出土金代陶砚》一文，内称："1978年4月北京通县台湖公社唐大庄大队在庄南春耕时，发现金代墓葬……澄泥陶砚一件，褐陶，圆形，矮圈足，三足，通高2厘米、口径10.7厘米、足1.4厘米。砚面有墨迹，砚前部有口状水盂，砚底有鼎砚铭十九个字，即：乾其体，坤其腹，兑其口，鼎其足，多识前闻以大畜。"后落款因其最后一个字不清，故误为"见海若"，从以上砚看则为"著"字无疑，两砚铭文字体均为隶篆相间，所不同的是前者标题中无"鼎"字，铭文中"體"字简化为"体"字。此出土之砚极为重要，"见海著"一名亦见前面提到的山西文物商店所藏长方砚铭中，说明是同一个作者或同一个地区制品。这种形制的存在时间跨越了辽、金、元、明几个朝代。

关于铭文内容，出土报导有详细说明，兹录如下：

按《周易正义》释文：乾，"八纯卦象天"，用天比拟砚体；坤，"八纯卦象地"，用地比拟砚腹；兑，"八纯卦象泽"，用泽比拟砚的水盂；鼎，"即鼎器也"。大畜也，是卦名，乾下艮上，要求君子多识前闻，以畜其德也。全篇铭文似在敦促读书人上进，畜其德也。

补充一点，"鼎其足"则指砚之三足如鼎，成三足鼎立状。关于"体"字，古意"体"、"體"不通用，"体"字意笨，同笨、粗也，另外抬灵柩的人称"体"（音"笨"）夫。究竟何时通用了呢？不得而知，清康熙末年刊版的《康熙字典》已注明"体为俗书，四體之體省作体，误"，说明清初康熙年以前已经流行了。故有"体"字铭文的砚应晚于金墓所出之年代，而金墓所出的砚年代亦可能在金代之前。

笔者还曾见到过类似圆形的这种砚。安徽歙县博物馆收藏的一件，标为"明代三足圆形澄泥砚"，背铭："文房之宝，岱麓之英，光连北斗，气壮南宫，麻弘衙置。"又，香港1986年第4期《书谱》刊登天津黄大维撰文述他所收藏的八角形三足澄泥砚，背铭："泰岱郁苍，泗水冰芳，成器利用，璧圆珪方，石麻奢事业，雨露文章，天经地纬，山高水长。"黄氏根据1978年通县金墓出土之砚，将其定为金代。这两方砚的铭文中均提到"岱"字，说明它们都是山东所出，而黄氏所藏之砚铭说得更加具体，在泰山、泗水之间，故可能亦为柘沟镇所产。

从上述几件砚看，大致可分为长方及圆形两个类型，不论长方形还是圆形，制作区域均在山东泰山、泗水、尼山等区域，制作年代可追溯到宋代，即便是金代墓出土，亦可能制作年代早于金代。下限可到明代或明代以后，堪称历史悠久。其铭文内容，大体相近，述产地、述性能、述功能、述形状等，而且长方形及圆形均有"见海著"之同样款识，说明它们不仅产地大体相同，而且制作者亦有渊源。这些砚造型朴实无华，质地坚实耐用，应系民间常用之物，故而流传广泛，就上述几砚的流传地区看，均不在一处，有北京、天津、山西、山东、安徽。

这是我国砚文化宝库中的一份优秀遗产，也是山东地区的一份文化财富，如何继承这份优秀文化遗产，并予以开发，古为今用，是我们应当认真考虑的问题。据闻，山东有的地区已经这样做了，特别是临沂地区，又挖掘出古老的徐公砚以及金星砚等，并投入批量生产，这真是件上承祖先、下宜子孙的大好事。

原载韩庆浩主编《华夏珍宝录——中国民间文物地域巡礼》，山东地图出版社1993年5月

《刘克唐砚谱》序

我有一件山东淄石小砚,是三十多年前刘克唐所赠。随形小砚简约无华,只在砚面上端刻一枝梅花,如同作者本人单纯、朴实。初次见面,人和砚给我留下了深刻印象,那是1972年,我因公赴山东征集砚材,巧遇刘克唐并与之相识。当时他初涉砚坛,言谈话语间充满着对鲁砚的热爱、对知识的渴求、对提高制砚技术的祈盼。小砚保留至今,前年又请他在砚上刻铭。这方小砚见证了我们的友谊及他的发展历程。此后我们经常联系,交流砚艺,我从中获益良多。1992年我与胡中泰主编《中国名砚鉴赏》,刘克唐亦是编委之一。书中收录了他的作品,同时他为编辑此书在山东地区做了许多工作。此时的他与往昔已不能同日而语,在山东已有知名度。2002年我与他和胡中泰同访日本,在日本的笔会上,他书画并举,此时的刘克唐显得成熟睿智,更当刮目相看了。2003年他的著作《鲁砚的鉴别与欣赏》问世。时至今日,他早已成为中国工艺美术大师,是位技高艺臻的砚林英才了,是"我国治砚领域的领军人物"[①]。

刘克唐的成长历程,首先得益于齐鲁大地的历史、文化背景,山东地区有着丰厚的人文底蕴,地灵人杰,历朝历代名家辈出,刘克唐受这方沃土的养育,吸吮了砚文化之精髓。同时他遇上石可和姜书璞两位好老师,前者是著名的学者和金石大家,后

---

① 刘克唐:《论砚十二品》之"编者按",《收藏界》2006年第3期。

者则是制砚耆宿,有两位名师的调教,必然会出高徒,而刘克唐个人的勤奋好学也是主要因素。毋庸讳言,他原有文化程度不高,但笃志好学,学文化、学历史、学书画、学刻艺,广学博闻、广采博收,苦练制砚工艺基本功,把所学凝聚在刀笔上,练就了一支运用自如、施展才艺的铁笔。其作品把继承与创新,吸收与借鉴,材美与工艺有机结合,不浮躁、不矫饰,具有北方砚艺简洁雄伟的特色,而又不失典雅精细,工朴相兼,在制砚工艺道路上取得骄人成绩。

  品读刘克唐的砚作,初看似乎近于平淡,细看就会发现他的砚台可读性很强,有能与观者"对话"的功能。他对每方砚台都倾注了全部感情,有的直白,有的含蓄,有的婉约,有的豪放,把其内心世界的独白和文化信息传递出来,让人回味不已。张仃先生曾为之题词:"石能言。"现在他的砚已得到国内外同行和砚台收藏爱好者的认同,他的砚是当今"新文人砚"的代表,他的砚作风格,甚至影响到其他兄弟砚种。

  本书收录了他历年来所雕刻的多种质地、各种形式的砚作百余件,既是他多年来制砚成就的展现,也是他艰辛与劬劳的展现。衷心祝贺大作出版,也祝愿他在今后取得更大的成就。

原载刘克唐著《刘克唐砚谱》,
山东美术出版社2008年8月第1版

喜迎东瀛砚作入津门

提起中国古砚的收藏，在津门首屈一指的当属天津市艺术博物馆了。该馆所藏古砚品类繁多，形式多样，闻名遐迩，享誉中外。这些古砚基本上都是天津市著名收藏家徐世章先生所捐献。该馆又经多方搜集，已形成一定规模，成为该馆收藏之一大特色。

砚，是中国传统的书写用具，亦是东方文化瑰宝。中日两国文化背景，向来就有诸多相同之处。在日本，有许多中国砚台的爱好者、研究者和砚刻家。以山本涛石为首的"日中旅游学会"，就是这样一个以书法、砚刻研究为宗旨的民间团体。该会于1997年开展了以考察中国名砚产区为目的的"中国名砚探访之旅"，多次到中国的博物馆观赏古砚，并深入端砚、歙砚、洮河砚、松花石砚、鲁砚等砚材产地进行实地考察。他们认为："对于书砚的追求者来说，中国大陆是他们的起点，也是他们的故乡。"

会长山本涛石是位书法家，亦能刻砚。他的夫人、该会秘书长山本粹园则专攻砚刻。副会长永井樱舟在考察中、日砚材产地后，将中、日砚材的地质构成以及之间的区别进行比较，撰写了大量学术性文章。日本朋友对砚文化研究的执着，令人起敬。

2002是中日邦交正常化30周年，5月1日，该会在北京中华世纪坛举办了现代"中日砚刻、书法作品交流展"，出版了《中日交流砚作集》。天津市艺术博物馆作为展览的后援单位之一出席了开幕式。该会一行50人，还专程到天津市艺术博物馆观赏古砚，并当场宣布，俟展览结束后，将参展的部分日本砚作无偿捐献给天津市艺术博物馆。

这部分作品制作规整，构图简洁，具有日本工艺制作精致的特点。其中最小的是光洁如肤的玉样砚（$10.2 \times 7.5 \times 4.2$厘米），最大的是来迎砚（$45 \times 60 \times 3$厘米）。在北京展出期间，有的收藏单位和个人想留下此二砚，但山本先生执意要捐献给天津市艺术博物馆。在他看来，纳入天津市艺术博物馆的砚林之中，当是该二砚的最佳归宿。

中日两国在历史上文化交流频繁不断，中国砚台的发展对日本不无影响。据记载，早在公元7世纪奈良时代，日本便已开始了砚的使用。此次日本所捐砚台的砚材赤间石、锅仓石、紫云石、雄胜石等，在日本均是比较有名的砚材。砚台的形式与中国砚相同，有砚堂、水池等，但其风格却与中国有所区别。这是因为双方的砚台所处国度不同，工艺潮流亦不尽相同。有关日本砚台的发展及现状，还有待进一步了解。

此次日本砚台进入津门砚林，在艺术博物馆砚台征集经历中尚属首次。它不仅扩充了该馆砚台品类，也为中日砚文化研究、砚台技艺的交流提供新的资料，诚为津门艺苑的一件盛事。

原载《今晚报》2002年6月4日

《中日交流砚作集》序

仲春之即，生机盎然。为了庆祝中日邦交正常化30周年，由日中旅游学会主办的"中日交流砚作·书展"于2002年5月上旬在中国首都北京神圣雄伟的中华世纪坛隆重揭幕。展览将展出诸多中日书法家、制砚家的作品，中日两国艺术家共襄是举；书作、砚作汇聚一堂，诚为中日两国文化交流史上的盛事。它不仅为30周年庆典增辉，也将为增进中日两国书艺、砚艺的交流起到巨大的推动作用。

为了记录这次展览盛典，弘扬互相学习、探索的精神，留下永恒的纪念，在展览举办的同时，将展品中的部分砚台辑成《中日交流砚作集》，该书中收录了参展的中日两国制砚艺术家的作品以及"日中旅游学会"多次到中国砚材产地考察的探访记。

中日两国的制砚工艺亦有诸多共同特征，砚台已成为沟通文化、联络感情的纽带。本集所收录的中日两国砚雕作品，融传统与创新、实用与艺术、自然与雕琢于一体，材质优异、雕刻精湛、神韵独特、各具风姿、竞放异彩。而探访记则记录了实地考察的足迹，是具有学术性、科学性、真实性的重要资料。方方砚作闪耀着艺术的光彩，篇篇论文昭示着研究成果。《中日交流砚作集》的出版，无疑是中日两国制砚家艺术交流的结晶，是艺林的盛事，它将永远载入砚文化发展史册。

祝愿中日两国砚刻艺术家以此次展览及《砚作集》的出版为

契机，携手共进，在新世纪里共同谱写砚文化的新篇章。

原载胡中泰、（日）山本涛石主编《中日交流砚作集》，
山东教育出版社2002年5月第1版

《古名砚》序

《古名砚》是20世纪70年代日本二玄社出版的以中国古砚为内容的巨著。我是80年代初拜读此著,当即被二玄社如此大手笔所震撼,更钦佩主编高岛义彦先生的学识及魄力。该书收录了端砚、歙砚、洮河砚、澄泥砚以及其他名砚300余方,编成五大册,并附说明与介绍文章,品类齐全,内容丰富,图文并举,版式大方,具有可读性、观赏性、收藏性,在诸多以砚为内容的出版物中,可谓独步当时了。久闻中国古砚在日本流传广泛,许多收藏家热爱并收藏中国古砚,并有许多学术研究著作,《古名砚》收录的300余方中国古砚就出自日本收藏家所藏,由此可见一斑。

此次由雅昌文化集团和上海人民美术出版社联袂,并由高岛义彦先生再次策划出版中文版《古名砚》,并对书中内容有所改进,这将是中日文化界一大盛事,必将把两国砚的研究推向更高的境界。

砚台,作为文房用具,早已不是单纯的书写工具、雕刻艺术品、藏家的收藏品,它是中日两国交流的实物、沟通的桥梁、友谊的媒介。宋高似孙《砚笺》云:"笔之寿日,墨之寿月,砚之寿世。"砚在文房用具中寿命最长,愿中日友谊也如砚一样,老而弥坚,世代相传。

砚林传佳作,友谊延万年。祝《古名砚》再放异彩。

寻砚记

中国古砚，虽然称之为"文房四宝"之一，但在某些研究领域中，却没有书画、陶瓷、铜玉那样的显赫地位、丰富的文献资料、专门的研究人员。人们大多将之归属于文玩杂项，不仅文献记载少，专门研究人员亦寥若晨星，即便是从事这项业务研究，往往也被人误认为是没什么学问。大多是作为研究者的附带项目，似乎它不是一门独立的学科。实际这是一个大可探求的知识领域，它包括了历史、文学、书法、绘画、雕刻等多方面，是一门综合艺术，绝不是什么"单调"、"没学问"的研究课题。近年来考古工作者在发掘过程中，对文房用具给予了重视，积累了大量资料，这些足以使现今的砚台研究大有可为。

砚台的文字资料古代为数不多，现代出版也不多，我们的出版工作往往赶不上邻国日本。几年前日本二玄社曾出版4开本砚册，按中国名砚编辑了四大册，收录的均为日本人收藏的中国古代砚台。有图、有说明、有学术文章，图文并茂，洋洋大观。近年又出版了许多大型图录。至于其他有关小册子，则不计其数。外国人尚且如此，我们自己的文化，自己为什么不搞？1979年天津市艺术博物馆曾出版一本《天津市艺术博物馆藏砚》，书中选取了该馆珍藏古砚120方，此后多年未见大型砚的专题书籍。1990年山东教育出版社率先确定了关于砚的选题，出版古今名砚，并定为山东省的重点书目，之后江苏古籍出版社，又把出版砚册作为该社书展的重点书目，这两册砚书的出版将对砚文化的研究大有裨益。

我应山东教育出版社与江苏古籍出版社之约，于1990—1992年编辑了《中国名砚鉴赏》与《中华古砚珍品集》，前者由我与龙尾砚雕刻艺术家胡中泰担任主编；后者由原文物出版社社长王代文与我共任主编。在编书的三年过程中，我与我的同行尽了最大努力，走访了一些古砚收藏单位及收藏家，得到了各单位及有关人士的热情支持，目睹众多出土古砚及传世古砚，开阔了视野，增长了知识。现摘其部分情况述之于下，与同好共享。

1991年3月11日—14日　北京

访北京古砚收藏家阎家宪同志。阎先生平生喜好书法、篆刻并收藏古砚。阎先生得知我的来意后，欣然允诺，拿出了他的家珍，尽我遴选。我当即选了十余件，由摄影师李国强同志进行了拍照。在这十余件中，最为珍贵的要算是绿色澄泥砚和双狮石砚了。绿色澄泥在唐、宋时少见，清代《砚小史》上有记载，天津市艺术博物馆藏有一件，不意在这里又遇上一件，而且比馆藏那件好，件虽不大，但色绿如春波，质地细腻，实在难得。双狮石砚，长方形，四足，水池似元代，池旁雕立体双狮相对，造型生动，砚堂平坦。从造型看，此砚非百年前之物，初识为六朝，后经若干人反复切磋，保守一点，定为元代。不过我认为此砚的年代还应早于元代。另有一长方小砚，无纹饰，但造型端庄，边角线棱挺拔利落，砚小气度高，一派大明风范，惟石质不明，可能是殉葬品。

1991年4月3日—4日　广州

广东省博物馆原为孙中山先生纪念馆，当时该馆正在组织百方古砚赴港展出，其中有出土物，亦有名人遗物，不乏佳作。该馆为我提供广东三大名砚中的两方砚，即清千金猴王端砚及清白鹤端砚。这两方砚是以天然形成的猴及鹤的图像而闻名。端石中许多石品，如火捺、猪肝冻、蕉叶白等，均以其珍贵的纹理身价倍增，而这两方端砚乃天然形成两个动物形象，实属少见。摄影师李国强为了充分显示其特点，还特意拍了两个特写镜头。

1991年4月5日—6日　肇庆

肇庆，是我向往已久的地方。自从事砚学研究以来，一直想到端砚故乡看看。肇庆市端溪名砚厂黎铿厂长，是中国工艺美术大师，他刻制的砚台多次获奖。这次他为我们提供了他的两件佳作。该厂技术人员欧永健陪我们参观了各制作车间，下午又拜见了该市工艺美术工业公司刘演良经理，他亦是一位高级工艺美术师。刘演良同志近年致力于端砚的研究工作，著书立说，已经有多篇著作问世。他提供了两件得意之作，均由绿端石所雕成。

1991年4月15日—16日　合肥

安徽省博物馆在合肥市，该馆展室宽绰，藏品丰富。1958年毛主席视察该馆时曾作了重要指示："一个省的主要城市都应该有这样的博物馆，人民认识自己的历史和创造力是一件很重要的事。"多少年来，这条指示一直指导着全国文物、博物馆工作。

安徽省是文房四宝的聚集地，省博物馆文房四宝的藏品极为丰富。曾闻1953年歙县一个窖穴曾一次出土17方宋代歙砚。这次见到了其中精品及馆藏其他古砚，大饱眼福。

歙石以青色为主，少数泛绿者属优质歙石，但从窖穴出土的宋代歙砚看，大多为浅绿色，石质纹理属歙类，应确为歙石。后来在歙县博物馆看到的宋歙砚，亦有绿色，才知早期歙石有浅绿色一类，上述17方古砚时代为宋的结论才得到证实。

在这里还见到一件全国仅有的一种造型奇特的宋砚。此砚呈长方形，砚堂椭圆，是由一片珍贵的眉子歙石镶嵌，可以启动，便于洗涤，极为罕见。可知古人对石品是很讲究的。

合肥市内有包公祠，东郊有包拯家族墓群。省博物馆有一件该墓群出土的包绶砚，宋代造型，长方形，石质灰黑，非属上乘，这可能是包拯勤俭廉洁的家风所致。包绶是包拯之子。据《宋史》载，包拯虽贵，衣服、器用、饮食如布衣时。尝曰："后世子孙仕宦，有犯赃者，不得放归本家，死不得葬大茔中。不从吾志，非吾子若孙也。"看了这段记载，包绶使用如此简陋的砚台就不足为奇了。该馆收藏出土的汉砚亦很精致，三足，有盖，立体雕刻盖钮，均是东汉制品。

1992年4月10日—14日　南京

在南京，先后去了南京博物院、南京市博物馆。南京是六朝的政治文化和商业中心，东晋、宋、齐、梁、陈曾建都于此。该地水路交通发达，越窑的青瓷从这里集散，因而常有青瓷物出土。这里砚台比较典型的是三足青瓷圆砚，大小均有。这种瓷砚大都有口沿，砚盖大多遗落。在南京市博物馆存有一件带盖的青瓷圆砚。

在南京市博物馆还见到江浦黄悦岭南宋代张同之夫妇墓出土的两方砚,一方是椭圆歘砚,一方是凤字形端砚。后者的形状确如凤字,下端半圆,两侧内敛两角上跷,比唐代所谓箕形砚又进化了一步。张同之是唐代诗人张籍之后,宋词人张孝祥之子,同陆游友善。砚虽不大,却是名人遗物。

在南京博物院见到了徐州出土的东汉鎏金兽形铜砚盒。砚盒内镶一石板,极细。铜砚盒鎏金体上嵌各色石料,金碧辉煌。汉代流行鎏金器,是将金粉与汞混合涂在铜器表面上,经加热,汞散发,而金则留在器表,可防锈,美化器物。此砚的墓主据推测是东汉明帝的儿子彭城王刘恭。与其同时出土的还有银镂玉衣。如此显贵与豪华可以看出墓主人的身份,也看出砚台制造工艺的进步。

1992 年 4 月 21 日　扬州

4月份正值农历三月。烟花三月的扬州,正值琼花盛开的季节。扬州博物馆在天宁寺旧址内。天宁寺始建于东晋,逐代沿用。清代乾隆二十二年(1757)于寺内建立行宫,以备皇帝南巡。亦是两淮巡盐御史曹寅受康熙之命,设局刊刻《全唐诗》、篆修《佩文韵府》的场所。因与《红楼梦》作者家事有关,成为红学家瞩目的遗迹。寺院占地广阔,花草树木郁郁葱葱。古建筑内饰以现代装饰,为各个专题内容的陈列室。在展室见到的是邗江蔡庄五代墓出土的端砚,制作规整。由此可知宋代典型的长方形抄手砚,在五代时期已经出现,苏州七子山五代墓出土的抄手砚比此更加典型。

在扬州收获最大的莫过于见到了汉代漆盒石砚。由南京驱车到扬州,临近扬州时路过邗江县。这里的姚庄101号西汉晚期墓曾出土三件砚台，均为漆、木制，其中一件较为完好者已调中国历史博物馆。另两件一为漆盒石板砚，一为博山饰木胎砚。以前，曾在《文物》月刊上见到过发掘简报，照片不甚清楚，这次才有幸得见实物。这件漆盒石板砚与山东临沂出土的一件相同，可知这是西汉末至东汉比较常见的一种研磨器具。由这些出土物看，20世纪50年代安徽寿县出土的被称为"漆砚"的也应属于这一种，只不过是出土时将内嵌的石板失落了。另一件博山饰木胎砚，注水一端作博山形，雕羽人、瑞兽。砚池为桃形，边缘尚残存漆皮，估计最初可能是涂漆的。

1992年4月25日　歙县

几年前游黄山时，曾在此县暂停，参观过歙县砚厂及老胡开文墨厂。这次是专为参观歙县博物馆的藏砚而来。

歙县历史悠久，人文荟萃，物产富庶，文化昌盛，是著名的文化和艺术之乡。经营文房四宝的店铺到处可见，显示着这里的物产特色。走在东城斗山街的青石板路上，如同步入明清时代的乡镇。这里的居民住宅古色古香，徽式大门上面精细的砖雕，显示着徽雕的艺术特色。县中心耸立着明万历年间大学士许国八角牌坊，威武壮观，倒不是这位封建官僚给予了人们多大厚望，而是它硕大的体积、精湛的雕刻，表现了劳动人民的智慧及徽雕的艺术特色。

歙县博物馆藏砚几百方，不乏精品。但因地处山区，且该馆正在筹建新馆址，故而名不得显。馆长、保管员热情推荐了20件精品，这20件砚台以歙石为主，年代上起唐宋，下迄清代，每一件歙石砚均有名贵的石品，并被名人收藏。

上次来歙县，曾在某陈列室见过一件清代圆形眉纹歙砚，砚面横排缕缕大眉纹，印象极深。这次抚摸在手，用水一过，更加光彩耀目。还见到鹅形歙砚，砚面鹅首盘卧成水池，两侧为翅膀，底部为爪，有的还作抄手式。另见唐凤字形歙砚，灰绿色，圆形水池，圆形砚堂，传为出土物，上部水池旁有线刻花草纹。我曾多次想过，唐代文化艺术高度发达，许多绘画艺术、金银器上雕刻均有精湛纹饰，推想砚台上一定也会有纹饰的，但所见出土物大多为光素凤字形。有的人认为这是因为唐、宋时期的砚注重实用。歙县这件唐砚如果真有确切出土地点的话，那么我的想法也会得到一些证实。

1992 年 7 月 4 日　西安

西安是闻名中外的古都，这里的秦、汉、隋、唐遗物极为丰富。新建的陕西省历史博物馆陈列众多的出土珍品，品种之全、数量之多，是其他地方博物馆所难以比拟的。该馆为唐代文化艺术遗物专门建造了一座唐代艺术博物馆。

这次文物部门为我们提供的砚台中，我最欣赏的是唐墓出土的灰陶龟砚。龟壳为砚盖，盖上刻划龟背纹，下有四足伏地，形象生动。1964 年《文物》刊登砚史资料时称龟砚多为汉代，但从出土情况看，龟砚多出于唐墓，屡见于唐代考古发掘报告中，在这里又一次得到验证。不过《文物》刊登的龟砚看来略见古朴，汉代崇尚四神，有龟形砚，亦属可能。此问题尚待研究，附记于此。

在著名的半坡博物馆里我们见到了距今五千年的新石器时代研磨器，为不规则砺石，面上有椭圆形凹槽，凹槽内放置柱形研石，标签写"石砚"，似为不妥。"砚"字，至汉刘熙才释为研墨写字之用的砚台，最早均称为"研"，曾见于汉墓中的简册，由

"研"字过渡到"砚"字，是经过一段时间的。原始社会的研磨器，有多种研磨功能，不见得专为写字磨墨用。这件研磨器面上的凹槽，也就是研磨之处，光滑整齐，槽棱平整，与姜寨出土的彩绘工具中带盖石研凹槽相同，是这种研磨器的一个特征。

除上述外，上海博物馆、故宫博物院等博物馆均提供了馆藏珍品，限于篇幅，就不一一赘述了。

原载《中国文房四宝》1992年第3、4期

砚田质润　刀笔生春
——《姜书璞治砚艺术》序

翻阅《姜书璞治砚艺术》一书，立即被一种清新、简约、宁静的气氛所感染。在纷繁的大千世界中，他的砚似乎能引发人冷静的情绪、缜密的思考。其鲜明的艺术个性及艺术感染力令人折服。艺术创作忌雷同，摒弃单纯的模仿、抄袭，树立自己的创作思想，作品有独立的风格，是极其可贵的，也是应当提倡的。各种不同风格、不同流派的艺术，争奇斗艳，绚丽琳琅，从而形成艺术的百花园。姜书璞的砚刻即在这百花园中馨香四溢，竞放异彩。

砚台是一种传统书写实用工具，虽经历代演进，其功能有所弱化，但它仍应具备研磨的基本功能，不能是单纯的工艺品、陈设品。山东地区有着悠久的治砚历史及优良的雕砚传统。姜书璞不仅继承了传统，而且有所开拓，在砚田中默默耕耘近30载。他从广阔无垠的大自然中吸取灵感，天地万物，与人为一、与人共存，从而树立了"天人合一，物我相忘"的创作思想。师法天地，师法自然，体悟石材的意象，使砚作达到了较高的艺术境界。同时，在长期的艺术实践中，积累了丰富的知识及经验，练就了扎实的基本功。在他的砚作中看不到流俗时弊与矫揉造作，或巧用石材之形，或巧用石纹之美，施刀有致，主题鲜明，一派大家风范。

砚田质润，刀笔生春。祝姜书璞的砚作焕发出更加灿烂的光彩。

原载戚俊杰主编《姜书璞治砚艺术》，
文化艺术出版社2002年4月第1版

《张得一刻砚铭集》序

砚铭是砚雕的一部分,是砚台这一综合性艺术品的组成部分,它与砚台图案相匹配,二者相得益彰,因而砚铭的雕刻水平直接关系到砚雕的整体艺术效果、文化品位、金石兴味以及书卷气质。对于砚铭的内容、形式、作用等,诸方家有许多论述,这里不作赘述,我要谈的是专门从事书法砚铭雕刻的张得一先生。

张得一是我的砚友中唯一专攻此技之人,恕我一叶障目,专攻此技者国内亦属寥寥。已逾不惑之年的张得一,自幼从名师学习绘画、书法、篆刻,在这三门功课上练就了扎实的基本功,成绩斐然。后来又另辟蹊径,自言:"选择某一冷僻领域默默耕耘,不图名利,以求闹中取静。"于是埋头搞起了砚铭雕刻,从临习读写、捉刀缩刻早期文字如甲骨、金文、古籀,到真、隶、篆、行,硕果累累、成就可观,引起了世人瞩目,他那"闹中取静"的初衷恐怕是难以保持了。

展现在我们面前的《张得一刻砚铭集》,犹如一部书法艺术大观。从内容上看,一部分是自铭、自书、自刻,一部分是缩临古代重器铭文,其书体诸体悉备。正因为他有书、画、刻三门过硬的看家本领,所谓"胸有文墨品自高",所以每件作品刻得妥帖得体,既忠实了书体的章法,又融入书法美及雕刻美,运刀如运笔,朱白相发、疏密有致、神完气足、韵致横生,令人叹为观止。这一件件砚铭,一笔一刀地雕琢,绝非一日之功,它凝聚着张得一穷数年艺术实践之心血,刻苦学习、博采慎择、坚持不懈之努力，真乃增辉于刻艺，有功于砚林也。

观看这些砚铭及缩刻，不禁使我想起那些工于金石篆刻的先辈，如清代钱泳缩临汉碑、唐刻，清代王子若缩摹百汉碑砚等，尤其是百汉碑砚，把宏碑巨制缩刻于方寸之中，浓浓的金石兴味，真有仅下真迹一等之效果，成为碑刻与砚刻融为一体之典范。张得一所刻砚铭真可与之相媲美。王子若的成就是辉煌的，生命的终结亦是悲壮的，后来在摹刻高凤翰《砚史》时，贫病交加，功未就而殁于案前。今天，张得一正处在盛世兴文的好时代，有大量的资料可以参阅，有社会各界人士的支持，有潜心砚铭雕刻的志向，因此他取得如此成就当是必然的。

翰墨逢盛世，铁笔镌春秋。五千年的文化是滋育我们成长的源泉，张得一前面的道路还很长，需要学习的知识还很多，衷心祝愿他在文化艺术长河中遨激奋进，更铸辉煌。

《龙尾砚》序

1990年我应山东教育出版社之约,与胡中泰先生共同主编《中国名砚鉴赏》一书,有幸得与胡先生相识,在编书过程中共同商讨,配合默契。杨伯达先生曾在该书序中说:"古砚鉴赏家与砚雕艺术家合作著书立说,诚属前所未闻而又行之有效的良方,值得提倡。是书使鉴评与工艺融于一体,美学与技法相结合,堪称砚艺术集锦,在书坛上独放异彩。"虽然该书尚有不足之处,杨先生的话亦多有溢美,但该书确对砚文化的研究做出了微薄贡献,而我与胡先生则成为石交砚友。

胡中泰先生新著《龙尾砚》分龙尾砚史、龙尾砚石、龙尾砚雕、龙尾砚赏、龙尾砚图五个部分,既有砚史之论,又有砚雕之说,读来获益良多。

《龙尾砚》具有较高的史料价值、学术价值和收藏价值。书中对"龙尾石明代无开采"定论的否定,以及对龙尾石中的庙前青、庙前红具体产地、砚坑位置的确定,是龙尾砚研究的新成果;在龙尾砚雕刻艺术理论探讨方面,其独特的见解有很强的指导作用;在100方历代龙尾砚中,有一些是我们只知其名而未谋面的精品,各类品种的纹理特征和变化多样的雕刻造型,无不给人以美的享受。该书的出版不仅填补了我国砚文化研究的一项空白,而且对龙尾砚这一传统文化的弘扬光大,将起到积极的推动作用。

胡中泰先生是位砚雕艺术家、鉴赏家和砚文化研究者。他生长在婺源，砚乡的沃土哺育了他，而他又以丰厚的成果予以回报。

　　值此《龙尾砚》付梓之即，谨致祝贺，并望胡中泰先生取得更大的成就。

原载胡中泰编《龙尾砚》，
江西教育出版社2001年3月第1版

砚缘无尽话绿洮
——《张忠宪藏洮河砚集》序

我与台湾张忠宪先生素不相识，只是通过电波交谈、传达信息，共话砚学，虽未晤面，却有诸多共同语言，犹如旧交。张先生是位收藏家，对中国砚尤其是洮河砚情有独钟，多年积累，数量可观。曾在台北举办过洮河砚的专题展览，展出洮河砚百余方，画家周澄先生为砚展所写说明中云："忠宪社兄为人朴厚诚恳，经商之余，酷爱搜集名砚，藏砚极丰，鲜为人知，取堂号为藏砚小筑，以此自娱"、"先生于砚材石质、地域坑口、历代形制、雕工品相，皆有深入研究，与之相处，受益良多"。这些介绍，使我对张先生的收藏、学养及人格品德有所了解。洮河砚受到宝岛知音如此关切，对于洮河砚的制作者、经营者将是莫大的鼓舞与支持。

说到洮河石砚，立即可以想到它那艳丽的色彩，梦幻般的石品纹理。虽然产在西北甘肃地区，却很早步入文房，耀古震今，成为人们心目中之一宝。宋代书法家黄庭坚、米芾，或歌或文，赞颂推介。金代诗人元好问的诗序中还谈到宋代熙宁年间朝廷派王韶戍边，曾以洮河石作为方物进献朝廷。诸多记载，可知洮河石曾有辉煌成就，名耀当时。今天，虽然砚台实用性逐渐削弱，但它仍在人们的记忆中不曾泯灭，并发挥实用功能。在开采、制作等方面仍与其他兄弟砚种齐头并进。

中国传统艺术是个博大的精神文化宝库，也是我们民族赖以生存的精神支柱，它有巨大的凝聚力及亲和力，它可以把不同见解、不同阶层的人凝聚在一起，成为一股强大的力量，共同推进我们的民族昌盛和华夏文明的进步。我与张先生以砚结识，以砚结缘，虽相隔万里，却如近在咫尺，无生疏之感，只有亲切感，这不仅是砚缘所在，砚的艺术魅力所在，也是这种亲和力所致。

近年来，两岸文化交流正酣，古今文房用具中的砚台之文化研究亦步入佳境。我们有诸多认同点，这是交流的重要基础。张先生拟将所藏择优编辑出版，真是适当其时，将是砚林之中一件大好事，砚册的出版将更促进砚学的交流，双赢共进。

拙笔为序，以应所邀。

《砚海精波》序

拜读火来胜先生主编的《砚海精波》，发现这是一部内容丰富，说明翔实，图文并茂的大型图册。书中收录了京城藏砚家藏砚斋金彤先生、春秋砚社黄海涛先生、知止斋岳会仁先生、制砚家吴笠谷先生，以及火先生自藏砚作，汇集诸公收藏，林林总总，约二百方。

册中收录了部分民间收藏家的收藏精品，体现出砚台民众收藏队伍的强大实力。盛世重典藏，藏宝于民已成为当今的社会风尚，是文化繁荣的表现，而砚台作为一种文化象征，受到钟爱则毋庸置疑。近年来，众多收藏家出版藏砚册，说明砚台文化内涵的厚重及其艺术魅力，作为专项收藏当之无愧。这些民间收藏砚作的展露，与国家收藏互补，极大地丰富了中国砚史内容，扩展了视野，使我们的研究工作更加深入。

册中砚品年代上起秦汉，下逮明清，按年代排列，代代有品，成为系列。砚材种类包罗万象，既有端石、歙石、洮河石、澄泥、红丝石、松花石等名贵砚材，也有玉、陶、瓷、铜、铁等特殊砚材，品种丰富，形式多种多样。每砚均有详尽说明，并附有关于砚史、砚材品种、砚形变化的长篇论述，洋洋万言，具有可读性，是一册集收藏、观赏、研究之大成的图录、砚学研究书籍，以资专业应用，有裨于学习、研究。

主编者火来胜先生是位公务员，搞收藏是他的业余爱好，其工作由教师到水利部门宣传工作等，屡经变动，但对收藏却痴情不改，收藏品中砚台是其大宗。为了搜集砚台，他耗资费力，业余爱好几乎成了主业，占据了他的大部生活空间。由20世纪80年代起至今，穷三十余年之力，已收藏500余方古砚，不仅使家藏充盈，也使传世古砚免于流失，当有功于国家和文化遗产的保护。不止于收藏，他还对所藏进行研究，发表多篇研究文章，在本集册中他对每方砚都做了说明，册首冠以长篇砚史论述，资料丰富，详尽可读。对于所藏砚台，他还曾多次举办展览，宣扬砚台之历史与文化，展示于众，与同好共享，受到各界观众的好评。此次他将所藏及其他诸公收藏辑成巨帙编辑付梓，收藏的是历史，传承的是文化。对于一个收藏家来讲，收藏、研究、展览、出版等，该做的事他都尽力做了。他竭尽全力于国家文化繁荣，光耀砚林，功莫大焉。

火君来胜以集册见示，有感于斯，遵嘱作序，并致祝贺。

《家宪藏砚》序

阎家宪同志是北京著名古砚收藏家。他要出书,约我写序。他的人品、砚品均毋庸置疑,拙笔恐不足以表现他方方面面的特点,但砚友所嘱,我当尽力而为。

阎家宪同志是位离休干部,其思想品德可说是宅心仁厚、光风霁月,而文化素养亦有骄人之处,于书法、雕刻等方面均有造诣,而更令人称道的是他的收藏。

阎家宪同志从事收藏始于上世纪 50 年代。那时的收藏界远未达到今天的热度,说他有超前意识亦不确切,因为国人对收藏的爱好早已形成一种文化现象,但他毕竟是在当今收藏热之前先行了一步。多年的奔波,多年的积累,纳精淘劣,林林总总,收藏了各个朝代、各种质地、各种形式的古砚三百余方,其中不乏精品。这些令他魂牵梦萦的"老古董",使他吃了不少苦头,耗费了巨大的财力、精力与心血。当然这也给他带来了极大的快乐与慰藉,使他的精神境界得以充实和升华。

谈到阎家宪同志在收藏方面的成就,通过和他的接触,我的印象可以概括为:入藏追求品味,鉴赏追求境界。

砚台是一种综合艺术,收藏者可以从中积累许多知识,但在刚接触这一文化门类时,首先要具备一些收藏对象的基本知识和艺术鉴赏能力。由于阎家宪同志具有较高的文化素养,因此能够很快入门。特别是几十年的收藏经历,不仅使他的学识、眼力大增,而且入藏砚品逐步达到较高的文化品位及艺术品位。他在砚海中游曳，慧眼多识，赝品不收、劣品不纳，宁缺毋滥，抱定一个宗旨：宁可不惜重金购一方珍品，也不图便宜买鸡肋之物。正是这种苛刻的原则，才使他的藏品具有很高的艺术水平及历史价值。

研究所藏，鉴赏所藏，是收藏家的重要活动。他不是为收藏而收藏，不为牟利，不为炫世，不秘不示人；与砚交，亦与人交。他曾撰写了不少文章，把研究所得飨以同好。谁要到他家看砚，他都热情接待。他鉴赏砚台，把历史渊源、名人铭记、材美工细以及砚台所表达的诗意境界、文化内涵视为要端，追求的是一种崇高的精神境界。天津著名古砚收藏家徐世章先生曾说过："吾人收集古人之砚，不独以砚材之极美、刻工之精细，而在充分表现其人之心灵、意境、节操、哲理、情绪、诗意等形之于砚。"阎家宪同志追求的正是这种境界。

浅见所及，不知是否中肯，好在后面他的古砚可作为确切的见证。祝愿阎家宪同志在收藏古砚、研究砚文化的道路上取得更大的成就！

原载阎家宪著《家宪藏砚》，
世界知识出版社 2009 年 9 月第 1 版

《砚林集胜》序

提起艺术品的收藏，人们首先想到的是古代文物，其实并不尽然，现代艺术品也有很高的收藏价值。现代艺术品和古代艺术品一样，都能反映、代表一个时代、一定历史时期的社会经济状况、艺术水平及时代风格；每一件艺术品都是当时社会的实物见证。若干年后，这些艺术品也将成为历史遗存，被纳入艺术宝库之中。悠悠岁月，绵延无尽，保存这段历史，延续五千年文化源流，乃国人之重任也！

陈国源先生就是这样一位具有远见卓识，热心保存当代砚台艺术品的收藏家。

陈国源先生曾是一位翱翔蓝天的空军战士，军旅生涯四十载，凭着军人对祖国的特有的深厚感情，他醉心于华夏文化艺术，尤其是对当代砚台情有独钟。退休后，更是痴心依旧，放弃了悠闲的生活，走上了漫漫收藏之路。为了抵补用于收藏的巨大支出，他在地方上觅得一份工作，用他自己的话来说，"名为朋友帮忙，实为砚台打工"，所得收入悉数作为购砚之用。二十余载苦心孤诣，孜孜不息，尝尽人间的酸甜苦辣，终于收有了300余方现代珍贵砚台，同时也积累了收藏的实践经验，他的切身经历足以供现代艺术品收藏者参考借鉴。

中国产砚地区广袤，砚台品类繁多。陈国源先生把目光锁定在端、歙、洮河、澄泥四种名砚上，并将端、歙砚作为主要收集目标。他所收砚品首先要质地优良、石品丰富，砚台纹饰要构图典雅、雕刻精湛，具有艺术水平；对于名家、名刻则尽力搜求，这些可归纳为名砚、名坑、名品、名家雕刻、名人题识之"五名砚"。正因为他遵循了这几项入藏原则，使许多现代精品砚尽入箧中。有时为了追寻一件精品，锲而不舍，倾其所有，甚至负债亦在所不惜。例如，1994年，他以重金将追寻四年之久的中国工艺美术大师黎铿得意之作星湖春晓砚购入，欣喜之余，将自己的书房命名为"星湖春晓砚斋"；1995年购得西子芳仪砚后，近年又收进兰亭古韵砚、鲁达神威砚、怀素书蕉砚、国色天香砚、三斗奇星砚、英雄谐吉砚、墨竹临池砚、商鼎烟绿砚、饕餮纹壶砚、笑破红尘砚、逍遥猴王砚、灵猴掬月砚、绿野仙踪砚等。这些砚，石质、品相、雕刻均属上乘。

　　由收藏到鉴赏，由鉴赏到研究，是收藏家思想境界的升华。国源先生为追求最高境界，采取不断学习的方法，向古代、现代著作学习，广泛搜集资料，认真阅读，深入钻研，仔细体味，因而鉴赏水平显著提高。鉴别古物无法与古人谋面，只能参考大量文献，多方查寻考证，而收藏现代艺术品可有最大便利条件，即能和作者沟通，赴产地考察，了解真实情况。为此，国源先生向专家求教，广交砚友，从而眼界得到开阔，思路得到拓展，每有所得，即撰写成文，公诸同好，得到同道好评。

　　收藏文化瑰宝，保存艺术芳华，为传承华夏文化做出可贵贡献。对此，陈国源先生身体力行，可谓功莫大焉。

原载陈国源《砚林集胜》，
北京蓝天出版社 2004 年 4 月 1 日第 1 版

《砚道》序

李哲伟是湖南常德一位收藏家。说到湖南,立刻想到湘江两岸这片沃土,鱼米之乡,物产丰富,名山大川,风景秀丽,名胜古迹众多,著名的张家界是国家森林公园;这里还是古今文物大省,古有长沙战国古墓、马王堆汉墓惊世,今有革命圣地,地理环境、人文历史不可谓不丰厚、优异,生活在这里的人们,搞文物收藏顺理成章,得天独厚。久闻湖南常德有一个很好的收藏家群体,他们热爱传统历史文化,热衷保存文化遗物,组织社团交流切磋,撰写研究文章,出版刊物,形成了良好和谐的收藏氛围。

我数年前与李哲伟结识,他谈吐文雅,给我留下深刻印象。李哲伟原是一位与文物不搭界的经营管理者,1986年一个偶然机遇与收藏结缘,从此走上了收藏之路,经历了三十余年的收藏磨砺,学习了知识,增长了识别力,从无知到有知、痴迷、钟爱,以至为得到心仪之物夜不成寐。经过三十多年的搜集,他收纳了500多方砚台,另有邮票、钱币、瓷器、家具、书画及其他杂项,林林总总、包罗万象,俨然一个家庭博物馆。为了认识所藏,他翻阅资料,反复研究,撰写文章,在知识海洋中遨游,得到了极大的精神享受、无限的快慰。

由收藏到研究,并把心得撰写著书,举办展览,出版图录,公之于世,是收藏家的宿愿,也是独乐与众乐相辅理念的体现。《砚道》一书第一部分精选了他珍藏的古砚220方,组成11个系列，每个系列前均有总介绍，每方砚亦附说明。第二部分收录了他撰写的文章35篇，全书图文并举，面面俱到，无疑给砚林提供了一份丰富的实物资料集。从书中砚台的排列顺序，我清楚地发现，他把家乡湖南所产的砚材，诸如祁阳石、明山石、双峰溪石、水冲石、菊花石等仅列于大名鼎鼎的端石之后，并加以说明介绍，赞誉有加，这在以往的砚谱书籍中比较鲜见，说明他对家乡的热爱及对方物的关切。其实我们每个人的身边都有值得颂扬的物种，不能妄自菲薄。由此联想到2012年天津博物馆编辑出版的《天津博物馆藏砚》一书中记载的一件有道光十五年年款的湖南所产砚石，砚台古朴，石质润细，铭文中虽未说明是何种湘石，但却清楚记载着"道光十五年小春，此楚南湘邑所产之石也，樵僧琢于长沙旅次"。一方古湘石砚能流传到北方，说明它的巨大生命力及砚林对它的首肯。因此，湘石具有悠久历史，流传广泛，这是不容置疑的。发掘各地有历史价值的砚种，弘扬地方文化，李哲伟开了好头。

  正是：收藏著书结硕果，

      独乐众乐育身心。

  拙书此序，以志祝贺。

砚缘无尽情愈痴
——《寿石斋藏砚集》序

中国古砚，与古代绘画、陶瓷、铜器、玉器等同属文化遗产中的瑰宝，但古今文献资料、遗存实物、收藏研究等均略逊一筹，往往归为杂项之属。近年来，出土发掘中可以发现大量的实物资料，将这些出土发掘品与传世品汇合起来，基本可以搞清砚台发展的脉络。人们逐渐发现，这是一个不可忽视的知识领域，它是融雕刻、文字、历史、书法、绘画等学科于一身的综合艺术，精美博深，毫不逊色于其他艺术门类，因而引起广泛的关注，出现了许多爱好者、研究者、收藏家，他们形成砚文化研究的不可忽视的力量。

提起砚台收藏家，古即有之，远的不讲，就清代而言，就有黄任、纪昀、翁方纲、阮元等人，大多从传闻或记载上即可得知他们对砚的钟爱，由于他们的收藏，一些古砚流传至今。我接触过许多当今的砚台收藏家，每当与他们谈起他们收藏的砚台时，他们如数家珍，滔滔不绝。谈起砚台与我国文明发展进步的关系时又豪情满怀，热爱祖国、热爱传统文化的感情溢于言表。这两种感情成为当今许多砚台收藏家所共有的特点，而其中后一种感情往往是古代砚台收藏家所缺少的。

古城西安，历史悠久，文化灿烂，这里曾是十余个王朝建都的地方，有着丰厚的历史文化积淀。谢兴民同志身居西安古城，要走进古文化领域，当有得天独厚的条件。兴民同志原是一名铁路退休职员，自幼喜好文学艺术，随着年龄的增长，逐步对古代文化有了一些理解和认识。十几年前，他对砚台发生了兴趣，开始时他在一种好奇心的驱使下，收了几方砚台，没想到越收越爱，越爱越收，每得一方佳砚，都使他兴奋不已，面对着一方方来之不易的古砚，他常爱不释手、夜不能寐、如醉如痴。他还常以砚结友，和同好赏砚、评砚，生活变得有内容，平添了无穷乐趣。古砚有铭，不同年代有不同形式，他想要弄明白这些古砚产生和存在的意义，于是又进一步释砚铭、查资料、辨真伪、请教专家，说这些是研究工作不无不可。当他弄明白这些砚的价值时，遂有所悟，正如他自己所说："我开始真正爱砚是对古砚有了较深刻的认识之后。"华夏古国，上下几千年，砚与文化同生，与历史为伴，无砚即无书，无书便无史，看着这一方方穿过历史风云而流传至今的古砚，人们怎能不心潮起伏，浮想联翩？砚台虽小，其经历却不简单，华夏千年史是由笔墨和纸砚书写而成的，而砚台则是华夏文明进步的见证和标志之一。兴民同志由猎奇变痴情，由痴情变豪情，思想感情得到升华。

有了这种痴情和豪情，他四处奔波，从近处的郊县，到远处的邻近省市，最远到了新疆，跑遍了大半个中国。有一方古砚的入藏历时半年之久，连续去了山西六次，最后追到北京才得到，当他得到那方费尽千辛万苦得来的宝砚时，喜悦之情可想而知。每一方古砚都有它本身的历史经历，对于谢兴民同志来说，每一方砚又有他的一段故事，其中凝聚着他的心血和精力及无限深情。在搜集砚的过程中，他接触了社会，了解了社会，开阔了视野，加深了阅历，增加了知识，生活也更加充实、丰富多彩了。

本集所收集的砚台是他收藏品中的一部分，这些砚具有学术性、艺术性、历史性，说明他的藏品注重品位。从年代来讲，上起汉魏，下至明清，质地有端、歙、洮河、澄泥、玉、瓷、陶、砖瓦，等等。端砚中的蕉叶白、火捺、冰纹，歙石中的眉纹等名贵石品，为砚增色生辉。有民间用砚，也有名人遗物，品类齐全，形式各异，代代有佳作。

谢兴民同志为弘扬民族文化、抢救文化遗产、延续古砚的流传做了一件功在千秋的大好事，也为我国砚文化研究提供了极好的资料。

原载谢兴民编《寿石斋藏砚集》，
陕西旅游出版社1999年8月第1版

铁笔生花　文心辨砚
——《赝砚考》《名砚辨》序

吴笠谷先生,我认识他首先是通过与他的砚刻晤面,作品构图清秀、典雅,尤其是人物比例合度,有别于其他,令人赞叹。吴君从三雕之乡徽州走来,那片具有浓郁文化气息的热土哺育了他,成就了他的刀笔。后北上入中央美院学习绘画,砚刻、绘画相互影响,同功并进,步入佳境,正因为胸有才学,故出手不凡,创出佳绩。

大作《赝砚考》《名砚辨》是两部关于古砚的辨伪专著,此类书籍很少见到,在众多的砚谱类书籍中独树一帜,令人耳目一新。

中国是具有五千年文化的文明古国,文化遗产浩如烟海,如何认识这些珍贵瑰宝,传承下去,成为后辈人的重大责任,因而评估其价值,研考其真伪,探寻其渊源,历朝历代,从未间断,甚至成为一项专门学问。但由于古人视野的局限,其研究的方法大多囿于金石学范畴,未能完全步入考古学时代,因而难免有误,这就需要今人以新的观点、新的方法,参阅新的资料,去探讨、研究,以求获得真谛。就古砚一类,恕我寡闻,吴笠谷先生先行了一步。要继承遗产,首先要认识它,不认识,良莠不分,囫囵吞枣,不但不能受益,反而适得其反。吴君由刻砚进而研究砚,不仅使他对砚的历史、文化嬗变有了更加深刻的认识,对他的砚艺亦大有裨益。

两书中引用了大量古今文献资料。查阅资料,寻找参照物,精心反复考证，是件苦差事，吴君付出了大量脑力劳动和体力劳动。有时会数日无所获，但却在无意中得到心仪信息线索，则又令人兴奋不已，苦乐其中，想必吴君深有体会。

近年来，随着收藏热度的升温，人们对古砚给予了极大的关注，许多收藏单位或收藏家将所见所藏出版砚谱予以公示，对砚的研究、交流、收藏以至砚雕技艺的继承发展均提供了丰富资料。吴君的著作别开生面，书中一些观点对砚界习说的颠覆性，想必会一石激起千重浪，不仅是砚林之中的一家醒世之说，更是收藏热中的一帖冷静剂。有争鸣才有进步，才能活跃学术气氛。由此可见，吴君《赝砚考》《名砚辨》两部砚著的出版，无疑有着嘉惠砚林、添彩砚史的特殊意义。

两书出版在即，吴君要我写几句，惟拙笔恐难胜任，勉强为之，以应所嘱。

原载吴笠谷著《赝砚考》《名砚辨》，
文物出版社2012年8月第1版

《井田余香——中国古代砚台鉴赏》序

对中国砚台的文化内涵及历史渊源,近年来国人的认知正在加深,并予以极大关注,有关砚台的各种图录、学术论文等大量涌现,充分说明这种文化潮流的日益高涨。

中国是一个历史悠久的文明古国。五千年的文化发展与砚的发展不无关系。试想,哪一艺术门类的成就离得开砚台?说的再直白一些,哪一门艺术创作时不使用砚台?它是文明进步的象征,是文化遗产中的重要组成部分。今天,由于文化用具的先进快捷,它的应用范围逐渐缩小,但是收藏、鉴赏范围却在原有基础上逐渐扩大,这不能说不是砚台所具有的深厚文化底蕴及艺术魅力所致。

《井田余香——中国古代砚台鉴赏》是一册融知识性、观赏性、商业性等多方面信息于一体的综合性书籍。全书分为六大章节,基本包括砚台的发展史,砚台的养护、制作、价值等几项内容。洋洋万言,系统周全,方方面面,作了详尽阐述及介绍,内容丰富,论述翔实,并配以图片,图文相辅,具有资料价值及可读性,一书在手,可知全貌。藏友及砚台爱好者均可从中受益。

从书中我们可以了解到,中国砚台由原始社会研磨器开始形成砚的雏形,经历代嬗变,其形由简而繁,其质由粗而精,乃至材美工臻,承载着先人、后人的高度智慧。传承有绪,文脉绵延,有其自身特有的历史进程。此书从历朝历代的形制变化、纷繁的砚材质地、精美的造型及纹饰等几个方面加以论述,脉络清晰，使人感到砚台的历史久远、博大精深，而其精美绝伦的造型及雕刻又感人至深，不亚于书画、陶瓷、铜玉等任何一种艺术门类。

书中还有两个内容值得读者予以关注。

在介绍砚材种类的叙述中，详尽介绍了端石、歙石、洮河石、澄泥四种人们比较熟悉的著名砚材，但又不囿于此，而是又介绍了其他各地诸如山东、四川、宁夏、江西、吉林、山西、浙江、河南、河北、安徽、贵州、湖南、北京等地所产砚材。广袤的中华大地，几乎无一处不产砚材，浓浓的文化气息，到处洋溢，翰墨香飘千万里。有些砚材，或地处偏远，或开发滞后，不为人们所认识，因而名声不显，但它们同样为砚材大家族的成员，它们曾经同样承担着记载历史与传播文化的重任。这些砚材各有自己的发展历史、地方特色，是文化瑰宝，应该得到重视。山东是砚材产地的聚集地，鲁砚具有多种砚材，各具特色，且有历史渊源。出现在唐宋时代的红丝石，曾为名砚材之一，红黄两色相兼，色彩绚丽，是砚石中最为夺目的砚材；宋代唐彦猷《砚录》中所记载的与端石、歙石不相上下的淄石，亦是鲁砚中之上品。吉林所出松花石是北方地区佳品，绿色为主，曾为清宫御用品，身价显贵。还有一些不常见的砚材介绍，使读者开阔眼界，拓展知识面。米芾《砚史》中介绍了26种砚材，有的流传下来，有的尚待开发，或没有流传下来，这些都应是今后有关部门的工作目标及藏友的关注重点。据地质部门不完全统计，古今砚石有90多种，正在生产的有40多种，如果都得到开发和使用，将是怎样一个繁荣景象！① 《井田余香——中国古代砚台鉴赏》所列

---

① 吕麟素：《试论古今中国砚石资源》，《中国文房四宝》1994年第3期。

各地砚材是重要提示。

古物无价,不可再生,尽人皆知。当它走向市场时,就有了商品属性。在商品经济时代,任何物品,往往要经过健康市场的验证。所谓"健康",即是非炒作,无虚高泡沫,不能有价无市,或有市无价。精品价格高,次品价格低,这是不争的法则。价格问题,无论之于收藏者,还是之于以盈利为目的的经营者,都是要考虑的问题。几年前,砚台价格曾一度低迷,卖家难以接受,这种状况是由各种因素所造成的。有专家分析是使用范围小,人们不理解;还有人认为它是文玩杂项,不予重视;以及海外市场尤其是欧洲市场小等因素所致。但砚台终究以它深厚的文化内涵、悠久的历史、精美的雕刻、优异的材质,赢得了市场,加之一些专题拍卖推波助澜,使古今砚台价格得以攀升。本书"精品赏析"一节,在介绍每件砚台特色时并标出了市场参考价。砚台的描述是依据,读者一目了然,对于收藏者及经营者均大有裨益,可以作为走向市场的参考。当然这只是现如今的价格,市场变化莫测,还会有上下浮动,不过若干年后,我们可以知道在这个时期的古砚市场价位。从这点上看,价格的标出又不单单只是一个数字,还带有资料性和时代性,昭示着这个历史时期社会经济状况和文物市场的价值状况。

京城金彤君,经营古砚,游弋商海,锻炼了眼力,增长了知识。近年他与友人成立了中国砚研究会,荣任会长,与砚友共同为砚的研究努力,并取得成果。日前由他主编,会同各界,撰写编辑此书,旨在弘扬砚的传统文化,展示心得体会。付梓在即,尊嘱作序,并致祝贺。

原载金彤著《井田余香——中国古代砚台鉴赏》,山西人民出版社 2010 年 6 月第 1 版

记中国嘉德 2008 春季拍卖会上的古砚

中国嘉德 2008 春季拍卖会所展示的 50 余件古砚，从石质、造型、纹饰等各个方面看，堪称品类繁多、精品荟萃。

从年代上讲，以明清时代作品居多。众所周知，明清时代是各种工艺美术品的辉煌时代，各种工艺品百花齐放，争奇斗艳，精美绝伦，而制砚工艺亦在其中。拍品正是反映了这种兴盛时期的一个侧面。

质地。拍品中的质地，以端石为大宗，端石砚中又有许多是著名的老坑石，另有歙石、澄泥、陶、古砖等。而每一种石质中又有炫目的石品，令人瞩目。如端石砚中大多含有冰纹、蕉叶白、青花、火捺、翠斑、金线、银线、石眼等石品，其中石眼作为端石中一种特有的纹理，一直受到雕刻者、藏家的重视和喜爱，它为端石平添了诸多风采，具有较高的观赏价值、艺术价值。如清中期的玉兰花形端砚，砚体虽然不大，但却在正反两面集中了三只活眼，甚是可贵，每只活眼，圆晕重重，晶莹明媚，赋予砚体一种灵动之感。该砚石质亦极洁净无瑕，雕琢流畅，质优工精，更加华美。歙石中的金星、银星、罗纹、眉纹等石品，使歙砚显现光彩，如清福禄寿图枣心眉纹歙砚，砚面含有大眉纹，缕缕修长，如人眉、如柳叶，疏密有致，妩媚多姿。这种眉纹石，既发墨、又雅静，具有装饰性，深受人们的喜爱。

砚形。明清两代的砚形，集历代之大成，既有前代造型之演进，亦有新的砚形出现，各式各样，不胜枚举。拍品中有长方、正方、圆形、八角形、抄手形等,还有把砚形与纹饰相结合,如古瓶、竹节、井田、石渠、圭形、蝉形、古琴及动植物形象等。一件件构图优美,方寸之间,气象万千,令人赏心悦目。

纹饰雕刻。纹饰的雕刻更体现了制砚者的高超技艺,因材施艺,巧夺天工。有的粗犷古拙,有的工朴相兼,有的朴素大方,有的灵巧秀丽。砚面简洁无纹者以石夺目,穷工极巧者以工取胜,每件作品都有着各自的特色,代表着不同时期的不同风格面貌。

铭文。评价一方砚的品级和档次,除了上述石质、雕刻外,还要看砚上的铭文,即藏者、砚者、操刀者的跋语、纪事、诗文、款识等,显示着砚的文化品位及历史含量。拍品中不乏名人铭记,如周天球、宋珏、周亮工、高凤翰、陈奕禧、周绍龙、阮元、计楠、张廷济、伊立勋等,其书体真、草、隶、篆四体皆备。人们可以通过这些铭文了解砚台的流传经历,铭者的生平事迹,欣赏书法艺术。如清早期的高凤翰铭井田砚上有高凤翰、陈奕禧、董汉禹、林在峨、林正青五位清代著名书画家、金石学家、雕刻家的铭文,字体分别为楷书、隶书、行书、篆书四体。每一篇铭文均是铭者所擅长的书体,而雕琢者则以刀代笔,忠实于书者书体,再现了名家的书风书貌,使篇篇铭文具有严谨有度的笔法,豪迈潇洒的风范,更兼典雅优美的文词。古朴端庄的砚体,书、文、刻俱佳,令人叹为观止。

有些铭文内容还具有资料性,不仅是研究铭者生平事迹的资料,而且还具有史料价值,如一些带有年款者即是如此。还有些地域性专业资料也应引起重视,如端溪砚坑图端砚,绘刻了端溪各砚坑情况,并在铭文中详尽介绍了老坑开采情况、采石工的艰辛劳动,可与宋代苏轼的端砚铭"千夫挽绠,百夫运斤,篝火下缒,以出斯珍"互证。同时该砚还绘刻了端溪各处、各坑景致,更具观赏性。

更应着重描写的是拍品中的御铭砚,用料考究,毫无瑕疵,做工严整,一丝不苟,更显其尊贵的身份及皇家气派,代表了清代宫廷制砚工艺的高超水准。

如此品类齐全、形式多样、质优工臻的砚台,令人神往。古人云:"笔砚精良,人生一乐",把拥有良笔佳砚视为平生快慰。今人亦应有此雅兴,愿君慧眼采撷,则于庋藏、鉴赏、研考、雅玩,均有裨益,何乐而不为?

原载《嘉德通讯》2008年第2期,
原标题《书林挚友 文房至宝》

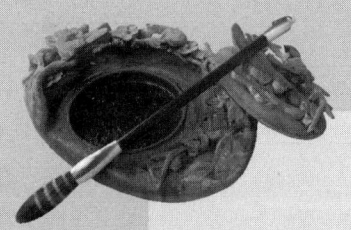

藏鉴

收藏与缘分

缘分二字，一般在人际交往中常被使用，二人不期而遇，相交相谈，投机融洽，被称之有缘分。近年来缘分二字常被藏家乐道，几乎成为一句口头禅。每当收藏到一件心爱之物，欣喜之余，常常要讲："这是缘分啊！"

说到人与物的缘分，并非起于今日，古即有之。远的不说，例如清道光年间大兴王寿迈，无意间在肆市中偶遇明代叶小鸾铭砚，甚是欣喜，因题所居为砚缘斋，并著《砚缘集录》，传为砚林佳话。

人、物相逢，有时是有条件的。缘分似乎有时要和眼力、财力等条件有关。

所谓眼力，就是你得认识它，常言道"有缘千里来相会，无缘对面不相识"。文博部门征集文物有项原则，即尽量做到"不错不漏"，工作人员出去征集文物，身负重任，有经济责任、业物责任。他代表国家，缘分双方为国家、物，中间人是条件，你能否圆了这份缘分，就看你的眼力如何了。你把不对的东西看作真的，收入囊中，那不是结缘，那是看走眼了；好东西你没看见，没收进来，那是"漏"掉了。所以结缘，与中间人的业务能力有很大关系。

有了眼力还得有经济基础，否则这个"缘"也圆不了。有人认为在某些时候，古物是和财富联系在一起的，谁有经济实力，古物归谁。目前我国经济状况良好，"盛世重收藏"，海外流散文物回流很多，就可以说明这一点。有些文物部门每每因为财政紧缺，而不能把应该入藏的东西收购进来。原天津艺术博物馆馆长崔锦曾在今晚报撰文《我与国宝擦肩而过》，叙述他在征集清代石涛绘《高呼与可》墨卷的经过，因为财政问题，以及上报审批手续等问题，使这件名作未能及时入藏，使他深感遗憾。中国工艺美术大师黎铿1978年雕刻的星湖春晓端砚，是著名的砚雕作品，曾荣获国家轻工业部科技一等奖。1990年此砚在中国美术馆展出时，被北京现代砚收藏家陈国源先生见到，令他爱不释手，流连忘返。但是，当年他是军队团职干部，对于5万元的价格难以接受。1993年他又一次在北京展览馆见到，仍未能如愿。此后他又两次与此砚相遇，徘徊良久，担心被人买走，尤其是外商买走。最后，终于下定决心，用全部积蓄和借来的钱，兴高采烈地把砚抱回家，欣喜之余，把自己的百砚斋名更名为星湖春晓砚斋。他艰苦两年还债，却落得终生快慰。从1990年到1994年间4次相遇，那方砚好像就是在那里等着他。因而陈国源深信人有人缘，石有石缘。但是如果没有一定的经济力量作保证，似乎不太可能结缘。

缘分往往和藏家的执着相联系。许多收藏家为了得到心仪已久之物，苦苦求索，锲而不舍，他们所得到的每一件宝物都有一个动人的故事，一个不寻常的经历和过程。天津古文物收藏家徐世章先生的收藏经历就有许多这样的动人故事。例如，清万树、朱筠铭凤形端砚，原为津城名士李葆恂（字文石，1859—1915）故物，1932年被其家人窃出售于肆市，估人持此砚给徐先生看，议价未成，被北京陈某重价购去。徐先生深感遗憾，曾到北京访得陈某，并求观赏，未得允许。陈某故去后，徐先生屡次托人向陈某家人说情，寄希转让，但均未能如愿。直到1948年又派人去说情，才得以收购入藏。从1932年至1948年，这中间经历了漫漫的16年，这16年中无日不在魂牵梦绕，欲罢不能，折磨着一个收藏家的心，其中怎一个愁字了得。

缘分，它牵系起人与物，促成多少藏家与藏品遇合的故事！

收藏之几"力"

搞收藏，要有几"力"：财力、眼力、魄力、精力等，这几"力"相辅相成。

财力是基础，买东西没钱不行。收藏界除少数资金雄厚者，大多是工薪阶层，平头百姓，从每月工资或额外收入之中挤出余额买点东西，有时确实力不从心，花一分钱也要掂量掂量。有的藏友认为不能苦了生活，在满足生活需要的前提下，再作收藏开支。还有的藏友宁可吃窝头就咸菜喝凉水也要把钱全部投入收藏。某藏友退休后把工资本儿交给老伴，自己到外面打工，用打工挣来的钱作为收藏资金，既可避免家庭矛盾，又可满足个人所好，他称自己是为收藏打工。南方有位藏友夫妻二人以工资为生，因为搞收藏，生活略显拮据，但他们乐此不疲。有一年临近春节，恰巧遇到一件心爱之物，于是把过年的钱全部拿出，还向朋友借了债，宝物得以到手，却囊空如洗。过年时，孩子没有新衣服，盘中无珍馐，粗茶淡饭，全家看着心爱之物过了一个年。这也是一种乐趣、一种享受，真是各有各的活法。搞收藏所用资金，少则几千，多则几万，甚至动辄几十万或几百万。这样大的开支，不是大款的话，首先要得到家人的理解和支持。我曾遇到许多藏友家属报怨藏友花冤枉钱买些无用的"劳什子"。有位藏友就受到妻子的责难。妻子在自己的工作单位向同事诉苦，说丈夫把钱都买了些无用的东西，同事们很是同情，商定假日期间结伴到她家说服她的丈夫收敛一些。于是她向丈夫说同事要来咱家看看，丈夫明了其意，在妻子同事到来之前，把所藏摆了一屋子。妻子与她的同事到来时看着床上、地上、桌子上摆满各种古今艺术品如同一个小展览会，先是一惊；藏友向客人逐件讲解，讲艺术、讲历史、讲文化，头头是道，直讲得客人目瞪口呆，又是一惊；结果不但没有帮助妻子劝她的丈夫，反而称赞丈夫的欣赏水平及藏品的珍贵性，便不了了之地走了。妻子大惑不解，甚是不快，埋怨同事太不讲信用，来时的任务是说服丈夫，反倒被丈夫说服，丈夫问她："你知道为什么吗？"妻子反问："为什么？"丈夫郑重地说："这就是艺术的魅力。"后来妻子在丈夫的影响和熏陶下也喜爱上了这些艺术品，与丈夫携手收藏之路。

眼力是以学识为基础的，搞收藏，最初买东西是要交"学费"的，但还是应该事先进行一些相关基础知识的学习，不能胸无点墨，乱买一气。大凡搞收藏都有个由粗变细的过程，开始时见什么都买，买了几年，知识见长，逐渐认识到以前买的东西不行，需处理，要缩短这个过程，最好先学点知识。我接触的藏友中十年前和十年后的收藏品就大不一样。博物馆的展览、拍卖会的预展，有许多样品可以鉴赏、学习。心里有点谱了，再买不迟。已故原天津艺术博物馆副馆长、京剧名票友韩慎先先生，生前曾给我讲过一个笑话：某土财主胸无点墨，不学无术，却要附庸风雅，因为爱听京剧，故而有人卖给他一张曹操的字幅，他拿给韩先生看，韩先生一看是大假货，没言语；过些日子又叫韩先生去看，他又买了一张陈宫的字幅，韩先生看过只说了一句"我再给你配一张吕伯奢，就能凑一出《捉放曹》了"。土财主以他仅有的那点戏剧知识用来搞收藏是不行的。要多看，眼要阔、不能穷，增长眼力才能在文物海洋中揽胜。

魄力是在眼力的基础上形成的，认准了，就要拿下，该出手时就出手。当然多少有些风险，可干什么没风险？股市没风险吗？房地产没风险吗？收藏也是如此，但是胸中充实点，风险就会少一点。

精力也即是体力、毅力。对一件东西反复观看、比较，东奔西跑，没点体力是不行的。查资料、访问求教、学术研究，包括讨价还价，没点精力、毅力，是办不到的。已故天津古物收藏家徐世章先生，为了一块砚台曾苦等了十六年，这十六年来魂牵梦绕，无时不在想方设法，所耗精力难以言状，该是有多大的毅力啊！

以上只是一些点滴体会和看法，当然藏友会有更多的体会。祝愿藏友在收藏之路中走好。

"大课堂"

我有时去旧物市场逛逛,一不为捡漏,二不为淘宝,而是去学习,把那里看成"大课堂"。仅就我自己的经验和体会,大凡坐办公室的人见假的东西少。收购文物从国家财政支出,负责者有经济责任,所以收购时要经多位专家鉴定,过几回筛子,反复研究,方可入库,可以说都是标准物,工作人员接手时已经是确真无疑的了,很少接触假的,这样一来真伪辨别上眼力就差了许多,遇到假东西,就没有免疫力。为此我把旧物市场作为锻炼眼力的"大课堂",在茫茫的物海中,真伪混杂,良莠参差,可以看,可以摸,该是怎样的自由自在!在这里上课不用花钱交学费,免去了到文物部门看真品的繁杂手续,真要交的学费是你买了假东西所花的钱,那才是真正交了学费,让你记一辈子。在"大课堂"里不仅可以学鉴定知识,还可学一些价值规律,人际交往等社会知识,一举数得,何乐而不为?

在地摊上看完假的,再去博物馆看真的,眼力立时大增。如古墨类,去年媒体报导一块小盆形墨,估价几万元,称为清乾隆年间清宫制品,曹素功所作。当时就感到不太对。转天到旧物市场,果然看到地摊上有这种东西,而且不是一件,老远就闻到香气。曹素功(1615—1689)康熙二十八年就去世了,他去世后由其子曹孝光(1632—1695)、孙曹定远(1659—1739)继承家业,此时已是乾隆初年,曹定远墨的风格不是这样,而是典雅大方。如果说是曹氏墨店制品尚可,因为曹氏孙辈绵延几代,直至新中国成立后。现在上海墨厂的前身就是原来的曹素功墨店，所制墨品，亦少有此类作品。

日前，东北一藏友寄了来拓本一纸，图作砚形，内容是兰亭高会，件头大，藏友非常高兴得此宝贝。看到拓本，觉得似曾相识，转天到"大课堂"一看，果然有一堆砚形大墨，问问价格，200元一个，如果砍价还会便宜。仔细观看，这根本不是什么砚台，颜色灰暗，摹印人物线条模糊，毫无神气，质地糠，不瓷实，形式是砚，但不知是否能用，如何搞出这么一堆怪胎，不得而知。急把情况告知东北藏友，免他再次上当。最近一个时期，地摊墨形式外观有所改进，与真正古墨靠近了一些，有的墨上布满小裂纹，很是均匀，看似苍老，意在仿古，实际古墨并非如此，有人说裂纹是用微波炉烤的，不知用什么科技手段搞成这样。

最近市场上出了许多红丝石砚，日前去南方也在旧物市场上见到许多。红丝石产于山东，史载是唐代出现，在益都黑山，后来产在临朐老崖崮。现在市场上大多是临朐所出产品。浙江一位藏友寄来红丝石砚照求鉴，看砚照，制作很细，砚背有清代年款，初未得识出，以为是清代制品。兹后，在"大课堂"屡屡出现与藏友所寄砚照式样相同的红丝石砚，雕刻精美，砚面涂墨，砚背也有清代或明代年款，仔细看，刻款无刀痕，笔道宽，似为化学腐蚀。后与临朐的朋友联系，对方说是当地人搞的仿古工艺品，有专家指导，做工精良，铭文是电脑制作，于是急给浙江藏友去函更正。

有的东西，第一次见到，很新鲜，觉得眼生，此时藏友出手要慎重，因为有时不久就可滋生出一堆同胞兄弟姐妹。有位藏友买了一件刷了银色的瓷器，自我感觉良好，不想后来出了一堆，各式各样的瓷品都涂了银色。藏友知是上当，但碍于情面，不好意思承认，只说后来出现的都是仿制我最先买的那件。这是自我安慰，我们只当他交了一回"学费"。

"讲故事"

近年来文物鉴定界、收藏界,流行一个词:"讲故事"。"别听他讲的天花乱坠,那是讲故事",人们如是说。所谓讲故事不是给大家讲古今中外的故事,或哄孩子玩的故事,而是编造的故事,它比目前为推销商品的误导更胜一筹。

鉴定文物,要看外貌、年份,书画要看纸、墨色、画法、笔法、款识、题跋等,器物要看造型、雕刻或纹饰刻款等。除此之外,鉴定者常常要向持有者询问来源,是家藏的?还是收购的?从哪里得到的?为什么要问这些呢?因为来源是鉴定文物真伪的重要辅助依据。一件古物,名人名家递藏,来源清楚,流传有绪,对古物的鉴定大有益处,还会增加它的历史价值、文物价值乃至经济价值,通称附加价值。来源清楚了,再看表象,并和相关的出土资料、文献记载、传世品等相对照,才可得出较为确切的结论。例如天津博物馆收藏的甲骨,一部分是原天津文史馆第一任馆长、甲骨学研究专家王襄先生捐献的,王襄先生在他的日记中详细记载了所藏甲骨的来源,在1898年以后被古董商贩范寿轩从河南安阳收购后,贩卖到天津,王襄从其手中收购。历史记载亦是如此,安阳为商代都城遗址,19世纪初安阳就不断有古物出土,甲骨为其中之一。王襄先生收藏这些甲骨,并做了大量研究工作,收录在他的著作《簠室殷契类纂》、《簠室殷契征文》中,因此这些甲骨来源清楚、流传有绪,又经名人收藏,确真无疑,加之有些文字具有重要史料价值,故而成为该馆馆藏珍品。

正因为需要借助来源以辅助鉴定，故而有些人利用这条要领，大肆编造来源，编得有枝有叶，甚至天衣无缝，诸如祖上几辈几辈所传，后屡经如何磨难，千难万险，口若悬河，或神情激动，或声泪俱下，直说到对方认可为止。开始确实有些人受蒙蔽，久而久之，人们看出了破绽，不再相信，而将这编造的来源雅称为"讲故事"。现在一提"讲故事"，圈里人几乎全知道。当然也有不讲故事者，而是采取其他一些方法，制造可靠来源。例如，"文革"中查抄的一些文物，在各文物部门暂存时，都有登记，并贴上纸签，写上编号，清退给被抄户时纸签没撕掉，如果拿这些带纸签的物品去出售，收购部门看见纸签，知道是来自文物部门，大都经过鉴定，具有可靠性，因而予以收购。但久而久之，收购部门发现带纸签的物品越来越多，但物品质劣，才知有人故意贴上纸签写上个数字来蒙骗收购部门。没想到编造手段使小小的纸签也派上了用场。总之，各种手段，名目繁多，各显其能。

"讲故事"之手段，虽然被一些人识破，但兵不厌诈，还是有人上当。友人陈君，嗜收藏，他有一藏友刘君，常在一起交流所得。一日刘君介绍一人拿来瓷器一件，称其物从清宫中流出，太监出让，祖上入藏，历经清室退位、日寇侵略、解放战争等劫难而幸存，仅此一件，别无二件。说的陈君深信不疑，加之好友中介，于是收入囊中。逾年，他在其他藏友手中亦遇到与此相同之物，问何所来，藏友告之经过，恰与去年自己所藏经历一样，出让者也是同一人，也声称仅此一件。陈君百思不得其解，再仔细看双方实物，无甚特别之处，方知他和后一位藏友同时上了"讲故事"的当。

此类事件多多，藏友切勿轻信。

慎言真伪

我在给藏友看物品时，开始时经验不足，常常因出言不当造成不愉快，慢慢地长了见识，也学会了对不同人用不同方法。

原天津艺术博物馆副馆长张老槐生前曾告诫我，对待不同年龄的人要有不同方法。他曾遇到过一位老者求鉴定家藏碑帖，该老者所藏碑帖装潢考究，木盒锦套里三层外三层地包裹着，打开一看，其碑拓全是翻刻。看老者的年龄很大，只好婉言说收着吧，没事看看，可以消遣解闷。对老年人或患有高血症、心脏病者，要特别谨慎，否则当时说假，他一时接受不了心情激动，可能会出现不测。

有时我对一些年长的藏友充满同情心，他们大多退休以后以收藏为乐趣，从微薄的退休金中提取一部分钱来买些小物件，作为晚年生活乐趣、精神寄托，真不忍心言假。南方有一位老者，背着沉重的东西千千里迢迢来津找我，女儿随行其后。老者诉说家庭对他的不理解，老伴埋怨，孩子和他吵嘴，想求我看看他买的东西，他自认为是好的，买得值的话要我说句话，以平息家庭内乱。我把东西看了一下，全是新的，真不知怎样回答才好，如果说假，老人的家庭内乱可能升级，变成内战；说真，实在违心。最后采取了扩大优点的方法，尽量在物品中找出优点，如价格不高、做工尚好、件头大等，有收藏价值，真伪是次要。因有女儿同行，回去可以作证。遇到这类事情多了，我就灵活一些，凡是看假，如果遇到老年人，尽量找出物品的其他优点，使藏者不要太伤心，毕竟现代工艺品也有收藏价值。当然对于对方能接受者则实话实说。

说到灵活掌握，有件事又让我学会一招。曾遇二人拿来一件东西求鉴，问缘由，一人答做生意赔了，用此物抵债。问抵多少债？答十万元，我不留神随口而出"连一万元也不值"，二人不快，悻悻而去。在场的一位老同志当即给我指出，不知二人关系，说出此言，他们出门可能会打起来，抵债一方会恨你砸了他的饭碗，另一方会恨抵债人欺骗他，成了"连环套"，我恍有所悟。后来再遇此事就留个心眼了，先问清了再下结论，如果是两个人，则问清关系。果然后来有两人拿来一盒墨求鉴，其中一人说"朋友想买这件东西，不知真假，叫我拿来请您看看"，另一人则是卖主。我看过东西后，把买主叫到一边，说明真伪，买与不买，由他回去禀报，再作定夺。这样处理就比较妥善一些。

当然有时也会遇到比较麻烦的事。一个朋友向我讲了一次遭遇。几个人拿来件东西求鉴，他一看不对，刚露出点否定的态度，那几个人的脸马上变了。朋友心中忐忑不安，说不对，可能连这个门也出不去，说对，又违心。考虑良久，现今社会当不是"砍头不要紧，只要主义真"的时代，到底是命要紧还是说违心话要紧？当然还是前者要紧，最后他采取了回避的态度，勉强出了门。

我找一些老专家鉴定文物时，有时他们看过之后说"看不好"，开始时不知所云，未窥堂奥，时间长了，才略懂其意。"说不好"或"看不好"，不是东西不好，其中有几种意思。一种是真的看不出好坏，是自谦语；一种是拿不定主意的代用语；还有明知是假，但碍于对方的心情，或相互情面等其他方面难言之隐，不便明言，是推托语。如果遇到这种情况就不要再问了，拿回去自己再研究研究。

平常心

对待藏品的真伪优劣,私人藏家和公家收藏管理人员所持态度往往有所不同。

公家收藏单位的管理人员,往往看别的单位比自己所在单位收藏要好,同行们见面总是称赞对方单位收藏如何优异,不是故作谦虚,是真实的表露,对于不如本单位所藏亦能真言指出,这是一种真诚的业务交流。比如,天津博物馆收藏的十八罗汉洮河石砚,北京故宫也有一件,两个收藏单位拿出藏品认真做比较。故宫的一件做工精到,风格苍老,所以故宫那件定为宋代;天津博物馆的定明代,两家心平气和商讨,气氛融洽。私人藏家有时却做不到这点。

收藏家都认为自己所藏无伪,而且是最精最好。笔者接触过许多藏家,他们共同特点是认为自家东西最好、独一无二,国家博物馆都没有,全国仅见此一件,甚至大言全世界也找不出第二件。如果真是好东西,则情有可原;但有时却不是这样,明明东西一般,甚至是伪品,也说成是真品。这些藏友确实不是在"讲故事",他们是花了大价钱,费了千辛万苦追寻入藏,并对照图录证明所藏不伪、所言不虚。当时你要说他所藏是假的,立时变脸不说,轻者发生口角,重者非跟你玩命不可,出言不逊更常常有之,说"你见过嘛""任嘛不懂"。说他的东西对,你就是专家,识货;说他的东西不对,你就不是专家,不识货。细想起来,这些藏友的心情是可以理解的,人家费了那么大的精力,你一句话就给否了，人家心里能好受吗？他能接受吗？俗语说谁的孩子谁不爱？似乎带有感情成分。其实藏友大可不必为此大动肝火，对一件物品各有不同看法是正常现象，不必大家全呼万岁，你看好你就收藏，妨碍不了任何人。应该持有平常心态，并能虚心倾听各方意见，这样不仅可以进一步明辨自家所藏，而且还可增加许多知识。收藏如果不为取得经济收益，其实是一种生活中的自娱自乐的趣事，何必自寻不快？应该是收藏快乐，快乐收藏。

以上说的是藏友与鉴定者之间的关系。藏友之间有时也会产生矛盾。由于对古物的不同的看法往往引申到对人的看法，先是物的真伪优劣的争辩，逐渐发展成"这人看问题太偏激"、"这人太固执"、"这人不怎么样"，越说越离谱，久而久之形成隔阂。我曾到某地与当地藏友会面，希望他们聚在一起，这样我来一次和大家都见了面。可是不行，他们坐不到一起，还不是因为收藏内容有别，而是相互之间矛盾所致，彼此之间谁看谁也不顺眼。看来鉴赏、收藏也应讲和谐。没有一个融洽的氛围，谈何快乐，应该是同乐乐，与人同乐。

不只是有些藏友认为自家藏品最好，有些物品的出产地也有类似情况。妄言自家所产如何之好，历史如何悠久，强拉硬拽，把明清出现的东西说成隋唐，把隋唐说成秦汉。说归说，却很难找出实物例证和文献记载，其意图旨在取得社会效益之时同时取得经济效益，现在都讲炒作，听者心中有数就是了。

文博单位请专家鉴定文物，出现不同意见也是常有的事，工作人员并不当场否定，而是把各种不同意见都详细记录下来，作为研究课题。再经查阅大量资料，反复研究，提出个人见解，往往能写出一篇很好的学术文章。

天津博物馆20世纪60年代在一件杂画册中发现一开"张择

端呈进"款识的册页，即现在该馆展出的《金明池争标图》。世人只知张择端有《清明上河图》，不详还有其他画作，一时引来学术界、文物界争议，有诸多文章出现。于是工作人员翻阅文献、查资料，在《宋史》、《东京梦华录》中找到有关金明池争标的记载，与此图描绘的景象相吻合，确认它是张择端的真迹。这种观点是经过对正反两方面意见的研究而得出的，不掺杂任何个人情感。通过研究促进了业务学习，是件好事。当然，这种观点目前仍不能被广泛接受，因为在一些文章或报道中谈到张择端时大多只谈《清明上河图》，很少谈到《金明池争标图》。

有分歧是正常的，争论也是正常的，关键是要有科学的依据。历史上有许多悬而未决的问题不能在我们这一代都得到解决，还得随着历史发展留给下一代。

说"附件"

文物登记账、卡片上有一栏名为"附件",即文物主体以外的附属品,诸如收藏者的手书纸条、盒套、囊匣等与文物相关的资料,统称附件。这些资料有很高的参考价值,它在说明文物的历史、源流、递藏等方面有着巨大的作用,文物本有历史、艺术、经济价值,这些附件则为重要的附加价值。

20世纪60年代,国家文物局曾组织张珩等三位书画鉴定专家巡回鉴定国内传世书画,事后《文物》杂志将张珩先生的几次讲稿整理成《怎样鉴定书画》一文,于1964年第3期发表,1966年文物出版社又将之成册出版。张珩先生将巡回鉴定所见综合整理,并提出书画鉴定的主要依据,即时代风格和个人风格,辅助依据包括印章、纸绢、题跋、收藏印、著录、装潢(装裱)等,这些理论沿用至今,成为书画鉴定的圭臬。此理论虽然专指书画类,但对其他文物鉴定,也有指导意义。

笔者虽不搞书画类业务,但经过几年的工作,我认为其他类文物的附件应是文物鉴定的辅助依据。

从装潢看收藏家的收藏特色。以天津博物馆藏品看,津门几大收藏家捐献的文物,其装潢均有一定规格,各有特色。原天津市副市长周叔弢生前捐献的写经卷,分别装在一个个长方形纸盒内,古铜印均装在一个个深色绸子小袋子里。收藏家徐世章捐献的砚台均装在楠木盒、紫檀盒、蓝布盒内,玉器均为小锦盒,所有盒子均有收藏者的题签,故而业务人员在任何地方见到这种包装的物品，都会知道是谁的遗物，从而知道藏品的来历及流传经历。

附件本身亦具有文物价值。天津博物馆收藏的明王宠款识的砚台，附件中有明王宠草书卷，清黄易端砚的附件是黄易绘得碑十二图册，经鉴定上述两件书画均为真迹，并可用这两件书画上的款识鉴别砚台上的款识。

天津博物馆还收藏一部砚台拓本，均是附件，但这些拓片均是民国著名篆刻家、传拓专家周希丁及其徒傅大卣所拓，精美绝伦，遗留至今也具备了文物价值。

藏家手记是文物来源的重要证据。有些文物装潢上常有藏家记录来源的笔记或另附纸书写，与文物同贮一匣，如宋拓墨皇本《圣教序》，附件中有该帖原收藏者使用过的砚台，书写的条幅，还有最后的收藏者徐世昌写的字条，记录了他与另一位大收藏家陶湘共同出资价购此帖的情况，此帖后来由徐世昌转给其弟徐世章。这些附件不仅仅说明文物流传有绪，而且因其经名人收藏而极大地丰富了文物的历史价值及文化含量。

除了一些早期附件外，新中国成立以后乃至"文革"期间所遗留的记录亦不能忽视。有时整理文物时常会发现50—60年代商家所售文物的号签，有商店名称、文物价格，有的几十元，或百八十元，今天年轻人看到这些价格会哑然失笑，但却说明当时社会的经济水平、艺术品的经济价值。"文革"期间天津文物清理组的文物登记号也说明文物曾经过"文革"浩劫，幸而保存。这些查抄文物被本主认领回，如果登记号签没撕掉，保留至今，就可以知道这些文物曾经过"文革"运动，作为文物流传经历若干年后，它将成为当时的历史记录。

附件的重要性，应引起保管人员的重视，它应和文物一样被妥藏。原天津艺术博物馆从建馆至今与天津历史博物馆合并，先后经历四次文物搬迁,每次搬迁都是文物安危的经历,在包装、装箱过程中,极易在不经意的情况下把文物以外的物品丢失,或把原装文物盒、套损坏。为此,在搬迁过程中一定要注意附件的保护,把它与文物一样对待,不能有丝毫懈怠。

殷墟文字研究专家王襄

家世与生平

王襄，字纶阁，因 1907 年得王懿荣（1845—1900）自作旅簠，故号簠室。关于王襄的字号斋名，他在《题簠室横额》中云："吾家前庭，书斋两楹、厅事一间，昔吾与两弟读书食息于斯。斋名以所藏古器物命之，殆将十数。若簠室、符斋、古龟轩云云者是。第斋名虽多，实则一斋一厅，岁时易其题额，聊侂富居而已。有欲循名求吾斋者，吾正告之曰：'是斋也，窗名户达，

王 襄

花木荣滋，惜构于无何有之乡，乃空中楼阁耳。'"又，《萃古园记》中云："刘巷里宅，先人之故居。巷本刘家胡同旧名，因其不雅，易以刘巷。宅之中庭，地不及半亩，老屋四楹。用所藏周簠得名，曰'簠室'。他若'古龟轩'、'符斋'、'百甬楼'、'宝古经舍'皆据物授名，非有如是之广居，实一簠室止耳。"王襄比较常用的就是"簠室"，或"簠室学人"，有时还用"鄪庐敬人"等名号。

王襄久居天津，1876年12月生于天津县城内二道街贡院内（一作天津城东门里仓门口，后迁大刘家胡同）一个书香世家。父王恩瀚（1849—1921），字桂生，光绪乙酉科（十一年，1885）举人，曾执教家塾。母吕氏（1852—1900）。伯父王恩湉（1842—1902），字晋仙，号景贤，又号静闲，晚号耐园，光绪丁丑科（三年，1877）进士，翰林院检讨，记名御史。叔父王恩渶（1852—1900），字香溪，号筠生，石珊，光绪己丑科（十五年，1889）举人，曾任天津画家樊荫慈家塾家教。王襄弟王赞（1879—1935），字向夔，一字向葵，生平少有记载。弟王钊（1883—1946），字雪民、燮民，一号乐石居士，善治印，精鉴赏，著有《乐石斋印存》、《雪民印存》。王襄在《雪老遗作册子序》中云："弟侘傺一生，不与时谐，托治印以老，举周、秦、两汉之玺印、皖浙各家之印谱与夫契文、金文、古陶、封泥、元人私押，规貌取神，心契手摹，兴至之作可以上抗古人。而于汉人缪篆之法、白文之印尤有独到处。"由于王襄在后来文字研究方面与其弟王钊有诸多相通之处，故而联系较多，在王襄的著作中亦多次谈到其弟治印成就，并为王钊的著作作序。

　　王襄从小生活在一个诗书礼仪、崇文重教的家庭中。7岁开始读书，11岁随叔王恩渶在天津城东南斜街樊荫慈家塾读书。樊荫慈，清末人，生卒不详，字筱舫，善写兰石，工书、诗，《津门纪略》有载。王襄在《题樊筱舫书楷模》中云："樊筱舫名荫慈，从先君与先叔学，故所书颇有先叔意法。"王襄幼年受到了良好的家庭教育，父母对他的学业要求极为严格，经常检查他所学的功课，这对他后来的成长大有裨益。同时他所从教的老师亦都是当时的名士。王襄18岁时师从天津王守恂及李桐庵学习古文、诗词。王守恂（1864—1936），字仁安，号阮南，晚号拙老人，清光绪二十四年（1898）戊戌科进士，历任刑部主事，法律馆纂修，民政部郎中，内务部佥事、参事，河南巡警道，浙江会稽道道尹等职，著有《王仁安集》（续集、三集、四集）、《说诗求己》五卷、《天津政俗沿革记》等。有这样一位学养深厚的严师，使王襄在青年时代即有了良好的文学基础。王守恂去世后，王襄在《哭阮师文》中云："襄幼从师学帖拓，长学古文辞、古近体诗。……襄昔读书家塾，每课余围炉夜话，师为讲古今，听之使人神往。"

1895年王襄20岁开始研究中国金石文字，阅读《说文解字》，他认为该书中一些文字是战国时期的流通文字，很不统一，作者许慎并未广泛搜集判抉。所以要从出土的古器物铭文款识上，探求古文字的衍变源流。为了便于研究工作，王襄开始学习篆书和刻印。同时受进步思潮影响，又涉猎社会科学、自然科学方面的知识，阅读《天演论》、《种族进化论》、《政治学》、《九数通学》、《数理精蕴》等书籍。在他的《课余日知》中记录了这类书籍近20余种，由此学识大增。1898年补天津县学生员。

1898年冬，王襄与天津著名书法家孟广慧初识河南安阳出土的甲骨，并于1904年开始研究甲骨文字。1905年30岁时考入京师清廷农工商部高等实业学堂矿科班，预科二年，专科三年。在京城五年的学习生活，他浏览了京城古迹，课余时间继续研究金石文字，编辑书籍。1907年得王懿荣所藏中白作旅簠，因取号"簠室"。1910年毕业后结识古文字研究专家罗振玉。在矿科毕业后，奖给举人，补用知县，分河南省，但未入仕。五年学习生活、社会交往、收藏、著书的经历，极大地开阔了他的视野，学识有了提高。

王襄从1914年39岁至1939年64岁，先后在天津长芦、福建平潭、广东广州、四川射洪、湖北新堤、浙江杭州等地任职盐务，足迹遍及五省，每到一处就职，他都不忘浏览古迹，追寻先贤，这不仅使他的阅历大增，眼力开阔，而且使他的研究工作得以极大的充实。抗日战争时期，他深居简出，廉洁自守，闭门读书，勤于著作，曾有书联"陋室富破书乱帖，热肠搜冷石寒金"，当时伪天津图书馆邀请王襄参加日本在东京举办的"大东亚书道展"，被他拒绝，表现了高度的民族气节。日本投降后，王襄至为欢悦，认为"八年国难，一朝告靖"，但当他目睹国民党政治腐败，人民苦难依旧时，极为失望，王襄唯有以读书、整理文稿自慰。

1947年王襄在崇化学会任教，主讲《左传》，兼授书法。崇化学会由著名教育家严范孙于1927年创办。当时教育界重理轻文，国学日微，以严修为首的士林耆宿倡导建立国学团体，取"崇乡党之化，以厉人才"之意，名为崇化学会，曾聘请当时著名国学大师如章式之、郑炳勋、裴学海、俞品三、王斗瞻、王襄、龚望等人任教，专门讲授国学基本课程，如《诗经》、《尚书》、《左传》、《说文》等，培养了大批人才，在国内具有一定威望。1928年曾以河东一带某地为会址，后以天津文庙为会址，新中国成立后在该会基础上成立崇化中学，即为三十一中学前身。

新中国成立后，王襄生活安定，精神愉快，每年元旦书春联，多自颂吉祥，抒写愉快心情，歌颂社会主义祖国并自勉努力。虽在耄耋之年，仍追求思想进步，早在新中国成立前夕的1948年，他还读毛泽东《新民主主义论》一书，读后对子侄辈说："共产主义就是真"、"共产党一定会成功"。革命的成功，印证了他的看法，使他学习更加奋进，他在《簠室题跋》中说："近年读马列著作，遇矛盾之理皆能立解，且合实际，知共产之学造福社会。不图耄耋得此异书，胜读礼道诸篇。"党和政府对于王襄的思想进步、学识的深厚也给予了极高的荣誉和信任。

1953年王襄78岁时被天津市人民政府任命为天津市文史研究馆第一任馆长，1955年被推荐为天津市政协委员，1956年81岁时光荣地加入了中国共产党，1962年受聘为天津市人民委员会文物保管委员会委员。1955年当选中国科学院历史研究所甲骨文合集编辑委员会委员时，他将自己所收藏的甲骨文拓本等资料全部提供给编委会使用。

1965年1月31日，王襄因患肺炎病逝于天津医学院附属第一中心医院，享年90岁。天津市政府成立了"王襄同志治丧委员会"，由市领导胡昭衡、王亢之，文史馆副馆长陈邦怀、张羽时等组成，《天津日报》刊出讣告，2月5日追悼会在天津市殡仪馆举行，副市长王培仁主祭。王襄被安葬于天津北仓第一公墓。关于墓碑铭文，当时有人建议请当时中国科学院院长、《甲骨文合集》主编郭沫若先生题写，天津文史研究馆函请《合集》的执行编委胡厚宣转请郭沫若先生，不久，郭沫若即寄来题字："殷墟文字研究专家王襄同志之墓　一九六五年春郭沫若题。"①

王襄弥留之际立遗嘱，把一生著作手稿和收藏文物、古籍全部捐献给国家。除50年代初出售给国家的部分甲骨外，计有甲骨，金石碑帖拓本，六朝唐人写经，宋明清代古砚，唐三彩瓷器及瓷玩具，陶俑、砖瓦，近百年书法条幅，王襄自书条幅、书稿等千余件。后分别收藏在天津市图书馆、天津市历史博物馆、天津市艺术博物馆、天津市文史研究馆。

王襄为人谦和、严正，自身勤恳、好学，学养深厚，知识广博，论述宏富精辟，治学谨慎不苟，追求真理，矢志不渝。从他的一生经历可以得知他的前大半生与我们的国家、民族一样，经

---

① 阿是：《从郭沫若为王襄题墓碑谈起》，《天津文史》1998年第21期。

历着忧患苦难，晚年迎来了新中国的曙光，成为一名无产阶级的先锋战士。在新社会，他的研究成果得以弘扬，为学术界所公认，成为人们崇敬的文字学者、古文物研究专家。

1986年为王襄诞辰110周年，由天津市文史研究馆、天津社会科学院历史研究所、天津市图书馆、天津市历史博物馆、天津市艺术博物馆于12月在天津市艺术博物馆联合举办了"王襄诞辰110周年纪念展览"，以缅怀和学习这位在天津市乃至全国文化战线上做出杰出贡献的学者，并继承、发扬、振兴传统文化。天津市各界领导，京津两地的古文字专家、史学家冒雪前来出席展览会，当天下午举办了座谈会，较为全面地总结了王襄一生的学术研究成果，高度评价了其研究成果和学术价值。南开大学教授王玉哲题诗曰："契文初识首孟王，转日回天有余香。万紫千红宏祭酒，思源能不念甘棠。"中国历史博物馆研究员、著名文物鉴定专家史树青先生题诗曰："渔上卜龟难计年，斯人研契得春先。片言曾启王文敏，传信多依范寿轩。解义汉唐已晦后，考文周孔未生前。白头稽古堪追念，名著千秋定不刊。"众多题词题诗不能尽录。展览、座谈盛况空前，成为当时天津文化界一件盛事。

甲骨学的开拓者之一

甲骨文是商王朝利用龟甲兽骨占卜吉凶时，写刻的卜辞和与占卜有关的记事文字，对其进行的研究称为甲骨学，这是一门专业性很强的学科。这里要谈的是王襄与甲骨学的关系。

甲骨的发现最早是在河南省安阳市。在安阳市西北郊洹河两岸，占地约24平方千米的地界，曾是商代王朝都城，又名殷墟，自盘庚迁都于此至纣王灭亡均以此地为都城，经历8代12王，

273年，相当于公元前14世纪末至公元前11世纪。1898年至1899年此处发现的甲骨，引起学者瞩目，从而推动当局于1928年开始了发掘工作。

《中国大百科全书·考古学》"殷墟"条目①载："1899年王懿荣首先在被称为龙骨的中药上发现契刻文字，其后罗振玉等通过调查，弄清了甲骨文出土于今安阳市小屯村，并在甲骨卜辞上发现了商王朝先公先王的名字，证明其为商代甲骨……以商代甲骨的发现为契机，商代后期的王都遗址——殷墟遂告发现，并开始了发掘和研究。"由此可知甲骨的发现及殷墟的发掘过程。王懿荣（1845—1900），字廉生，山东福山人，著名书法家、金石学家，光绪年间进士，以翰林擢侍读，至祭酒，在政界、收藏界、金石界声名显赫。谈到甲骨的发现，人们首先要谈及的就是王懿荣。

王襄与甲骨学研究有什么关系呢？

在《中国大百科全书·考古学》中的考古年表"1898—1899"年中注明："安阳殷墟发现的甲骨文，引起金石学家注意。"此条目把王懿荣发现甲骨的1899年又上推了一年，为1898年，这就牵扯到王襄与发现甲骨的关系。安阳殷墟小屯村的农民早在1898年以前，在耕作中就不时发现有甲骨出现，并有青铜器出土。当时有些古董商常来收购古董，农民也将甲骨出示，但古董商不知为何物。1898年冬，潍县古董商范寿轩到天津，向孟广慧、王襄讲述他在河南安阳看到出土甲骨并有文字之事，当时孟定生就说是"古简"，促其收购来津。转年秋，范贾即携来

---

① 中国大百科全书总编辑委员会《考古学》编辑委员会：《中国大百科全书·考古学》，中国大百科全书出版社，2004年9月第1版，第610页。

求售，因价值昂贵，孟定生、王襄，各就力所能及而收，其余范转售于北京王懿荣。关于上述情况，在王襄的著作中多见记载，有的已发表在1935年《河北博物院画刊》上。

《题易穭园殷契拓册》：

殷契始发见，掘术未精，致多破碎，厥后渐工。甲骨出土，先曝干之，再施涤濯，乃有巨大之甲骨传于人世。其文章可诵，事迹亦然可考。当发见之时，村农收落花生果，偶于土中捡之，不知其贵也。……范贾售古器物来余斋，座上涌言所见。乡人孟定生世叔闻之，意为古简，促其诣车访求，时则光绪戊戌年冬十月也。翌年秋，携来求售，名之曰龟板，人世知有殷契自是始。甲骨之大者，字酬一金，孟氏与余皆困于力，未能博收。有全甲之上半，珍贵逾他品，闻售诸福山王文敏公。观范贾所携，知有龟甲、兽骨二种。余藏有数骨，色变黑褐，质仍未朽，疑为象或驼骨。且由卜字、上吉字，知为三古占卜之物。至于殷世，犹未能知。清季出土日富，购求者鲜，其值大削。余时读书故京师，凡京津两地所遇，尽以获得。汰其习见之文字，细屑之甲骨，最括存四千余品。拙著《殷墟征文》（即《簠室殷契征文》）所录，皆寒斋旧储。承命题记，爰将凤昔见闻连缀书之，为治契者揭其原委……

《亡弟雪氏家传》：

殷墟出契文之年，在清光绪戊戌年。翌年，潍贾范寿轩携之来津，乡人孟定生、马景含二君及余家兄弟见之，惊为千载瑰宝。斯时，甲骨之值字索一金，弟爱之甚，意为有殷之秘文,刀笔之宝迹,资以治印不在玺印次也,捐金收其易得者数十事。逮后大有所获,弟研玩益深,故题印之款一仿殷契,殆亦学能致用之一端欤。

文中所提及孟定生,极为重要,此人亦应是甲骨确认人之一。孟定生名孟广慧(1869—1940),定生为字,别号鄩于室、问梅吟社、白云山人,祖籍安徽省寿县,久居津门。通金石之学,擅书法,为津门临摹南帖北碑之高手,是天津近代著名四大书法家(华世奎、孟广慧、严修、赵元礼)之一,壮年时游历名山大川,与天津画家马家桐合作仿古代名画,几可乱真,被称为"津门二甲(假)"。平生以鬻字为生,他的字津门多有流传。王襄与孟广慧同时识出甲骨,而且孟广慧在听到范贾谈甲骨情况时,指出其为"古之简册"。王襄称孟广慧为世叔,孟广慧的判断对王襄认识甲骨有很大作用。1899 年当范贾携甲骨来津时,孟广慧用其叔寄来的游湖北的旅费购置了大量甲骨,后有四百余片辗转为天津书法家李鹤年所得(后转至文化部)。1957 年王襄为李鹤年编辑拓本写序,再一次述及他与孟广慧初识甲骨的经过。

从上述情况看王襄在甲骨来到京津初期,曾购置了几千片甲骨,从此开始了漫长的整理、研究、编辑、出版工作,堪称中国甲骨的最早发现者、收藏者、研究者之一,对中国考古学有着开创性的贡献。

热爱华夏文化,收藏广泛

收藏是一种社会文化活动,收藏者要具有财力、眼力、魄力、体力等诸多方面的条件,收藏的目的不外乎经济和精神的需要,经济方面祈盼升值,精神方面则包括热爱鉴赏、研究考证等需要,而王襄的收藏则是在无经济实力而精神上又需求很大的情况下进行的。王襄并非达官显贵、豪门富商,而是一介布衣书生,一个文牍小职员,用现在的话讲是工薪阶层,毫无财力可言,但出于对华夏古文明的热爱,为他自己研究之便,不惜过着清贫节俭的生活,用少量的资金,凭借其眼力,搜集古物。每入藏一件古物,他都认真作记录,写跋语,将这些跋集成《簠室题跋》。如其在1921—1938年所写的108条跋语装订成的《簠室题跋》第二卷序言中写道:

> 早岁读书余闲,爱好艺术物品,举古今之制作,远如贞卜甲骨,近则纨素书画,范金之鼎钟、玺货,凝土之陶器、砖瓦、丰碑,石画之墨拓,名瓷、古玉之影本,凡邱垄所出,阛阓所陈,有字可识、图像可摹者,力所能致,皆一志搜求。久乃富蓄积,盈几塞架,逼仄居室。更以子息长大,室不加多,人之食息尚病难容,遑论处物?致以箱箧为汇归,凌杂固藏。向之恃为怡悦者,今觉为累矣。意有所会,反不得摩挲观览,与无是物同。是以君子于身外之物取其足用,不为过分之求。至于爱好亦如斯而已。然是物也,为古今艺术所托,得之者固当珍护,为将来学人劝,又未宜忽视耳。年长迫于生事,南朔就食,所蓄不能携往,仅择其轻小者,或断缣片纸,充适情之供,偶加题记,以慰旅寂。间有朋旧之物,嘱写志语,亦汇存之。起辛酉,迄戊寅,阅岁十周(应为十七年),书成是册,为前记之续。见余年虽垂老,兴犹不浅焉。戊寅五月十七日,天津王襄。
>
> 后游京师,过厂肆所见古器物益夥,所好益精,唯限于力,不能得,仅购拓本以慰藉,肆估知予大好此也,拓本每

归于予,久之,拓本日少,价值日昂,所好遂受大困。予不欲以嗜好自累,乃绝口不谈古物,厂肆遂亦屏迹。

从这些记载中可以看出他的收藏经历,劬劳和苦衷。他毕生致力于我国古代文字和文物的研究,积四十余年将所见所藏写出研究结论,鉴定真伪编辑成册,不仅给他撰写著作提供了丰富的资料,也可从题跋中看出他的渊识博见及谨慎的治学精神。

王襄的收藏涉猎类别广泛,这是他和前人不同并超越前人的地方,即从金石学到科学考古学的诞生这样一个历史时期的特点。中国考古学史的开端开始定在1898—1899年安阳发现甲骨并且被金石家所认识,在此之前则是金石学,1900年中国的一些学者著书就谈到考古发掘的重要,其研究的范围越来越扩大,不仅是金石,而且包括简牍、碑刻、砖瓦、铜镜、封泥、玺印等各个方面。王襄的收藏品及他所见到未入藏而记录的题跋,涉及面广,能接触的材料他都接触到了。再者,他极为关注考古新资料的出现,随时补充他的研究,不断更新观念。尤其是在新中国建立后,考古事业蓬勃发展,流传于世的资料亦不断出现,更扩展了他的视野。例如1950年殷墟出土四盘磨的甲骨,1955年长安张家坡出土西周甲骨时,王襄均年事已高,又因路途遥远,不能亲自到发掘现场,但他收集了拓本或摹本,补充了他的甲骨资料。对于路途较近的津郊,他则尽量前往。1957年6月听友人介绍津郊张贵庄发现晚周古墓,并有金属、陶器、带钩等物出土,于是趋之访古。在天津市东南宁河县城顶子地方,见有残瓦二具,面微凸出,质亦厚,与平面瓦不同,由瓦上二字结构验之,疑属汉,故言:"天津左近出汉瓦,亦为创获。"所有这些均说明他紧跟时代及学术发展步伐。

他收藏的文物计有甲骨,秦汉封泥,战国、秦、汉的残陶、砖瓦，古碑刻拓本，六朝唐人写经，唐三彩碗、瓷玩具、陶俑，宋明清代古砚、钱币，埃及石刻，天津书法家墨迹、金石、甲骨拓本等。

王襄收藏的文物中首推甲骨，其中有些甲骨上的文字是极好的研究资料，有很高的学术价值。1925年他编辑出版了《簠室殷契征文》收录自藏甲骨1125版拓本。书中介绍了一批重要的甲骨学资料，释文考释也有精辟见解。如：

天象一、天象二是两条关于日食和月食的卜辞，是距今三千余年前的天象记录。前者是唯一有具体日期的日月交食（一说为日食）的卜辞，后者是一条完整的月食刻辞，亦属罕见。迄今已发现的卜辞中有关日、月食记事，不过十余条，故尤为珍贵，为中外科学家推断和解释古代天文历法提供了科学依据。

天象九、天象十是两条"立中"卜辞，反映了商代军事垦殖情况。当时，新辟田地，均先行插旗（族徽标帜），再围周边，所立之中，即为此意。

帝系一五一，是记载祭祀戋甲（即《史记·殷本纪》的河亶甲）、沃甲、阳甲的卜辞，对于解决殷商先王世次和称谓，具有重大作用。

人名三一，是一条关于征伐的卜辞。它记载着当时商、周两族关系及商代宗室贵族为商王服役等情况。

游田五一，是商王借田猎以练兵的卜辞。振旅，是整顿部队之意。《尚书》、《左传》、《周礼》均载有振旅之事。这条卜辞对考察商代田猎与军事活动极有价值。

游田六九，辞中"水寝"一词，卜辞罕见，是考察商代宫寝制度的重要材料。

杂事六八，是一条残辞，经与其他断片缀合补足，知其为奴隶暴动，焚毁仓廪的珍贵史料。

游田一二二，是记载商王狩猎时，遇车祸的卜辞。卜辞中两车字，均作䡇，可证商代车舆上有盖。

以上仅举几例，旨在说明王襄收藏的甲骨的重要资料性。全部甲骨文字内容包括天文、气象、战争、称谓、社会状况等，洋洋大观，形同资料库。天津历史博物馆选择部分甲骨定为一级品，成为该馆镇馆之宝。

在他收藏甲骨过程中还有些不寻常的经历。据说他的甲骨曾四次险遭厄运。第一次，王襄在外埠工作期间，常将甲骨随身携带，以备随时研究玩赏，一次由湖北回天津，在运回物品时，发现装有甲骨的箱子不见了。于是各处寻找，几经周折，最终在张家口站找回，但箱盖已被撬开，可能箱内并非财物，朽骨未被注意，甲骨幸而未失。从此王襄外出再也不敢携带了。第二次，是抗日战争期间，华北沦陷，他赋闲在家，全家只靠典卖什物吃"混合面"度日。这时天津一些古玩商劝他将甲骨高价出售日本易米，他以甲骨不在身边搪塞过去，从而使甲骨未入异邦。第三次，是抗战胜利后北京的古玩商和学者来津欲购甲骨，并说是作大学研究之用，但他知道这些学校乃外国教会建立，故严词拒绝，并言："把祖国珍贵文物卖与外国，是愧对子孙后代！"第四次，是新中国成立后的1952年，文友、甲骨文专家董作宾从美国来信，劝他出让甲骨，并有优惠价格，王襄婉言谢绝，并劝他回到祖国，继续共同研究，弘扬历史文化。

另外，还有一件事让王襄遗憾。王襄把自藏甲骨按照陈簠斋拓铜器的方法，精拓了一整份，后被罗振玉久借不还，并发表在他自己编辑的《殷墟书契续编》中。

王襄将他的甲骨视如生命，但当他被聘为中国科学院编辑的《甲骨文合集》的编委后，他将所藏全部甲骨拓本，无偿提供编辑使用，公而无私，使物有所用。他去世之前立遗嘱将甲骨捐献给国家，物有所归，王襄的精神及义举是何等崇高！

除了甲骨之外，他收藏的文物还有：

钱币 王襄亦是民国年间研究古泉学者之一。20世纪30年代他与王君石（当时市立图书馆馆长）共同组织古泉研究会，自藏古泉两千余种，有自藏泉拓《簠室藏泉》。自真贝至民国初年之福建通宝，各代粗备，尤注意收集兄弟民族文字残币，有许多具有重要资料价值的钱币如"射城商会二十文"铅钱，为四川射洪县商会所发行之代用币，为历来谱录所未见。另，所藏古泉拓本颇多，除咸、同名家泉拓之外，还留意乡里著述，泉拓则有《绿庄严馆古泉拓本》（为画家孟先生藏泉）、《王效曾藏泉拓本》、《百二元泉馆藏泉拓本》（为缪继珊先生藏泉），所拓皆元代钱币，十分可贵，也极难得，原钱已佚。

封泥 古代公私简牍通行时封函封箧捆绳时用黏土作结上加盖印章，带有印痕的土块称为封泥。此物不好保存，王襄收藏的封泥中比较有价值的如秦即墨太守印封泥、西汉南乡印封泥、博昌丞印封泥、晋率善羌仟长封泥等。

写经 王襄1911年入藏，先得六朝、唐人写经残页，续得唐人写经，装成《集六朝、唐人写经残页》及《六朝、唐人写经》册。写经笔法，给他的书法以很大影响，他在序中云："唐人写经结构，神韵自成一家"，"装订成册，以为楷模"。

石刻、碑帖、金石拓本 如汉三老讳字忌日记拓本、子游残石拓本、汉沈君阙拓本、明拓唐郭家庙碑、毛公鼎拓本、克钟拓本、太师鼎拓本、埃及石刻拓本等。其中比较好的明拓唐颜真卿郭家庙拓本，册中"肇见虢土"之"虢"字，"芝馥兰芳"四字不损，为明代或更早期拓本，比较罕见。埃及石刻拓本，1933年日军侵略东北后又占领当时的热河省，王襄面对外敌压境、山河破碎，感情忧患，在拓本上一题再题，抒发积愤。如1944年写道:"甲申九月,题埃及画像。感时虑患,百忧交乖。逾时读之,词伤激楚。念顽钝无能,空嗟何补?因制短篇自嘲。""尼罗河畔五千载,更历中邦四十秋,独立无言微自惜,共君冷眼看神州。"

古砚 王襄收藏品中的砚台,有的是他的自用砚。自用砚的铭文记载了他外出谋生的行踪、撰写著作的年代,是他生平事迹的很好记录。有一方砚是他客居四川时所购,砚已经磨薄,1963年秋,一次作书时,砚池穿漏,墨汁流到书案,此砚当是他四十余寒暑勤恳好学,笔耕不辍的极好佐证。他收藏的古砚中有河北省巨鹿出土的宋澄泥砚,清程瑶田、程光国铭歙砚等,其中清程光国、程瑶田铭歙砚,材质优异,砚材上有银星、银晕,间有缕缕眉纹,十分珍贵。从砚面、砚背上的铭文可知此砚先后为浙江富贾程光国及其侄孙安徽歙县著名学者程瑶田(1725—1814)所藏,1940年为王襄以重资所得。1956年某日王襄与好友、著名古文字学家陈邦怀先生(1897—1986)共赏此砚,并亲手将此砚传拓墨本并书长跋相赠,其后不久,陈邦怀得程光国制墨一方,赠给王襄。此砚先由程氏祖孙相赠为念,后由王襄、陈邦怀二人切磋鉴赏,几遇良知,诚为古今文林之佳话矣。

近代书法 任熏对联、严复书联、孟广慧行书条、王守恂书法条、郁达夫赠王襄对联等以及王襄毕生书写的条幅。

古代砖瓦、陶瓷器 砖瓦有战国兽面纹瓦当、汉"高安万世"瓦当、汉"狼延万千"瓦当、汉"与华无极"瓦当、汉"长久乐哉"瓦当等。陶瓷器有陶俑、陶动物、陶镜、瓷动物、瓷玩具、瓷孩童、提梁壶等,有些是少见之品。

1907年王襄得王懿荣所藏中白作旅簠,故起别号簠室。

潜心研究　勤于著述

王襄所处的时代，正是从金石学向科学考古学转化的时代，他的收藏及研究继承了乾嘉以来，尤其是同光以来学者的研究成果，在这个基础上又汲取了近现代的科学考古方法，扩展范围，不断进取，这些思想方法都反映在他的著作中。同时，对于研究工作，他主张鉴定为首要，在《簠室题跋》中云："从来治金石学者有二派，曰考证，曰鉴定，二者以鉴定为要。鉴定确实而后考证有所附，不然，博引广征徒词费耳。"所以他在题跋书、帖、金石时，必是鉴定确定而后加以考释，于古文字、记载，可以证经，又可补史，"古器物之文字为古人精意所寄，礼、乐、兵、农之器可以证经，碑、志可以补史，其文章、书翰是供文士之诵习，亦艺苑之盛业也"。

为了研究、著述，王襄阅读了大量参考资料，因生活窘迫，许多书籍不能购置，大多是借来抄录。新中国成立前抄录的甲骨学著作，成为《贞卜文临本》、《殷契存录》、《契文汇录》、《龟甲兽骨文字》、《殷墟文字存真》、《殷契卜辞》、《安阳发掘报告》（第1、3期）、《殷契粹编》、《甲骨文录》、《河南安阳遗室》等书之精要。另有《簠室杂抄》四册，为杂抄各家金石著述、考证及诗作等。王襄毕生致力于我国古代文字和文物的研究，见过不少实物及拓本，积四十余年所写的鉴定、考证和评介文章，分别于1920年、1938年、1948年、1956年及1963年编成《簠室题跋》五卷，共586篇，以书、帖、金、石四大类划分，题跋文字长短不一，多有独到见解，从中可见他高度的古代艺术修养和渊识博见及治学态度，王守恂评《题跋》时称其"翔实中具见学识"。这些资料比今天我们所作的读书笔记更胜一筹。从这些毛笔书写摘抄和题跋中,我们似乎看到一位学者不顾隆冬酷夏,奋笔疾书的身影。正是这种对学术研究孜孜以求、坚韧不拔的精神,才使他及时掌握了当时的学术动态,积累了大量的珍贵资料。

王襄一生遗留下来的著述很多,已发表的有:

《簠室殷契类纂》 这是我国第一部甲骨文字汇,开创了甲骨文字典之先河。王襄编辑此书历经十余年之久,1918年完成初稿,1920年12月由天津河北第一博物院出版。该书最突出之处,在于编订体例方面的创见,不仅按《说文》顺序摹写甲骨文,并于每字之下临写卜辞原文,使读者既能了解甲骨文的结构特点,又便于探究卜辞反映的社会历史内容。20世纪二三十年代,虽有新的甲骨文字典相继问世,然皆未有引述全句卜辞者。编排甲骨单字引用整句卜辞,实发端于王襄的《类纂》。1927年、1928年间,王襄在四川三台及归津里居之即,重检《类纂》,予以厘定,新识与勘误者27字,增补异文11字,于1929年10月再版重印。

《簠室殷契征文》 1925年9月由河北省第一博物院石印出版,书中甲骨拓本编为1125号。此书特点主要有四方面:第一,介绍了一批有学术价值的甲骨文材料,如"帝系"一五一、"游田"五一、六九、"天象"一、二等皆是。第二,每条卜辞皆有考释,方便读者使用,作者"释字考文,不无精到"①,如"岁时"五"田"为祭田祖之解说,即是一例。"叠田"是关于商代农事活动的一条有名的卜辞,它是读通全辞的关键。王襄释:"叠",祭名,"田",即田祖,"叠田"即祭祀田祖(如神农、后稷)。其他学者多谓"叠田"是"协力耕作",并以此卜辞为商代

---

① 胡厚宣:《甲骨学商史论丛》初集《序言》,河北教育出版社,2002年。

奴隶劳动的典型材料。然而王襄之说实胜于后者;"天象"九三"丁卯卜,大贞:今日猷",王襄释猷为"啟",谓雨过天晴,所说极是;"征伐"九"勿登人乎",王襄引《周礼》说"登人"为聚众之意;"人名"三"盉一牛",王襄说盉是古"箙"字,疑与"甗"通,极有见地。第三,试行分期断代,如"帝系"一七六考释谓:"武丁之阳甲(羊甲),廪辛、庚丁(康祖丁)之于祖甲,均得称为父甲,此为武丁或廪辛、庚丁(康祖丁)世之卜辞也。"作者在王国维之后继续研究,并有新收获,故胡厚宣先生有"甲骨断代,自王国维、王襄开其端,董作宾发其例,时代先后,略可究明"之说①。第四,踵继孙诒让、罗振玉,从事于甲骨分类,其所分类目,较孙、罗两氏为胜,其中天象、岁时、游田、征伐等各成一类,更是把握了卜辞的重要内容。《徵文》印行之初,郭沫若认为所用拓本曾经"剪辑粉饰",而疑其伪。当时,王襄亲友、学生劝其著文剖辩。而他告之曰:"塞口易,塞心难。终有河清之日也。"仍埋头著书如故。罗振玉在此前曾借去王襄所藏甲骨拓本不还,并擅自在自己编辑的《殷墟书契续编》中采用,由于他的引用,后来商承祚、孙海波、董作宾也相继引用,郭沫若看过后才在他的《卜辞通纂》中云:"终不能不承认余言之为诬……知《徵文》不伪。"

《簠室古甬》 该书是我国第一本著录古代明器的图册。1909年王襄将自己收藏的古俑等编为图册,订名《簠室古甬》("甬"即"俑"字),自费付梓,这是他第一次用"簠室"作书名。该书共收自藏俑、兽、灶等64件,成图版14页,序言和说明14篇,说明为亲笔书写影印。全书自行设计装帧和题书名,

---

① 胡厚宣:《战后京津新获甲骨集·序要》,北京图书馆出版社,2000年。

用珂罗版白卡纸印刷，16开横排，印本古朴清新，精致喜人，为当时出版物中所少见。书后印"天津王家所藏，不许复制"，用来分赠同好朋友者。王襄在序中云："……古俑之可宝，不第发前人未见之奇，试古葬礼已也，其衣裳冠履可考历朝之礼节焉。其装饰、其制作可考历朝之习尚与美术焉。有是数者，得之者当如何珍惜也。"

《古文流变臆说》 1949年辑成，1961年出版。王襄在出版说明中写道："……在历史、考古科学迅速发展中，我国古代文字研究的观点与方法已有长足的进展。本书为作者多年前旧著，聚形比谊以探字源，或汇举通假而发凡例，成一家之言，其中有可为读者参考之处。"书中举甲骨文69字，金文75字为例释。分作上、下两篇，可为研究文字学者参考之用。此书影印之前，因找不到适宜的抄写者，遂由王襄亲自执笔书写，历时三个多月。

《古陶残器絮语》 1947年发表在《燕京学报》第35期上。1982年《齐鲁学刊》第5期载著名历史学家李学勤著《山东陶文的发现和著录》，内称："天津王襄先生著有《古陶残器絮语》，是概述陶文的一篇重要文字。"

《滕县汉石画像记》 1950年在《燕京学报》第38期上发表。不久，又写《滕县汉石画像记书后》。该书收录山东滕县20世纪二三十年代所出汉画像18石，论述其内容及社会背景。

此外，尚有数稿因种种原因尚未出版，摘其主要著作列下：

《秦前文字韵林》 1931年写成，收古文字3102字。是以《簠室殷契类纂》、《说文古籀补》、《金文编》为蓝本，上起商，下至战国，凡卜辞、金文、石鼓文、陶文、玺文、币文释出可识之字，依《佩文韵府》之例，分上平、下平，上，去，入声，辑为五编。1934年交天津永聚珂罗版印刷所印350部（每部5册），已印成4页，因承印商提高印价而毁约，未能出版。

《古陶今释》 1947年写成的《古陶今释》分上、下二册，所依据之墨本以潍县陈介祺藏陶为多。收集2304件有铭文陶器，他在序中云："陶器为人生事之需，自王公至民庶，奉生敬死，凡百供用，罔不利赖。在周之世，官有陶人，人掌理其事，至今观览其文，可定其时代，而千年之文教，万民之习俗，由此可以推知，亦考史之旁证。"他认为当时许多金石学家着重于金文、玺印、简牍，对陶文往往比较轻视，而陶文虽然不如金文重器有长篇的铭刻，但应用广泛，而且本身具有强烈的时代特性和地方色彩。这种认识基点高，极为难得。1949年写成《古陶今释续编》上、中、下三册，所依据之墨本以建德周霖陶文及萍乡文民瓦削文为多，共1370件，其搜集之功，可谓勤矣。

《殷代贞史特征录》 成书于1953年，其时王襄78岁，此书是其晚年代表作之一。全书共八节，采用卜辞断代之法，举贞人87名，将每一贞人及相关活动予以排列。一至五节，举一至五期贞人35名，并标注"第四期武乙、父丁之世，卜辞不记贞人之名，故阙焉"。第六节为"未能确定时期之贞史"，共举贞人45名。第七节为"同版共贞之贞史"，题注云"若许卜辞刻在一骨或一甲，而贞人名不同，为二人、为多人，知各卜辞是同期，而各史为同僚"，共举31组。第八节为附载两则，其一提出子卜之辞，文曰："卜辞有子卜贞、子贞、子卜、王卜贞、余贞、我贞之文。子卜贞之卜辞，并记子商呼出于壶。子商是武丁之子，其它子卜贞、子贞、子卜之辞，文字笔法颇同，因列于第一期。王卜贞之卜辞，记王东征，为帝辛史实，即帝辛亲贞。王卜贞或其时记事特例。余贞、我贞为王亲贞之语，亦王卜贞之变文。子与王，非贞史，然实行卜贞。并附载之。"其说稍嫌简疏，但王襄勤于探索之精神，值得称道。《特征录》书前，王襄写有一篇长序，云："感董彦堂先生断代贞史之说，因有贞史之集，愿泐专书，著其名字，搜尽旧藏及各家著述得87人，自念衰老，难再增益，乃分期写定，成《殷代贞史特征录》一篇，供修殷史人物志者之取材。所未备者，皆所未知也。"并申述自己见解："研求契文者，每趋重王室，于民政或疏。第卜辞有'我受黍年'、'来岁受年'、'我受年'，皆祈年也。殷代以农立国，年荒则民生坐困。祈年，民政之重且要者。卜辞又有'登人伐下旨'、'勿登人伐颉方'、'呼代登人三千'、'勿登人五千'，类周之比军众。征集民众，是有户籍之证。户籍亦民政之一端。至于征伐，所以卫国保民，益属民政所有，事未可以好大喜功议之。"又云："小屯之大龟四甲，出于武丁之世，其一记载，事皆卜旬。十一月癸已为宾贞，十二月癸丑为品贞，十三月癸巳为古贞、又十月癸酉为争贞，十二月癸酉为贞，考贞史之不同，意究何在？得无其时才人众多，掌管之责，有值日分司之例乎？！……若共贞者……武丁之世有日同、事同二人皆贞之例。……间私度之，共贞者有征伐之义，且加慎焉。日同、事同之贞，有似后世卜筮之兼用，所以重决疑、审是非也。"

《古镜写影》　　1950年写成。原书草拟于天津沦陷时期，书中收周代至明代铜镜579面，考证翔实，文字精练，序言中论证了周代已有镜的见解。

《两汉文物举例》　　1960年写成，收录580余件两汉新莽时期文物，另有新出土的文物。王襄在序中云："近今嗜古家之搜集与国家大建设之发现当时所遗留及墓葬所保存，颇有其器物。凡铜、玉、陶、瓦、竹、木、漆器之属，烂然皆备，人民亦得研究其工艺且体会其生活。……兹编所辑，自刘邦建国至刘秀中兴，取其文物之变荦荦著于今者为一卷，新文物为一卷，图录二卷附焉。非第述古，且以励今。"是书把不同代文物集中起来，集中排比、分析，可以看出每个时代的文物特征，这种研究方法，符合我们现代考古学的基本规律。

此外，尚有《课余日知》（1897）、《簠室小知录》（1914）、《流沙坠简勘勘误记》（1915）、《纶阁文稿》（1918—1959）、《纶阁诗稿》（1928—1937）、《入蜀琐记》（1926）、《读书管窥记》（1930）、《宋钱志异录》（1939）、《簠室楹联集》（1960）等。

书擅篆楷　自成风貌

王襄不仅是位甲骨文研究家、收藏家，而且是一位书法家。古文字学属于历史学范畴，书法则属于美术范畴，这二者关系密切，却又有所不同。王襄二者兼得，能很好地结合起来，在多年的书写实践中，形成了自己的书风书貌。

王襄曾有许多书学的心得体会记录在《簠室题跋》中，如：

> 昔贤论书，见仁见智，皆自道心得。其评议书家，举性所近者言之亦至。学者宜泛览博采，资为津梁。若守一先生之说、一家之法，是犹附庸于人，未知自辟蹊径者也。上斟钟、王，下迄董、赵，中逮颜、柳，神貌骨力，相师而不相袭，用能自成家法。

> 自古善书者皆宗二王，然二王之书唐代已难求。后世所见，摹本为多，存一二形似而已。书学在神韵，神韵失，余皆糟粕。前清书家以石庵相国为最，集唐后书家之大成，惜仍未出二王之藩篱耳。

> 古人书家能过人者，字之一点一画具有真性灵相贯注，始出化入神，有迫不犹人之妙。右军之禊帖，张旭之草，皆激悟此旨者也。

> 古之摩崖碑，纯以性灵胜，有不可意度之妙。

上述这些心得体会,在今天看来,亦应是书学者所遵循之金针。研究文字、博览研究前人书体墨迹、篆刻治印、勤于笔耕,这些均是他成为一位书法家的厚土。

为了便于古文字的研究,他最初练习篆书和治印。"余生二十岁,为彝器款识之学,且学摹印。"以为"金可证经,石可订史,学固博奥,未易穷也,始写篆、刻印立其基"。

学习篆书,师吴大澂,一生不倦,但常以功力不逮,未能参透古人用笔之法为憾。至1956年,已81岁高龄,仍自谦抑,称神貌两无所得,从现存他的遗作看,他的篆书富有浓浓的钟鼎韵味,苍劲浑厚,如临毛公鼎铭文,即是一例佳作。

除了习篆书,王襄还学习治印。对于治印,他认为"古玺之雄奇,秦之秀逸,汉之工整,方为正途。治印者应从缪篆入手,古文缪篆已立法规,治印者师承有自,固不宜惑于流俗,不知所择也"。他还认为治印与其他文艺之道相通。"不师古,无以穷本源;不创新,无以成家法"。要相师而不相袭,要自成家法。要不随人,不背古,神会心解,自辟蹊径。

王襄书法作品遗留很多,大部分为甲骨、金文、篆书、楷书。从这些

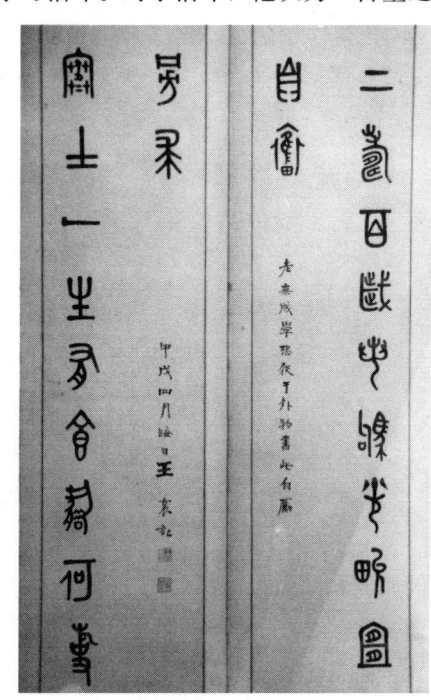

王襄篆书作品

作品中我们可以欣赏到他的书法风格特色。例如天津市艺术博物馆收藏并刊登在《天津书法三百年书法选集》中的两幅篆书作品，一件是临彝器铭文，一件是1934年所书"寒士一生"联。两幅作品是卜文之体，参以金文。

甲骨文是用利器镌刻在兽骨、龟甲上，若以柔软的毛笔表达是很不容易的，故而其书是一种再创造。写甲骨文书体的书法家寥寥，如近百年的罗振玉、董作宾等人均是甲骨文研究和书写的专家。写甲骨文，首要的条件是要深谙甲骨文字结构，而在书写时又不同于一般书体。王襄从1899年接触甲骨，1904年开始研究甲骨文字，对其结构了如指掌，从这两幅字中可以看出他将所学所识融为一体，用笔浑圆，结体端庄，刀笔互见，形神兼备。

王襄的楷书、行书，是在唐楷的基础上汲取了六朝、北魏的书风，多了一些古拙，少了一些柔媚，他收集了许多六朝、唐人写经装订成册，以为楷模。王襄比较喜欢古拙、率真之书体，尤其是古代造像记中工匠镌刻的铭文，无拘无束、质朴无华，令他赞叹不已，在《簠室题跋》中，他说：

> 予少年学帖学，病其摹勒失真，乃一志学碑。中唐以后之碑，笔法多无变化，千碑一致，不足尽古人之妙也。则专六朝人之碑，字之好丑有独到处，非唐碑所几及，亦书翰之大观也。六朝碑多正书，唯造像记，乃具行书，其字多匠人自书自刻，每逊于碑，要之迹犹近古，为嗜书者所珍重。

例如他写的楷书"陋室铭"字对，拙中见古，笔画挺拔，极有功力。

他的行书多见于书札小品。有关行、草书体，还应当谈谈王襄对"书圣"王羲之书法的看法。王羲之，东晋著名书法家。他的书法博采众长，融会贯通，锐意创新，完成了一种姿媚流变的新字体，从而开始了书法的崭新时代，他的《兰亭序》，被称为"天下第一行书"，1965年对于《兰亭序》的真伪，书坛曾开展大辩论。但早在1948年，当王襄题写他1920年所得"太康铜镜"时，则说王羲之的书法是晋代民间用的俗体。他认为晋代书法，上承汉魏，有篆、隶、章草三种。篆书仅有碑额、印文小品事物，隶则施之典册、高文，章草为书家妙墨，皇象钟繇用此显，更非尽人所能。因此，王襄推断民间常用的书法，当别有书体。他以为晋太康二年铜镜上的铭文为匠人以流行体记之，即所谓俗书者。太康二年为公元281年，《兰亭序》为晋永和九年即公元353年，相距70余年，"此书体果创于羲之，何以先七十年写入镜铭？其为当时俗书，尽人习之，确无可议。羲之特运以妙思，自成家法，故能独冠一代。韩公：'羲之俗书，一语为知书之论，非属微词，实千古羲之知己。'""文艺之道，师古者多雅，趋时者每俗。雅俗者，据以定近古近今，非以鉴别优劣。俗者，人人通习，时尚之谓也。"可惜王襄没有赶上1965年书坛论战，否则，这种看法和结论一定会给当时的论战者提供可贵的研究论点。

　　王襄习字写字，内容往往是他思想感情的抒发，爱憎分明，有鲜明的时代性，表现了他的爱国思想及崇高的民族气节。例如敌伪统治时期，索书者甚多，王襄遂订润格委托南纸店收件，巧妙地避开了一些人。1942年冬，日军于东京举办"大东亚书道展"，伪天津市图书馆出面邀请，王襄严词拒绝，并告诫子侄辈："人之读书，前言往行，一一信诸心，无他焉，欲致用而已。事之来也，不慑于声势，不屈于利害，从容处理，不使溃决不可收拾，所谓见理明，处事当，能行所学者。"1944年用宋代陆游"此处天教著放翁"句书横额并题词悬于室内自励，并题："陆放翁生当南宋,不忘汴京版图,其爱国热诚形于歌咏,读之发人深感。"新中国成立后,他的书法内容一改过去的沉闷之气,每年旧历之旦或新年元旦都题字作书,抒发愉快心情,歌颂社会主义祖国并自勉努力。①

原载中国人民政治协商会议天津市委员会学习和
文史资料委员会编《天津十大收藏家》,
天津人民出版社 2007 年 6 月第 1 版

---

① 本文主要参考书目:

1. 王巨儒著,卞慧新、唐石父校对:《纪念父亲王襄 110 周年诞辰年谱》一、二,《天津文史丛刊》1987 年第 7 期、1988 年第 8 期。

2. 唐石父:《王襄先生与古泉研究》,《天津文史丛刊》1987 年第 7 期。

3. 王巨儒:《王襄论书法及治印》,《天津文史丛刊》1988 年第 8 期。

4. 崔志远:《簠室殷契征文二三事》,《天津文史丛刊》1986 年第 6 期。

5. 崔志远:《王襄先生对甲骨学的贡献——纪念中国甲骨文发现一百周年》,《天津文史》1998 年第 21 期。

6. 阿是:《从郭沫若为王襄题墓碑谈起》,《天津文史》1998 年第 21 期。

7. 李鹤年:《王襄诞辰 110 周年纪念座谈会》,《天津文史丛刊》1987 年第 7 期。

8. 唐石父、王巨儒整理:《王襄著作选集(上)·簠室殷契征文》,天津古籍出版社,2005 年。

徐世章藏玉藏砚甲天下

徐世章，字端甫，又字叔子（因其父徐嘉霖字叔雨，故字叔子），号濠园，天津人，生于清光绪十五年（1889），卒于1954年，享年65岁。京师大学堂译学馆毕业①，后留学比利时列日大学经济管理系，获学士学位。历任陇海铁路局会计监补与技术见习所副监督、京汉铁路管理局副局长、津浦铁路局局长、浦信铁路督办、国有铁路沿线防役官、津浦铁路防疫局局长、交通部次长、交通银行副总裁、国际运输局局长及币制局总裁等职。离任后寓居天津。他在退职时曾言"今后不再参与政治"，从此致力于收藏、整理文物，购置房产，兴办教育、医务、实业等事业，乐于为振兴公益事业服务。因为他生活俭朴、待人诚恳、为人正派，故在当时寓居天津的开明士绅中有较高威望。

徐世章是天津著名古文物收藏家，在近代收藏家中，堪称佼佼者。收藏古文物数量之多、种类之繁、物品之精，可谓闻名遐迩，誉满中华。许多精品，堪称国之瑰宝，其中古玉、古砚两类，尤为卓著。其藏品有以下几个特点：

一、所藏古玉品类齐全，代代有序，自成系统。传统金石学认为，所谓"古玉"，是指上始夏商周三代，下迄两汉时代的玉

---

① 按，《天津近代人物录》及一些近代史辞典，均误作同文馆毕业，同文馆系清同治元年（1862）设，光绪二十七年（1901）并入京师大学堂后，于北京北河沿置房改设译学馆。

器。徐世章遵此原则，着力于这些年代的玉器搜集。新石器时代、夏、商、西周、春秋、战国、秦、汉等各时代玉质的生产工具（斧、铲、刀）、装饰玉（珮、饰、璜、环、玦、系璧、管、珠）、礼仪玉（圭、璧、琮、璋）等俱全，尤以后两种品位高，最出众。

二、所藏古玉精品荟萃，蔚为大观。1928年河南安阳殷墟遗址被首次科学发掘，出土了大量甲骨、玉器和青铜器等宫廷遗宝。20世纪30至40年代，殷墟玉器即成为世人探求的目标。其中虽有见诸于肆店者，但精品难求。徐先生请专人赴安阳，去开挖（私人采掘）现场，就地收宝，将许多古玉珍品收入囊中。1975年殷墟妇好墓面世，它是殷墟发现以来最重要的考古成果，而徐世章所藏古玉中如青玉弦纹璧、青玉直线圭、青玉龙纹珮、青玉龙首纹觽、白玉龙形珮、黄玉凤形珮及青玉龙形玦等，都可与妇好墓出土的古玉相媲美；而黄玉牛首形饰、绿松石蛙形饰、青玉龙纹璧、青玉癸巳铭笄、黄玉蝉形管、黄玉弦纹箍和青玉龟腹板等，材质之纯、造型之美、工艺之精、价值之高，均超过妇好生前之享用，堪称传世之珍。

三、所藏古玉，大多为名家递藏。名家收藏常常是衡量玉器的历史、文化与艺术价值高下的重要标志，徐先生深知名士均有高深的鉴赏水平，他们所藏必多上品。著名文物鉴藏家陈介祺（号簠斋）先生的汉青玉卷云纹饰板，古玉巨商黄浚的商小臣□柄形玉、癸巳玉笄、战国涌肯玉器、商青玉龟腹板、商青玉鳖形珮、西周青玉虎形珮、春秋青玉谷纹珮、战国青玉谷纹龙形珮，著名历史学家、文物鉴藏家于省吾先生的商黄玉牛首形珮等都被徐先生以重金先后购得。

徐世章所藏这些玉器都属于历史价值和艺术价值很高的珍品，有的则是享誉海内外的国宝。脚步遍及南北的著名古董商户卢雨亭、裴振山、李铭三、倪玉书、洪玉林、郭葆昌等经营的商周美玉，很多都易手于徐先生，成为珍藏之主要构成部分。

四、所藏古砚，上起唐宋、下迄明清及近代，各代不乏精品，大部分造型隽秀，雕刻精细。造型、图案内容丰富，形式多样，风格各异。其中尤以清代砚最为精美，蕴涵着高度的工艺性、美术性，每一方砚都是一件精美的雕刻艺术品，如王岫君山水砚、阮元铭山水砚等砚均呈现出一派湖光山色，充满诗情画意。

五、所藏砚台材质种类丰富多样。不仅包括端石、歙石、洮河石、澄泥几种著名砚材，尚有陶瓷、砖瓦、竹木、牙石、翡翠、玛瑙、水晶、松花石、砣矶石、漆砂等。其中以端砚为最多。并有许多罕见的石品，如端石中的青花、火捺、冰纹、蕉叶白、石眼等，歙石中的眉纹、金晕金星、银晕银星等。

六、所藏砚台有砚铭者居多。铭文款识不仅是书法艺术，更是珍贵的历史资料。如明顾从义石鼓文砚，砚面、周、底摹刻了石鼓文四百余字，系按宋拓本石鼓文摹刻，在目前国内尚无宋拓本石鼓流传于世的情况下，此砚即成为宋拓本的样本，对石鼓文的研究有着重要参考价值。此砚屡见著录，流传有绪，堪称珍品。还有清初著名砚台收藏家黄任的藏砚，其中以墨雨砚闻名于世。还有一些砚台被著名的书画家、民族英雄、达官显贵如金农、朱彝尊、纪昀、翁方纲、阮元等收藏并铭款，反映了徐世章藏砚的明显特征。

除了古玉、古砚两类外，尚有其他类别的古物精品。书画、碑帖中有清傅山、傅眉父子画册，设色山水小景16开，是傅氏父子二人的力作；清黄鼎《万里长江图》长卷；清张四教《新罗山人像》轴；北宋拓《怀仁集王圣教序》，为清代崇思所藏墨皇本；宋拓《西楼苏帖》，集宋代苏轼楷书、草书、行书之大成，是宋人书、宋人刻、宋代拓之孤本。仿名家书迹画稿制作的缂丝如清乾隆《明皇试马图》，精工细作，是清代缂丝珍品。此外尚有铜器金属中的战国山字纹铜镜、汉马形金饰件、汉虎羊纹金环饰,文玩方面的印章、臂搁、古琴均为名家制作,等等。这些艺术品虽数量不如古玉、古砚数量之多,但也均是难得的珍品。

从收藏章看生活志向

收藏章是收藏者加盖或铭刻在古物上的戳记。收藏章除了一些"某某收藏"的印文外,有时也将诗句、格言、勖语入印,与闲章内容相近,起到画龙点睛、发人深省的作用,表达收藏者的心迹及对艺术的见解,可帮助观赏者了解和认识收藏者。徐世章有许多收藏章,仅在砚铭跋记中经常使用的有"陶冶性灵"、"神游心尝"、"砚田旧业"、"闲人以砚为忙事"、"宝研室"、"砚痴"、"濠园宝此胜过明珠骏马"、"石痴道人"、"生有金石癖"、"金石之福"等,从这几方收藏章来看,除了有一般收藏家共有的心态外,还可看出他对自己收藏的砚是何等钟爱。爱砚之情,往往比之子女,如他在一方瓜形砚的砚盒上刻铭云:"此砚石质之润、色泽之美,虽蓝田之玉无以过之,匠心之巧、刻镂之精,虽顾二娘、王岫君无以过之,允称二绝,瓜上有一小鼠颇奇。余长子绪开甲子生,因算之其差宝藏。丁丑仲冬濠园题识。"铭文的前半部谈砚石之优,雕刻精湛,后半部谈到鼠时又与其长子徐绪开相联系。徐绪开生于甲子年,按徐世章生卒年代计算,此甲子应为1924年,其年为鼠年,故徐绪开属鼠,似与砚上小鼠相应,铭文后属"丁丑",即为1937年,正好一轮刚过,鼠年过后为牛年,徐绪开13岁,故铭文中有"因算之差"之语。看来徐先生是把收藏古砚与家人子女相连,视如体肤骨肉,这是何等的关爱之情!实际所藏古物确实是他生活中不可缺少之物,每得一物,都是一次喜悦和激动,在各种跋记中常有"终日把玩"、"爱不释手"之类的言词。一年四季,严冬酷暑,终日相伴,是他生活中最大的情趣。如"雪后浓阴仍有雪意,闭户书此"(清密罗柑端砚跋)、"溽暑蒸人端甫挥汗记"(清李簧蕉叶砚跋),即便有病也不例外,如在一件玉器盒内题"庚寅冬,患肺炎在家休养时题",可谓这种状况的生动真实写照。观赏古物,题写铭跋成了他文化生活的重要内容。对砚的惜爱之情,从以下几个跋中可见一斑:"忽闻八兄自北平遣人至,携此砚来,启阅之下,如获奇珍,把玩累日,爱不释手";"此石余得后即送北平配匣,归余斋中置之案头,又多一珍爱之物,无日不把玩,吾之爱之亦不让石潭";"夜阑人静,爇香煮茗与希丁、贡扬从容启簏,宝光四溢,再拜视之,乃冰玉道人之肖像砚也,赏玩达旦,欣喜欲狂"。他爱文物、收藏文物,其中也表现了他的思想情感。如他在藏砚手记中写道:"吾人收集古人之砚,不独以砚材之极美,刻工之精细,而在充分表现其人之心灵、意境、节操、哲理、情绪、诗意等,形之于砚。"可见其藏砚、爱砚已升华为极高的思想境界。

徐世章是位大收藏家,但他从不把聚藏文物当成私家专享,秘不示人,而常以物会友,借以倡导与提高社会爱护、观赏和收藏的水准,弘扬祖国崇尚文物的优良传统。由徐世章发起,会同三五好友,每周四定为文物鉴赏日,轮流到各家欣赏文物,参加者有何瑞章、杨晋、马少眉、张叔诚、吴颂平诸先生,他们均有鉴赏古物的嗜好,又擅长书法,互相为自己喜爱的古物题词赋诗,鉴赏品评,借以获得精神享受。但徐世章绝对不和给日本人办事的官员往来。

在那内忧外患的动乱年代,国家政治腐败,经济萧条,徐世章在退职时就曾言,"今后不再参与政治,不参与时弊",而是采取了寄情于翰墨、兴办公益事业的生活方式。在古物中他找到另一番天地,抒发清新高雅的情怀,寻求共同语言。如有一方小玲珑山馆端砚山,是清代杭州著名藏书家马曰琯、马曰璐兄弟故物,马氏兄弟淡泊名利,辞官不就,而是常集四方名士于斋中,结诗社,雅集聚会,徐世章对这种生活方式是思慕和向往的,"余每当春秋佳日把玩、欣赏,辄缅怀马氏昆季之高致,布衣清韵,弥乞景仰。回忆余自壬戌(1922)谢政归里,侍母家居,忽忽将近廿年,日唯寄情于翰墨金石间,亦颇乞以自幸也"。这正是他"陶冶性灵"这方收藏印的最好注脚。他淡泊名利,寄情翰墨,在文化事业上为后世做了许多好事,极为难能可贵。

作为一个半封建、半殖民地社会的国民,徐世章经常流露出爱国思想的闪光。如对于历史上一些热爱国家、热爱民族的高风亮节人物的遗物,他的景仰之情常溢于言表;对于一些有历史意义的古物也表现出一种特殊的感情。当他得到一片造型简略、石质一般的山东田横岛石砚时,这种感情就表露出来。他在题识上大书田横率五百人跳海的经过。对于田横之举,历史评价如何,姑且不论,徐世章敬重的是他的忠义之气节:"此种壮烈之举,亘古稀有……此孤岛中之一片石,亦具有孤特之性、坚贞之质,当为义士精诚所结。制以为砚,则临池赏玩,犹想见古人不屈不挠之精神,忠义悲壮之气概,发人猛省。余获此砚于津肆,深觉珍贵逾恒,特制匣以藏,并补铭于匣端,以志景慕,是为记铭:'孤岛奇石兮,会天地之精英。磨而不磷兮,与忠烈同其贞。制斯砚以垂不朽兮,千载下犹景仰义士之名。'"

耗资耗力 竭力搜求

徐世章所藏古物,每一件都有一番经历、一个故事,每一件都凝聚着他的心血和精力。其来源有的是人送货上门,有的是他通过朋友介绍从名人后裔收集而来,有的是动员外地的亲友如堂兄徐朴园等人搜集。篆刻、传拓专家周希丁、傅大卣及郭则沄、傅恺、何庆震等人也予以协助，总统徐世昌也为他搜集古物，可谓动员了各方众多人力。20世纪90年代，傅大卣曾在《收藏家》杂志撰文《我与法式善砚的三面之缘》中谈及他与老师周希丁在徐家拓砚并为徐家搜集古砚事："一九三六年，岁在丙子。夏，余随周希丁师居天津，为徐氏拓砚谱，是年初夏由英租界新加坡三十三号路迁到英租界伦敦路四十四路四八四号新筑楼房。"一日他去天津日租界大罗天文物商店雅鉴斋，遇到一售砚人，持法式善铭砚出售，傅大卣立即认出这是方名人砚，后此砚经他与师傅过目，即为徐家收购。徐世章自己也常亲自出马。七七事变前他也经常光顾大罗天的几十家古玩店铺，遇有收藏价值的就买下来，差不多每次均有收获。后来大罗天拆掉，古玩店移到劝业场、泰康商场、天祥商场等处，他也经常到这些地方去，他对古玩商说："只要是精品，不管多少钱，统统送到我家。"桥亭卜卦砚是一件名满津门又颇有争议的一方古砚。据原天津古籍书店经理张振铎先生回忆，1936年的一天，军阀张勋的部下，腋下夹着个黄色包袱进店来说卖件东西，打开一看是方旧砚，即桥亭卜卦砚。大家一致看好，经议价以800银元收购，店里都知道津门收藏砚台大家是徐世章，于是很快送到徐府，以高于收购的价格转售给徐世章。徐先生得到此砚后，认真进行了研究，确定为天津清初著名书画家、收藏家张霖水西庄遗物，于是作记、传拓，妥为保藏。他所藏的书画虽然数量不多，但也不乏精品，其中有一部分来源于天津汪某家所藏。一次汪某与当时大汉奸王克敏等人打麻将，王克敏牌运不佳，他输急了眼，硬是用一对么鸡，碰"和"汪某打出的么饼，这是乱了牌规的"诈和"，可王克敏却倚仗权势说："鸡饿了就要吃饼。"汪某无奈，只得认输，一下输掉大洋40万，他急需现款，于是把家藏书画拿到北京古玩店出售，徐世章以 10 万大洋收购了其中一部分，数量、质量极为可观，遗憾的是运输中被偷走一部分。徐世章耳目灵通，平日遇到哪里有出售文物的音讯，则不遗余力，千方百计想办法搞到手，一些珍贵之品，还要辗转多年，经过一番艰苦漫长的磋商过程。如著名的明顾从义摹刻石鼓文石砚，徐先生在许多著录上早就见到记载了，故而一直惦记着寻得此砚，可就是不知现存何处。经过他多方寻访，于 1935 年得知此砚藏于北京李某家，他请估人介绍亲自赴京观看，经过协商议价收购，但不久本主翻悔，又经多次磋商方成协议，这期间又几乎为商贾从中攘去，徐先生则又苦心力争，终于在第二年春以重资获得此砚。他将砚带回津城做盒，并记此砚得之经过，说明砚得之匪易，告诫子孙永保。还有一些物品的入藏则要经过漫长的岁月。如清万树、朱筠铭凤形端砚即是其中之一。此砚原为津城名士李葆恂（字文石）故物，1932 年被其家人窃出售于肆市，估人持此砚来到徐家，在议价未成之时被一名为陈剑秋的人重价买去，徐得知后惋惜不已，曾到北京访问陈剑秋，请求看一看这方砚台，但未得到允许，徐深为懊丧。陈剑秋故去后，徐屡次托人向其家属说情，希望转让，终未得到允诺，至 1948 年又派人去说情，才得以收购入藏，这中间经历了漫长的 16 年，可见徐世章对砚的痴情到了何种地步！

　　徐先生凭借着他的社会关系，利用他所相识的人，直接或间接从名人后裔手中搜集名人遗物。如古青玉人面，他在跋记中云："此玉人面为李季皋（李鸿章之子）最心爱之物，从不离身。带来沽上，随出把玩。季皋逝世未几，此玉竟流落肆上，余乃以重金得之，什袭珍藏。"清纪晓岚葫芦端砚，是从严修次子严智怡先生手中所得。徐先生先后收藏了纪晓岚的八方砚台。纪晓岚（1724—1805），名纪昀，河北献县人，乾隆进士，曾任《四库全书》总纂，人称"评骘精审，识见高超"，为朝臣所敬重，是清代著名学者。他亦是一位古物爱好者和收藏家，砚台是他收藏品之一项。其砚拓孤本为其四世孙纪堪谨所藏，民国年间由金石家、古物鉴定家、原故宫博物院顾问李浚之石印出版，名为《阅微草堂砚谱》。徐世章所收藏的八方纪晓岚铭砚，有半数以上为《砚谱》中著录之品。

徐世章居京期间曾与花沙纳后人同巷，经友人介绍在宴席上相识，当他得知花家存有其祖花沙纳韵雪斋端砚时，再三恳请出让，以重价收购。花沙纳，字毓中，号松岑，蒙古正黄旗人、吏部尚书，工诗画，善古琴。第二次鸦片战争期间，英、法、俄强迫清政府订立不平等条约，咸丰八年（1858），清廷派钦差大臣桂良、花沙纳在天津签订《天津条约》，随后又在上海签订中英、中法、中美通商章程，此砚即是他在上海所得。砚上有花沙纳的铭款"沪上得云腴砚"，落款咸丰戊午，即咸丰八年，即赴上海的时间。砚石细腻如肤，上部雕云纹，故名曰"云腴砚"。此砚不仅具有艺术价值，而且具有历史价值。

《中国艺术家征略》的作者李放的谱史亭歙砚，是李放自书自刻，徐世章在李放的斋中曾见到过，李放去世后，徐世章仰慕他的才华冠时、著书甚富，从其子李石孙手中购得，自言观砚可"想见其风采焉"。李放，清末朝臣李鹤年之孙，津门名士李葆恂之子，字无放，号浪翁，自幼受家学熏陶，酷嗜金石书画，所著《中国艺术家征略》，至今仍是工艺美术方面的重要工具书籍。通过徐世章对这方砚的跋语及李放所著《征略》的年代，可推算出李放的生卒年代。据《四部总录艺术编》载，《征略》于1914年刊行，该书首页有李放小照，上署"墨幢居士三十一岁小像"，两侧自题"甲寅十月十九日浪公自赞（是为初度）"。甲寅即刊行之年1914，"初度"是生日，由1914年上溯三十年（31岁为虚岁，实为30岁），当为1884年，清光绪十年，可知李放生于

1884年旧历十月十九，徐世章在砚的附件跋记中有"年有四十而卒"，则知李放于1923年去世，从而补充了《中国美术家人名大辞典》中李放无生卒记载的空白。

以上几例，只是他收藏经历的一小部分，仅就这几例中，可以得知这些原收藏者有的是历史上的学者，有的是某段历史时期的关键性人物，有的是地方名流。搜集这些人物的遗物，在当时可能看不出其重要性，但时过境迁，当后来人再想去搜集、寻找他们的资料，就不是唾手可得的了。今天看来，收集名人遗物，无疑是一种具有远见卓识之举，它对后世历史研究有着极为重大的意义。尽管有些砚并非是质优工美的佳作，如李放谱史亭歙砚，做工、石质均很一般，与他收藏的其他佳品均无可比拟，但它具有历史价值，尤其是地方史料价值，通过这方砚可以了解李放的一些情况，提供地方史料，其可贵性就远远超过砚本身了。

为了搜集古物，徐世章不仅耗费精力，也耗费了巨额资财。许多铭记中有"以重金购得"之语。据曾在徐世章家做过砚拓的傅大卣先生讲，他买的歙砚，至少也要四五百银元一件，有的要上千元，如清东坡大歙砚，1200银元；宋谢文节款桥亭卜卦砚，1200银元；而明顾从义摹刻石鼓文砚则4400银元。当时1.6元一袋白面，8角钱一身衣服，此砚可抵两个小地主的资财。有的砚是以黄金议价，据说金大定红陶小砚，因其为数量不多的金代遗物，故而购买时所用黄金几乎与砚的重量相等。有的砚是以典卖土地易得，他在铭记中云："当此世乱年荒之际，而以重金得之，人不以嗤我愚也，然我以卖地之金易此砚为幸，纪（晓岚）先生遗物亦且慰先生于地下矣。"

徐世章收购文物不吝钱财，而生活却十分简朴。他不尚奢华，不乱花一文钱，衣食均不讲究，粗茶淡饭足矣，无不良嗜好，不打牌、不饮酒，平时爱穿用白布染成蓝色的长衫，子女们上学时也都穿这种自家染的布做的衣服,在当时"贵族"学校——耀华中学读书时显得十分寒酸。每逢春夏之交,他还要让子女拣草地上的马齿苋,摘嫩柳叶、榆树钱做菜吃。徐先生有子女9人,买鸡蛋时都要买小个的,一人一个好分。在这种家风影响下,子女们无娇骄二气,能吃苦耐劳,以致在新中国成立后的一系列政治运动中能够很快适应环境,不以为苦,思想进步。1996年夏兄妹相聚,二女儿取出几经劫难、唯一保留下来的徐世章《藏砚手记》等账目,睹物思人感慨良深,更加激起儿女们对他的思念与崇敬。从这份账目上可以清楚地看出他的生活开支与收购文物开支的巨大差距。十几口富有之家过年、过节开支才一二百元,而一块砚台要六七百元。从残存的这册《藏砚手记》中可以得知,仅1934年用于购砚达12116元,1935年为10017元,1936年为8375元,1937年为5739元。购买古物,虽然他舍得花钱但也是尽量能省则省,由于他懂行识货,还常以廉价购得珍品,如1937年1月,他以6元之价购得明代宣德款识的铁砚一方。他自己也经常奔波于文玩古店、荒滩冷肆。当钱一时不凑手时,又出让一些古砚,购得更精罕的古砚。对于无从购买者,采取与人以砚易砚的交换方式,如他曾以自藏清桂馥大龙尾砚换得徐世襄所藏朱筠河大石砚,徐世昌曾以诗记其事。

徐世章用来购置古物的资财,难以计数,连他自己也说:"要是我将购置古物的钱用来买钻石,可以买一大簸箩。"而他的夫人一生都没有一件像样的贵重首饰。

搜集资料　潜心研究

徐世章先生学养深厚,鉴赏水平高,收藏古文物,不是单纯的好古、观赏或玩味,而更注重对它们的研究。

对玉器的研究,多从造型和纹饰上,挖掘其文化内涵及学术价值。这方面的努力探索，实不亚于专业学者。在研考方面，态度严谨，方法正确：其一，重视玉器的发掘源地及传世后的流传经历。究其出土地点、日期与历史艺术特色，笔录于囊盒内，作为收藏与研究的原始基本资料，以备查考。如在商青玉兽面纹管盒上写："物得于上海，云为彰德出土，必为商器。"在青玉虎形珮盒上记："庚辰春，彰德出土。"（彰德，今安阳。庚辰，1940年）这类记有"彰德出土"者，不下数十件。其二，着重科学研究及其记录。对玉器的时代、文化内蕴、定名和评价等，均对照典籍内容，精究要义，凿凿有据。得收获或结论者，则书写记载，犹若篇篇短论文，意在留鉴于后人，今天看来，其中多有精辟之语。如汉青玉人，头后饰发辫，考证于《史记·西南夷列传》、《汉书·终军传》等古籍，认为中国之"编发远在三千年前可断言矣"。这一卓见，在1974年发掘的陕西临潼秦始皇兵马俑坑武士俑的发饰上得到验证。战国谷纹璧，直径20厘米，质地似石而润，似玉而柔，名义难辨。徐世章考据于《汉书》之《西域传》及《地理志》，《说文解字》，吴大澂《古玉图考》和《武梁祠画像石》等文献，判定此璧由琉璃制成。璧琉璃系原产于西域的一种美石（广义的"玉石"），其名称是胡语译音。璧琉璃器，世所罕见，据此，他在记文中云："此璧虽破而无大缺，况如斯之大璧琉璃，倘若完整，真稀世之瑰宝也。"他的敏睿识断，令人叹服。这种研究工作之中，徐先生勤于耕耘，所获心得，常"挥汗记之"；甚至连病休（患肺炎）时也不肯辍笔。其自奋精神，可见一斑。

对于砚台，他极少在砚上刻铭题跋，可能出于谦虚，亦可能出于对文物的爱护。大多刻在他做的砚盒上，或书写在自制的砚垫上，文辞多的话要另书一纸，折好放在盒内。题铭的内容包括收藏经历，铭者小传，入藏时间及其他内容。对于一些名品，则另书长卷或条幅,如明顾从义摹刻石鼓文石砚的题记书写长卷,作释文、抄著录,不一而足。每一篇铭记,都是研究成果,均有一定的学术价值。今天看来,他做的这项工作,实际就是研究工作,称徐先生为古物研究者,并非过誉。

  徐先生在搜集相关资料的过程中,也是下了一番精力的。他搜集了许多与文物有关的资料,如铭者、收藏者的墨迹、印章、墨、条幅、著作、有关著录、书籍等等,将这些资料与文物放在一起,共装一匣。从学术角度讲,这些资料可以使研究者扩大视野,多方位地了解铭者或收藏者的情况,以便对文物进行全面的评估与鉴定。就在这部分称之为附件的参考资料中,有一大部分是不可低估的珍贵文物,有的比主体文物还要珍贵。如他得到明王宠款端砚后,又收入王宠草书卷作为附件。王宠(1494—1533),江苏苏州人,字履吉,号雅宜山人,善书画,以书见长,尤善草书,因只活了40岁,传世遗物较少。上述草书卷婉丽遒逸,堪称佳作,经专家鉴定,确认为王宠不可多得之佳作。又如清黄易端砚,其附件是黄易绘《得碑十二图册》。黄易一生为抢救散佚的古碑刻及拓本、丰富我国金石宝库,贡献良多。《得碑十二图册》,一事一图一记,记录了黄易自乾隆四十年至五十八年(1775—1793)十余年间在山东、河北等地寻得碑刻、拓本的经过,翁方纲作序,每图并作诗跋,图文并茂,诗文俱佳。仅此上述两件附件,就难以估计其历史、艺术乃至经济价值。附件中还有一些重要的著作、著录。如明王穉登款澄泥砚附件有旧版《王穉登全集》;宋谢文节款桥亭卜卦歙砚,附有明嘉靖版《谢侍郎传》、清版查礼辑《卜砚集》,又因此砚在天津清代文化史上占有一定地位,天津史志上均有记载,故又将有著录的《天津县志》等书籍亦收在其内;著名的明顾从义摹刻石鼓文石砚的附件有郭沫若著《石鼓文研究》、流传海外的三种宋拓本的影印本。

这些资料极大地充实了文物流传经历及科学性证明资料，同时也为后来的研究工作者提供了方便。

在研究过程中，他注意结合管理工作，如把款识相同的砚，或形式相同的砚尽量放在一起。如清代林佶铭款的两件砚，一长方形，一椭圆形，尽管形状不同，但为同一人铭款，放在一匣内，便于观察对照款识。形状相同、铭款不同，亦放在一起，如舟形端砚，一为清陈兆仑款，一为清杨谦款，均为清代艺术家，两方舟形砚称之为双小舟端砚。清双凌云端砚，两件均为竹节形，均有"凌云"二字铭，一有明末曹学佺铭跋，一有清余甸铭跋，两件入藏时间相隔两年，放在一起称为双凌云砚。尤其使人感兴趣的是将明代王稚登及明马湘兰款的砚放在一起。王稚登（1535—1612），明代著名书法家，马湘兰（1548—1604），明代金陵名妓，能诗善画，以善画竹闻名，因慕王稚登之名，与王友善，王的诗集中亦有与马的唱和之作。二人情意笃深，马湘兰欲委身于王，王未允，她在王稚登70岁寿辰时，置酒为寿，归而病，郁郁而终。徐先生将二人之砚合椟保存，成其好事，慰藉马湘兰之芳魂，说来亦算艺林之中一段趣话。

从上述这些附件及归类方法，可以看出徐先生的研究工作不囿于一件一事，而是广开思路，引经据典，旁征博引，既有宏观，又有微观，在出土物不多、对照品匮乏的时代，其方法和思路是值得推崇的。

传拓留影　昭示后人

徐世章所藏文物附件中，还有一项不容忽视的宝贵资料，即砚台拓本。每件砚入藏后，大部分要经传拓，每砚拓10张，所用宣纸，均从南方宣纸产地订购，裁成若干一定尺寸规格，基本上是竖一尺半、横二尺余对折，右下印有篆书竖排"濠园砚谱"印，每砚要拓正、反两面及四侧。墨也是用上好的古墨，黝黑发亮，花纹清晰分明，所拓的平面不是简单的平铺直叙，而是层次分明，深浅适度，极富变化，既忠实原作，又不板滞，全面而生动地反映出件件砚台的风姿。有一件山水端砚，其拓本宛如一幅水墨山水画，更令人叹为观止的是立体拓，它比照片更胜一筹，其艺术性则远远超过照片了。这些精美的拓片，几乎与砚同样具有文物价值。这些砚拓就出自已故著名篆刻、传拓专家周希丁及其徒、已故著名文物鉴定家傅大卣之手。师徒二人在徐家传拓器物达七八年之久。

1936年夏，周希丁和傅大卣师徒来到天津，居住在徐先生家，当时傅大卣只有18岁，他随师边拓边学，他清楚地记得第一次学习立体拓所拓的文物是清汪由敦、翁方纲《兰亭序》合璧端砚。徐世章能请到这样的高手到家里来传拓，真可谓将遇良才，而周希丁师徒则亦在砚海中大显身手。他们施用立体拓，把拓片搞得如同照片，施用着色拓，有些有色泽的砚材用相应颜色拓，如荷鱼朱砂澄泥砚用朱红色，绿色石材用绿色，师徒俩把砚台拓美了，拓活了，使砚拓璀璨生辉，大放异彩。这套砚拓，按出版规格制作，并由徐世昌作了序和跋，但后来因故未能出版。这些拓本大部分也作为捐献品，现收藏在天津市艺术博物馆。因其系名人所拓，它与砚台同样具有文物价值。除了拓砚，他们也为徐先生搜集砚台，来往津京寻觅音讯，有些砚台及文物就是经过他们之手搜集到的。20世纪70年代天津市艺术博物馆曾请傅大卣来津鉴定砚台，傅大卣抚摸着一件件砚台，看着一张张拓片，如见故人，追思往事，感慨万千。

徐先生除了请人拓砚外，还搜集砚拓。有时是先见拓片，按图寻物。如清薛生白款端砚，即先见拓本，后得砚，记云："初见拓本,后为北京估人所得,辗转数月始得,归于寒斋,道人(指薛生白)有灵,若百年后亦知有人爱护此砚胜于金玉也。"有时是得砚后再搜集砚拓。如宋谢文节款桥亭卜卦歙砚,先是其堂兄徐朴园得南无赵山木手拓之本,他得知堂弟徐世章得原砚后,遂将拓本相赠,此后徐世章又得大兴刘铨福拓本,越三年后又得丹林何鼎清咸丰年间拓本,通过这几张拓本,可得知此砚从天津水西庄流传出去的一些情况。又,徐先生得清翁方纲摹刻瘗鹤铭端砚之后月余,得知北京厂肆有该砚旧拓本及陆游焦山踏雪观铭题铭两拓本,急速购归,翻阅各书后确认翁方纲确实摹刻过此砚,认定其砚确真无疑,不禁狂喜。

传拓留影,可丰富藏砚内容,使砚增辉添彩,欣赏或出版皆可;搜集旧拓,则可查清源流,确认真伪,徐先生之用心可谓良苦矣!

装潢保护　不惜工本

文物保护的手段之一是装潢,它可使文物免遭损失,延长文物的寿命,以便代代相传。历代许多文物流传至今,装潢起了一定作用。制作囊匣为装潢的重要内容。就砚盒来讲,古人视制作砚匣为藏砚、保砚的重要手段之一,有许多讲究和说法,在一些书籍上屡见记载,有的甚至单独设立章节加以论述。如清吴兰修《端溪砚史·藏砚》转引《砚书》云:"砚有匣所以爱护善藏,不使尘蒙、拒墨、伤笔也。匣用漆为上,次用紫檀为雅,漆胜于檀者不渗水气故也。匣容砚宜稍宽,用绫锦藉之毋伤砚质";"砚匣不可用金","金坚,石软,必至碰伤,须用旧墨檀及紫花梨,独木雕成,盖内再上洋漆,以收湿气,则墨不化水而生光,或用旧紫楠,亦尽古雅"。这些均是前人的经验总结,后人不可不借鉴。

徐先生不仅借鉴了前人的经验，而且加以充实、完善。他收藏的文物，其装潢均有一定特色，形成一种风格，直至今天，一般鉴定工作者一见到这种装潢就知道是徐世章故物。

徐世章收藏文物的装潢特色主要表现为用料考究、做工精湛、雅致得体。用料中木材多为紫檀木、红木、花梨木、楠木、鸡翅木等，纺织物有锦、缎、呢绒、棉布等。每件古玉，均请细木匠专制上好材质的木匣，或制锦盒，小盒做得极为精致，有的小盒一寸多见方，厚不过一寸，但做工一丝不苟、小巧别致，内充填棉里绸面软囊，不但使玉器卧之舒适，而且又可防潮、防损。还设立古玉专柜，严加保护，观赏"生坑"玉器时，更要防与汗手接触，以保护自然"包浆"，避免蜕化变质。砚台盒是其文物装潢中之大宗。所做的砚盒有几种类型，一般为紫檀木内盒，外盒为楠木、紫檀木、蓝布几种，木盒是专程去北京请高手制作的，有的内木盒是按砚形整挖，有的雕刻纹饰、或镶嵌饰物，盒内又多按砚形缝制绸垫或裁剪得体的薄呢垫，以防硬碰硬，损伤砚石。砚盒本身几乎成了工艺品。

对于一些虽然破旧，但有年份的旧砚盒，请人加以修补，据说北京有特殊手艺的孙天庆师傅，所修旧盒天衣无缝，并可于外面再加做一层保护盒。如清竹筠居士澄泥砚，砚为竹节形，原有画漆盒，不仅别致，而且上下有铭，其铭亦有一定价值，则又按其形制做了一个竹节形外盒，以保护内盒及砚。又，清王士禄诗稿端砚，原有漆盒。砚盒上题字因丝漆剥落已不易辨认，经过数日努力，终于在日光下对映时才看出是清康熙时期满族文人博尔都的题字，内容是："新城王西樵（即王士禄）先生文章品行甲于山左，其诗名稍逊渔阳（其弟王士禛），然乡评皆以孝友忠信称之，故后复有私溢'节孝先生'之誉。"博尔都与王士禄差不多为同时代的人，对王士禄诗文、品德作了中肯的评价，可供参考之用，其盒与砚具有同样文物价值，故在此漆盒外又做一个盒子，加以保护。

在做盒子过程中还出现过许多险情。如清香草斋东陵五色瓜形端砚，送到北京去做砚盒，盒子做成与砚一起送回津途中不慎遗失，多方寻找，最后经旧从李殿义在山东寻获，未及月余即回津，徐喜不自胜。在寻砚过程中，焦虑、痛惜之情可想而知。

爱憎分明　功在千秋

徐世章收藏文物之事不胫而走，声名远播，所藏文物曾引起许多人垂涎。民国时期，美国某大财团曾出数百万美元欲购全部收藏品，面对有如天文数字的重金利诱，他严词拒绝。新中国成立前夕，很多人劝他去美国做寓公，利用手中的大量文物，在国外作巡回展览，这确实可使一家人过上超级华人的生活。而徐世章却回答说："中国古代文化遗产，绝不能从我手中流散到国外。"徐先生生前曾与好友周叔弢先生商量过捐献之事，谈到个人虽倾注了全部心血和财力，建此鸿业，但它不属于妻女儿孙，一定要献给国家。此想法得到了当时任天津市副市长的周叔弢的支持和鼓励，周叔弢也是向政府捐赠文物古籍的倡导者和带头人，两人所见一致，志同道合。

1954年徐世章病重，弥留之际，他唯一惦念的是那些与他朝夕相共的珍宝，他对子女们说："我毕生精力致力于收藏文物，几十年呕心沥血，终于将它们由分散变为集中，如果传给你们，势必又由集中变为分散，我再三考虑，只有捐献给国家，才更易于保管，供全社会、全民共赏。我希望在我死后，将捐献的文物开辟一个陈列室，进行陈列，供大家欣赏，这也是我对社会的一点贡献。"

徐世章化私为公的义举得到了家人的理解，尤其是与他一生相濡以沫的夫人更是深明大义。1954年在他逝世后，夫人杨立贤携子女，继承先夫的遗志，通过周叔弢老先生正式转达了将家藏文物全部捐献给国家的意愿。同年7月，天津市文化局组成接收小组第一次从徐家接收文物两千余件，计有金石、文玩、古砚、古玉、字画、拓片、书帖等。1954年12月市文化局第二次接收文物三百余件，计有古墨、毛笔、古印章、拓片、古玉、金石、笺纸等。这些文物是文化局20世纪50年代所收到数量最高、质量最精的一批文物，曾选择部分文物在历史博物馆举办了"爱国捐献文物展览"。开幕式上，文化部沈雁冰部长颁发了奖状，津京报刊作了详细报道，引起极大的社会效应，参观者众。1962年徐氏后人通过朱启钤先生转呈文化部，捐献了清代黄鼎绘《万里长江图》正本二卷、稿本四卷。文化部认为徐氏前次捐献文物，数量既多，价值亦高，此次捐献，应予以照顾，给予奖励。所以，1962年8月在市政协礼堂，举行了《万里长江图》捐献授奖大会，周叔弢副市长、市委宣传部方纪副部长出席了会议，会议高度赞扬了徐氏一家的爱国精神，许多社会名流、收藏家也出席了会议。徐世章所藏这些文物，后分别收藏在天津市历史博物馆、天津市艺术博物馆、天津市图书馆等国家文博单位。

可以告慰徐世章先生的是这些文物均在各文博单位得以妥善保管，如天津市艺术博物馆设有专库、专柜、专账、专人保管，通过整理发挥了文物应有的作用。就天津市艺术博物馆而言，这些文物极大地丰富了馆藏，使藏品的整体质量有所上升，参与整理、研究工作的业务人员，从中学习到了不少知识，业务水平大为提高。数十年来多次出版图录，举办国内外专题展、巡回展。天津市艺术博物馆先后编辑出版的《天津市艺术博物馆藏玉》、《天津市艺术博物馆藏砚》，综合性的天津市艺术博物馆藏品大型图录，都入选了徐世章先生的捐献品。出版的图录行销国内外，受到广泛赞誉。1980年天津市艺术博物馆举办了《中国玉器展》，展览选择了徐世章所捐献的部分玉器，系统地介绍了中国玉器发展史，展览具有较高的学术水平，受到业内人士及专家的肯定。1984年举办了"中国砚史展"，选择了徐世章大部分藏砚，该展览为我国首次砚史展示，受到广大爱好者、研究者的欢迎。由此可见这些文物，在传统文化教育中发挥了巨大作用，同时也为丰富馆藏，开展科学研究、培养业务人才做出了巨大贡献。

为了彰显徐世章先生的爱国之举，1999年徐世章诞辰110周年之际，天津市艺术博物馆举办了"徐世章先生捐献文物精品展"传统文化，选择精品数百件进行展出，徐先生的子女从海内外聚集津门与广大观众共同缅怀徐先生，感其高风壮举及爱国爱乡、公而无私的精神。展览期间，出版了《徐世章捐献文物精品选》，全国政协主席李瑞环同志首页题词："珍宝无价，爱国情深。"此次活动在津门产生了巨大影响。①

原载中国人民政治协商会议天津市委员会学习和
文史资料委员会编《天津十大收藏家》，
天津人民出版社2007年6月第1版

---

① 本文主要参考书目：
1. 徐绪玲：《记先父徐世章先生二三事》，《天津文史资料》1996年第4期。
2. 徐绪玲：《意在爱国·功在千秋》，《收藏家》1998年第1期。
3. 云希正：《纪念著名文物鉴藏家徐世章先生诞辰110周年》，《徐世章捐献文物精品选》，天津人民美术出版社，1999年。
4. 尤仁德：《广集英华·着力研考——徐世章先生藏玉轶事》，《徐世章捐献文物精品选》，天津人民美术出版社，1999年。

忆陈邦怀先生

陈邦怀先生是位闻名遐迩、德高望重的知名学者,是我国著名的古文字学家、考古学家、金石文字鉴定家。他与王襄先生是天津地区早期甲骨学研究者和奠基者。先生字保之,室名嗣朴斋,1897年3月生于江苏东台县。其父陈祺寿(字星南)是当地宿儒。陈老生长在这样浓厚文化氛围的家庭里,幼承家学,青年时代即致力于金石甲骨的研究,学有所成。1931年迁居天津,就职于金融界,虽为箪食瓢饮奔波,但对所学仍孜孜以求,从而获得学术上的收益,并有著作问世。

新中国成立后,陈老的思想、工作、学术研究发生翻天覆地的变化。1954年他被聘为天津文史研究馆馆员,1958年加入中国共产党,1962年任天津市文史研究馆副馆长,担任五、六、七届天津市政协委员,并担任多个社会学术组织领导或顾问。学术研究上也有收获,20世纪50年代末,他所著的《殷代社会史料征存》、《甲骨文零拾》等书问世。

先生治学严谨,学养深厚,但不囿于成见,能与时俱进,及时吸收学术新鲜资料。1973年当得知河南安阳小屯村南发现甲骨文时,他立即给朋友写信索要拓片,进行研究,撰写文章。即便年届90高龄,仍认真读书、研究、写文章。先生的文章,好读易懂,文风简约,言简意赅,开篇直述主题,不绕圈圈。天津博物馆珍藏的商玉甲子表,原为天津古物收藏家徐世章故物,徐先生得此物时,不明为何物,就曾请陈老鉴定。经陈老考证,认定该器为商代甲子残玉板，甲子表刻于玉上为初见，至为珍贵，先生推断原件完整的为六块一组，此残板应为第三板第二行。全文千余字，简单明了，主题突出，了无赘语①。

　　传世的一些金石文物拓本常见有先生的跋语，指出该文物的珍贵性、资料性，跋文小楷墨书，文字体清秀端庄，颇见书法功力。难怪先生还担任过天津书法协会主席，确实称得上是位书法家。

　　对于社会上的相关学术出版活动，他积极支持，给予协助。如对夏鼐主持编辑的《殷周金文集成》巨著，他给予积极支持和关切，无私提供自己收藏的拓本，直至逝世前还念念不忘此书的出版。

　　我与陈老有些接触，但不多。老先生中等偏高身材，体形清癯，言谈声音不高，态度谦和，颇具文人气质，讲话有浓重的南方口音，看到不好的器物，常爱说"呀呀无"，开始我们不知何意，后来问了南方同志，才知是"没意思"的意思。20世纪60年代他曾应邀到天津艺术博物馆鉴定铜器，当时库房条件不好，阴冷潮湿。据当时保管员说，陈老不顾自己已是花甲之年，年老体弱，每天在库房一待就是两三个小时，工作认真，一丝不苟，耐心解答疑问。其间他也到过我所管理的砚台、砖瓦石刻库，着重看有铭文的砖瓦石刻。有一件砖砚侧印款为"瘳正四年七月钱氏作"，原是五代十国吴越国建筑用长方砖，清代改成砚台，唯"瘳"字不见任何记载。陈老认为"瘳"字形可疑，冷僻又不见著录，故虽然此砖上布满名人跋语，但砖的年代仍值得商榷。我查了一些资料，确无此写法，又无其他参照物，过去对此器一直珍视，经陈老指点，从而对此物的年代、真伪存疑，应继续研

---

　　① 此文见《文物》1978年3月。

陈邦怀先生来信

究。每当遇到他所关注的资料，他都会要几张拓片拿回去研究。我按照他的需求，拓好寄给他，他回信都要寄来邮资。为此，馆领导特别关照：陈老无偿为我们鉴定文物，我们为陈老提供资料是应该的，他拿去拓片进行研究对我们工作也有利。要我把邮资寄回。馆里同志们对陈老的工作十分感谢，而陈老对我们也十分感谢，对所接触的工作人员则写感谢信。我就收到过陈老的亲笔墨书信件，信中充满赞誉，以致我始终不敢拿出给人看，这些信件我一直珍藏至今，成为永久的纪念。

陈老晚年移居北京二儿子家，在中国社会科学院从事语言研究工作，住在语言研究所宿舍内。我曾在春节到北京度假时看望过他一次，当时他身体尚好，即是我最后一次看到陈老。1986年他去世，我接讣告后到天津海口路殡仪馆出席了追悼大会。陈老虽然离开了我们，但他留下的精神财富永留人间，他对学术的贡献永不泯灭，他的为人处世也永远是我们学习的楷模。

为了弘扬传统文化，弘扬天津的学术成就，我认为应该继承陈老等老一辈文化人优秀的文化传统，学习和研究他们所从事过的事业，大力宣扬津城文化名人逸事，启迪人们对家乡的热爱，推进我市文化学术进展。记得 1986 年由天津市文史研究馆、天津市社会科学院历史研究所、天津市图书馆、天津历史博物馆、天津艺术博物馆联合在原天津艺术博物馆举办了"王襄诞辰 110 周年纪念展览"，展出王襄遗物、遗作及收藏品，邀请京津学术界召开研讨会，社会反响很大。鉴于此，对于陈邦怀老先生，我们也应该在适当时机搞纪念活动，搜集他的遗作遗墨等举办专题展，召开研讨会。在当今大力弘扬文化、力图建立文化强国的大好形势下，此举应正当其时，相信也会取得社会效应。

《天津文史》2013 年第 2 期

碑帖鉴定专家朱鼎荣

碑帖之学，较难掌握，鉴于工作需要，曾略作了解，然笔者愚钝，终未知其万一，深知"黑老虎"（古玩行业对碑帖之别称，言其难学）之厉害。在我求教的诸业师中，天津有一位师长给我留下深刻印象，使我受益良多，他便是南开大学的朱鼎荣先生。

我知道朱先生之名，开始是通过两个渠道，一是原天津市艺术博物馆馆长张老槐先生在世时，常向我提起过；二是在工作中整理馆藏碑帖时，发现一些拓本上有先生的题跋。张馆长临终前曾告诉我，以后碑帖业务方面的问题在天津可以去找朱鼎荣。1977年，张馆长作古，当时在天津通晓碑帖的专业人员寥寥无几，于是便萌生了找朱先生之念。

1978年5月的一天，因借书到南开大学图书馆，借机打听朱先生，恰巧朱老当时在图书馆工作，于是便有了第一次见面。朱老给我的初步印象是面容清癯，身材适中，谈吐文雅，穿着朴素，戴黑边眼镜，操南方口音，讲解碑帖条理清晰，一派学者风范，令人起敬。

这次见面后，我把情况向领导汇报，当时领导拟请朱先生来馆鉴定、整理碑帖，但校方强调朱老工作繁多不克分身，未予同意。无奈我只得不定期趋府求教，请他鉴定碑帖；为此，馆领导特许从文物库中提取碑帖，由业务人员携出馆外，到朱老家中请教。至1981年初他患病时止，其间有时双方均因工作不能脱身，学习、求教断断续续，前后鉴定、讲解碑帖仅三四十件，还有一次朱老与他的学生胡月一同来馆。我们每次去朱老师家求教，朱老均热情接待，不保守、不保留，耐心细致，讲源流、论考据、辨真伪言之有据，使听者获益多多，大有受教恨晚之感。从1978年至1981年只三年时间，而且又不能经常见面，故又有相处恨短之憾。

朱老是位鉴定家、收藏家，也是位书法家。天津市艺术博物馆有经他收藏或过目而书写跋语的碑帖十余件，这些拓本均是于20世纪60年代辗转收购而来，凡经他题跋的碑帖都是上乘佳品。如明拓汉史晨碑、初拓汉孔褒碑、初拓汉孔彪碑、初拓魏曹真碑、宋拓唐褚遂良度人经册、南宋拓绛帖残本等。其中宋拓唐褚遂良度人经册最为卓著，该册纵18厘米，横9.8厘米，小楷袖珍本，传为唐代褚遂良所书，宋代越州石氏刻本。据记载，越州石氏帖选择书迹、摹刻上石均极考究，尤以小楷为精，为世所重。原石久佚，拓本稀少，此册纸墨淳厚，字迹清晰，神采奕奕，确属珍本。册中清代著名书法家、金石学家翁方纲56岁时所书跋语更为精彩，考证翔实，字体如芝麻粒大小，工整、清晰、秀丽，堪称蝇头小楷佳作，与袖珍拓本相映成辉。朱老在册前行书题跋，述来源，考纸墨，言简意赅，书体隽永潇洒，为此册又添风采。为此，该馆将此册定为一级品，并将在天津博物馆新馆书法陈列中列为重要展品。朱鼎荣先生一生遗留著作不多，所遗留的碑帖研究书稿亦未得以整理出版。笔者早年在学习业务之初曾见过朱老的一篇著作，铅印线装，民国年间出版，后来再怎么也找不到了。最重要的一部著作是《唐宋画家人名辞典》，此书由他编纂，李石孙助编，1958年中国古典艺术出版社出版。1981年，北京文物出版社出版《书法丛刊》期刊，第3期由天津市艺术博物馆供稿，当时该馆聘请津门名家撰稿，其中有王学仲、王颂余二位著名书画家，朱老亦在聘请之列，他撰写了《谈苏轼书法及其流传》一文,这是朱老最后一篇著作。《书法丛刊》第 3 期于 1982 年 5 月出版,此时朱老已经过世,作者的名字画了黑框,可惜朱老未曾见到自己的文章发表。朱老生前还为推动天津文化事业的发展做了一项有益的工作。1979 年打倒"四人帮"后,天津文化系统拨乱反正,由不搞业务转向提倡业务学习、学术研究,召开了第一届文、博、图学术研讨会。当时请朱老审定相关论文,朱老认真仔细地审阅论文,写了评语,并郑重地盖上了他的图章,使学术研讨会的学术水平大为提高,并为评审委员会评奖提供了依据。

1981 年,朱老得知自己患了癌症,并未感到恐慌,而是泰然处之,把手边物品安排停当,安心治疗静养。他把生死看得很轻,认为这是自然规律,人生就像个舞台,总有上台下台的过程。朱老终因医治罔效,于 1981 年 2 月去世,享年 77 岁,4 月 28 日,笔者参加了南开大学为他举行的追悼大会。

我与朱老相处时间不长,对他的过去不甚了解,见面时只谈碑帖,其他经历不便启齿,只能从他的一些收藏印记中略知一二。所见他的收藏印有"鼎荣所藏"、"朱铸禹印"、"山阳朱氏小潜采堂长物"、"甲辰生"、"山阳朱氏紫荆华馆秘笈"等,并在《快雪堂涿郡初拓闲邪公家传》中落款"甲申盛暑山阳铸禹鼎荣挥汗记与故都小潜采堂"。从这些印记及题跋款识可知朱老名铸禹,字鼎荣,后以字行,江苏淮安(山阳)人,1904 年(甲辰)生,斋号小潜采堂,盖取自清代初年著名学者朱彝尊斋号潜采堂。2004 年是朱老诞辰百年,故作此文,以志纪念。

朱老身后有三子一女,其中三子朱凤翰先生从事文博工作,现任中国国家博物馆常务副馆长。

原载《今晚报》2004 年 2 月 29 日

张老槐嗜帖趣闻

张老槐曾任天津市艺术博物馆副馆长,是天津艺术博物馆奠基人之一,也是天津著名的碑帖研究者。他通晓各类古物鉴定,尤擅碑帖,以他不宽裕的生活,节衣缩食购买收藏了一些碑帖拓本。平日在家就以翻阅拓本为乐事,即便有再大的事也打不动他。二十多岁结婚那天,新娘子已到他家,拜天地时却找不到新郎,于是众亲朋四处寻找,结果发现新郎在碑帖堆里聚精会神地翻阅拓本,全然不像要办人生大事的样子。于是被人连拉带拽,簇拥到前堂,才算拜了天地。这件事以后成为笑谈。

婚后其妻生子三人,女二人,生活十分窘迫。敌伪统治时期,他失业赋闲在家,全家生活更加艰难,全仗妻子精心维持,而张老槐仍终日埋头在碑帖拓本之中,乐以忘忧。碑帖拓本的鉴定依据,除了纸、墨、题跋等外,字迹的损坏程度往往占很重要因素。某碑某字宋代损坏如何,明代损坏如何,清代又损坏如何,都要熟知。各种拓本要通过核对、比较,才能判断出拓本年代及优劣,往往一字值千金,一小块损坏要相差几百年。张老槐多年反复钻研各代拓本的规律,故而对各碑字迹损坏程度了若指掌。一日,正值吃饭之时,张老槐被家人从拓本堆里拉到饭桌前。他吃着饭,思绪仍萦绕在碑帖拓本的海洋中。突然,他一拍桌子,众人一惊,他则高兴地告诉妻子:"我又核对出两个字来!"孩子们尚不解爸爸的意思,而妻子跟随他多年,对他的爱好深有了解,只得苦笑着说:"对出两个字,管什么用哟!全家的饭还没着落呢！"

张老槐晚年卧病不起，笔者曾多次拿着拓本到他的病榻前，他边看边讲，讲起来头头是道，把病痛置之度外。据他老伴说，张老槐病后精神全无，唯见拓本才能提神。

原载天津市文史研究馆编《津门史缀》，
上海书店1992年3月第1版

忆秦公

秦公同志2000年去世，离开我们已经十余年了。当时他走的是那样急、那样快、那样匆忙，以至人们难以接受这残酷的现实。他当年5月10日去世，而5日晚10点钟在利顺德饭店还和天津朋友会面，大家畅谈他所在的北京文物商店和北京保利集团在香港竞拍4件国宝回归祖国的经过，兴奋不已，其音容笑貌至今历历在目，不想5天后他竟然溘然长逝。5日晚的会见，竟然成了永久的诀别。

秦公是北京人大代表、国家文物鉴定委员会委员、北京市文物公司总经理、北京翰海艺术品拍卖公司总经理、著名碑帖鉴定家。我与他是在1982年国家文物局举办的碑帖学习研究班时相识，当时他是指导老师，我虽然年长老师五岁，参加工作比他早几年，但通过听课，发现他的学识渊博、业务精通，我心悦诚服，认定这是一位好老师。为了学习业务，我先后求教于本馆副馆长张老槐、北京故宫博物院马子云、天津南开大学朱鼎荣，秦公则是我有幸找到的又一位求教者。此后每年春节去北京度假都要去他家拜见，在他家吃中午饭，待上半天，一是看望师娘，二是有些业务上的问题要去求教，每次去均有所获。后来他搬家，相距甚远，就没再去，只是电话拜年，此事成了无可挽回的遗憾。

他对文物事业的贡献，有目共睹，无须赘述，只谈谈我亲身体验的一些琐事。

秦公聪明过人，记忆力超强。学习"黑老虎"业务能达到如此高的境界，不知付出了多大努力。"黑老虎"是不好啃的，而他以自己的智慧，啃动了这座黑山，我啃着就感到吃力，由于缺乏实物资料，后来转向了砚、墨类。在讲课时，他板书写得潇洒流畅，而尤令人佩服的是他授课中引用经典、论据，从不照本宣读，全凭记忆，背诵原文，一字不错，一字不漏。后来搞拍卖，每次拍卖会的几百件拍品名称、定价，均记得清清楚楚，问他哪件，他都能准确无误地说出来，他的脑子如同拍卖册。

为人谦和，平易近人。秦公待人接物不摆架子，穿着普通随意，从不叫衣服架得不舒服，一件老头衫一年穿三季。1993年去他家时，得知他正筹建翰海拍卖公司，由1994年首拍开始，公司社会效益、经济效益与日俱增，而他的知名度亦与之同步，社会头衔多多，社会活动多多，但他平易近人的初衷不改。每次通电话、见面交谈仍和以前一样，看不出他是一位驰骋艺术品拍卖业、享誉海内外的大经理。

两袖清风，一尘不染。拍卖业搞得火，经济收益多，但秦公并不多吃多占一分一毫，生活无改进，大家有了他再有。几次去他家，家中依旧，无甚变化，多了的只是公司的同志们，都到他家欢聚。他以前就曾和我说过："干了这些年文物工作，家中没一件有文物性的东西；接触了那么多名人，从没向他们索要过一幅字、一幅画。"一心为党、全身心为公，昭然可见。

不为名利，学风端正。这几年求名人题字写签成为一种风尚，这种事如果找到秦公头上，你算找到了"坎"，他要问个底掉，然后可能还不同意，不管你和他的关系如何近。有位同志出书想通过我找他题字写签，他仔细问过我情况后说不能写，也劝我不要写，理由是内容不确切，所举实例真伪要研究。通过此事，可以看出他对业务的认真态度。

秦公一门心思搞工作、搞拍卖会，所取得的成绩是和他家庭的支持分不开的。"家和万事兴"，他的夫人张如兰女士给予了他无限关怀和支持，她不仅把后方工作全部承包，而且业务上也助秦公一臂之力，是家庭的贤内助、事业的好帮手。对于夫人的品德，秦公虽然不说，但心中有数，他曾和我讲："我的朋友，后来和她的关系比和我还要好。"看似不理解，实际是最深的理解，这是他对夫人为人处世的褒奖。

《文物藏品定级标准图例·文房用具卷》序

文房用具系指读书、写字、绘画所用器具，以笔墨纸砚为主，四者缺一不可，它们由书写的需要而产生、汇聚，相互依存，共同发展，由简略而精致，并繁衍滋生了若干辅助用品，形成一种融合了宫廷美术、民间美术与文人士大夫美术的综合艺术体，成为一种文化。这其中倾注了文人的心血，渗透着他们的思想理念，反映着工匠们的智慧及高超技艺，在创造物质文明与精神文明中发挥了巨大作用。

每种器物，总会有优劣之分，文房用具亦不例外，古人云"笔砚精良，人生一乐"，把得到优良的文具视为人生最大快慰。从古人的记载中亦可见到对文具的品评及对比，均可参考和借鉴。根据中华人民共和国文化部颁布的《文物藏品定级标准》，其级别的划分应依据每件文物的历史年代、工艺制造水平、名人铭记、名家递藏、流传经历、记载著录等方面综合评定。

文房用具除了笔、墨、纸、砚外，尚有笔架、笔筒、镇纸、臂搁等多种器物，而且质地多样，计有玉、石、木、竹、牙等，在《文物藏品定级标准》附《一级文物定级标准举例》中未单独列举。为此，我们在纵线上，即在每一类用品中选择实物，加以评定，在横线上略加平衡，遵照《文物藏品定级标准》的总原则，兼顾每一类标准的具体规定。每个级别所选器物既要照顾时代与品种，又不勉强凑数。

一级文物定级举例

《文物藏品定级标准》规定:"具有特别重要历史、艺术、科学价值的代表性文物为一级文物。"根据此条例,结合文房用具的复杂性、特殊性,本着以下原则,对一级品予以界定。

具有确定出土地点,有铭文、款识,具备时代风格的代表性作品:

编号61:汉云龙纹圆石砚。1978年河南省南乐县宋耿洛东汉墓出土,砚作圆形,有盖,盖上有六条龙盘绕作钮,砚口沿、底、盖共刻铭文40余字:"延熹三年七月壬辰朔七日丁酉君高迁刺史三公九卿二千石君寿如金石寿考为期永典启之研直二千。"其内容包括年代、官职、砚值、吉语等,文字之长、内容之详,前所未见,砚形可作汉砚标准器。

编号7:汉墨丸。1983年广东省广州市象岗南越王赵眜墓出土。墨丸质地细腻,色泽黝黑,是我国早期墨的珍贵资料。宋苏易简《文房四谱》中云:"东宫故事云,皇太子初拜,给香墨四丸。"此墨当可印证。同时,当时的墨要借助研石研磨,墨丸便于使用。此墨出土地点确切,为了解岭南地区文化发展及古代制墨发展史均提供了重要资料。

反映著名艺术家的具有高度艺术水平及生产技术进步的作品:

编号2:明竹管文林便用花毫笔。以不同色泽的野兔毛作笔头,竹质笔管上阴刻隶书"文林便用",螺钿笔顶上阴刻楷书"万历年制"。笔管为留青竹刻,雕刻流畅,运刀如运笔,用料多样、考究,有制作年代,体现了明代制笔工艺技术的高超水平。

编号37:明方于鲁鸳鸯画彩墨。根据墨面图案描金敷彩,使单一的黑墨增添了艺术效果,这是明代制墨工艺的创新和进步,而著名制墨家方于鲁尤擅此技。此墨墨质坚莹,模制精致,敷彩绚丽,极为珍贵。

编号17:明程君房寥天一墨。墨面有"万历甲辰年"款,背面有"君房士芳制",是明代著名制墨家程君房制品。墨体模印盘云纹,浑圆流畅,反映了明万历年间徽州制墨水平及艺术风格。

编号43:清曹素功紫玉光墨。此墨为二十锭完整一套,墨上模印"紫玉光"、"艺粟斋主人仿古制"、"古歙曹素功珍藏"、"康熙丁未年制"款识,曹素功,清代四大制墨名家之一,"紫玉光"是曹素功自创墨品,《曹氏墨林·墨品赞》中列为第一,为曹素功高超制墨技艺的代表作品。

名家制作,来源清楚,流传有绪,见于著录:

编号73:清刘源双龙端砚。砚侧有隶书铭"康熙十八年五月恭制小臣刘源",砚背有清乾隆帝御题诗。《清史稿·刘源传》载,刘源,字伴阮,清初祥符(今河南开封)人,康熙中官至刑部主事供奉内廷,擅长图样设计,作品有官窑瓷器、御墨等。此砚石质细腻、纯净,石品丰富,当为优质端石材,并见著录于《西清砚谱》。

二级文物定级举例

根据《文物藏品定级标准》规定:"具有重要历史、艺术、科学价值的为二级文物。"

编号92:竹管歌舞升平羊毫笔。羊毫笔头,竹制笔管,上填蓝楷书"歌舞升平"、填朱楷书"安徽抚臣王之春敬呈"。王之春,光绪二十五年(1899)至二十七年(1901)任安徽巡抚,名款及制作时间确切，反映了清代晚期毛笔现状，但它只是臣僚进贡之物，且年代较晚。

编号133：清蓝采和墨。墨为立体人物造型，底有"乾隆年制"楷书款，从形象看应为八仙之一蓝采和，人物衣纹流畅，模制精细，涂金施彩，传为清代四大制墨家之一汪节庵所制，具有重要的历史、艺术价值。八仙墨是一种集锦礼品墨，全套应为八锭，现仅存其一，完整性较差，且无汪节庵款识。

编号141：清曹云崖八宝龙香剂墨。墨侧署款"徽歙曹素功八世孙云崖造"、"咸丰己未年"，顶部署"德酬虔制"，从署款可知曹云崖为曹素功八世孙。乾隆、嘉庆时期曹素功六世孙尧千、德酬、引泉三人分立门户，曹云崖为曹德酬之孙，从年款上可知制墨时间在咸丰年间，故此墨对研究曹氏家族制墨历史具有资料价值。

编号159：清防蛀开化纸。此纸由浙江省衢州府开化县制作，故名开化纸，质地柔软，纤维均细，经药物处理，具有防虫蛀功能，可作书籍扉页之用，是清代制纸业科技进步的代表产物。

编号173：清瓜形紫端砚。此砚石质紫红，细润如肤，上部镌雕松鼠葡萄，材美工巧，具有重要的艺术价值。外装潢上有天津著名古文物收藏家徐世章铭记，故该砚为名家收藏，流传有绪；但砚上无任何款识，如果外盒遗失，则该砚何人所藏不得而知，从而失去附加价值。

编号187：清釉里红瓷臂搁。形如竹片，釉下施红色竹枝、竹叶，清新俏丽，具有清初隽秀典雅、简洁明晰的时代风格，虽非官窑制品，但艺术水平很高。惜无款识，定为二级文物。

三级文物定级举例

根据《文物藏品定级标准》规定："具有比较重要历史、艺术、科学价值的为三级文物。"三级是珍贵文物中最低的级别，一般存世较多，或有一定瑕疵。

编号242：清赤壁御墨。墨上模印楷书"御墨"、"乾隆丁巳年制"及篆文印"赤壁"。有确切年款，且为清宫御用之墨，故有历史、艺术价值。此墨为成套失群墨之一，图案不甚清晰，填金粗糙，且无光泽。古墨鉴定家尹润生在《墨林史话》中曾云，乾隆丁巳辛卯御墨中有再和墨的可能。从此墨暗淡无光的外形看，当是再和墨。

编号263：元卧牛歙砚。砚呈卧牛状，牛背开蝉形砚堂。蝉形砚为安徽地区常见明代砚形式之一，由此砚可知这种砚式在元代即有使用，此砚对砚形发展史有参考价值，唯雕刻粗犷，边角损伤。

编号272：清阮元铭玲珑山馆端砚山。砚台图案意境优美，且有名人款识，石质亦较润细，是一方具有艺术性的作品，体现了清代中期砚台形制的工艺性、陈设性。但砚台纹饰大部为山水画面，砚堂只占很小部分，整体犹如山石盆景，构图喧宾夺主，弱化了砚台基本的使用功能。

编号257：清褐色虎皮宣纸。褐色宣纸上遍饰浅色斑点，故称之为虎皮宣，质地较薄，民间有不少实物流传。

一般文物定级举例

根据《文物定级标准》规定："具有一定历史、艺术、科学价值的为一般文物。"

编号313：清竹管笔耒紫豪笔。竹笔管上填蓝楷书"笔耒"二字，"耒"是古代农用工具，在此喻为笔耕之意，反映了当时文人以书写为生计的社会现象，但紫毫笔头虫蛀残损严重。

编号317：半园秋水轩藏轻胶十万杵墨。墨背模印填金楷书"半园秋水轩藏"等，填绿楷书"听泉良友填词墨邵启文书"。邵启文生卒不详，墨质不洁，墨式平平，为近代墨品。

编号318：套印博古纹笺。该笺是民国年间出产的一种宣纸制作的书信用纸，右下角印有彩色小纹饰，传世较多，反映了当时用纸状况，应归属为一般文物。

编号323：清鼓式黑瓷砚。砚作鼓形，侧施黑釉，是清代晚期瓷砚之一种。其制作粗糙，传世品较多。

文房用具是在文化的演进与需求下而形成的一个综合群体，虽有统一称谓，但又分属各种艺术门类，因此在定级过程中难免有疏漏或欠妥之处，敬请专家匡教。

与吴春燕合作，原载国家文物局国家文物鉴定委员会编
《文物藏品定级标准图例·文房用具卷》，
文物出版社2008年8月第1版

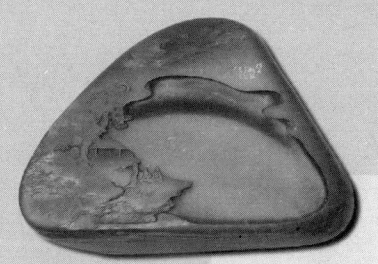

杂说

释"文房"

文房四宝，现今通指读书人书房中笔、墨、纸、砚四种用具。而"文房"一词，则有其形成演变过程。

《北史·柳庆传》云："大统十年，除尚书都兵郎中，并领记室。时北雍州献白鹿，群臣欲贺。尚书苏绰谓庆曰：'……相公柄人轨物，君职典文房，宜制此表……'庆操笔立成，辞兼文质。"《梁书·江革传》亦谈到"以革为记室"，后面还提到"以段雍府妙选英才，文房之职，总卿昆季，可谓驭二龙于长途，骋骐骥于千里"。两传均提到在记室供职之语。记室是古代官名，汉代即已出现。《后汉书·百官志一》："记室令史，主上表章，报书记。"按东汉官制，太尉官属有记室令史，太守、都尉属官有记室史。后世诸王、三公及大将军幕府也设置记室参军，元以后废除。从记室的职责看，应是一种文书、秘书工作，故旧时记室也用作秘书的代称。前文柳庆兼领记室，苏绰说他"职典文房"，把"记室"与"文房"相提并论，可知文房最初应为典掌文翰之所，是记室工作的机构。陕西省境内统万城遗址曾出土汉魏时期遗物，其中有印章数枚，有汉铜印，还有未属年代铜质阳文"文房之印"一件，边长3.5厘米。这种印文的陶质印，在20世纪30年代《艺林旬刊》上亦刊登过，尺寸、文字均与上件相仿佛。从出土的印章看，当有"文房"这种称谓或处所。此后又经不断演变，最终成为文人学士读书息作之所。宋代苏易简著《文房四谱》，把笔、墨、纸、砚分别叙述，并视为文房中的主要用具，则"文房"一词渐至约定俗成，含义就比较单一化了。

　　文房既然是读书、写字、作画的场所，就要有相应的设施及用具。室内设施包括书案、卷筒、屏风、书格（或百宝格）等，文具则是陈设在书案上的器具。从古至今，读书写字均离不开笔、墨、纸、砚，纸在没出现时用帛，木、竹简牍。战国、秦墓出土有石砚、笔、墨，湖北江陵凤凰山汉墓出土成套文具，有笔、墨、砚、木牍、削刀（用来修正简牍或刮削错字），这是我们所见到的早期专门用于书写的比较完整的文具，可知秦汉时代文具基本构成已经奠定。此后各代文具的变化亦大部依据此四种为基础。辽宁北票北燕冯素弗墓出土的大小两件石砚，砚上均雕出墨床、笔搁。两晋时期，制瓷业大发展，晋墓出土有瓷砚、水盂等。南唐时由于帝王的倡导，文具空前发展，明麻三衡《墨志》："于饶置墨务，歙置砚务，扬置纸务，各有官，多贡有数，求墨工于海阳，纸工于蜀中。"由于官方督办，极大促进了文具的发展。宋代实物见于江苏武进南宋1号墓出土的笔、墨、砚、镇纸等。明代实物见于成都凤凰山明墓出土的陶暖砚，砚面左侧雕笔匣，上端雕笔山、笔洗、水盂；山东明朱檀墓出土了高档精致的笔、墨、纸、砚。北京小西天亦出土清代玉制文具。此外各代还有大量的传世文具。从这些出土、传世物品及记载可知，文具在历史发展过程中，笔、墨、纸、砚逐渐配套，并逐渐丰富，相应地出现一些辅助设施。早期文具简略，制作亦不尚完美，到晚期则品种增多，制作精巧，质料考究。魏晋以至隋唐出现水盂、印盒、笔洗、笔筒、笔架之类，到了明清，则文具集历代之大成，增加至几十种。明文震亨《长物志》[①]列出明代文具有笔

---

　　① ［明］文震亨著，陈植校注：《长物志校注》，江苏科学技术出版社，1984年。

格、笔床、笔屏、笔筒、笔船、笔洗、笔觇、水注、糊斗、蜡斗、镇纸、压尺、秘阁、贝光、裁刀、剪刀、书灯，等等。除这些记载外，尚有卷筒、臂阁、帖架、印章、印盒等。这些器具对于笔、墨、纸、砚来讲，都是辅助用品，当然亦是读书、写字、作画时的辅助用品。明清时代还出现了许多同样质料、同样纹饰图案的成套文具，材料华美、工艺高超，如故宫博物院收藏的宫廷文具，有分别以竹簧、雕漆、景泰蓝、玉石为质料的成套文具，用现在的话讲可称为系列文具。清嘉道年间卢葵生制作的包括漆砂砚、笔、墨的漆制文具盒，轻巧别致，很受使用者的喜爱。这些文具制作均显示了当时的高度工艺水平。

虽然历代文房用具品类有所变化，但笔、墨、纸、砚还是最基本的用具，没有其他任何一种都行，唯独这四种中缺一不可，故而被文人墨客视为"四宝"。至于"文房四宝"之称起于何时，众说纷纭。南齐王僧虔《论书》中，论及文具与书法的关系时就曾有"三珍尚存，四宝斯觌"之语。宋代苏易简所著《文房四谱》，徐铉在序中云："笔砚纸墨，余无长物，以为此四者为学所资，不可斯须而阙者也。"宋梅尧臣在《九月六日登舟和潘歙州纸砚》中载："文房四宝出二郡，迩来赏爱君与予。""文房四宝"之称逐渐形成。

"文房四宝"是辅佐文人墨客丹青染翰的重要工具，故其作用历来受使用者的重视，所谓"夫工欲善其事，必先利其器"，古人又云"笔砚精良，人生一乐"，即把得到精良的笔墨纸砚视为人生最大快慰。中国是文明古国，古老的文明，影响着人们对文化的景仰、祈盼，"万般皆下品，唯有读书高"的思想，一直是人们进取的信条。一个人从出生后百岁抓阄至死后殉葬物品，均离不开文房用具。小孩子百岁抓阄如果抓到文房用具会引起全家人的欣慰，认为是日后读书进取的征兆。人死后要"书殉笔葬",用成套的文具,或一些零散的文具,作为殉葬品一起葬入坟墓,甚至夭折的一岁儿童也要随葬砚墨。河南巩县唐墓出土九件书名陶俑,其中还有一个名叫"执砚",墓主人生前要有书童,死后要有人捧砚。可见文房用具受到何等重视。

古人历来雅重文房之选。魏韦诞大接受题写洛阳、许、邺三都官观匾额的指令时,甚至认为御赐笔墨皆不能用,提出"若用张芝笔、左伯纸及臣墨,兼此三具,又得臣手,然后可以径丈之势,方寸千言"①。又,南齐王僧虔《论书》:"伯喈非流纨体素,不妄下笔。若子邑之纸、研染辉光,仲将之墨、一点如漆,伯英之笔、穷神静思,妙物远矣,邈不可追。"王羲之的老师卫夫人则对笔、墨、纸、砚提出更为详尽的要求,其《笔阵图》:"笔要取崇山绝仞中兔毫,八九月收之,其笔头长一寸,管长五寸,锋齐腰强者。其砚取煎涸新石,润涩相兼,浮津耀墨者。其墨取庐山之松烟,代郡之鹿胶,十年以上,强如石者为之。纸取东阳鱼卵,虚柔滑净者。"这些细致入微的具体要求,是其多年从事书写的经验所得,只有有了这些得心应手的工具,才能创造出不同凡响的书法作品,流芳百世。

笔、墨、纸、砚由于书写的需要而产生,汇聚,相互依存,为使用者提供方便,并受到众多的制作者的关切,制作工艺不断改进,日趋完美,在创造物质文明和精神文明中发挥巨大作用,成为中华民族文化进程的标志。每一种都表现着一种文化内涵,一种艺术形式,并有其独特的发展历史,均为我国文化艺术宝库中绚丽瑰宝。

无论"文房"包含何种意义,它都是伴随着文化的发展,知识阶层的形成而出现的。文房内的设施、用具、布局等各个方

---

① [唐]张怀瓘:《书断·中》,浙江人民美术出版社,2012年。

面，反映着知识阶层的情趣、爱好及审美意识，所谓"几榻有度，器具有式，位置有定，贵其精而便、简而裁、巧而自然也"[1]。各种设施，不仅要满足实用方面的需要，也满足精神生活的需要，讲究艺术性、工艺性、陈设性、鉴赏性，"韵士所居，入门便有一种高雅绝俗之趣"[2]。文房的设施经历代演变，由简略而渐变精巧雅致，至明清时代则达到品种齐全、材美工巧、技艺精湛，形成一种包含宫廷美术、民间美术、文人士大夫美术之间的综合艺术体，成为一种文化。这其中倾注了文人的心血，渗透着他们的设计思想，反映着工匠们的智慧及高超技艺。

---

[1] ［明］文震亨著，陈植校注：《长物志校注》，江苏科学技术出版社，1984年。

[2] ［明］文震亨著，陈植校注：《长物志校注》，江苏科学技术出版社，1984年。

挥毫染翰话管城

笔是书写工具,中国人对笔的使用极有说道。晋崔豹《古今注》云:"今士大夫簪笔佩剑,言文武之道备矣。"秦汉时代,毛笔一端削尖,日常习惯插于发髻中,腰间再佩以长剑,则表明此人文韬武略、智勇双全,把笔视为有文化素养的标志。笔在历史上的功绩举世皆知:"孔子曰:'谁能出不由户?'扬雄曰:'孰有书不由笔?'苟非书,则天地之心,形声之发,又何由而出哉?是故笔有大功于世也。……成公绥曰:'笔者,毕也,谓能毕举万物之形,而序自然之情也。'"[①] 一支笔,可以书世间万物之形,述自然之情,说明笔在记载历史,传播文化,推进文明进程,改变结绳记事的时代方面,其功盖莫大焉。

什么时候出现了笔?目前尚无肯定的结论。可以说笔是在人们的社会实践中逐步形成的,而又和文字、美术等方面的形成和发展不无关系。目前我国最古老的文字是陕西省西安市西郊斗门乡花园村龙山文化晚期遗址出土的一批带有单体字的甲骨文,以及山东出土的在一件大平底盆底部刻划有5行小字的龙山刻字陶片,虽然均是用非毛类笔书写,但笔画细若蚊足、刚劲有力,字迹清晰,字体结构严谨,与商代甲骨文字体接近。那是以刀代笔的时代,一些尖刃的物体,诸如石、木、骨以及后来的金属器,均可代作笔用。新石器时代中、晚期制陶工艺相当发达,尤以彩

---

① [北宋]苏易简:《文房四谱》卷一,中华书局,2011年。

陶更为突出。仰韶文化的彩陶如人面纹、鱼纹、鹿纹，半山和马厂类型的几何纹等，纹饰繁复、千变万化，线条流畅、婉转自如，可以看出当是用软性物质所描绘，可以认定是毛笔的先驱。与这种软性物质并行的仍为商周时期的刀笔。商代甲骨文里有许多"聿"字，象一手握笔的形象，即为笔字。虽不知是何种形式的笔，但与笔的功能相同、使用方式一样的工具是肯定存在的。

与现在毛笔形式相接近，由笔杆与毫毛组成，能够认为是一种书写用的笔，见于各地出土。1954年湖南省长沙市南郊左家公山战国楚墓出土毛笔，杆长18.5厘米，直径0.4厘米，杆的一端劈开，内夹长2.5厘米的兽毛，以丝线缠住，外面涂漆封固。河南信阳长关台战国楚墓亦出土毛笔，笔头捆缚在笔杆上。这两支最古老的毛笔的发现，为我们了解笔的起源提供了重要资料。现在再来认识一下蒙恬造笔之说。蒙恬（？—前210），秦代名将。据传蒙恬奉命北征匈奴，在监筑长城时偶然发现墙上粘有一撮羊毛，随手抓下来，绕在一支木杆上，写起了字；一说为传递紧急军情，随手抓了一撮羊毛沾了黑色写了起来，从而得到启示，制作出了毛笔。蒙恬久居浙江省吴兴县善琏镇，镇上建有蒙公祠，世代供奉，善琏镇是湖笔的故乡，当地一直把蒙恬视为造笔之祖。既然在秦代之前的战国墓里出土了毛笔，则不能说蒙恬是造笔之祖了。这一点，古人早有疑义，崔豹《古今注》云："自古有书契以来，便应有笔，世称蒙恬造笔，何也？答曰：蒙恬始造即秦笔耳。"唐徐坚《初学记》中说得更为明确："秦之前有笔耳，盖诸国或未之名，而秦独得其名，恬更为损益耳。"虽然不能绝对把蒙恬称为造笔的始祖，但他在改进造笔技术上是有一定功绩的，他总结了当时及前人的造笔经验所制作出的笔，可称之为秦代改良笔，或秦笔。

秦代不仅有所谓蒙恬制笔之说，而且统一了笔的称谓。原来，战国时期，各国文字不统一，笔的称谓亦不统一。楚国称为"聿"，吴国称为"不律"，燕国称为"弗"，秦始皇统一文字时将这些不同的称谓统一为"笔"。笔的称谓统一，可以说是制笔史上的重要事件。

秦代毛笔目前亦有出土。1975年湖北云梦睡虎地十一号秦墓出土三支，竹质毛杆，一端削尖，一端略粗，有的将笔毛包扎在竹制笔杆外周，裹以麻丝，并加髹漆，有的将笔毛藏纳于笔杆一端的镂空毛腔内。1986年甘肃天水市北道区党川乡放马滩战国秦汉墓群出土的毛笔也与此相仿佛。这几支秦笔的形制及组成均与战国笔无大差异，所不同的是笔毫的位置，或纳于笔杆一端毛腔内，或包扎在笔杆外周，这些毛笔大都有笔套。

汉代毛笔较前代有较大进步，从记载看汉笔制造工艺已开始对笔进行装饰美化。晋葛洪《西京杂记》云："（汉）天子笔管，以错宝为跗，毛皆以秋兔之毫，官师路扈为之，以杂宝为匣，厠以玉璧翠羽，皆直百金。"这种秋兔毫毛笔，不仅笔管讲究，笔匣亦华丽，镶着玉璧翠羽，可以想象一定光彩夺目，难怪价值百金。当然这是皇帝用的笔，不同于一般民间用笔。古人认为秋兔毛作笔最好。为了宫中用笔，汉时诸郡争献兔毫，其中只有地处今邯郸地区的赵国所献最好。因为"赵国平原广泽无杂草木，惟有细草，是以兔肥，肥则毫长而锐，故而可作佳笔"。

上述考究的汉笔已无传世，今天有幸的是两汉古墓中出土了大量毛笔，这些毛笔虽说不上金碧辉煌，但为我们认识汉笔提供了实物资料。最早发现的汉笔是居延笔。1930年西北考察团在今内蒙古额济纳河流域的汉代烽燧遗址中发现大量汉简，当时参加考古的著名考古学专家马衡先生发现一支笔，定名为"汉居延笔"。该笔为黄褐色木笔杆，长20.9厘米，笔头露出1.4厘米，笔头一端劈为六片，毫夹其中，外缠麻两束，并涂漆加固，笔毫为黑墨色，笔锋为白色，其年代在西汉末东汉初。从这支毛笔可以看出笔的制作亦有地区特色，西北地区旱，少竹，故笔杆为木制。1972年甘肃武威磨咀子49号汉墓亦有笔出土。笔毛插于毛腔内，黑紫色笔芯、笔锋，褐色狼毫为被，竹制笔杆，粗细均匀，中部隶书刻"白马作"三字，此笔与1957年磨咀子2号汉墓出土的毛笔形状基本相同，笔杆隶书刻"史虎作"，两笔笔杆均刻有制作者的名字，这是仅有的两支有制作者署款的毛笔。1975年湖北江陵凤凰山出土的一套文具中的毛笔，竹笔杆，长24.8厘米，径0.3厘米，上部削尖，下端较粗，镂空成毛腔，毫毛已朽，笔杆表面光滑，毛毫藏于一头有节的竹筒，成为笔管，管的中部及两侧镂空，便于收贮提取，笔管不仅光滑，而且有彩绘。由上述出土的毛笔可知由战国至汉代毛笔的变化主要在毫毛的装制，早期多围在笔杆周，晚期则纳于毛腔内，毛管即笔套，制作工艺逐渐改进。这个时期的笔毫以兔、羊毛为主，奠定了以后制笔毫的基本原料。当然也出现兼毫，如《古今注》中即云蒙恬所造之笔"鹿毛为柱，羊毫为被，所谓苍毫"。

汉代毛笔的使用可从一些书法中寻求踪迹。从出土的汉简，敦煌郡悬泉置出土的麻纸墨迹来看，书体流畅自如，用笔或宽博丰厚，或清劲疏朗，提按转折，均极得体，没有一支得心应手的毛笔是绝对写不出来的。从遗留下来的大量汉碑石刻，不仅显示了汉隶的辉煌成就，亦可看出毛笔对汉代书法艺术的兴盛所起的重要作用。

魏晋时期的毛笔，多承汉制，一些文人总结出许多制笔方法。贾思勰《齐民要术》详细记录了韦诞的"笔方"，看来当时尚无专业制笔机构，多是一些使用者自制，他们根据各自需求制作出适合自己使用的笔。从所总结出的制笔方法，可以得知当时制笔特色，对后世亦有借鉴作用。还有许多著名书法家用笔的传闻，如王羲之书写的"天下第一行书"《兰亭序》是用鼠须笔，遒媚劲健，书写流畅。王羲之七世孙智永，勤于书学，用过的笔头有五大簏，瘞之成冢，被称为"退笔冢"，这些书林佳话，均与笔有关。

唐宋时期是制笔工艺的成熟时期。唐代毛笔以兔毫为主，产地在今安徽宣城，该地古称宣州，故称宣笔。制笔业初步形成专业化生产，有一批技术高超的制笔工匠，如诸葛氏等人，世代相传，技艺精湛，他们联系着一大批书法家，成为书法家挥毫的后盾，笔工已可以按照不同对象供应不同性能的笔了，有的笔工家里就收藏着一些书法家的求笔帖。一些文学家还编撰了寓言故事，将笔拟人，如韩愈的《毛颖传》，文嵩的《毛元锐传》等，笔遂有毛颖、管城子、毛元锐、毛锥子等别号，可以看出笔与人的密切关系。从唐代著名诗人白居易的《紫毫笔》一诗中可以看出唐代笔的制作及生产状况，其中有"江南石上有老兔，吃竹饮泉生紫毫。宣城工人采为笔，千万毛中选一毫。毫虽轻，功甚重。管勒工名充岁贡。……每岁宣城进笔时，紫毫之价如金贵。"可以看出当时宣笔生产的盛况，宣笔已成为贡品，每年要进献给朝廷。唐代一些优秀的制笔匠人，世守其业，故而宣笔到了宋代仍为制笔业领主。一些书法家、文学艺术家对笔的记述及歌咏亦多见记载，如苏轼，盛赞诸葛氏笔"擅名天下久矣"。如诸葛氏所制的无心散卓笔，制笔工艺亦有创新，长半寸，藏一寸于管中，苏轼云："散卓笔惟诸葛能之，他人学者皆得其形似，而无其法反不如常人笔。"① 这个时期笔毫除兔毛外，尚有羊毛以及其他毛类。宋庄季裕《鸡肋编》云："江浙无兔，系笔多用羊毛，惟明、信州为佳，毛柔和而不挛曲；亦用鹿毛，但脆易秃。湖南

---

① ［北宋］苏轼：《东坡题跋》，中华书局影印本，1985年。

二广又用鸡毛，尤为软弱。高丽用猩猩毛，反太坚劲也。其用鼠须，只一两茎置笔心中。"1978年江苏武进村前蒋塘南宋墓出土了一支毛笔，通长26.5、笔杆径1.3厘米，有一圆管形笔套，径1.7厘米，已与现在笔帽相同，竹质笔杆，丝束笔头，可以更换。

　　元代是湖笔的兴盛时代。南宋时期，技术工人流落各处，这种人员的扩散也影响了各地制笔业的萌生和发展，其中湖州制笔业异军崛起，几乎代替了宣笔的地位。湖笔产于浙江省吴兴县善琏镇，因古属湖州，故名湖笔。湖州依山傍水，气候宜人，且有葱郁的翠竹，优质的羊毛，兼有一批优秀的制笔工人，为湖笔造就了天时、地利、人和的最佳环境。善琏镇向来就有制笔的优良传统，这里差不多家家户户以笔为业，镇里还有许多有关毛笔的胜迹，如：蒙公祠，供奉笔祖蒙恬；祠边永欣寺，曾是大书法家智永居住三十年之久的地方；停泊船只码头处的"晓园"名曰"退笔冢"；含山顶上的"笔塔"。这些有关毛笔的传说及胜迹，说明了湖笔的繁荣历史。制作湖笔的匠人亦有名于世，当时吴兴有三绝，即赵孟頫的字，钱舜举的画，冯应科的笔。另有刘远制笔也被文人称颂，金元好问《刘远笔》诗中有"宣城诸葛寂无闻，前后两刘新册勋"之句，《归安县志》亦载："元时冯应科、陆文宝善制笔，其乡习而精之，故湖笔名于世，今出归安善琏。"湖笔以软毫著称，笔毫以羊毫、狼毫为主。湖笔的兴盛奠定了我国宣笔和湖笔两大制笔体系，也开拓了明清时代制笔业的发展。

　　明末清初，随着南北文化的交流与发展，制笔业逐渐扩展，如湖笔扩展到福建、江苏、安徽，直至文化圣地北京。京城出现了许多制笔店，如河北籍制笔工李文魁、湖州人刘必通等，均在北京开设笔店，制作精良之笔，当时有南来的匠人开设的南笔店，也有当地匠人开设的北笔店。我们能见的传世毛笔以这个时代居多，尤其是清代笔比较常见。明清制笔工艺较前代又有新的发展，具有品种多、性能好、用途广之特点，而且日益朝着美化方向发展。由于受其他工艺美术的影响，笔杆的用料大为扩展，不只限于竹、木，而且有牙、玉石、雕漆、瓷、金属等，就竹类就有白竹、棕竹、斑竹等，木类就有硬木、乌木、花梨、鸡翅木、檀香木等；而且在笔杆上雕刻书法、绘画，或镶嵌其他质料，在不大的圆周面上极尽工巧之能事，如故宫收藏的御制笔不仅质地名贵，而且雕刻技艺精湛，琳琅满目，已成为一种工艺美术品。1970年山东省邹县明鲁荒王朱檀墓出土的一套文具中的4支毛笔，分别为玉管、竹管、象牙管、雕漆管，其中以象牙雕管最为精致，笔杆、笔套均雕刻盘龙戏珠。瓷制笔杆在这个时期也更为普遍，青花瓷杆，华贵而不失典雅，彩瓷笔杆则色彩艳丽，极有装饰性，如上海博物馆收藏的明万历五彩龙凤纹瓷管羊毫笔。笔毫除羊毫、兔毫、狼毫外，还有其他各种兽毛制作出的各种不同性能的毛笔，笔锋长、短、大、小、粗、细不一，刚柔相济，宜书宜画。

明代著名的笔工有陆继翁（陆文宝之子）、施文用，清代有周虎臣、王永清、王兴源等。

一支好毛笔，要具有"四德"，即"尖"、"齐"、"圆"、"健"。"尖"是指笔锋尖锐，形如锥，便于行笔。"齐"是指毫毛扩展后平齐，便于挥毫时万毫齐发。"圆"是指笔头周围毫毛饱满，在运笔过程中笔毛各部位均能发挥作用，挥洒如意。"健"是指笔头劲健有力，弹性适度，提、按、转、折自由运行。这是制笔工人的高超技术总结，也是书写者用笔的深刻体会。至今，审视毛笔的优劣仍以这"四德"为准则。

毛笔因笔毛易损而罕见收藏，所见现存有笔头的大多是明、清、民国年间的笔。故而笔的收藏以笔杆为重点，笔杆的质料有竹、木、牙、石、景泰蓝、雕漆、瓷、玉等，笔杆上的绘画、雕刻、亦是收藏者注意的重点之一，当然后刻、后添彩应特别注意。

晚清和民国时期制作的毛笔在市场上还能见到一些，尤其是私家笔更为多。一些社会名流和文人墨客定制的毛笔都是按要求制作，笔杆的式样、用料都很讲究。私家笔的定制，为制笔业的发展开拓出一条新路，这些笔年代虽不久远，但也有收藏价值，而且保存较好，完整度优于远古，应为入藏所选。

存世万代赖乌金

墨是我国古代人民对文化艺术发展的一项重大贡献。历代诸多书画精品，得以光耀千古，墨占了极大因素。

什么时候出现了墨并加以使用？目前尚难作出确切结论。由于墨难以保存，比较久远的实物难以得见，只能从少量出土遗物及记载相结合，加以研究。从砚台的前身研磨器的功能及组成部分推断，墨的前身与颜料研磨器应该是同期产生的。陕西姜寨新石器时代二期遗址出土的彩绘工具中就有黑色颜料，距今约五千年前。当然那时的"墨"不同于今天所使用的墨，是未经加工合成的天然矿物质，只起涂抹黑色作用。殷商时期，"墨"有了一些进步，在甲骨上有黑色及朱色。曾有人对甲骨上的黑色及朱色进行了微量化学分析，证明朱色是朱砂，黑色是碳素单质，即现在做墨的原料，说明殷商时代已有墨的使用了。[①] 从文献记载上看，"墨"字出现要比"砚"字早，古代经典中无"砚"字而有"墨"字。《尚书》中多处提到墨刑。商周时期有五刑（墨、劓、刖、宫、大辟），墨刑为其中之一，《商书·伊训》："臣下不匡，其刑墨。"墨刑即在犯人面部刺字涂墨。关于制墨的起源，较为普遍的说法是周代邢夷制墨之说，传说邢夷在小溪旁洗手时，发现水中漂浮着一块松树烧后的炭，他用手去扔，发现手上染了黑色，遂受到启发，于是捣碎用粥饭搅拌捏成块状，干了之后成了

---

① 尹润生：《墨林史话》，紫禁城出版社，1993年。

墨。这不过是传说,邢夷制墨亦见记载,较为明确的是明代罗欣《物原》载:"邢夷作松烟墨。"不过古墨鉴赏家尹润生对邢夷制墨另有新的见解,他考证"邢"字,有的书刻为"刑"字,"夷"字与"彝"通用,"彝"又与"法"通用,故"邢夷"如果是"刑夷",则释为刑法,可理解为墨的创始用于刑法。

秦汉时代的墨在古墓中出土了一些,凡是有类于研磨器之研时,大多附有墨块。如1975年湖北云梦睡虎地十一座战国末至秦代墓中出土的近似圆柱形的墨,同年湖北江陵凤凰山168号汉墓出土的大小不一的墨块等,这些墨均无一定形状,有的碎成几块,成了形也不甚规则,说明当时不是模制,多为手捏而成。这种墨的制作工艺及质量还不甚高,还要借助研石来研磨,故而秦汉砚均附研石,从一些记载中看墨的制作似乎有了一定规模,如常被人们提起的"尚书令仆丞郎,月赐隃麋大墨一枚、小墨一枚","皇太子初拜,给香墨四丸"。"隃麋"是今陕西省千阳县,以产墨著名,称隃麋墨,墨作为皇帝赐品赐给臣属,有大墨、小墨,还有香墨,单位为丸。1973年山西浑源毕村出土半圆锥体墨,发掘者称为"丸",实际是有一定形制的墨,1983年广州岗山南越王墓出土的墨,称为"墨丸"较为确切一些,其墨是无数个大小圆饼形,表面浑圆,周缘亦鼓起,平底,如滴珠凝固状,质地细腻,色泽黑中泛红。所以,古墨称丸、螺当是有一定依据的。

魏晋南北朝

1983年广州市象岗山南越王墓出土汉墨丸

时期，墨的制作有了一定进步，曹植的诗中有"墨出青松烟"之句，说明当时制墨的原料是以松树燃烧后所得烟料为主。形制也有了变化，如：1961年江苏镇江丹徒出土的六朝墨，呈椭圆柱形；1974年江西南昌晋墓出土的墨亦有一定形状，可能因被水浸泡而变形；1959年南京老虎山晋墓亦出土墨，但已破碎。这个时期用于研磨墨的研石已逐渐消失，说明此时制出的墨已可以不借其他外力而自行研磨了。这个时期人们常要提到的是东魏制墨名家韦诞，他有墨法传世，即用松烟、合胶并放入梣皮汁等添加剂捣制而成，被誉为"仲将之墨，一点如漆"。另外还有张全、张永亦都是制墨名家。这个时期人们常要道及的还有"石墨"，据魏郦道元《水经注》云："魏武封于邺……城之西北有三台，中曰铜雀台……南则金虎台……北曰冰井台……上有冰室，室有数井，井深十五丈，藏冰及石墨焉，石墨可书，又燃之难尽，亦谓之石炭。"所谓石墨，并不是石质的墨，也不能直接用石墨写字，而是用经过燃烧所得烟料制作成墨，故石墨应是制墨的原料。清姜绍书《韵石斋笔谈·墨考》云："古延州石墨，可磨汁而出，晋陆云《与兄笺》云：'三台上藏曹公石墨数十万斤，烧之可用然烟。'观此语则石墨未必可磨，亦如松节之燃脂作墨也。"这种可燃物质，宋代沈括《梦溪笔谈》亦道及，云："鄜延境内有石油，旧说'高奴县出脂水'，即此也。生于水际，沙石与泉水相杂，惘惘而出。土人以雉尾挹之，乃采入缶中，颇似淳漆。燃之如麻，但烟甚浓，所沾幄幕皆黑。予疑其烟可用，试扫其煤以为墨，黑光如漆，松墨不及也，遂大为之。其识文为'延川石液'者是也。"产区均在陕西省延安一带，名称虽不同，其实均为一种可燃物质，可作制墨的原料。

唐代制墨业呈现崭新局面。产区由陕西的扶风（凤翔）、延州（延安）转移到河北的易水和潞州（上谷郡），这些地方均有茂盛的松林，给制作松烟墨提供了良好原料。制墨已经形成一种行业，并有专职从业者。宋晁以道《墨经》云"古人用墨，多自制造，故匠氏不显。唐之匠氏，惟闻祖敏"，祖敏即是唐代著名墨工，所制墨品以鹿角胶煎膏而其坚如石。另有奚鼐、奚鼎兄弟二人。公元755年安史之乱爆发，北方战事频繁，制墨业中心南移。奚鼎的儿子奚超携全家由河北易水逃难到了歙州境界，被当地"山有黄海白岳之奇，水有丰溪新安之妙"的优异环境所吸引，遂定居制墨，所制墨品，妙传祖法。奚超之子奚廷珪，制墨尤精，其坚如玉，其纹如犀，写逾数十幅，不耗一二分。到了南唐，奚家墨受到后主李煜的赏识，赐奚家以国姓李，奚超改称李超，其子奚廷珪改称李廷珪。李墨传至宋代仍有使用，宋嘉祐年间，仁宗赵祯宴大臣于群玉殿，尝以墨赐群臣，皆李廷珪墨，多为佳品。当时曾有"黄金易得，李墨难得"之说，著名墨工潘谷在秦观家见到半锭李廷珪墨，竟然下拜，"真李氏故物也，我生再见矣"，视为天下之宝。今天我们很难见到李墨以至于唐墨真迹了。1978年安徽省祁门县北宋墓出土了一件松烟残墨，长8.3厘米，宽2.7厘米，正面有"文府"二字，背面有一"制"字，模制压印，质地坚，色如漆，经鉴定为唐代制品，我们总算在出土物中见到了唐代遗物。

　　宋代制墨业几乎扩展到整个江南地区，徽墨之名逐渐形成。宋宣和三年（1121），歙州改称徽州，辖婺源、休宁、祁门、歙县、绩溪、黟县六个县，产地遍及整个徽州地区，故称徽墨。宋代制墨突出的成就是开辟了新的制墨原料，开始使用油烟制墨。宋李孝美《墨谱》下卷中记录了油烟制墨情况，介绍了用桐油、清油（豆油）、麻子油燃烧取烟的六种方法。松烟与油烟所制之墨各有优点，松烟墨质细色润，不带油腻，易附色，油烟墨色泽黑润，香味浓郁。初期由于烧烟技术不高，尚不能制作单纯的油烟墨，而用松、油烟合剂，宋代名墨工蒲大韶就说过用松、油烟合剂，否则不能经久。到了南宋，油烟墨已进入实用阶段。宋代名墨工据明代麻三衡《墨志》中记有60多人，有潘谷、吴滋、蒲大韶、叶茂实等等。宋墨今天极少见到。1978年江苏武进村南宋墓1号墓中出土的文具中有长方形残墨，残长5.5厘米、宽2.2厘米、厚0.5厘米，色墨而光亮，正面残存模印金色"玉"字，背面中间阴刻长方框，框内残存模印"实制"两字，其上尚有"茂"字残剩笔画，此墨应是南宋著名墨工叶茂实所制。1955年江苏宝应宋墓出土东山贡墨、千岁墨金两件。

明妙歌宝轮墨

元代制墨名家有潘云谷、林松泉、胡文忠、朱万初等人，其中以朱万初最为著名。墨的制作仍延续宋代。1958年山西大同市元代冯道真墓出土中书省墨一件，长24.8厘米、宽5.5厘米、高0.7厘米，模制，牛舌形，中书省为元代最高国务机构。该墨虽已断裂，但形体完整，是比较少见的出土元代墨。

明代徽州地区经济富庶，文具生产历史悠久，其中制墨业的辉煌成就，不仅和当时社会基础有关，而且和其他艺术亦有着密切关系。当地有一批热衷于版画的书商，画家也异常活跃。有许多知名的画家受聘为墨绘制图案，如著名画家丁云鹏即为墨绘制了许多精美画稿，使墨的纹饰艺术品位大大提高；加上当时有一批著名的雕刻高手，如歙县虬村黄氏一族，技艺精湛，由他们操刀雕刻的墨模，忠于原作，工艺臻妙。由这些高手合作刊刻出版的《方氏墨谱》、《程氏墨苑》亦可堪称版画佳作。有如此高水平的墨模，再投以各种精炼名贵原料所制墨品，当精美绝伦。

明代墨形式多种多样，而且出现集锦墨，这种墨成套盒装，内装不同形式的墨，有八宝、文具、山水、人物、景观等等，成为一种工艺美术品，是墨由实用向观赏发展的产物。明代著名制墨家有记载的就有百余人。如罗小华，明嘉靖安徽人，能书善画，又善鉴古，他制墨不惜工本，所制墨被誉为坚如石、纹如犀、墨如漆，一螺值万钱。程君房，万历年间安徽歙县人，他的墨取烟极精，百斤油只能收烟一斤多，且能合理调配烟、胶比例，故而所制墨坚而可磨、色艳而不滞笔，有墨谱巨帙《程氏墨苑》行世。著名画家董其昌曾说："百年之后，无君房而有君房之墨；千年之后，无君房之墨而有君房之名。"与程君房同时的还有方于鲁，歙县人，此人通晓文墨，曾是当地诗人汪道昆组织的丰干社成员，他制作的画彩墨最为称著，通体漆衣，加以敷彩，改变了黑墨的单调色彩，增强了墨的美术性、观赏性，有《方氏墨谱》行世。

清代墨在品种、形式、质量诸多方面有了更新的发展，所产的墨工艺化特点更显著。产墨中心是徽州府的歙县、休宁、婺源三县，所产的墨各有其独特风格。歙县造墨名家有程公瑜、吴守默、程正路、曹素功、汪近圣、汪节庵等，所制墨品隽雅大方，烟细胶轻。清初时地方官大多用歙县墨作贡墨，进贡朝廷，达官贵人、文人雅士的自用墨也大多出自歙县墨工之手。休宁造墨名家有吴天章、胡星聚、胡开文等，其墨特点是华丽精致，有的墨饰以金银彩色、漆皮，成套的墨较多，具有很高的艺术欣赏性。婺源造墨名家以詹姓为多，计80多家，其墨特点是朴实少文，适合民间使用，是普及品。清代制墨名家甚众，通常所说的清代四大制墨名家有曹素功、汪近圣、汪节庵、胡开文，他四人前后接踵，雄踞清代墨坛。曹素功，名圣臣，素功为号，明万历四十三年生，清康熙二十八年卒，安徽歙县岩镇人，康熙六年（1667）后接替吴叔大掌管玄粟斋老店，更名艺粟斋，正式经营制墨。他的墨品类极其丰富，传世品较多。相传康熙帝南巡时，他所进献的墨被赐名紫玉光，从此名声大震，曹亦将紫玉光墨列为一品。曹素功身后子孙承继，墨肆世代相传，历十三代之多，延绵三百余年。曹素功逝后家族中制墨比较知名的如他的长子曹孝先（号永锡），经营时间约为康熙二十八年至三十四年（1689—1695），孙曹定远，经营时间是康熙三十四年至乾隆四年（1695—1739），以后有世孙曹尧千、德酬、引泉等人。汪近圣，安徽绩溪县尚田人，原是曹素功艺粟斋墨工，康熙末、雍正初年在徽州自立门户开设鉴古斋墨店。他的墨质朴纯净、工艺缜密，其子惟高曾于乾隆年间应诏入宫教习制墨，汪墨名声益振，其墨延续至嘉庆、道光两朝。汪节庵，名宣礼，字蓉坞，安徽歙县信行里人，别署函璞斋，是乾隆年间出现的著名制墨家。他的墨投料精到，由于使用香料，墨有一种独特的香味，装潢考究，吸引着四方顾客，成为曹素功、汪近圣的有力竞争者。尤其是曹氏墨店迁到苏州后，他取而代之，成为徽州地区制墨业的大户。继曹素功、汪近盛、汪节庵之后，又出现了一位制墨大家胡开文，此人原名胡正，安徽绩溪人，别署苍佩室，乾隆四十七年（1782）他接替了岳父的墨店，先后在屯溪、休宁开设了墨店，他的墨选料严格，形式多种多样。他集各家之长，广泛搜集各种图案，改进制作工艺，而且善于经营，从他的名字上就可看出他的经营宗旨。"开文"二字，摘自他在南京见到的"天开文运"的匾额中的两字，以迎合读书人封爵进仕的心理，读书人买了他的墨，将有一种吉祥的征兆。他善于产销结合，根据不同的使用对象，制作出不同档次的墨。且全家合力经营，由嘉庆十四年（1809）至道光年间，历经咸丰、同治、光绪几朝，墨店扩展到歙县、安庆、芜湖、上海、杭州等十余地,其墨到处可见,墨店、墨品一直延续至今。

清代墨传世品较多,比较容易见到,墨家众多,难以数计,品齐之繁,难以尽述。集锦墨更加成熟,诸名墨家均有制作,而且题材亦极广泛,如耕织图、棉花图、十八学士、大富贵、新安大好河山、黄山图等,有单图,亦有通景。集锦墨的制作亦可看出制墨业的兴衰及墨店的经营规模,没有一定的经济实力和制作水平,是不能承担大规模成套墨的生产的。

古墨的收藏要受气候、温度、湿度的影响,所以我们常常见到原装古墨的盒子都是漆制的,而且有的盒子盖比底盒大,这样可以防止潮气入侵。受潮的墨要发霉、变形,如果再遇风吹则要皲裂,价值锐减。选择古墨要看墨的颜色,灰暗、无光者不可取,用手指轻弹,声音清响、不闷,说明墨体坚实。近年许多伪墨,用其他杂质制作,加工出裂纹,粗劣不堪,尤其有大墨,奇大无比、造型奇特,应予注意。

明代制墨名家程君房及其《墨苑》

明代中期以后，是制墨业的辉煌时代，墨之有万历，犹诗之有盛唐。徽州，由南唐奚氏父子在此制墨开始，逐代繁衍，形成优良传统。到了明代，墨的造作规模、质量、花纹图案等方面，都有相当大的发展和提高。当时出现的许多杰出的漆工、雕手、画家，都给徽墨的发展创造了有利条件，从而促使制墨业空前繁荣，形成了一支强大的专业队伍。明末麻三衡《墨志》记载明代徽州墨工有120多家，程君房就是当时制墨名家之一。

程君房所经营的墨店为还朴斋、宝墨斋。关于其署名，有的墨上同时写程君房与程大约。《歙县志》把程大约与程君房视为两人；邢侗《墨记》中则视为一人，君房为大约之别名。有时墨上还出现过大约与幼博相连，另有聘衮、洪濛等名，到底是程氏家族，还是同一墨肆之人，均值得研究。程君房为明万历年间人，大约在万历三十几年去世。明墨广泛使用桐油烟和漆烟，程君房精研各种配方，油烟、漆烟调试得当，所得烟量虽少，但烟轻、质细，更加以多种药物、香料，故所制之墨精良无比。明人高濂以为"墨之妙用，质取其轻，烟取其清，嗅之无香，磨之无声"，程墨四美皆备，曾作为贡品进贡朝廷，受到皇帝的嘉奖，被授为鸿胪寺序班。

谈到程君房，常要涉及他在万历年间出版的《墨苑》。这是绘制印刷他所生产的墨的图样，带有商品广告性质的一部墨谱。这套墨谱是在与徽州方氏的激烈斗争中产生的。与程君房同时代的徽州制墨名家方于鲁,曾有《墨谱》先行于世。有关程、方之间的斗争,明代麻三衡《墨志》、沈德符《飞凫语略》等均有记载,清代姜绍书《韵石斋笔谈》、徐康《窳叟墨录》,近人邓之诚《骨董琐记》以及现代的《中国版画史略》亦载其事:方于鲁初在程君房处作墨,深得其法;程墨入内廷受到嘉奖后,方极为忌妒,二人遂生间隙,诉讼于官,成为冤家,《墨谱》、《墨苑》相继而出;后程因杀人案被逮捕入狱而死,也是方从中作梗。尹润生先生在《评论方于鲁与程君房两家墨店》①

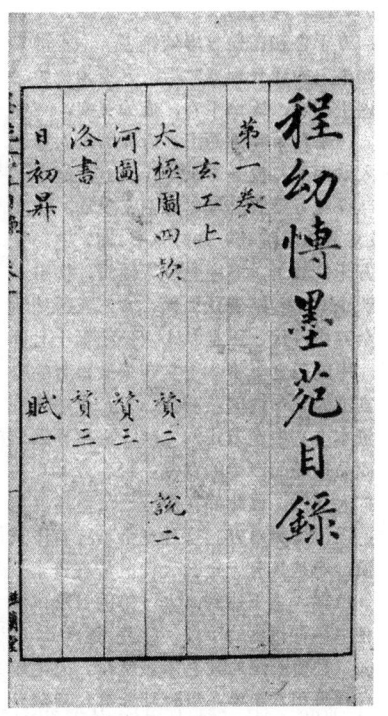

《程氏墨苑》书影

一文中,认为程方斗争属于"商业竞争"性质,揭出本源,所论确切。笔者认为程、方二人所处的嘉靖至万历时代,正是从16世纪末17世纪初,中国历史上资本主义萌芽最显著的阶段,富庶的徽州地区,商业、手工业颇为发达。资本主义生产方式的发展,必然导致为争夺商品市场而产生的竞争。程、方相互角逐,扩大宣传,彼此都在想方设法提高技术水平,以便压倒对方。这种竞争不应只是看作私愤,而是具有一定社会性,带有资本主义

---

① 尹润生:《评论方于鲁与程君房两家墨店》,《故宫博物院院刊》1981年第4期。

竞争色彩。为了达到高人一筹的目的，他们会使出各种卑劣的手段，这是资产者以强凌弱、贪婪罔极的丑恶本质所在。无论如何，程君房和方于鲁在当时都称得起是制墨名家，他们遗留的两部墨谱，在版画史上都是极有价值的。

我国版画史的研究，近年来在新资料不断发现的情况下，在深度及广度上都有许多新的进展。在此，仅就《墨苑》，谈点个人见解，以资探讨。

《墨苑》是一部版画杰作。徽州地区经济发达，文化兴盛，所产笔、纸、砚、墨久负盛名，雕版印刷亦是在高度文化艺术基础上发展起来的。明代由于造纸和制墨手工业的发展，在大量刻制墨模的同时，提高了雕版技术。当时一些著名画家如丁云鹏、陈老莲、萧尺木等，都为版画绘制图样，保证了图样的高水平。加之徽州地区又有以歙县虬村黄氏一族为首的徽派版刻的名工巧匠，又保证了制版的高水平。二者相得益彰，形成了徽派版画的独特艺术风格。画家们善于把繁复的内容，运用精湛的技法，纳于画面之中，刻工再以出色的刀笔、有力的线条，生动地表达出各种物象的神态。《墨苑》就是一部典型的代表作。《墨苑》的绘刻以精细见长，纹饰内容广泛，刻工纤巧，有的细如毫发，图样多出丁云鹏手笔，其中数幅尚可见丁云鹏小印。程君房在《题丁南羽画百爵图》时，称赞丁云鹏画技云："丁生画手妙入神，间画禽鸟皆逼真。顷余墨苑收名笔，却看百爵图中出。图式如规径尺余，群飞群啄仍萧疏。一时见者殊惊异，咸说林良远不如……"百爵图画既精美，再经名刻工黄鏻等人的细雕，历来被称之为我国版画史上的重要资料。

《墨苑》中的彩版是我国早期彩色版画。《墨苑》完整者每部约为十余册（卷），各卷分别标题为玄工、舆图、人官、物华、儒藏、缁黄六目，五百个左右墨模图样，每幅后分别有名人题诗作序,册后附有利玛窦版画。《墨苑》的彩色印本现已稀如星凤。据笔者所知,北京图书馆藏一部,原为郑振铎先生收藏。天津市艺术博物馆亦藏一部,为明万历滋兰堂印本,一函十三册,彩色版四十余幅(其中二十八宿图符篆部分皆用朱色),有的画面用橙、绿、蓝、赭等色,如"月初弦"即是。

郑振铎先生在《劫中得书记》中,记述了他从天津陶兰泉处购得彩印本《墨苑》(六卷十二册)的经过,高度评价了这部书的价值,视之为"国宝",认为这部书是彩色版画的先河。

关于中国彩色印刷术,目前发现的彩色版画资料,已大大超越了郑振铎先生的视野。如西安碑林发现的宋代年画性质的版画《东方朔盗桃》,已用浓墨、浅墨、浅绿等色,说明早在11世纪,我国就已出现了彩色印刷①;1974年山西应县木塔又发现辽代彩色版画,其中独幅《炽盛光九曜图》是墨线印刷敷彩,有朱臕、石蓝、石绿等色②;湖北江陵资福寺元至元六年刻《无闻和尚金刚经解》,其灵芝和经注用红黑两色套印③。而《墨苑》则是明代万历年间出现的彩色图版,是在画版上敷以各种色彩一次印出来的。可以看出,我国早期彩色版画的印刷方法大多是在版上敷彩或是墨线填彩,还没有进步到分版套印,但却为以后的套印打下了基础。此后,明末吴发祥的《萝轩变古笺谱》、胡正言的《十竹斋笺谱》,均为彩色套印,分版分色,因而深浅浓淡,阴阳向背,都可以栩栩如生地表现出来。

《墨苑》为促进中西艺术交流提供了资料。此书一般版本,

---

① 刘最长、朱捷元:《西安碑林发现女真文书、南宋拓全幅集王〈圣教序〉及版画》,《文物》1979年第5期。

② 侯恺、冯鹏生:《应县木塔秘藏辽代美术作品的探讨》,《文物》1982年第6期。

③ 郭味蕖:《中国版画史略》,朝华美术出版社,1962年。

后附利玛窦版画四幅，冠以利玛窦所撰说明。《涉园墨萃》收录的《墨苑》，除四幅版画及说明外，还有《中山狼传》。天津市艺术博物馆收藏的彩版本，只有三幅，即："信而步海疑而即沉"、"二徒闻实即舍空虚"、"淫色秽气自速天灭"，无其他版本的《圣母像》及《中山狼传》。这种情况有两种可能。一是由于《墨苑》刊行以后，陆续再版，增加内容，天津市艺术博物馆藏本最后程康功《阅幼博墨苑漫记》署年为"甲辰"，即万历三十二年（1604），书中许多题记亦为万历三十年（1602）或三十二年，而《涉园墨萃》收录的版本"中山狼传"后附程氏题记为万历三十四年（1606），因而前者可能为早期版本。又据《窳叟墨录》记载，程、方斗争中，方认为书后附的"中山狼传"是影射他负义，故而出资多方购书，把后附的"中山狼传"抽毁，因而附有"中山狼传"的传世很少，天津市艺术博物馆所藏或即方氏抽毁之本。

利玛窦，意大利传教士，万历间来中国，广事交游，万历三十八年（1610）死于北京，《明史》有传。他在《述文赠幼博程子》中说："今岁，窦因石林祝翁诗柬，幸得与幼博程子握手。"并通过对程墨的赞赏，极称大国文明之盛。后署"万历三十三年岁次乙巳腊月朔欧逻巴利玛窦撰并羽笔"，可知程君房通过祝石林与利玛窦相识，互相礼赠，从而得到西洋画，并据以选入《墨苑》，自是意中之事。当时利玛窦已受到朝廷的优遇，《墨苑》后附利玛窦所赠之画，无非是借以抬高身价，增加与方于鲁对抗的资本。但另一方面，西洋画和它的绘画原理传入中国，在中西艺术交流上也起了一定作用。《墨苑》将几幅画收录其中，使之得以广泛流传，其阴阳向背、焦点透视、线条比例等技法，对中国绘画、版画都有影响。徽州画师及雕版匠师，吸收了西洋画风，丰富了技法，使刻版艺术也有所改进。

原载《文物》1985年第3期

纸寿千年举世珍

纸是实现笔、墨、砚功能的载体。中国是造纸术的故乡，造纸术为中国四大发明之一。纸在人民日常生活中有很强的实用性，为人类所不可缺少。我国古代许多珍贵的史料典籍、书画作品得以流传，均有赖于纸的存在。

什么是纸？"纸是植物纤维经物理、化学作用所提纯与分散的纤维素靠氢键缔合而交结成的薄膜状物质。"① 纸在没出现之前，写字、绘画均在竹、木简及锦帛上进行。锦帛造价昂贵，竹、木沉重，给人类生活带来极大不便，因而纸的出现是有一定社会要求的。什么时候出现了纸？传统说法是东汉蔡伦造纸，但由目前发现的古纸看，均早于蔡伦生活年代。中国早期古纸，在20世纪50年代开始就陆续出土。1957年西安灞桥发现麻纸，年代在西汉武帝（前140—前87在位）之前；1973年甘肃金关西汉遗址出土了一批纸；1978年陕西扶风出土西汉窖藏古纸；1979年甘肃敦煌马圈湾烽燧遗址发现大批古纸；1986年甘肃

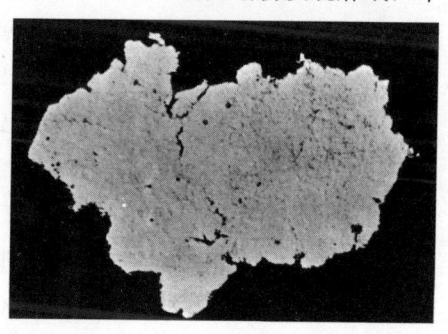

西汉古纸

---

① 潘吉星：《中国造纸技术史稿》，文物出版社，1979年版。

天水放马滩西汉墓出土纸质地图图纸；1991年甘肃敦煌悬泉置遗址出土西汉宣帝至新莽时（前73—23）麻纸，其中有一部分为留有书写墨迹的书写用纸，是我国最早的书写用纸的珍贵资料。这些古纸的发现，只能说是至少在西汉时期已经出现了纸，还不能说明古纸的起源时代。有无比西汉更早的纸？还有待地下考古发现。

蔡伦，生年不详，卒于东汉永宁二年（121）。东汉始于公元25年，故蔡伦的生活年代应在东汉。字敬仲，湖南桂阳（今郴县）人，宫廷宦官，曾是主管御用器物的尚方令。《后汉书·蔡伦传》云："自古书契多编以竹简，其用缣帛者谓之为纸。缣贵而简重，并不便于人。伦乃造意，用树肤、麻头及敝布、鱼网以为纸。元兴元年奏上之，帝善其能，自是莫不从用焉，故天下咸称'蔡侯纸'。"东汉元兴元年为公元105年，从出土古纸看，蔡伦应是在改良前世或当时纸的基础上而制造出的纸，或称为蔡侯纸。

纸在出现以后，有一个简、帛、纸共用的过渡阶段。直至魏晋南北朝时期纸的利用才为人们所广泛接受，逐步取代了笨重的简牍。甘肃敦煌石室出土的晋、南北朝遗文，新疆1965年吐鲁番英沙故城出土的《三国志》写本，1964年至1965年阿斯塔那出土的文书等，均说明当时纸的应用已很广泛，而且纸的平整光滑度较汉代大为进步。其中以晋陆机《平复帖》为著名书家留传至今的最早纸本墨迹。东晋大书法家王羲之的作品虽然未留传下来纸本原迹，但可以想象二王书法的辉煌成就，纸给他们造就了发挥才能的广阔天地。当时北方产纸区有洛阳、长安、山西、河北、山东等地，出产麻纸、楮皮纸、桑皮纸。南方产纸区有浙江会稽、安徽南部、南京、扬州、广州，所产纸类与北方相同，但以麻纸为大宗。再有浙江剡溪附近生产的剡藤纸，一直延续到唐代而大兴。还有古书记载中经常道及的侧理纸。

唐代经济文化的发达，促进了制纸业的变化，纸的产区扩大，种类增多，应用广泛。从一些记载可知江苏、浙江、安徽、江西、湖南、四川、广东、山西、河南等地均有纸的生产，几乎遍及全国。唐李肇《国史补》："纸则有越之剡藤苔笺，蜀之麻面、屑末、滑石、金花、长麻、鱼子、十色笺，扬之六合笺，韶之竹笺，蒲之白薄、重抄，临川之滑薄。又宋亳间有织成界道绢素，谓之乌丝栏、朱丝栏，又有茧纸。"唐纸的原料以麻料为主，还有藤纸、桑皮纸、楮皮纸以及一些混合用料纸。纸的加工技术大为进步，纸幅的长、宽均较前代加大，而且有生熟之分，以备于各种不同的用途。还出现了许多加工纸，如金花纸，银花纸，水纹纸等，其中薛涛笺名重一时。据记载，四川成都名妓薛涛，字洪度，善诗，曾以小幅笺纸写诗与当时名流元稹、白居易、杜牧等人往来唱和，这种笺纸称之为"薛涛笺"，据传制于成都郊外浣花溪百花潭，故亦称"浣花笺"。还有一种普遍用于抄写经文的硬黄纸，它是用上好的纸染的黄蘖，然后涂蜡，纸呈黄色，黄蘖可以防虫，纸质平滑坚密，用于写经，庄重肃穆。这种纸我们比较容易见到，大凡唐代写经均使用这种纸。今日所见唐写经有虫蛀者，不是伪品就是日本制品。唐代宣纸已崭露头角，安徽宣州等地出产的"宣纸"已被书画家首肯，唐张彦远《历代名画记》载有"好事家宜置宣纸百幅，用法蜡之，以备摹写"，可知这是当时品位比较高的一种纸。纸的应用极为广泛，如故宫博物院收藏的唐代韩滉《文苑图》、《五牛图》均为纸质，新疆出土的各种纸制品，有纸棺、纸帽，以及用于美化的剪纸艺术品。敦煌石室发现的唐咸通九年（868）雕版印刷《金刚经》是我国目前早期印刷实物的重要资料，印刷术的发明，对纸的应用、质量等各方面发展都是一个促进。

五代时期，出现澄心堂纸，宋苏易简《文房四谱》称这种纸"细薄光洁，为一时之甲"。南唐烈祖李昪在金陵时，曾以澄心堂为读书阅览奏章宴居之所，至后主李煜，会剡道监制宫中用纸，取名澄心堂纸。这种纸一直为宫廷使用，直到北宋才为人知，目前已不见真品，可见的多为清代时的仿制品。

宋代是中国造纸原料由麻料过渡到植物韧皮最后到茎秆（竹）的重要阶段。当时麻纸、楮皮纸、桑皮纸仍有制作，但又增加了用植物茎秆作为原料，出现了以竹、麦茎、稻秆制作的纸，其中竹纸的制造尤为兴盛，产地主要在江浙一带。《文房四谱》记载："蜀中多以麻为纸，有玉屑、屑骨之号，江浙间多以嫩竹为纸。北土以桑皮为纸。剡溪以藤为纸。海人以苔为纸。浙人以麦茎、稻秆为之者脆薄焉。以麦膏油藤为之者尤佳。"概述了宋代造纸状况。

宋纸中还有一种有名的金粟山藏经纸，这种纸是明朝人发现的。浙江省海盐县西南有一座金粟山，山下有金粟寺，寺内大悲阁藏经万卷，纸背有小红印"金粟山藏经纸"，并有宋代年号，因此判断为宋纸或宋以前纸。此纸明代现世后，大多被人盗去，散失各地。这种纸由几层粘连，较厚，可以揭开，后来人们大多作为名贵书画装潢之用，或作手卷的引首、题字的诗堂。经检验为桑皮纸或麻纸，内外涂蜡，有光泽无纹理，这种纸目前仍可见到实物。

明清两代，正是我国资本主义萌芽时期，造纸业已初具资本主义手工业生产的规模和性质，质量、数量、品种均有所发展。不仅恢复了一些传统纸制品，而且制造出许多新型加工纸，凡是历史上出现过的纸，明清时均加以仿制，可谓集各种纸之大成。

明清时期的纸以竹纸为首，其次是皮纸及麻纸，产地南方有江西、福建、浙江、安徽、广东、四川等地，北方有陕西、山西、河北等地。明末崇祯时著名科学家宋应星《天工开物》中对明代造皮纸、竹纸作了详尽记载:"纸料,凡纸质用楮树(一名穀树)皮与桑穰、芙蓉膜等诸物者为皮纸,用竹麻者为竹纸。精者极其洁白,供书文、印文、柬启用,粗者为火纸、包裹纸……造竹纸,凡造竹纸,事出南方而闽省独专其盛……造皮纸,凡楮树取皮,于春末夏初剥取。树已老者,就根伐去,以土盖之。来年再长新条,其皮更美。"

宣纸在明清时期发展到了成熟阶段,它的主要产地在安徽省芜湖地区泾县,该地唐代时属宣州府。当地曾以纸作为方物进献朝廷。清胡韫玉《纸说》云:"宣纸,宁国、泾县、太平,皆能造纸,故名宣纸,而泾县所制尤工。今则宣纸惟产于泾县,故又名泾县纸";"泾县产纸之区,惟枫坑及大、小岭与漕溪之泥坑。业纸之工曹、翟二姓为多";"纸之制造,首在于料。料用楮皮或檀皮,必生于山石崎岖倾仄之间者,方为佳料"。说明了宣纸的原料及产地。宣纸具有韧而能润、光而不滑、色白如霜、搓折无损等特点,在当时多作为内府及官府公文用纸和上等书画用纸。

明清时代还仿制了前代一些名贵的纸。如薛涛笺、金粟山藏经纸、澄心堂纸等,另外还生产出了许多新型艺术加工纸。比

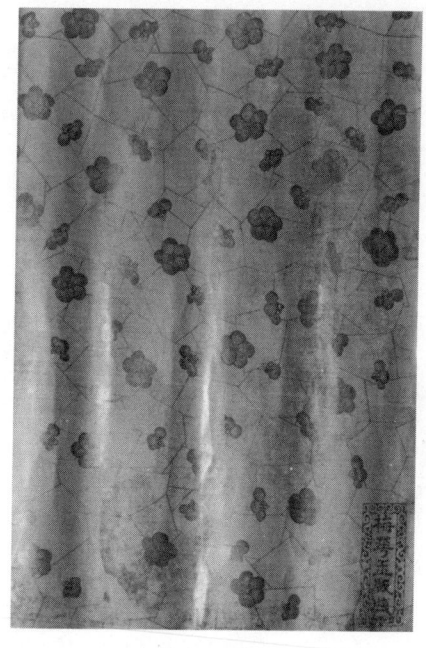

清梅萼玉版笺

较常见的有康熙至乾隆年间的梅萼玉版笺，纸质厚实如板，纸面涂以银白色粉蜡，上有冰纹，点缀以金色或银色梅花；还有刻花透光纸，是将宣纸内层砑光，透光时清晰可见。这些精美的仿古纸及艺术加工纸多为宫廷或贵族使用，今天只能作为一种艺术欣赏品了。

纸张的保存切忌虫蛀、受潮、风干（易碎）、沾污，要定期检查、放置不污染的防虫药物。近年来纸也成了收藏品，收藏家不仅收藏古纸，近现代的名牌纸也成了收藏项目。当然有些人收藏古纸是为作伪画，书画鉴定不可不注意。

文物杂识

汉"单于和亲"大方砖

古代遗留下来的建筑材料——砖瓦，常有带有文字或图像的，我们可以通过这些铭记、花纹、图案来断定它的年代及特征，甚至说明一些历史事实。"单于和亲"大方砖就是其中一例。砖长30厘米，宽29.5五厘米，厚5厘米，上有阴文篆书"单于和亲千秋万岁安乐未央"12字。传为新中国成立前榆林故城出土。

"单于和亲"即大家所熟知的汉王昭君与匈奴通婚的历史事件。汉元帝竟宁元年（前33），呼韩邪单于入汉"愿婚汉氏以自亲"，汉元帝以后宫宫女嫱（字昭君）配他为妻。昭君出塞后，汉匈关系有了改善，保持了很长时间的睦邻友好。至今，内蒙古呼和浩特市旧城南九公里大黑河南岸，还有昭君墓，相传地多白草，独此墓颜色青黛，故名"青冢"。1954年在内蒙古包头市郊区曾出土过"单于和亲"瓦。从地区来看，内蒙古为汉朝时期匈奴活动过的地方。

明代牙雕蹴鞠图笔筒

安徽省博物馆收藏有一件明代象牙雕蹴鞠图笔筒，通高约16厘米，口径约11厘米。图案上有五个人，其中三人裤腿上卷在踢球,另一着长衫者在观看,旁边立一侍者。五人中间置一球,成为注视的焦点。人物背后衬以山石、树木、回廊。整个画面构图紧凑,人物形象生动,重点突出。

这件笔筒牙质及制作稍欠古朴,但仍不失为具有历史价值及艺术价值的珍品。以蹴鞠为纹饰图案的笔筒目前尚属少见,它为了解我国早期体育运动史又提供了一件实物资料。

一件戏曲人物形象的泥塑

天津市艺术博物馆去年入藏了一件泥塑仕女,身着粉色上衫,青色坎肩,下身着湖色水裙,腰系五色锦裙、裆裙,中系青色锦带,头梳高髻,中插金凤,右臂向后垂,左臂上举,衣袖中有穿孔,似扛一物,可惜所扛之物已失。经"泥人张"后代鉴定,此件应为"泥人张"第二代张玉亭的作品。

泥塑的头部是活动的,这是早期泥塑的特点。其容貌特征,可以看出好像是梅兰芳早期的艺术形象,整个泥塑形态,也与梅兰芳20世纪30年代的剧照相似。梅兰芳生于1894年,《麻姑献寿》、《黛玉葬花》都是他早期上演过的剧目,根据这个泥塑的形象,内容很可能就是表现的这类题材。

张玉亭生于1863年,卒于1954年。他一生中塑造了大量的《红楼梦》中的人物及麻姑形象。如果以张玉亭的生卒年代与梅兰芳的生卒年代相计算,张作此件时应在六十岁以后。

忆 旧
——我的业余爱好

人的一生除了工作、学习外，均应有一些业余爱好。有些爱好，可以丰富生活，陶冶情操，娱乐身心，还可增加知识，甚至对工作还会有些辅助作用。

我出生在北京，成长在天津。天津是古往今来的大码头，是南北交融的重要枢纽，反映在文化领域上是巨大的包容性、吸纳性，各种文艺形式在这里都能被接纳，没有不火的。在天津读书、工作至今，在家庭和天津文化氛围的双重影响下，我喜欢上了天津的戏剧、曲艺等文艺。二位家兄读书、生活在北京，京城是京剧大本营，他们从上学时期就爱好京剧，长兄对京剧剧目了解很多，次兄能唱，耳濡目染，我也喜爱上了他们所好。记得小时候长兄带我去看谭富英的《定军山》，一边看，长兄一边讲，当时还不太懂，只是剧中有些滑稽场面引起我兴趣，夏侯渊被黄忠战死，夏侯尚在脸上横竖划十字，口中念道："啊呀！又是一个不好！"极为可笑。后来长兄又带我看过叶盛兰的《花木兰》。花木兰最后女装出场，可见叶先生早年学过旦角的功力，这是很难见到的一出戏。年龄稍长，似乎看懂了一些，喜欢听老生戏，尤其喜欢听杨宝森的戏，爱听他晚年略显低沉云遮月的嗓音，韵味醇厚，越听越好听。后来杨先生来津加入天津京剧团，与厉慧良搭班，我听过许多杨派戏，尤其欣赏其兄杨宝忠的操琴，每逢演出，他上场后，掌声四起，他到台中鞠躬致意，真够派儿！他操琴虽然精彩，但杨宝森的演唱不感到压抑，兄弟二人配合默契，珠联璧合。有人说杨宝忠操琴，只有杨宝森能配合上，此言不虚。

20世纪60年代著名书画鉴定家、京剧名票韩慎先调任原天津艺术博物馆副馆长。韩先生与梅兰芳是朋友，是工谭、余派的老生，受业于名家陈彦衡（见《韩慎先与寒切贴》一文）。我向他学习业务知识，也听他说戏。他有时也带我去听戏，有印象的一次是去庆云戏院听他的女弟子的《捉放曹》，余派味很浓，另一次是看言慧珠、俞振飞的吕蒙正，最后言慧珠反串《让徐州》，言慧珠扮相靓丽，音色柔美，不愧是位大家。

我的母亲喜欢听河北梆子、评戏，我也陪她去听。天津老一辈河北梆子演员我都看过他们的戏，那时河北梆子都在南市口中华戏院演出，正戏之前，常有京剧清唱、曲艺演出，我就是在中华戏院知道的时调演员王毓宝。河北梆子演员里爱听柳香玉，有一年小达子李桂春及李桂云在中国大戏院演《大蝴蝶杯》，柳香玉出演渔家女，津门演员给名角配戏，可见天津演员的实力。评剧喜欢听小白玉霜，她在天津演出时，我听了不少她的戏。此外还有鼓曲等其他曲艺我都有兴趣听，不赘述。

业余爱好，充实了我的生活，为我带来快乐，有时对工作也大有裨益。60年代初，原天津艺术博物馆曾请北京的文物鉴定专家来馆鉴定文物，已故古墨鉴定专家尹润生老先生是位资深戏迷，晚上没事，文化局要请他看戏。局长张映雪要我陪同看戏，事先由局长给中国大戏院杨经理打电话订座位，我陪尹老先生去看戏，当晚是赵慧秋的《凤还巢》。赵慧秋是位多才多艺的艺术家，可以自拉自唱，能模仿各个流派的青衣唱法，唱、念、做俱佳，功力颇深。我陪尹先生等人一边看戏，一边介绍上述情况，尹先生大加赞扬，称赞天津有好角儿，我也圆满完成陪同任务。1996年我与云希正、崔锦二位馆长去香港举办馆藏明清书画展。

有一天晚上香港企业家李和声宴请，李先生是位资深京剧票友，他的夫人唱青衣，他操琴伴奏，曾赞助在天津举办的中国第一届票友大赛。临出席宴会前，二位馆长嘱我宴会上李先生如果谈京剧，要我搭话。宴会上当然要谈到京剧，谈话间我把戏剧界"教戏"均说成"说戏"，总算没露怯。已故吴同宾先生是位戏剧研究家，他与其兄吴小如都是资深的京剧研究家、票友。有一年馆里请他辨认馆藏戏出年画及剪纸，领导要我陪同并作记录，工作中他说的我基本能听懂，并且学了不少知识。

我感到一名文物工作者，学习知识是多方面的，不能太单一，艺术是互相影响的，各个门类虽然形式不同，但精神是相通的。比如我学习鉴定、研究砚台类时，就发现它是一门综合艺术，对历史、文学、绘画、书法、雕刻等门类均有涉猎，要都了解一点，才能全面认识每一方砚台。在工作中与人接触我感到也是如此，例如我们经常接触的收藏家，他们在各行各业工作，如果你对他的工作性质、爱好有点滴了解，则便于沟通，能拉近距离，不至于只谈文物，别的话题无话可说，出现尴尬局面。所以我总告诫年轻人除了学习主业外，其他知识也应适当了解，社会知识也要学习，这样才会对生活和工作有利。

叫好不起哄

我是一个文物工作者，业余爱好是听戏、听曲艺。近年很少去剧场了，一是年事已高，行动不便，更重要的是我"享受"不了剧场的氛围。首先是震耳欲聋的音响。有一次招待看京剧《金·断·雷》，坐在前排，两耳震得难以忍受，改坐后排才把戏看完。现在演员均用扩音器，演员本身省了力气，可观众耳朵受不了。这让我常常想起我青年时候听戏的情景。在中国大戏院听杨宝森的《伍子胥》，杨先生演唱韵味淳厚，嗓音低沉，不用扩音器，观众也能听清，《文昭关》一折过昭关夜宿东皋公家段的演唱，换髯口，始终坐在台中最后而不像现在演员坐在台口，观众也能听得清楚。那时中国大戏院有时加日场，快散场时剧场门大开，观众可以随意进出，我放学路过时往往进去蹭戏。站在剧场后边听张君秋演唱，声贯满场，观众听的是原声原味，那是演员的真功夫，按现在的话讲，可以称之为绿色演出。

另一是曲艺剧场秩序。我本来很爱听鼓曲，但现在的剧场，尤其是小剧场的喝彩声不正道，影响视听，从现存的一些录音中就可以听到。当然，茶馆曲艺贴近观众，便于交流，随意性大，但也得有个良好的喝彩，听鼓曲时总有那么几位发出歇斯底里的怪叫，声音高亢，如鹤立鸡群，令人生厌。叫好是对演员的鼓励、褒奖，不是起哄。听老先生讲，不会叫好，叫的不是地方会叫人笑话，一句还没唱完，观众发出怪叫，即便不是倒好，也不是地方。它会影响演员表演，也会影响观众视听。外地演员都说天津观众懂戏，有素养，到天津演出有压力，得拿真功夫，我们决不能因"起哄"损坏了好名声。记得有一年过端午节，文史馆组织我们馆员去茶馆听相声，有一对相声演员上台后说："今天来的观众都是长者，叫好不起哄。"因为文史馆馆员都是60岁以上的长者，观众席一片白发，演员一目了然，观众席的听众文质彬彬，没有怪叫声，演员有感觉，认为来了有水平的听众，所以演出特别卖力。那天说的是传统段子，"活"使得瓷实，观众鼓掌恰到好处，演出效果极佳，说明好的剧场氛围，能使双方均受益。

提高演出水平，培养观众的欣赏水平，创造良好的演出、观赏环境，需要各方面努力，应该说这也是精神文明建设的内容，是文化大发展中所要做的工作。我总想能不能在一些秩序不太好的剧场中挂个宣传牌子"文明观剧，礼貌喝彩"或"文明演出，礼貌喝彩"，不知可否？

博物馆图书资料的使用与管理

一

博物馆的图书资料管理,是博物馆各项工作中的一项很重要的工作,但在实际工作中却往往把着眼点放在陈列或保管方面,对这项工作的重要性有所忽略,在博物馆学中亦很少论及,在图书馆学中又不能详尽论述图书资料管理工作诸问题。因此,充分认识这项工作的重要性,并对其工作内容加以研究则极为必要。

博物馆的图书资料管理部门,是博物馆的一个组成部分。从工作上讲,它是博物馆开展业务工作的辅助部门,但它对提高业务人员的业务水平、促进学术研究、活跃该馆各项业务工作、促进整个博物馆事业的发展,却有着极为重要的作用。如博物馆收藏的大量文物,需要在众多的资料中进行考证、研究,从而对文物的年代、真伪以及历史价值等方面有所了解;陈列展览的装饰设计,需要参考、学习最新、最先进的形式设计,以改进旧的陈列内容和形式;讲解工作不仅需要提供各种文物知识,而且需要提供中外文化交流方面的资料,以便接待好中外观众参观;如此等等。所有这一切都说明博物馆哪一项业务工作都是离不开图书资料工作的。那种把图书资料工作单纯看作是看书看报、借书还书的观点是片面的。还应当看到,在当前新形势下,图书资料工作还负有搜集科研资料及学术动态、传达信息的重要使命。因此,搞好图书资料的使用与管理,充分发挥效益,则势在必行。

二

博物馆图书资料管理与其他机关企事业单位的图书资料管理性质有共同点又有不同点。其共同点是，同是管理图书资料，并为读者服务；只是因其所在单位的性质及任务不同而有所差异。1979年《省、市、自治区博物馆工作条例》提出，博物馆是"文物和标本的主要收藏机构、宣传教育机构和科学研究机构"，即博物馆的三性，这是通过长期的工作实践而得出的高度理论概括，它又是博物馆各项工作的指导思想。博物馆的图书资料管理工作亦应是围绕三性进行工作的，这是它与其他机关企事业单位的图书管理工作不尽相同的基本点，这个基本点决定着博物馆图书资料管理工作一定要具有极强的专业性，它必须具备以下几点：

1. 有关业务的藏书量要大于文艺著作藏书量，在购买图书资料的经费中应优先考虑到业务资料。博物馆工作无论是陈列、保管都存在业务研究问题，开展研究，除自身掌握一定资料外，还必须参阅大量已经发表或出版的资料，从这些前人和今人的研究成果中得到借鉴、启示或补充。因此，在经费许可下，宁可少购置一些小说、文艺杂志，对一些经典、图录、注录性的书籍也要进行购置。因为这些书籍是开展业务工作必不可少的。

2. 藏书范围应与本馆性质及其文物收藏密切相关。就我国目前博物馆性质来讲，有综合性、专业性、纪念性等不同类型，其工作内容、藏品的范围均因其不同性质及任务的不同而有所区别，而其图书资料的搜集范围也应体现其各自不同的特点，根据本馆的工作需要搜集有关的资料。

3. 博物馆的图书资料工作必须紧密结合馆内业务工作的开

展、面向读者，积极主动提供资料，使业务人员在思想上认识到图书资料室存在的重要性及必要性。

4. 博物馆的图书资料管理工作应包含一定的学术研究因素。首先，管理人员必须对本馆工作性质、任务以及馆藏文物种类及一般的文物知识等有所了解，这样在图书资料的搜集、分类、检索工具的编制、专题内容的汇集等方面，方能适应本馆业务工作的需要，这一过程是学习和研究的过程。管理人员可以在这个过程中增长才干，提高学识水平及工作质量。

三

博物馆的图书资料管理工作，由主管业务的馆长直接过问其工作计划，审批需搜集购置的图书资料。全馆全年经费中要有一定比例的购置费用。图书资料室可以隶属于主要业务部门，亦可独立，与其他部、室、科平行。其工作要以围绕全馆业务工作为宗旨，其工作对象以业务人员为主，面向全馆，其工作范围为搜集整理与馆内有关文物的收藏、陈列展览以及其他社会科学方面的古今中外图书、资料的印刷品及有价值的非印刷品。要有一套完整的行之有效的科学管理制度，包括搜集收购、上账、排架、制卡、借阅等，这套制度必须保证业务工作的顺利开展。

图书资料管理人员首先必须具有献身博物馆工作的事业心，并具有高中或相当于高中以上文化程度，要有了解一至两种外国语的非专职人员。要不断加强管理人员的自身建设：有目的、有组织地分期分批参加图书馆方面的培训班，或函大、电大、夜大以及脱产大专院校学习，以提高其业务、文化素质。鼓励工作人员在完成本职工作的基础上，结合业务提出研究课题，撰写论文，编辑出版目录、索引、文摘等。有一定学识及工作水平者，应按图书馆评定职称办法予以评定职称。

四

博物馆的图书资料管理工作，大致可分为内部的书籍整理及外部提供借阅两大项。

书籍整理：

博物馆图书资料室，不仅提供借阅的任务，而且亦有藏书任务，因此整理工作极为重要。搜集、收购的图书资料除了一些珍贵的善本图书应归文物类加以收藏外，有些也是价值连城的珍贵图书或不易搜求的孤本或绝版书，不仅要管理好，更重要的是使之发挥作用。因此管理好众多的图书资料，使其不错不乱、提取方便，是一项非常细致而繁重的工作。

1. 根据本馆性质任务，有针对性地搜集与本馆业务有关的图书、资料印刷品及有价值的非印刷品，并应及时进行分类、编号、上账、制卡、排架。其分类方法要选择适合本馆情况的图书分类并加以规范化。珍贵稀有图书应专库专柜保管。

2. 随着社会的向前发展，各类图书的急剧增加，人们面对浩如烟海的图书资料、书报杂志，要想广泛收集某种资料进行科学研究，犹如大海捞针一样，因此图书资料室要提供各种检索工具，制订几种不同使用方法及内容的索书卡，目录，索引，文摘，各种书报杂志、丛书、文集中刊登的与本馆业务有关的资料，除能进行剪贴外，均应制作索引、目录，既可按类，也可按内容、姓氏等，形成一个内容丰富、使用方便的资料库。这项工作，不仅可方便读者检索，而且也是图书资料室本身的一项科研工作。

3. 我们正处在一个信息时代，知识更新快，学术成果日新月异,要通过各种途径及时掌握各地文、博信息情报,尤其是与本馆业务有关的信息,更应及时掌握。如各地报道的出土新发现,各种学科的研究成果、学术动态,新的陈列、展览动态等,及时搜集汇总,定期公布或提供给有关领导及业务人员,为业务工作充当耳目。

对于本馆出版物或个人发表的论文、文物介绍文章、馆外业务活动报导等,这些均应视为本馆科学研究的成果而加以重视,并应集中管理备案。

提供借阅:

图书整理的最终目的是提供需求,为业务工作服务,为读者服务,资料室不是单纯的资料室,而应是业务人员学习书本知识的阵地,是吸取知识营养、提高水平、扩大视野的良好场所。因此,图书资料室应是开放型的,要创造一切条件,对业务人员提供场地,积极主动的提供书籍资料。

1. 要根据馆内业务工作任务,提供有关参考资料及目录,及时了解各业务部门需求,制订相应的工作计划。

2. 设立资料室、阅览室。资料室专供查阅业务资料、工具书使用;阅览室专供阅览报纸及非专业性杂志,其目的是为学习、研究者提供良好环境。

3. 借阅手续既要正规化,又要简单化,主动提供各种检索工具,按索书卡提供借阅,并积极主动地介绍或辅导书籍刊物的阅读方法、各种检索工具的使用方法。

4. 加强与各兄弟博物馆及有关单位的联系,交流资料,互通情报。

5. 为了活跃业务工作的开展,促进全馆业务水平的提高,可在有关领导的支持下,聘请馆外专家作学术报告。馆内还可定期组织学术讨论会,可以讨论学术界的重大问题,亦可以结合本馆业务工作进行藏品的研究等。

五

图书资料室的工作是一项极为有意义的工作,它可以培养人的读书兴趣及学习专业的志向。工作几年之后,不仅可以学习到本馆的业务知识,而且对于书籍中有关各种业务知识的论述、记载、著录等亦可有一大致了解。如果调出从事某项业务工作,再接触文物实际,能够很快掌握专业知识;如果进行学习或研究,资料的查阅也可顺手拈来。从这一角度讲,图书资料室也是培养业务人员的一个基地。

我们希望把图书资料室办成收藏、管理图书资料的知识宝库,传播知识、提高思想和业务素质、进行精神文明建设的窗口,培养业务人员的自学阵地。

1986年天津文博学会成立大会研讨会入选文章,
原载《中国博物馆》1986年第3期

附录：著作编年

1979 年
天津艺术博物馆藏砚（文物出版社）
古砚浅谈（《文物》第 7 期）
漫话苏轼书法（《天津时报》7 月 22 日）

1980 年
琅环山馆砚山（《百花园报》5 月 15 日）
一件戏曲人物形象的泥塑（《百花园报》6 月 15 日）
黄任铭墨雨砚（香港《大公报》10 月 29 日）
欧阳询书《九成宫醴泉铭》（《天津日报》12 月 27 日）
谈两方摹刻石鼓文的大砚（《文物》第 6 期）
天津艺术博物馆藏《西楼苏帖》（《文物》第 6 期）

1981 年
清青花圆瓷砚（《文物天地》第 1 期）
明荷鱼朱砂澄泥砚（《文物天地》第 1 期）
两件计氏家藏砚（香港《大公报》4 月 5 日）
汉单于和亲大方砖（《百花园报》5 月 1 日）
墨皇本《圣教序》（《文物》第 12 期）

1982 年
澄泥砚（《文物》第 9 期）
明顾从义摹刻石鼓文砚（《书法丛刊》第 3 期）
井田砚纹饰小议（《天津社会科学》第 3 期）

蟾蜍澄泥砚（香港《大公报》3月21日）

1983 年

马湘兰小砚（香港《书谱》第1期）

黄叶村藏砚（香港《书谱》第4期）

砚林琐谈（《文物天地》第1期）

1984 年

缩摹《瘗鹤铭》砚（香港《书谱》第1期）

宋范广惕小砚（香港《书谱》第1期）

清黄易摹武梁祠画像砚（香港《书谱》第3期）

卢葵生的漆砂砚（香港《书谱》第5期）

1985 年

清代绿端砚（香港《书谱》第3期）

广玉铭砚（香港《书谱》第5期）

漫话清代刻砚艺术（《朵云》第8期）

明代制墨名家程君房及其《墨苑》（《文物》第3期）

1986 年

砚铭概说（香港《书谱》第5期）

吴兰修铭荷叶砚（香港《大公报》1月4日）

博物馆图书资料的使用与管理（《中国博物馆》第3期）

1987 年

小说砚史（《人民日报海外版》10月23日）

竹砚与蕉叶砚（香港《书谱》第6期）

1988 年

武则天书《升仙太子碑》（《天津日报》2月26日）

一千二百年前一部字书（《天津日报》11月1日）

阮福铭井田砚（香港《书谱》第6期）

古砖瓦砚（香港《书谱》第 5 期）

1989 年

从《冯宿碑》看柳公权书法（《书法丛刊》第 17 期）

藏砚品砚话宋砚（香港《书谱》第 5 期）

津沽书法三百年（香港《大公报》5 月 26 日）

1990 年

历代文献精粹大典·文房用具（收入门岿主编《中国历代文献精粹大典》，学苑出版社）

宋拓《佛遗教经》前言（收入杨柳青画社主编《宋拓〈佛遗教经〉》，杨柳青画社出版社）

宋拓星凤楼本《黄庭经》前言（收入杨柳青画社主编《宋拓星凤楼本〈黄庭经〉》，杨柳青画社出版社）

王襄与砚（香港《大公报》2 月 23 日）

清代天津名书家张霔（香港《大公报》5 月 25 日）

《宋洮河石抄手砚》等五篇文章（收入梁白泉主编《国宝大观》，上海文化出版社）

1991 年

颜真卿《郭家庙碑》前言（收入杨柳青画社主编《颜真卿〈郭家庙碑〉》，杨柳青画社出版社）

汉砚管窥（《中国文房四宝》第 2 期）

文房至宝　珠目琳琅（《中国文房四宝》第 4 期）

1992 年

中国名砚鉴赏（与胡中泰合作主编，山东教育出版社）

顾二娘制砚之真伪（《天津文史》第 1 期）

寻砚记（《中国文房四宝》第 3、4 期）

张老槐嗜帖趣闻（收入天津文史研究馆编《津门史缀》，上海书店出版社 3 月）

说长道大（《中国文房四宝》第 1 期）

1993 年

华夏五千年艺术不能不知道丛书·文房集（杨柳青画社出版社）

砚海拾珠——浅谈山东几种传统古砚（收入韩庆浩主编《华夏珍宝录——中国民间文物地域巡礼》，山东地图出版社 5 月）

王羲之真迹何处寻（收入门岿主编《遗憾与教训总成》，人民日报出版社）

谈《苏米斋兰亭考》一书原稿（《书法丛刊》第 1 期）

砚铭采撷（《中国文房四宝》第 3 期）

读《西清砚谱》（《中国文房四宝》第 4 期）

徐世章藏砚（收入天津文史研究馆编《沽上艺文》，上海书店出版社 7 月）

谢枋得与桥亭卜卦砚（收入天津文史研究馆编《沽上艺文》，上海书店出版社 7 月）

石鼓砚之流传（收入天津文史研究馆编《沽上艺文》，上海书店出版社 7 月）

安岐与"安刻书谱"（收入天津杨柳青画社编《天津三百年书法选集》，天津杨柳青画社出版社 11 月）

1994 年

李放遗留小砚（收入天津文史研究馆编《津沽旧事》，上海书店出版社）

周希丁拓砚（收入天津文史研究馆编《津沽旧事》，上海书店出版社）

1995 年

邢慈静草书册（《今晚报》9 月 30 日）

1996 年

砚小天地宽（台湾《紫玉金砂》第 35 期）

人间绝美汉名砚（台湾《紫玉金砂》第 36 期）

嫩秀细润清端砚（台湾《紫玉金砂》第 37 期）

内府之宝石鼓砚（台湾《紫玉金砂》第 38 期）

黄易《得碑十二图》（《文物》第 3 期）

收藏家铭记片语（《收藏家》第 15 期）

澄泥砚发展的新阶段——《徐氏澄泥砚》序（收入徐文达编《徐氏澄泥砚》，山西人民出版社 10 月）

1997 年

清丽隽永　图文相映——清赤壁小端砚赏析（台湾《紫玉金砂》第 42 期）

清扁豆形端砚赏析（台湾《紫玉金砂》第 43 期）

唐代佳砚放异彩（台湾《紫玉金砂》第 46 期）

澄泥古砚新风采（台湾《紫玉金砂》第 48 期）

"中国明清书画精品展"轰动香江（《天津文史》第 1 期）

清韵雪斋云腴端砚（《天津文史》第 2 期）

北魏《中岳嵩高灵庙碑》（《书法丛刊》第 3 期）

王子若《百汉碑砚拓》（《文物》第 9 期）

1998 年

中华古砚（与王代文合作主编，江苏古籍出版社）

从砚铭看清代书法（收入《第三届中国书法史论国际研讨会论文集》，文物出版社 9 月）

藏砚品砚谈宋砚（台湾《紫玉金砂》第 55 期）

辽金元砚有芳华（台湾《紫玉金砂》第 58 期）

支言片语话鉴砚（《北方市场导报》6 月 12 日）

1999年

砚缘无尽情愈痴——《寿石斋藏砚集》序（收入谢兴民编《寿石斋藏砚集》，陕西旅游出版社8月）

2000年

黄易初拓《汉武梁祠画像题字》册（《书法丛刊》第2期）

徐世章藏砚（《收藏》第11期）

2001年

运用考古资料鉴别古砚（《收藏》第6期）

周希丁拓明顾从义摹刻石鼓文石砚（《收藏家》第8期）

胡中泰《龙尾砚》序（收入胡中泰编《龙尾砚》，江西教育出版社3月）

绚丽多彩明清砚——《双清藏砚》序（收入洪三雄编《双清藏砚》，台湾"国立"历史博物馆出版社9月）

端砚（收入夏景春主编《古物鉴真》，辽宁人民出版社10月）

2002年

文献资料在鉴砚中的运用（《收藏》第5期）

鉴砚絮语（《收藏》第10期）

喜迎东瀛砚作入津门（《今晚报》6月4日）

《中日交流砚作集》序（收入胡中泰、山本涛石主编《中日交流砚作集》，山东教育出版社5月）

砚田质润 刀笔生春——《姜书璞治砚艺术》序（收入戚俊杰主编《姜书璞治砚艺术》，文化艺术出版社4月）

《中国法帖全集·东坡苏公帖》说明（收入中国法帖全集编委会编《中国法帖全集·东坡苏公帖》，湖北美术出版社3月）

2003年

清拓吴《天发神谶碑》（上海崇源春季拍卖册）

清拓晋《好太王碑》（上海崇源春季拍卖册）

《纪晓岚遗物丛考》序（收入王敏之著《纪晓岚遗物丛考》，人民日报出版社 5 月）

2004 年

冯子云手拓汉《鲜于璜碑》（《今晚报》8 月 8 日）

碑帖鉴定专家朱鼎荣（《今晚报》2 月 29 日）

《砚林集胜》序（收入陈国源编著《砚林集胜》，北京蓝天出版社 4 月）

2005 年

韩慎先与《寒切帖》（《中国文化遗产》第 2 期）

2006 年

端砚升值快　收藏须谨慎（《新广角》第 10 期）

2007 年

殷墟文字研究专家王襄（收入中国人民政治协商会议天津市委员会学习和文史资料委员会编《天津十大收藏家》，天津人民出版社 6 月）

徐世章藏玉藏砚甲天下（收入中国人民政治协商会议天津市委员会学习和文史资料委员会编《天津十大收藏家》，天津人民出版社 6 月）

中华古砚 100 讲（百花文艺出版社 5 月）

2008 年

虚虚实实顾二娘（《天津文史》第 1 期）

《刘克唐砚谱》序（收入刘克唐著《刘克唐砚谱》，山东美术出版社 8 月）

书林挚友　文房至宝（《嘉德通讯》2008 年第 2 期）

《文物藏品定级标准图例·文房用具卷》序（与吴春燕合作，

收入国家文物局、国家文物鉴定委员会编《文物藏品定级标准图例·文房用具卷》，文物出版社8月）

2009年

古砚的鉴赏与收藏（《笔墨纸砚》第1期）

《家宪藏砚》序（收入阎家宪著《家宪藏砚》，世界知识出版社9月）

2010年

《井田余香——中国古代砚台鉴赏》序（收入金彤著《井田余香——中国古代砚台鉴赏》，山西人民出版社6月）

2011年

再谈墨皇本《圣教序》（《天津文史》第2期）

2012年

砚田絮语（与臧天杰合作，收入天津博物馆编《天津博物馆藏砚》，文物出版社4月）

铁笔生花　文心辨砚——《赝砚考》《名砚辨》序（收入吴笠谷著《赝砚考》《名砚辨》，文物出版社8月）

2013年

忆陈邦怀先生（《天津文史》第2期）

后　记

　　《砚边点滴》的出版首先归功于市文史研究馆的正确举措，以及协调组织工作，使耄耋之年的馆员们一生的研究成果得以公诸于世。各位组稿、编辑人员亦付出了艰辛劳动，甘为他人作嫁衣，温洁、王海燕等同志为此书的出版，反复校对，不厌其烦。我的文章水平不高，而编辑们认真负责，令人汗颜。《砚边点滴》也凝聚着她们的心血，天津博物馆的臧天杰、王璐同志为我搜集、复印稿件，在补充著录、修正引文等方面也做了不少工作，在此一并表示感谢。